KB018258

아마존 셀러
과외수업

아마존 셀러
과외수업

아마존 셀러 과외수업

아마존 셀러 과외수업(최신 개정판)

초판 발행 2021년 5월 31일
개정판 발행 2024년 5월 31일

지은이 안지수 **펴낸이** 이성용 **책디자인** 책돼지
펴낸곳 빈티지하우스 **주소** 서울시 마포구 성산로 154 4층 407호(성산동, 충영빌딩)
전화 02-355-2696 **팩스** 02-6442-2696 **이메일** vintagehouse_book@naver.com
등록 제 2017-000161호 (2017년 6월 15일) **ISBN** 979-11-89249-86-1 13320

· 빈티지하우스는 독자 여러분의 투고를 기다리고 있습니다. 책으로 펴내고 싶은 원고나 제안을 이메일(vintagehouse_book@naver.com)으로 보내주세요.

· 파손된 책은 구입하신 서점에서 교환해 드리며 책값은 뒤표지에 있습니다.

월 매출 2억 아마존 탑 셀러의 창업 노하우 대공개!!

아마존 셀러 과외수업

안지수 지음

아마존 탑 셀러가
되기까지
7년간의 노하우를
모두 담았다!

빈티지하우스
VINTAGE HOUSE

이 책을 읽어야 하는 이유

1. 아마존 탑 셀러의 생생한 경험과 노하우!

이 책은 단순한 아마존 셀링 매뉴얼이 아닙니다. 2018년부터 본격적으로 아마존 셀링을 시작한 후 2024년 현재 월 평균 1억 7천만 원의 매출을 올리고 있는 현직 아마존 탑 셀러의 생생한 경험과 노하우를 한 권에 담았습니다.

2. 계정 가입부터 세금 신고까지 아마존 셀링의 A to Z!

아마존은 미국 전자상거래 시장에서 무려 47%의 점유율을 자랑하는 독보적 존재입니다. 이 책은 수많은 셀러들이 무한 경쟁을 펼치고 있는 아마존에서 성공하는 셀러가 되기 위한 모든 노하우를 소개하고, 아마존 셀링에 필요한 실무 스킬, 따라 배우는 상세한 매뉴얼, 협업 파트너와 외부 사업자, 운영 노하우 등을 공개합니다.

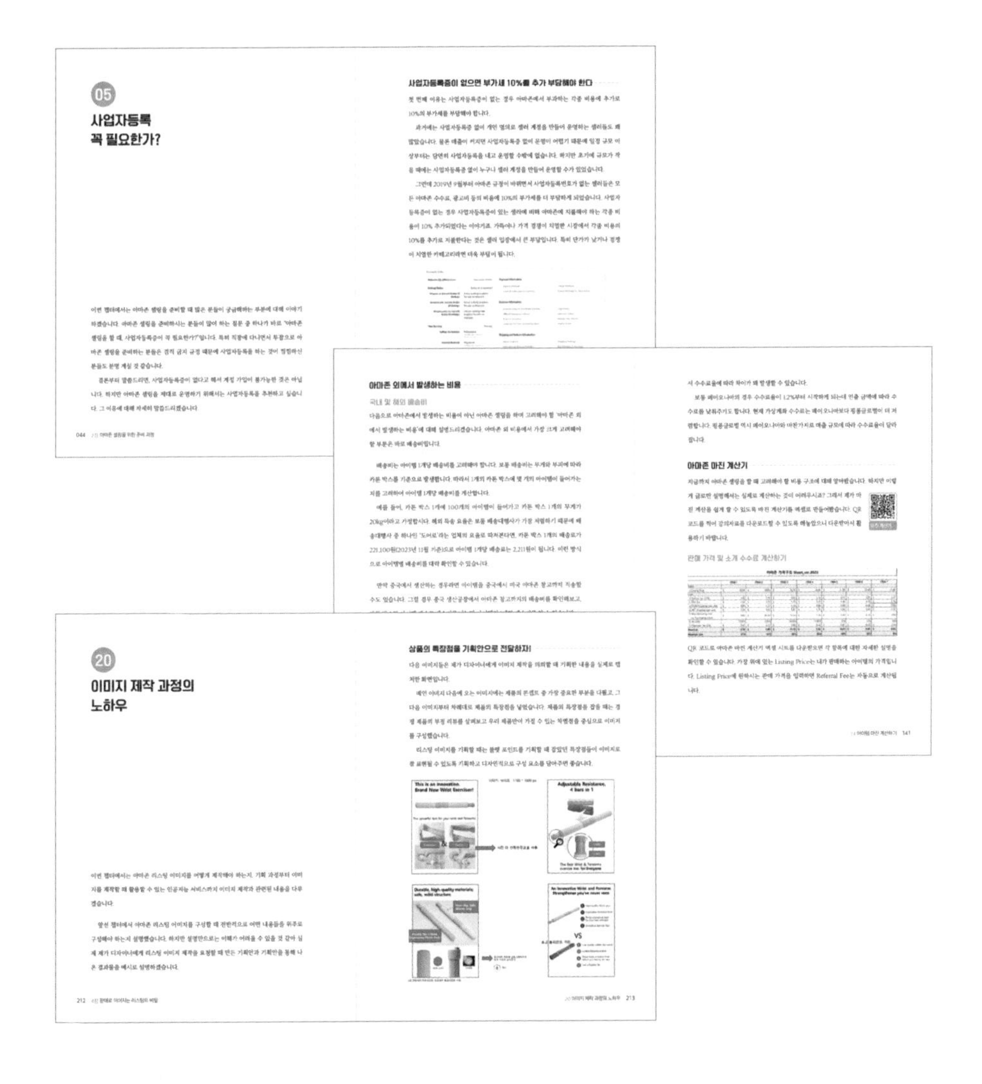

05
사업자등록 꼭 필요한가?

사업자등록증이 없으면 부가세 10%를 추가 부담해야 한다

044

아마존 외에서 발생하는 비용

아마존 마진 계산기

141

20
이미지 제작 과정의 노하우

상품의 특장점을 기획안으로 전달하자!

212

213

3. 최신 업데이트를 반영한 돈이 되는 아마존 공부!

아마존은 끊임없이 성장하고 변화하는 플랫폼입니다. 이러한 아마존에서 생존하기 위해서는 실제 아마존 셀링 현장에서 지속적인 테스트를 통해 성장하고 변화하는 아마존에 지속적으로 최적화해야 합니다. 이 책은 A9에서 A10으로 업데이트된 아마존 알고리즘을 소개하고 변화된 알고리즘에 최적화하여 아마존 셀링을 성공적으로 이끄는 길을 안내합니다.

30
PPC 광고 자동 타겟팅 설정 노하우
PPC 광고의 종류
아마존 알고리즘의 작동 원리
A10 알고리즘의 변화
검색 최적화의 기본 원리

4. 실제 케이스와 데이터로 배우는 과외수업!

세계 최대의 전자상거래 플랫폼 아마존이 미국 플랫폼이어서 영어가 두려워서 망설여진다면 걱정하지 마세요. 이 책에서는 아마존 셀링에 필요한 모든 용어를 쉽게 풀어 설명하고, 아마존 실제 페이지를 보며 상세한 매뉴얼을 알려드립니다. 그리고 지금 현직에서 아마존 셀링을 하고 있는 저자의 경험과 실제 케이스, 데이터를 통해 성공적으로 아마존 셀링을 하는 법을 차근차근 알려드립니다.

12

아이템을 직접 찾아보자

다양한 루트로 아이템 아이디어를 최대한 많이 얻는다

효율적인 키워드 추출 방법

검색 키워드 분석 : 우리 상품은 잘 노출되고 있는가?

아마존 셀러 과외수업 개정판으로 다시 돌아왔습니다!

안녕하세요, 독자 여러분. 《아마존 셀러 과외수업》의 저자 안지수입니다.

《아마존 셀러 과외수업》이 출간된 지 어느새 3년이 훌쩍 지났네요. 시간이 정말 빨리 지나가는 것 같습니다. 첫 책이라 아쉬운 점도 있었고, 출간 이후 아마존 플랫폼이 많이 변하면서 빨리 개정판을 내야겠다는 생각을 하고 있었지만 손이 쉽게 떨어지지 않더라고요.

현재 하고 있는 일이 너무 바쁘기도 하고, 책을 집필하고 출간까지의 힘든 과정을 다시 겪어야 한다는 부담감에 쉽사리 개정판 출간 결정을 내리지 못하고 있었습니다. 그러다 책에 대한 독자 여러분들의 후기도 읽어보고 지금도 이 책으로 아마존 셀링을 꿈꾸며 정성스럽게 핵심 내용을 정리하고 계신 독자 여러분들을 보고 정신이 번쩍 들었습니다!

그래서 출간 이후 3년 동안 아마존 비즈니스를 더 성장시킬 수 있었던 추가적인 노하우를 최대한 담고 업데이트된 아마존의 최신 기능들을 모조리 적용하여 개정판을 출간하기로 결심하게 되었습니다.

《아마존 셀러 과외수업》 개정판으로 저에 대해 처음 알게되신 분들을 위해 제 소개를 정식으로 해보겠습니다.

저는 2017년 아마존 입점 준비를 시작하여 2018년부터 본격적으로 판매를 시작한 현역 아마존 셀러입니다. 현재 2024년이니 어느새 7년차 아마존 셀러가 되었네요!

처음에는 '아버지께서 개발하고 판매하시던 제품을 해외 마켓에 한번 판매해보면 어떨까?' 하는 생각으로 이베이eBay에서 테스트 판매를 먼저 시작했습니다. 매출은 매우 적었지만 이베이에서 판매를 해보니 의외로 높은 해외 배송비를 지불하고도 구매하는 고객이 있다는 것을 깨달았습니다.

그렇게 미국 온라인 시장점유율 1위인 아마존에서 이 제품을 판매하면 더 잘 팔 수 있겠다는 확신이 들었습니다. 이렇게 작은 시도로 시작하여 7년이 지난 현재는 월매출 130,000달러(한화로 약 1억 7천만 원)를 넘어 꾸준히 비즈니스를 키워가고 있습니다.

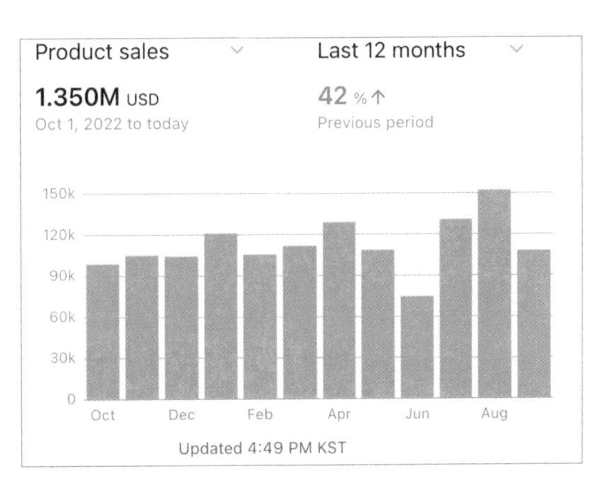

아마존 셀링을 시작하면서, 국내 매출 비중이 90퍼센트였던 비즈니스가 지금은 해외매출 비중이 50퍼센트를 차지할 정도로 많은 변화가 일어났습니다. 지금도 아마존 카테

고리 매출 성장률보다 저희 브랜드의 성장률이 3배 가까이 높을 정도로 지속적인 성장을 이뤄나가고 있습니다. 이 모든 것은 아마존이 아니었다면 단기간에 이루기 힘든 성과였다고 생각합니다.

아무튼 2년 전보다 더 성장할 수 있었던 여러 가지 노력과 경험을 담아 독자 여러분께 나눠보려고 합니다.

아마존 셀링과 관련하여 여러 온라인 강의와 관련 서적들이 있겠지만, 이 책만큼 아마존 셀링을 위한 전체 사이클을 체계적으로 정리하고 실제 경험으로부터 얻은 노하우와 각종 팁을 담은 책은 없다고 자부합니다.

아마존 셀링을 위한 과외 선생님이 옆에서 하나하나 코칭을 해주는 것처럼 독자 여러분들이 아마존 셀링 비즈니스의 한 사이클을 간접적으로 경험해볼 수 있도록 친절히 도와드리겠습니다.

독자 여러분! 본격적인 아마존 셀링으로의 여정을 떠나기 전에 꼭 말씀드리고 싶은 것이 한 가지 있습니다.

잘 알고 계시겠지만, 책을 열심히 읽고 온라인 강의를 보면서 공부를 하는 것도 좋지만 실제로 아마존 셀링에 뛰어들어야 경험을 쌓을 수 있습니다. 물론, 정확하게 제대로 알고 시작하는 것은 중요합니다. 그렇지만 막연하고 어렵다는 이유로 준비만 하다보면 당연한 이야기이지만 아무 일도 일어나지 않습니다.

이 책을 통해 '잘 모르겠어. 어려워서 막막해……'라며 글로벌 셀링을 생각도 못하셨던 분들이 실전에 뛰어들어, 여러분이 생각하신 아이템들이 미국 시장에서도 통하는지를 눈으로 직접 확인해보셨으면 좋겠습니다.

이 책은 크게 8개의 챕터로 구성되어 있습니다.

1 왜 아마존인가, 아마존 특징

2 아마존 셀링을 위한 준비 과정

3 팔리는 상품의 법칙

4 판매로 이어지는 리스팅의 비밀

5 효율적인 FBA 운영 방법

6 판매를 촉진하는 아마존 셀링 마케팅 기법

7 브랜드 셀러의 강력한 무기 브랜드 레지스트리

8 반드시 알아야 할 아마존 운영 관리 팁

이렇게 8개의 전체 챕터에는 아마존 셀링을 위한 한 번의 사이클이 모두 담겨있으며, 이 과정에서 필요한 내용들을 이미지로 보여드리며 아주 상세하게 알려드릴 것입니다. 특히, 개정판에서는 인공지능 플랫폼을 활용하여 리스팅을 쉽게 할 수 있는 팁도 알려드리고, 더 다양해지고 강력해진 아마존 마케팅 툴을 활용하는 방법까지 실무적인 팁들을 보강하였습니다.

그렇다면 본격적으로 아마존이라는 넓은 시장을 향해 함께 뛰어들어 볼까요?

Let's go!!

3장 팔리는 상품의 법칙

4장 판매로 이어지는 리스팅의 비밀

5장
효율적인 FBA 운영 방법

6장
판매를 촉진하는 아마존 셀링 마케팅 기법

1장

왜 아마존인가,
아마존 특징

01

아마존, 이미 늦은 것은 아닐까?

몇 년 전부터 투잡, 무자본 창업 열풍이 불며 아마존 셀링에 대한 관심이 높아졌습니다. 제가 아마존 셀링을 시작할 당시인 2018년만 해도 아마존 관련 강의나 서적을 찾기 힘들었습니다. 하지만 지금은 아마존 셀링 관련 유튜브 영상이나 강의와 책들도 다양해진 것을 피부로 느낍니다.

그러면서 아마존 셀링에 도전하시는 분들도 많아졌고, 또 그만큼 실패하신 분들도 많아졌습니다. 그러다보니 아마존 셀링 비즈니스 자체에 대한 의구심을 갖는 분들도 많습니다. 매출에 비해 순수익이 얼마 되지 않는다는 부정적인 이야기도 참 많이 듣습니다.

저 역시 이런 이야기가 나오게 된 배경과 이유에 대해 동감하는 바입니다. 확실히 제가 아마존 셀링을 시작했던 2018년에 비해 경쟁이 훨씬 치열해졌고, 적은 자본으로 테스트 삼아 운영하기에는 이제 어려움이 많다고 생각합니다.

그럼에도 불구하고 지금 저에게 같은 아이템으로 어떤 시장에 진출할 것인가를 묻는다면, 저는 주저하지 않고 무조건 아마존이라고 답할 것입니다.

이렇게 답할 수 있는 이유로는 다음 세 가지를 들 수 있습니다.

2018년부터 지속적으로 성장하고 있는 거대한 시장, 아마존

아마존 북미 매출 성장률은 2018년~2020년에 비해 둔화된 것은 사실이나, 지속적으로 성장하고 있습니다. 또한 2022년 미국 소매 전자상거래 시장 규모는 2021년 대비 8.2퍼센트 증가한 1조 781억 290만 달러로 팬데믹 때보다 성장률은 둔화되었지만 꾸준히 시장이 확대되고 있습니다.

분기별 아마존 온라인 스토어 매출 추이

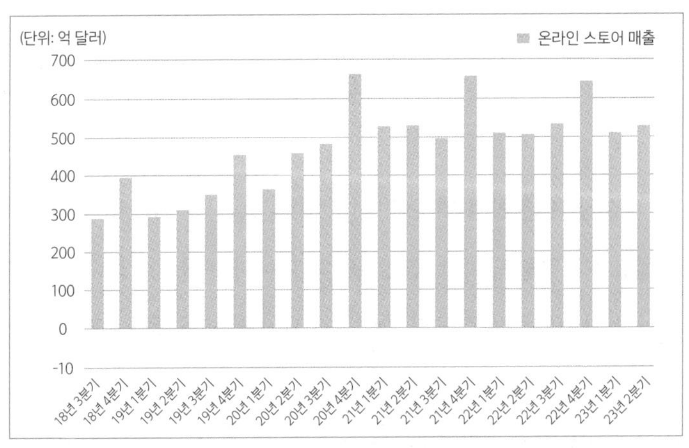

(출처 : https://happist.com/591392/2q-23-아마존-실적)

그리고 이렇게 어마어마한 규모의 온라인 소매시장에서 여전히 아마존은 압도적인 점유율을 차지하며 1위를 굳건히 지키고 있습니다.

전자상거래 시장 점유율(2022년)

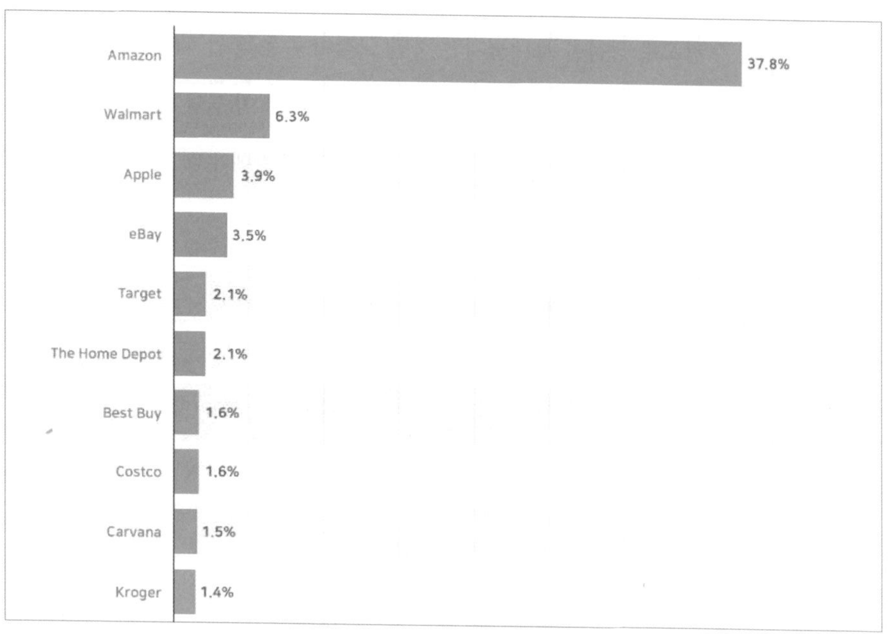

(출처: Market share of leading retail e-commerce companies in the United States[04])

여전히 미국 전자상거래 시장은 더 성장할 수 있는 잠재력이 높고, 아마존은 다른 경쟁사가 따라잡기 힘든 물류 인프라와 시스템을 보유하고 있기 때문에 향후에도 시장 1위 자리를 굳건히 지킬 가능성이 높습니다. 따라서 이렇게 막대한 거래량을 보유하고 있는 아마존에 진입하는 것이 다른 플랫폼을 이용해 글로벌 시장에 진출하는 것보다 매출 잠재력이 더 클 수밖에 없는 것입니다.

경쟁 플랫폼이 따라잡기 힘든 초간편 물류 시스템

많은 분들이 아마존 FBA 시스템에 대해 들어보셨을 것입니다. 아마존이 전 세계 전자상거래 시장을 장악하게 된 핵심이 바로 이 FBA 시스템입니다.

FBA 시스템에 대해 아직 잘 모르는 분들을 위해 좀 더 자세히 설명을 드리겠습니다. FBA는 Fullfillment By Amazon의 약자로, 쉽게 말해 아마존이 재고 보관, 배송 대행,

고객 대응C/S, 반품 처리 등의 서비스들을 모두 대행해준다는 뜻입니다.

셀러가 아마존 창고로 상품을 보내놓기만 하면 고객이 주문을 할 때마다 아마존에서 직접 배송을 하고 그밖의 서비스를 대행해주게 됩니다. 따라서 이 물류거점을 많이 보유할수록 더 많은 셀러들의 상품을 보관할 수 있고, 더 많은 고객들에게 빠른 배송이 가능해집니다.

2023년 3분기 기준으로 아마존은 미국 전역에 1,334개의 아마존 풀필먼트 창고를 운영하고 있다고 하니 그 규모가 어마어마하죠. 이러한 물류 경쟁력은 초기에 막대한 투자가 필요하고, 물리적 거점에 대한 선점, 시스템 인프라 등이 필요하기 때문에 경쟁 플랫폼에서는 따라잡기가 쉽지 않은 아마존만의 핵심 경쟁력입니다.

이 FBA 시스템이 있기 때문에 셀러 입장에서는 거대한 미국 땅에서 1~2 DAY shipping이 가능하게 되었고, 고객 입장에서도 만족도가 극대화될 수밖에 없습니다.

특히 저희와 같은 해외 셀러의 입장에서는 FBA 시스템이 주는 이점이 엄청나게 큽니다. 판매를 하면서 가장 크게 문제가 될 수 있는 반품이나 교환 처리를 아마존에서 대행해주기 때문에 업무처리가 훨씬 수월해집니다. (물론, 30일 이내에 묻지도 따지지도 않고 교환이나 반품을 받아주므로 단점도 분명 존재합니다. 하지만 업무처리 측면에서 직접 해외배송이나 반품 처리를 하는 것보다 훨씬 이점이 많습니다.)

직접 배송 과정을 처리하지 않아도 되기 때문에 매출이 아무리 늘어나도 배송을 처리하기 위해 직원을 새로 뽑을 필요가 없고, 창고를 늘려야 하는 부담도 없습니다.

국내에서 인터넷 판매를 한다고 가정했을 때, 많이 판매되면 될수록 택배를 일일이 포장하고 발송하는 물리적 인풋이 발생하기 때문에 1인으로 운영하는 데는 한계가 있을 수밖에 없습니다. 물론 국내에도 배송대행을 해주는 3PL 서비스가 존재하지만 어느 정도 물량이 뒷받침되지 않으면 서비스 이용을 위한 비용이 부담스러운 수준입니다.

그러나 아마존 FBA 시스템은 상품 1개를 보내더라도 아마존에서 정해 놓은 상품 무게, 부피에 따른 FBA 수수료만 지불하면 이 시스템을 이용할 수 있습니다. 따라서 초보 셀러부터 대형 셀러까지 모두 동일하게 서비스를 이용할 수 있는 것입니다.

경쟁 플랫폼에는 없는 아마존만의 물류 인프라를 생각한다면, 해외 전자상거래 시장은 무조건 아마존을 이용하는 것이 가장 쉽고 빠르게 매출 규모를 늘려나갈 수 있는 길이라고 생각합니다.

자신의 브랜드를 키울 수 있는 플랫폼

자신의 브랜드가 고객들에게 인지되고 알려지기 위해서는 무엇이 가장 중요할까요?

인플루언서를 활용한 마케팅 활동? 구글 검색 광고? 흔히 브랜드를 '알린다'라고 생각하면 쉽게 광고나 홍보 같은 마케팅을 떠올리게 됩니다. 물론 이러한 마케팅 활동을 충분히 할 수 있으면 좋겠지만, 브랜드를 처음 런칭하는 시점에는 예산과 인력이 부족한 상태라 이러한 활동을 진행하기에 여건이 쉽지 않을 것입니다.

이러한 마케팅 활동은 단기에 일시적으로 집행해서는 효과가 없기 때문에 포괄적인 마케팅 활동을 장기적으로 진행할 수 있어야만 합니다. 그런데 초보 셀러는 이렇게 포괄적인 마케팅 활동을 진행할만한 투자 여력이 없을 수밖에 없습니다.

그렇기 때문에 우리는 결국 제품 판매와 함께 생존형 마케팅을 진행해야 합니다.

생각해보면 우리가 브랜드를 인지하게 되는 가장 첫 단계는 바로 특정 제품을 사용하고 만족을 얻는 그 순간입니다. 아마존은 이러한 관점에서 보았을 때, 즉각적인 제품 판매를 일으킴으로써 소비자가 이 제품의 브랜드를 경험하고 인지할 수 있는 기회를 쉽게 제공해주는 플랫폼입니다.

미국 소비자의 42퍼센트가 제품을 구매하거나 제품에 대한 정보를 얻기 위해 아마존을 첫 번째 검색 플랫폼으로 활용한다고 합니다. 즉, 아마존에서 검색을 하는 고객들은 어느 정도 제품에 대한 관심도가 높고, 구매 의사가 있는 상태에서 검색을 하는 것이죠.

따라서 특정 고객들이 검색했을 때, 내 제품이 눈에 띄고 고객 니즈에 부합하는 소구점이 있다면 쉽게 구매전환이 일어날 가능성이 높습니다.

또한 아마존에는 브랜드 셀러가 활용할 수 있는 여러 가지 마케팅 툴들이 많습니다. 단순한 키워드 검색 광고뿐만 아니라, 고객에게 브랜드를 알릴 수 있는 다양한 커뮤니케이션 툴들이 많기 때문에 아마존에서 매출을 일으키며 생존형 마케팅을 진행할 수 있는 것입니다.

아마존의 다양한 마케팅 툴을 활용하여 생존형 마케팅으로 첫 제품이 어느 정도 상위에 랭크되면 연관된 제품들로 브랜드를 확장하면서 자신의 브랜드를 키워나갈 수 있습니다. 그리고 이렇게 키운 브랜드를 통째로 팔 수도 있죠. 저도 브랜드 인수 제안을 여러 차례 받아본 적이 있었습니다.

이와 같은 이유로 아마존은 다른 플랫폼에 비해 매출을 일으키면서 제품을 고객들에게 알리고 자신의 브랜드를 만들어 나갈 수 있는 기회를 초창기부터 좀 더 쉽게 얻을 수 있는 플랫폼이라 생각합니다.

마스터의 시크릿 노트

어느 정도 매출 규모가 나오기 시작하면 해외 고객들을 대상으로 하는 자사몰도 만들고, 좀 더 규모 있는 투자를 통해 적극적인 마케팅 활동도 해나갈 수 있습니다. 물론 제품 카테고리나 투자금의 규모에 따라 브랜드를 키워가는 접근 방식과 전략이 달라질 수는 있습니다.
하지만 브랜드 런칭 초기에 마케팅 투자금이 별로 없는 상태에서 시작한다면, 저는 아마존이 매우 유리한 플랫폼이라 생각합니다.

아마존 셀링에 대한 부정적인 의견도 많고, 저 역시 7년 동안 판매를 해오며 어려웠던 적도 많습니다. 아마존은 너무 구매자 중심의 플랫폼이라 셀러 입장에서 억울했던 경험도 참 많았고요. 그렇지만 이러한 문젯거리들은 문제가 발생했을 때 해결하면 될 일이지, 아마존 셀링의 구조 자체가 불합리하거나 부정적인 것은 절대 아니라고 생각합니다. 오히려 셀러 입장에서 해외에 진출하기에 매우 쉬운 플랫폼이라고 저는 생각합니다.

02

아마존 셀링의 흐름과 특징

이번 챕터에서는 아마존 셀링의 전체적인 흐름과 구조를 파악해보는 시간을 가져보겠습니다. 아마존 셀링을 시작하기 전에 아마존 셀링의 전체적인 흐름을 이해해야 어떤 아이템을 가지고, 어떤 전략을 활용해 판매하는 것이 더 적합할지 알 수 있기 때문입니다.

아마존 셀러의 유형 : 나에게 적합한 방식은 무엇인가

아마존 셀러의 유형은 크게 물류 방법과 아이템 유형에 따라 구분할 수 있습니다. 먼저 물류 방법에 따라서는 FBA[Fulfillment by Amazon] 셀러와 FBM[Fulfillment by Merchant] 셀러로 구분하고, 아이템 유형에 따라서는 RA Retail Arbitrage 셀러와 PL Private Label 셀러로 구분할 수 있습니다.

이렇게 셀러의 유형을 구분한다고 해서 딱 한 가지의 유형으로만 판매해야 하는 것은 아닙니다. 판매하는 아이템에 따라, 판매 전략에 따라 가장 적합한 방법을 선택하여 판매를 하면 됩니다. 많은 아마존 셀러들이 FBA와 FBM 방식을 동시에 활용하여 판매하는 경우도 있고, RA로 판매를 하다가 PL로 판매를 하거나 혹은 그 둘을 혼재하여 판매를 하기도 합니다.

FBM : 판매자 직접 배송

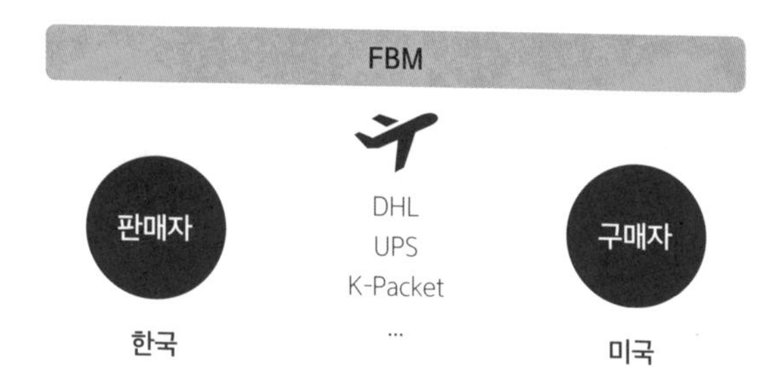

먼저 물류 방법에 대해 설명을 드리겠습니다. FBM 방식은 Fulfillment by Merchant의 약자로, 쉽게 말해 판매자가 구매자에게 직접 배송을 하는 방식입니다. FBM 방식으로 판매할 경우 주문이 들어오면 DHL, UPS, EMS와 같은 해외 운송업체를 통해 한국에서 물건을 고객의 집까지 직접 배송해주어야 합니다.

FBM 방식은 주로 고가의 제품이나 아마존 창고에 입고해놓고 판매하기 까다로운 상품들을 판매할 때 이용하는 방식입니다. 다만 고객 입장에서는 높은 해외 배송비와 느린 배송 시간을 감당해야 하기 때문에 미국에서 구하기 어렵거나 정말 매력적인 상품이 아니라면 구매까지 이어지기가 어렵다는 단점이 있습니다. 셀러의 입장에서도 해외로 직접 발송을 해야 하다 보니 약간의 리스크가 발생합니다. 만약 고객이 반품을 요청할 경우 해외 배송비를 또다시 부담하여 반품을 해줘야 하는 경우가 발생하기 때문입니다.

아마존의 고객 정책이 30일 이내 무료 반품을 고수하고 있기 때문에 한국에서 비싼 배송비를 들여 배송했는데 고객이 단순 변심 또는 제품 불만족으로 반품을 신청한다면 굉장히 난감한 상황이 발생합니다. 높은 배송비를 들여 해외에서 다시 한국으로 상품을 되돌려 받을 경우 배송비로 인해 오히려 손해가 발생하기도 합니다. 그래서 FBM 방식으로 셀링을 한다면 반품으로 인한 손해도 반드시 염두에 두어야 합니다.

FBA : 아마존 책임 배송

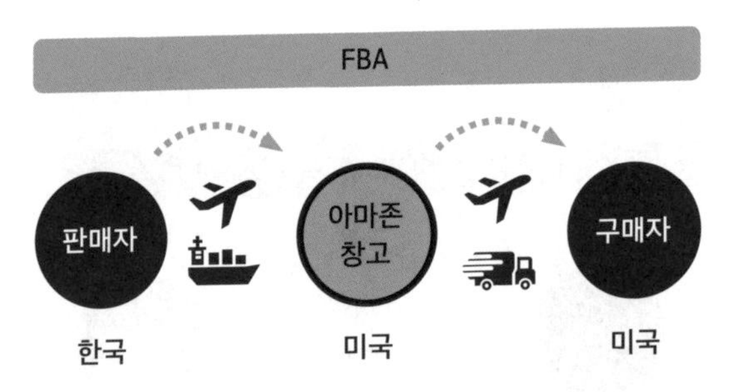

FBA는 아마존 물류창고에 상품을 보관해놓고 아마존에서 고객에게 배송을 해주는 방식입니다. 아마존에서 재고 보관, 배송과 반품, 고객 대응 등의 과정을 대행해주고 일정의 수수료를 판매자에게 부과하는 시스템입니다.

FBA 수수료는 미국 아마존 창고에서 고객에게 보내는 배송비, 아마존 창고에서 포장하는 포장비, 핸들링비, 기타 비용 등을 종합하여 제품의 사이즈, 무게별로 책정되어 있습니다. 따라서 FBA 주문이 들어오면 주문 상품의 사이즈, 무게에 따른 수수료가 아마존 기본 수수료 등과 함께 제외된 후에 셀러에게 정산됩니다.

아마존은 정책적으로 FBA 창고에 있는 아이템을 상위에 노출시킵니다. 같은 아이템이라도 해외에서 배송하는 경우 배송 시간도 오래 걸리고 높은 배송비까지 고객이 부담해야 하는 데 반해, 미국 내 아마존 창고에 있는 상품은 더 빠르고 저렴하게 배송이 가능하여 고객 입장에서 만족도가 높기 때문입니다.

그렇지만 FBA 방식을 이용한다면 아마존에서 아이템 한 개를 판매할 때마다 부과되는 수수료에 FBA 수수료를 추가로 부담해야 합니다. 또한 아이템을 창고에 보관해두었다가 판매가 되지 않으면 재고 보관료를 계속해서 부담해야 할 수도 있습니다. 최악의 경우에는 아이템을 미국 내 다른 창고로 빼서 한국으로 다시 배송받거나 처분 비용을 내고 아이템을 모두 처분해야 할 수도 있습니다.

RA : 리스팅 상품 판매

RA(Retail Arbitrage - Sell yours)

기존 리스팅 제품을 온/오프라인 채널에서
저렴하게 구매하여 차익 실현

이번에는 아이템의 유형에 따른 셀링 방식을 설명해드리겠습니다. 아이템 유형에 따라 RA와 PL로 나눌 수 있는데요. RA는 Retail Arbitrage의 약어로 쉽게 말해 이미 아마존에 리스팅된 상품을 판매하는 방식입니다.

RA의 경우 이미 아마존에 리스팅되어 판매 중인 제품과 100% 동일한 제품을 소싱할 수 있다면 기존에 업로드되어 있는 리스팅을 활용하여 바로 판매 개시를 할 수 있습니다. 기존에 리스팅된 상품을 판매하는 것이기 때문에 제품 이미지나 상품 설명을 새로 작성할 필요 없이 제품만 확보하면 바로 판매를 할 수 있습니다. 이러한 방식의 셀링을 보통 Sell Yours라고 이야기합니다.

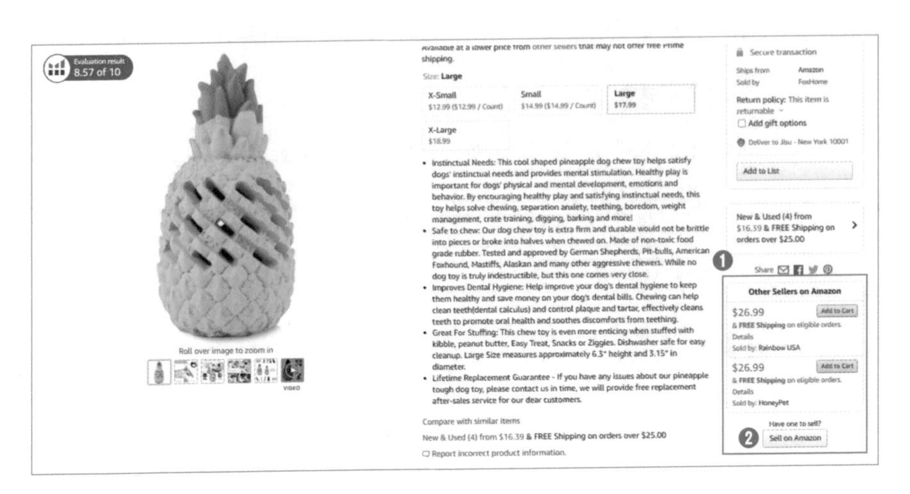

위 화면을 보면 해당 상품을 판매하는 ❶ 또 다른 판매자가 노출되어 있습니다. 그리고 그 하단에는 ❷ Sell on Amazon 버튼이 있는 것을 볼 수 있습니다. 만약에 해당 제품과 100% 동일한 상품을 소싱할 수 있다면 간단하게 Sell on Amazon 버튼을 클릭하여 바로 판매를 시작할 수 있습니다.

RA 방식의 장점은 셀러가 힘들이지 않고 이미 리스팅된 제품과 똑같은 상품만 수급할 수 있다면 바로 판매할 수 있다는 점입니다. 주의할 점은 리스팅 상품과 모든 스펙이 100% 동일해야만 한다는 점입니다. 만약 상품의 이미지나 설명과 조금이라도 다른 제품을 판매하여 고객이 클레임을 건다면 심한 경우 계정 정지까지 갈 수가 있습니다.

최근 아마존 정책이 가품에 대한 이슈로 인해 브랜드 권한자의 권리를 보호하는 방향으로 가고 있기 때문에 해당 브랜드의 판권을 가진 셀러 혹은 브랜드사가 가품으로 신고할 경우 아마존 정책 위반으로 계정이 정지될 수 있다는 리스크가 있습니다.

게다가 같은 상품을 여러 셀러가 판매하다 보니 셀러들 간의 최저가 경쟁이 심해져서 구조상 마진을 낼 수 없는 상태가 되면, 결국 상품 판매를 포기하는 상황까지 가는 경우도 많이 생기고 있습니다.

PL : 나만의 상품 판매

PL(Private Label - My brand)

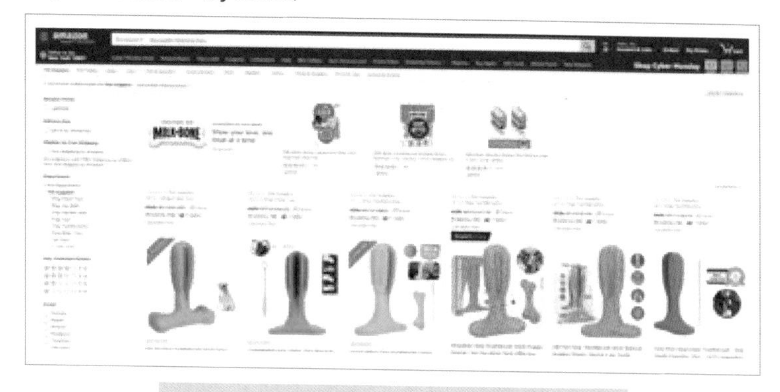

Private Label → OEM 제조 or 자사 제조상품 판매
자신의 브랜드를 붙여 판매

그럼 이번에는 PL 방식에 대해 알아보겠습니다. PL은 Private Label의 약자로 자신만의 브랜드로 상품을 판매하는 방식입니다. PL 방식은 쉽게 말해 OEM으로 제품을 생산하여 판매를 하는 것입니다. 최근 아마존에서 판매되고 있는 상품들을 보면 PL 방식으로 리스팅된 제품이 정말 많아졌습니다.

PL 방식의 장점은 뭐니뭐니해도 나의 브랜드로 나만이 팔 수 있는 제품이기 때문에 RA 방식에서 언급한 여러 리스크로부터 비교적 안전하다는 점입니다. 또한 직접 개발한 상품이나 카피가 어려운 제품이라면 안정적으로 꾸준하게 매출을 올릴 수 있다는 장점이 있습니다. PL 방식을 이용하면 브랜드 레지스트리Brand Registry에 브랜드를 등록할 수 있고, 브랜드 셀러만이 활용할 수 있는 다양한 마케팅 툴들을 활용하여 고객들에게 내 상품을 더 매력적으로 어필할 수도 있습니다.

하지만 PL 방식으로 판매하기 위해서는 자신의 브랜드로 아이템을 직접 제조하거나 제조를 의뢰해야 하기 때문에 아이템 준비까지 시간과 비용이 RA 방식에 비해 많이 들고, 제조에 경험이 없는 분들은 접근하기가 어려운 것도 사실입니다. 또한 미국 내에서 브랜드 인지도가 전혀 없고 리뷰도 없는 상태에서 시작해야 하기 때문에 판매가 이루어지기 위해서는 다양한 마케팅 활동이 필요합니다.

PL 방식이 초기에는 어려움이 많지만 수많은 셀러들이 PL 방식을 통해 안정적으로 판매를 이어가고 있습니다. 저의 경우도 현재 PL 방식으로 판매하고 있습니다. PL 방식이라고 해서 꼭 처음부터 브랜드를 만들어야 하는 것은 아닙니다. 특정 브랜드사와 계약을 맺어 브랜드 레지스트리를 할 수 있는 권한을 얻어 해당 브랜드사의 상품들을 판매할 수도 있습니다. 기존에 판매되던 브랜드 상품이 아니라면 신규 상품으로 리스팅하여 판매할 수 있는데 이러한 경우도 PL 방식에 해당됩니다.

아마존 셀링의 흐름 : 상품 배송부터 판매대금 정산까지

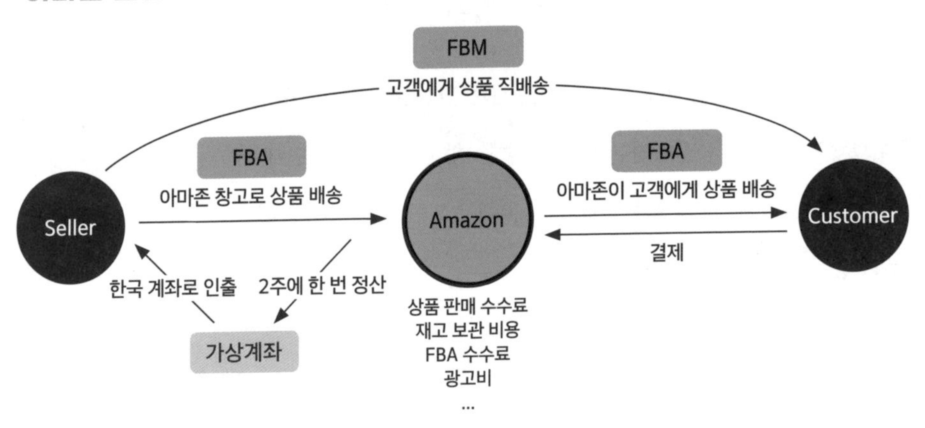

그럼 이제는 PL 방식이든 RA 방식이든 아이템 유형도 정했고, 물류도 내가 할지 아마존에 대행할지 정하여 상품을 리스팅했다고 가정해봅시다. FBA 방식으로 판매할 경우 아이템이 준비되었다면, 항공이나 해운을 통해 아마존 창고로 먼저 아이템을 보내야 합니다. 이렇게 창고에 보관된 재고가 판매할 수 있는 재고 수량이 되고, 이후 판매가 되었다면 셀러 센트럴 페이지에서 어떤 아이템이 판매되었는지 다음 화면과 같이 주문 내역을 확인할 수 있습니다. FBM 방식으로 판매를 하는 경우에도 마찬가지로 셀러 센트럴 페이지에서 주문을 확인할 수 있습니다.

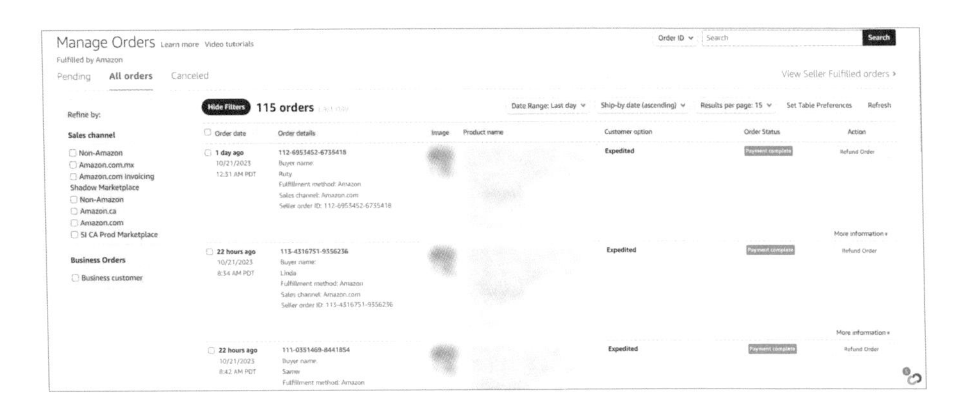

이렇게 판매된 금액은 아마존에서 보유하고 있다가 일괄적으로 정산해줍니다. 간혹 반품이 될 수도 있기 때문에 배송이 완료된 이후에도 일정 기간 동안 판매 대금을 유보자금처럼 보유하는 것입니다. 네이버 스마트스토어에서 상품을 구매하신 후 구매확정 버튼을 누르기 전까지 정산이 안 되는 것과 비슷한 논리로 이해하시면 될 것 같습니다. 아마존은 15일 정산주기로 월 2회 판매 대금을 정산해주고 있습니다.

FBA 방식으로 판매할 경우 리스팅한 제품 가격에서 아마존 수수료와 FBA 수수료를 제하고 정산해주며, 만약 광고비가 발생했을 때는 정산 예정 금액에서 각종 광고비나 프로모션 비용 등을 제하고 정산해줍니다. 정산 금액은 한국 계좌로 바로 들어오는 것이 아니라 아마존 계정 가입 시에 생성한 해외 가상계좌로 달러가 들어오고 셀러는 이 가상계좌와 연동된 한국 계좌에서 최종적으로 판매 대금을 인출할 수 있습니다.

이제 여러분들도 아마존 셀링의 흐름이 어느 정도 눈에 들어오시나요?

아마존 셀링 원 사이클에 대해서는 앞으로 더 자세히 설명하겠습니다. 이 흐름을 정확하게 이해하고 구조가 파악되어야 어떤 아이템을 어떤 물류 방식을 활용하여 판매할 것인지 감을 잡을 수가 있습니다.

마스터의 시크릿 노트

저의 경험과 저와 네트워킹하는 다른 아마존 셀러들의 경험을 비추어봤을 때 경쟁력 있는 아이템을 찾아 자신의 브랜드로 PL 상품을 만들어 FBA를 활용하여 판매하는 것이 장기적으로 장점이 훨씬 많습니다.

FBA 시스템을 이용하면 배송부터 반품까지 모두 아마존에서 알아서 처리해주니 셀러가 할 일은 해당 제품이 잘 판매될 수 있도록 마케팅 활동을 하고 브랜드를 관리하는 것뿐입니다. 또한 PL 상품의 경우에도 비슷한 경쟁 제품은 있을 수 있겠지만, 약간의 차별화를 가미하고 컨셉을 달리하면 RA 상품에 비해 훨씬 낮은 경쟁환경에서 판매할 수 있습니다. 게다가 아마존 정책의 흐름상 브랜드 등록이 가능한 PL 셀러에게 유리한 측면이 점점 많아지고 있기 때문에 아이템에 대한 준비만 잘 한다면 PL 셀러로 꾸준하고 지속적인 수익 창출이 가능합니다.

PL 상품을 운영하는 것은 곧 브랜드를 만드는 것을 의미합니다. 미국에서는 최근 3개 미만의 PL 상품으로 연 10억~20억 원 정도의 매출을 일으키는 PL 셀러들이 점점 많아지고 있습니다. 심지어 이 정도 규모의 셀러 계정들을 인수하여 해당 브랜드를 키워나가는 비즈니스까지 생겨나고 있습니다.

즉, PL 상품만 잘 운영한다면 나만의 브랜드를 구축할 수 있고, 잘 구축된 브랜드는 단순하게 제품을 판매하는 장사를 넘어 무형의 가치를 창출하는 자산이 되기도 합니다. 따라서 아마존 비즈니스를 단순히 상품을 판매하는 플랫폼으로 볼 것인지, 브랜드를 만들고 브랜드 가치를 높이는 튼튼한 사업으로 볼 것인가에 따라 비즈니스의 스케일이 달라질 수 있습니다.

아마존 셀링의 흐름을 이해하고 본인이 목표로 하는 사업의 방향성과 현재 가용할 수 있는 자원을 고려하여 어떻게 아마존을 운영할지에 대해 생각해보는 시간을 가져보면 좋을 것 같습니다.

03

아마존 셀링 원 사이클

자, 이제부터는 본격적으로 아마존에서 상품을 판매한다고 가정해봅시다. 아마존에서 상품을 판매한다면 어떤 프로세스를 거쳐야 하는 걸까요? 아마존 셀링을 위해서는 도대체 무엇부터 준비해야 하고 각 과정에서는 무엇을 찾아보고 공부해야 할까요?

처음 아마존 셀링을 준비한다면 A부터 Z까지 모든 과정이 막막하게 느껴질 것 같습니다. 그래서 이번 챕터에서는 아이템 준비부터 판매, 정산까지 아마존에서 셀링을 하는 한 번의 사이클을 살펴보며 각 과정에서 준비해야 할 사항들에 대해 설명해드리도록 하겠습니다.

아마존 셀링 원 사이클: 상품 서칭부터 정산까지

아마존에서 상품을 판매할 때는 기본적으로 다음과 같은 사이클을 통해 판매를 진행하게 됩니다.

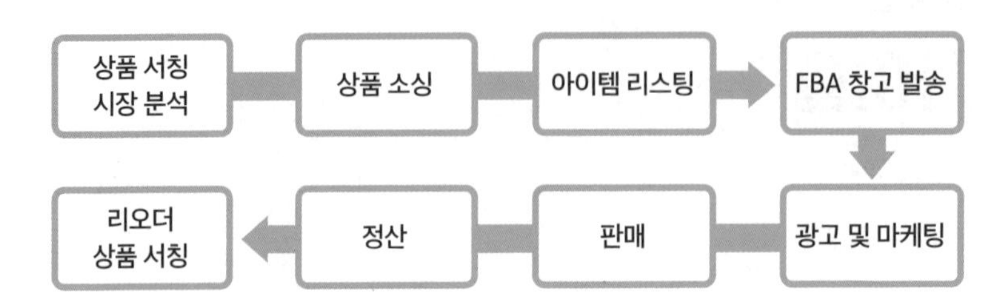

상품 서칭 및 시장 분석

먼저 아마존에서 판매할 제품을 찾고 시장성에 대한 분석을 해야 합니다. 아마 아마존 셀링을 막 시작하려는 분들이 가장 많은 시간을 투입하고 고민하는 단계가 바로 상품 서칭 및 시장 분석 단계가 될 것 같습니다. 특히, 상품 판매에 대한 경험이 전혀 없다면 어디서부터 어떻게 접근을 해야할지 전혀 감이 오지 않을 것입니다. 그래도 걱정하지 마십시오. 뒤이어 나올 챕터에서 상품을 찾는 기준과 아마존에서 판매하기 적합한 상품은 어떤 것인지 자세히 설명해드릴 예정입니다.

만약 직접 제조하는 상품이 있다면 과연 아마존에서 판매될 수 있을지, 시장성이 있는지, 수요가 있는지에 대해 조사해보는 과정을 첫 단계에서 거쳐야 합니다. 시장 분석 단계에서는 감에 의존하기보다는 데이터를 중심으로 상품의 시장성을 분석해야 합니다.

상품 소싱

어떤 상품을 판매할지 결정했다면 상품 소싱을 고민해야 합니다. 상품 소싱 단계에서는 국내에서 상품을 소싱할 수도 있고, 중국에서 알리바바나 1688과 같은 플랫폼을 통해 해외 소싱을 할 수도 있습니다. 혹은 아이템을 직접 제조한다면 제조하는 상품을 아마존에 리스팅할 수도 있습니다.

상품 소싱 단계에서는 투입할 수 있는 자본금을 고려하여 최소주문수량과 공급 가격 등을 협상해야 합니다. 또한 여러 업체들과 커뮤니케이션해보며 내가 원하는 수준의 품질 기준을 맞춰주는 제조사 또는 유통업체를 찾아야 합니다.

아이템 리스팅

판매할 상품을 제조해주는 업체도 찾았고, 원하는 수량과 가격에 맞춰 소싱을 했다면 이제는 상품을 아마존에 리스팅해야 합니다. 만약 소싱한 제품과 100% 동일한 상품이 이미 아마존에서 판매되고 있다면 상품을 처음부터 새로 등록할 필요가 없이 Sell on Amazon 버튼 하나만 눌러서 상품 리스팅을 할 수 있습니다.

우측 하단을 보면 ❶ Sell on Amazon 버튼이 있습니다. 해당 버튼을 누르면 이미 판매되고 있는 상품을 똑같이 판매할 수가 있습니다. 만약 아마존에서 아직 판매되고 있지 않은 상품이라면 이미지와 상품 정보들을 준비하여 아마존에 신규로 리스팅하게 됩니다. 이미지와 상세페이지 구성 요소들을 만드는 데에 시간이 필요하기 때문에 일단 기본적인 정보들만 가지고 리스팅을 빠르게 업로드하고 FBA 창고로 물건을 발송해놓은 상태에서 리스팅 이미지 디자인을 하고 상세페이지 내용을 수정할 수도 있습니다. 신규 리스팅을 하는 방법에 대해서는 4장에서 자세히 다루겠습니다.

FBA 창고로 발송

FBM 방식으로 리스팅한 상품을 미국 고객들에게 직접 배송한다면 FBA 창고로 상품을 운송할 필요가 없습니다. 그러나 대부분의 아마존 셀러들은 FBA 방식으로 상품을 판매하고 있고, 저 역시 FBA 방식으로 판매를 했기 때문에 폭발적인 성장을 할 수 있었습니다. 그래서 대부분 셀러들은 아이템을 리스팅하고 나면 FBA 상품으로 전환을 하고, 아마존 FBA 창고로 물건을 발송하게 됩니다. 그리고 운송된 상품이 FBA 창고에 입고가 되면 그때부터 고객들에게 판매를 시작할 수 있게 됩니다.

아이템을 리스팅해야 FBA 배송 계획을 짤 수 있습니다. 따라서 상품을 결정했다면 빠르게 리스팅하고 FBA 창고까지 상품이 도착하는 시간 동안 리스팅 이미지와 내용을 보완하면 됩니다.

광고 및 마케팅

아마존에 상품을 리스팅했다고 해서 판매가 바로 발생하지는 않습니다. 아마존은 세계 최대의 전자상거래 플랫폼이기 때문에 수많은 셀러들이 엄청난 종류의 상품들을 경쟁적으로 팔고 있습니다. 따라서 새롭게 리스팅한 상품이 타겟 고객들에게 노출이 될 수 있도록 광고도 하고 프로모션도 하는 등 여러 가지 마케팅 활동을 해야 합니다. 아마존 창고에 상품이 입고되어 판매할 준비가 되었다면 최대한 빨리 판매가 개시될 수 있도록 적극적인 마케팅 활동을 고민해야 합니다.

판매 및 정산

드디어 첫 판매가 일어났습니다. 첫 오더를 확인했을 때의 기분이 가장 벅차고 즐거웠던 것 같습니다. 아마존 FBA 창고에 상품을 이미 입고시켜 놓았기 때문에 주문이 발생하면 아마존에서 책임지고 배송을 해줍니다. 만약 FBM 방식으로 판매하는 셀러라면 주문이 들어오고 빠른 시일 내에 고객에게 상품을 배송해야 합니다.

고객이 상품을 받은 뒤 아무 문제가 없다면 정상적으로 정산이 이루어집니다. 정산은 15일 간격으로 월 2회 이뤄지며, 아마존 수수료와 FBA 수수료, 아마존 계정비, 광고비 등이 제외된 금액만큼 입금됩니다. 아마존 계정비를 신용카드로 결제했다면 정산 시에는 빠지지 않고요. 만약 정산 금액이 아마존 계정비보다 적다면 신용카드로 결제됩니다.

정산은 계정 가입을 할 때 만든 가상계좌로 입금이 되며, 가상계좌에 들어온 달러를 가상계좌와 연결된 한국 통장에서 원화 또는 달러로 출금할 수 있습니다.

리오더 및 상품 서칭

준비한 상품의 수량이 거의 다 판매되어간다면 동일한 상품을 다시 오더하고, FBA 창고로 재입고해야 합니다. 주문이 꾸준하게 늘어나고 리뷰도 점차 쌓이기 시작하면 랭킹도 서서히 오르게 됩니다. 재고가 떨어지기 전에 빨리 재고를 입고시켜야 상승된 랭킹을 유지할 수 있습니다. 만약 재고가 떨어지게 된다면 랭킹도 순식간에 떨어지기 때문에 일정을 잘 고려하여 재빠르게 리오더를 하는 것을 권합니다.

첫 상품을 리스팅하고 성공적으로 판매 및 정산까지 맞췄다면, 비슷한 과정을 거쳐 또 새로운 상품을 찾아 판매합니다. 첫 상품을 판매하며 아마존 플랫폼에 대한 이해도가 높아졌고 경험도 쌓였기 때문에 두 번째, 세 번째 상품을 런칭하는 것도 점차 익숙해지고 쉬워질 것입니다.

마스터의 시크릿 노트

아마존에서 셀링을 하는 전체적인 업무 프로세스는 앞에서 설명한 것과 같습니다. 이러한 한 번의 셀링 사이클을 계속해서 반복해나가면 점점 매출이 늘게 되고 판매도 점차 안정적으로 자리 잡게 됩니다. 처음에는 물론 전체적인 프로세스에 대한 감도 없고, 매 단계가 새로운 도전의 연속이기 때문에 진척도 잘 되지 않을 것입니다. 또한 국내가 아닌 해외 플랫폼이기 때문에 문제가 생겼을 때 원인을 파악하기도 쉽지 않고, 해결하는 것도 언어적인 장벽으로 인해 어려움을 겪을 수도 있습니다.

하지만 한 번의 사이클을 거치며 전반적인 흐름을 경험하고 나면 생각보다 그렇게 어렵고 높은 장벽은 아니라는 생각이 들게 됩니다. 지금 당장은 상품을 찾는 것부터가 막막하겠지만, 앞으로 이어질 챕터를 통해 꼼꼼하게 공부하고 실제로 실행해보면서 한 걸음씩 앞으로 나아간다면 여러분도 금방 아마존 시스템에 익숙해지게 될 것입니다.

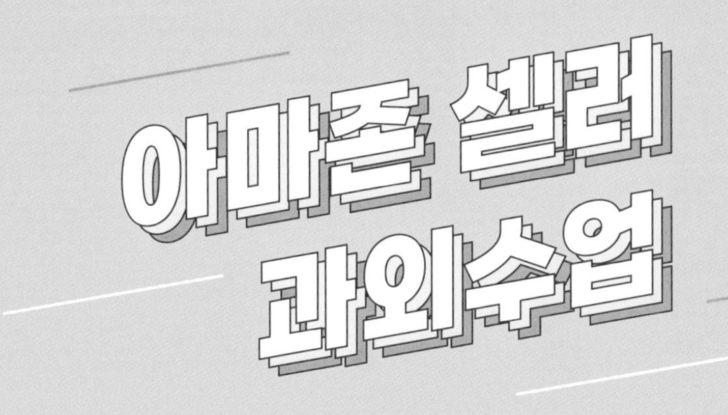

2장

아마존 셀링을 위한 준비 과정

04

아마존 계정 유형, 어떤 유형이 유리할까?

아마존 셀링을 시작하려면 우선 셀러 계정을 개설해야 하는데요. 아마존 셀러 계정은 2가지 유형으로 운영할 수 있습니다. 하나는 일반Individual 플랜이고 다른 하나는 프로세셔널Professional 플랜입니다. 그럼 처음 아마존 셀링을 시작하는 예비 셀러들은 어떤 플랜으로 계정 가입을 하는 것이 유리할까요?

지금부터 일반 플랜과 프로페셔널 플랜의 차이와 장단점에 대해 자세히 알아보도록 하겠습니다.

일반 플랜과 프로페셔널 플랜의 차이

두 플랜의 차이는 다음 표에서 한눈에 보실 수 있습니다. 가장 큰 차이는 프로페셔널 플랜의 경우 판매가 없더라도 매월 계정비 39.99달러를 지불해야 한다는 것입니다. 그러나 일반 플랜의 경우 계정비가 없는 대신 아이템이 판매될 때마다 수수료로 0.99달러를 지불하게 됩니다. 제품 당 기본 수수료 및 FBA 수수료 등은 별도입니다.

셀러 계정 기능	플랜 유형	
	프로페셔널	일반
월 이용료 $39.99	예	No
아이템 판매 시 아이템당 수수료 $0.99	No	예
아마존 카탈로그에서 새 상품 페이지 생성	예	예
피드, 스프레드시트 및 보고서를 사용하여 재고 관리	예	No
주문 보고서 및 주문 관련 피드를 사용하여 주문 관리	예	No
아마존 마켓플레이스 웹 서비스를 사용하여 피드 업로드, 보고서 받기 및 다른 API 기능 수행	예	No
모든 상품에 대해 아마존이 설정한 배송료	No	예
미디어 외 상품에 대해 셀러가 설정한 배송료	예	No
프로모션, 선물 서비스 및 기타 특별 리스팅 기능	예	No
바이 박스(Buy Box)에 대한 리스팅 배치 자격	예	No
주문에 대한 미국 판매세 및 사용세를 계산하는 기능 **주:** 세금 계산 서비스에 등록된 경우 일반 셀링 플랜으로 계정을 전환하기 전에 업그레이드/다운그레이드 및 세금 계산 서비스를 참조하십시오.	예	No
사용자 권한 액세스/다른 사용자에게 액세스 권한 부여	예	No

계정비와 아이템당 수수료를 단순히 계산했을 때 월 40개 미만의 아이템을 판매한다면 일반 플랜이 유리하다는 계산이 나옵니다. 따라서 수수료만 따졌을 때는 초기 판매량이 저조할 것으로 예상되는 초보 셀러들은 무조건 일반 플랜으로 가입하는 것이 유리해 보일 수 있습니다. 하지만 일반 플랜의 경우 아마존에서 제공하는 다양한 기능들에 대한 접근이 제한된다는 점. 그리고 뒤에서 설명하겠지만 아마존 셀링에서 매우 중요한 바이 박스Buy Box 배치 자격이 주어지지 않는다는 점 등 여러 제약 사항이 있기 때문에 계정 운영에 어려움이 있습니다.

프로페셔널 플랜의 장점: 아마존 셀링을 위한 최적화

앞서 프로페셔널 플랜으로 계정을 운영하면 일반 플랜에 비해 다양한 장점이 있다고 말씀드렸는데요. 프로페셔널 플랜으로 운영하는 것이 아마존 셀링을 할 때 어떤 이점이 있는지에 대해서 좀 더 자세하게 알아보겠습니다.

바이 박스 배치 자격이 주어진다

바이 박스란 구매자가 제품을 클릭하여 들어왔을 때 Add to Cart 버튼, Buy Now 버튼이 있는 박스를 뜻합니다.

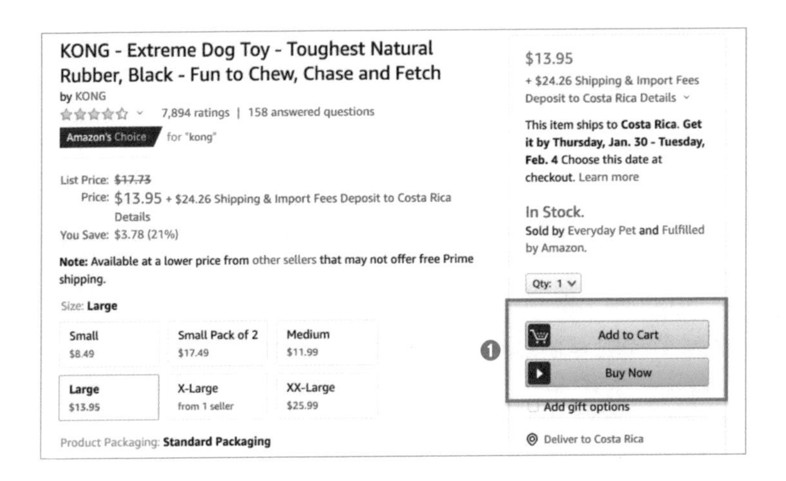

❶ 빨간 박스 부분이 바이 박스입니다. Add to Cart 또는 Buy Now 버튼을 눌렀을 때 자동으로 해당 제품의 바이 박스를 점유하고 있는 셀러에게 주문이 들어갑니다.

아마존이 국내 온라인 마켓과 큰 차이를 보이는 부분이 바로 바이 박스인데요. 추가 설명을 드리면 국내의 경우 동일한 상품일지라도 여러 셀러가 상품을 업로드하면 각 셀러가 업로드한 상품들이 모두 별개의 상품으로 구매자에게 노출됩니다. 하지만 아마존은 동일한 상품을 여러 셀러들이 판매할 경우라도 제품은 하나만 노출이 되고, 여러 셀러들이 아마존 알고리즘에 의해 바이 박스를 경쟁적으로 점유하게 됩니다.

프로페셔널 계정으로 운영해야 이 바이 박스를 가질 수 있는 자격이 주어진다는 것이죠. 반면 일반 계정 셀러의 경우 바이 박스를 가질 수 없기 때문에 구매자들이 일반 계정 셀러의 같은 제품을 구입하기 위해서는 한 스텝 더 나아가서 해당 제품을 리스팅한 다른 판매자들의 리스트를 살펴보고 그곳에서 구매 버튼을 눌러야 합니다.

심지어 내가 최초로 리스팅을 했고, 판매자가 나 하나뿐이라도 일반 계정의 셀러라면 자동으로 바이 박스 배치가 되지 않기 때문에 한 스텝 더 들어가서 구매 버튼을 별도로 눌러야 합니다.

광고 기능을 사용할 수 있다

아마존에서 셀링을 할 때 가장 유용하게 쓰이는 중요한 마케팅 툴이 바로 PPCPay Per Click 광고입니다. 일반 계정의 셀러는 PPC 광고를 만들고 운영할 수 없습니다. 처음 리스팅을 하게 될 경우 구매 이력도 없고, 리뷰도 전혀 없는 상태이기 때문에 이미 활동 중인 경쟁 셀러들 틈바구니에서 내 제품을 노출시키는 것이 여간 어려운 일이 아닙니다. 이때 노출에 도움이 되고 랭킹 상승의 기회를 줄 수 있는 것이 바로 PPC 광고입니다.

아마존에서 특정 키워드를 검색했을 때 상품 이미지 하단에 ❶ Sponsored라고 적혀 있는 것이 바로 PPC 광고를 통해 상위 노출하는 제품들입니다.

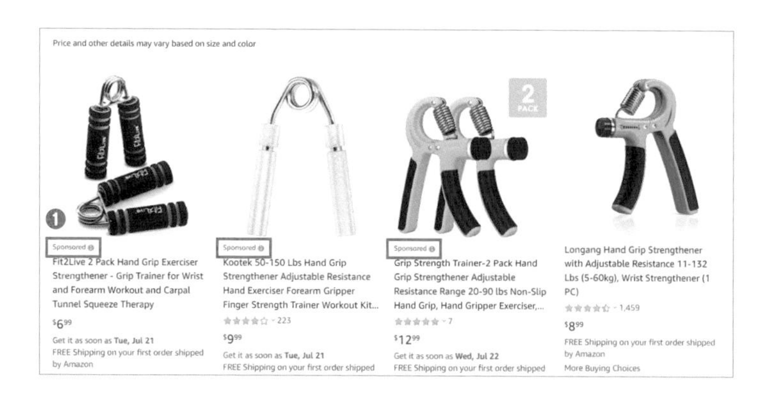

초보 셀러가 상품을 처음 리스팅하고 노출하기 위해서는 PPC 광고가 필수적일 수밖

에 없습니다. 하지만 일반 계정의 셀러는 이러한 마케팅 툴 사용이 제한적이기 때문에 제대로 된 셀링을 하는 것이 어렵습니다.

프로페셔널 플랜의 다른 장점들

프로페셔널 계정의 셀러들에게는 그 밖에도 여러 기능에 접근할 수 있는 권리가 주어집니다. 프로페셔널 계정의 셀러들은 아마존에서 제공하는 각종 데이터, 리포트, 스프레드시트를 활용하여 재고를 관리할 수 있습니다. 또한 프로모션, 선물 포장 서비스 같은 특별한 리스팅 기능도 사용이 가능합니다.

그리고 일반 계정의 셀러는 판매가 불가능하고 프로페셔널 계정의 셀러들만 판매가 가능한 카테고리가 있습니다. 일반 계정의 경우 20개의 카테고리에서 판매가 가능하지만, 프로페셔널 계정은 추가로 10개의 카테고리에서 판매가 가능합니다. 따라서 아래에 소개하는 카테고리에서 판매를 원하는 셀러라면 반드시 프로페셔널 플랜으로 가입하여 운영을 하셔야 합니다.

- *Automotive Parts & Accessories*
- *Business to Business(B2B) products*
- *Collectibles Coins*
- *Fashion Jewelry*
- *Fine Jewelry*
- *Fine Art*
- *Grocery, Food & Gourmet*
- *Industrial & Scientific*
- *Professional Services*
- *Sports Collectibles*
- *Video, DVD, & Blu-ray*
- *Watches.*

프로페셔널 플랜에서 일반 플랜으로 전환하는 방법

지금까지 일반 플랜과 프로페셔널 플랜의 차이를 살펴봤는데요. 처음에는 판매량이 저조할 것 같아 프로페셔널 계정비가 아깝다는 생각이 들 수도 있습니다. 하지만 아마존 셀링을 본격적으로 진행하기 위해서는 프로페셔널 계정으로 운영하시는 것이 훨씬 유리합니다.

처음 계정을 가입할 때 프로페셔널 계정으로 가입하면, 판매가 전혀 없는 상태에서 신용카드로 39.99달러가 결제되어 당황스럽고 조급해질 수 있습니다. 이때 처음 한두 달 정도는 판매하고자 하는 상품의 카테고리가 제한되지 않는다면 일반 계정으로 잠시 전환해두어도 괜찮습니다. 다만 아이템을 리스팅하고 판매를 본격적으로 시작할 때는 프로페셔널 계정으로 반드시 전환하여 운영하는 것을 추천합니다.

그럼 프로페셔널 계정에서 일반 계정으로 전환하는 방법을 알아보겠습니다. 셀러 센트럴Seller Central 페이지로 들어가 우측 상단에 위치한 Setting 탭의 드롭다운 메뉴 중 Account Info에 들어가시면 셀러 계정 정보를 셋팅할 수 있습니다.

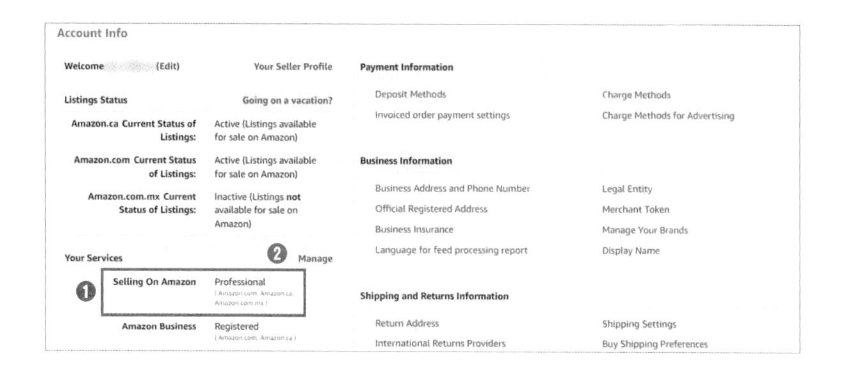

❶ Sell On Amazon에서는 계정 상태를 확인할 수 있는데요. ❷ Manage 메뉴를 클릭하면 계정 유형을 선택할 수 있는 페이지로 넘어갑니다. 다음과 같은 화면에서 ❸ Professional에 체크되어있는 것을 ❹ Individual으로 체크한 후 ❺ Apply Change를 클릭하면 프로페셔널 계정에서 일반 계정으로 전환할 수 있습니다.

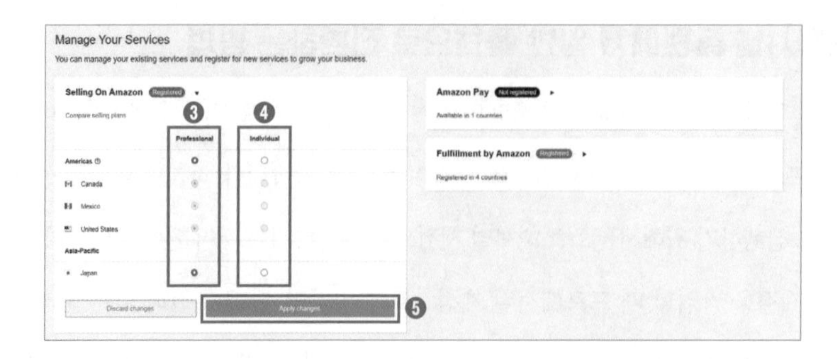

추후에 일반 계정에서 프로페셔널 계정으로 얼마든지 다시 업그레이드가 가능하기 때문에 잠시 전환해두었다가 필요할 때 다시 프로페셔널 계정으로 운영하실 수 있습니다. 다만, 앞서 설명드린 것처럼 일반 계정의 경우 여러 가지 기능에 제한이 있기 때문에 본격적인 아마존 셀링을 생각하신다면 프로페셔널 계정으로 운영하는 것을 추천합니다.

마스터의 시크릿 노트

아마존 계정과 관련하여 많은 초보 셀러들이 궁금해하는 점이 여러 국가에서 아마존 계정을 운영할 경우 모든 국가에서 프로페셔널 계정비를 별도로 39.99달러씩 지불해야 하는지입니다. 답변을 드리자면 계정을 연동시켜놓았다면 모든 국가를 합쳐서 39.99달러의 계정비만 지불하면 됩니다.

아마존 셀링은 처음 미국 계정을 만든 뒤 같은 계정으로 다른 국가로 확장할 수 있도록 되어 있습니다. 저 또한 미국과 일본 계정을 운영했었는데요. 하나의 계정으로 운영했기 때문에 39.99달러의 계정비를 지불했습니다. 만약 동일한 계정이 아닌 다른 계정을 만들어 운영했더라도 추후에 계정 연동을 신청하면 계정이 다르더라도 동일한 셀러가 운영하는 것으로 보고 39.99달러의 계정비만 부담할 수 있도록 해준다고 합니다.

05

사업자등록 꼭 필요한가?

이번 챕터에서는 아마존 셀링을 준비할 때 많은 분들이 궁금해하는 부분에 대해 이야기하겠습니다. 아마존 셀링을 준비하시는 분들이 많이 하는 질문 중 하나가 바로 "아마존 셀링을 할 때, 사업자등록증이 꼭 필요한가?"입니다. 특히 직장에 다니면서 투잡으로 아마존 셀링을 준비하는 분들은 겸직 금지 규정 때문에 사업자등록을 하는 것이 찜찜하신 분들도 분명 계실 것 같습니다.

결론부터 말씀드리면, 사업자등록증이 없다고 해서 계정 가입이 불가능한 것은 아닙니다. 하지만 아마존 셀링을 제대로 운영하기 위해서는 사업자등록을 추천하고 싶습니다. 그 이유에 대해 자세히 말씀드리겠습니다.

사업자등록증이 없으면 부가세 10%를 추가 부담해야 한다

첫 번째 이유는 사업자등록증이 없는 경우 아마존에서 부과하는 각종 비용에 추가로 10%의 부가세를 부담해야 합니다.

과거에는 사업자등록증 없이 개인 명의로 셀러 계정을 만들어 운영하는 셀러들도 꽤 많았습니다. 물론 매출이 커지면 사업자등록증 없이 운영이 어렵기 때문에 일정 규모 이상부터는 당연히 사업자등록을 내고 운영할 수밖에 없습니다. 하지만 초기에 규모가 작을 때에는 사업자등록증 없이 누구나 셀러 계정을 만들어 운영할 수가 있었습니다.

그런데 2019년 9월부터 아마존 규정이 바뀌면서 사업자등록번호가 없는 셀러들은 모든 아마존 수수료, 광고비 등의 비용에 10%의 부가세를 더 부담하게 되었습니다. 사업자등록증이 없는 경우 사업자등록증이 있는 셀러에 비해 아마존에 지불해야 하는 각종 비용이 10% 추가되었다는 이야기죠. 가뜩이나 가격 경쟁이 치열한 시장에서 각종 비용의 10%를 추가로 지불한다는 것은 셀러 입장에서 큰 부담입니다. 특히 단가가 낮거나 경쟁이 치열한 카테고리라면 더욱 부담이 됩니다.

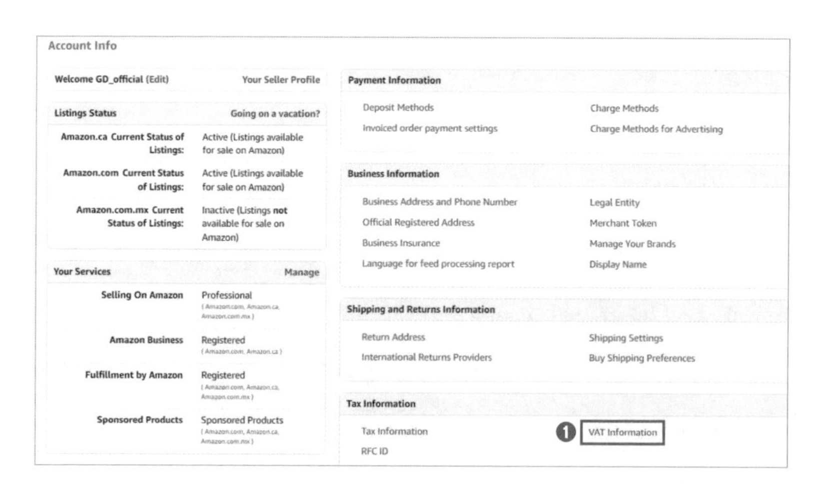

사업자등록번호 없이 개인으로 계정을 가입했다 하더라도 추후에 Account Info에서 간단히 수정할 수 있습니다. 일반 계정으로 가입을 했다면, 추후 사업자등록을 하시고 나

서 반드시 ❶ 부가세 정보VAT Information에 들어가서 사업자등록번호를 기입해야 10% 부가세 추가 징수를 면제받을 수 있다는 점을 꼭 기억하기 바랍니다.

사업자등록증이 없으면 부가세 환급이 어렵다

이미 부가세(부가가치세)에 대해 언급했으니, 한 번 더 정확하게 짚고 넘어가겠습니다.

한국에서는 재화나 서비스가 거래되거나 제공될 때 최종 가격의 10%를 부가가치세로 과세합니다. 그래서 한국에서 사업자를 등록하면 개인사업자의 경우 반기별로, 법인사업자의 경우 분기별로 부가세를 신고해야 합니다. 매출이 발생하면 매출에 대해 10%의 부가세를 납부해야 하고(매출 부가세), 매입이 발생하면 매입 부가세를 산정하여 납부해야 할 부가세에서 차감하는 방식으로 부가세를 줄여주는 역할을 합니다.

보통 부가세는 최종 가격 즉, 소비자 가격에 포함되어 있습니다. 예를 들어 소비자 가격이 1,100원인 상품을 팔았다면 100원을 부가가치세로 국가에 납부해야 합니다. 이때 이 상품을 880원에 매입한 것을 증명하면 매입 부가세 80원을 납부해야 할 매출 부가세 100원에서 차감하여 20원만 납부하게 되는 것입니다.

이렇듯 사업에 필요한 재화나 서비스가 거래될 때 반드시 부가세가 발생하고 납부해야 합니다. 하지만 우리가 어떤 민족입니까? 수출의 민족 아니겠습니까? 그래서 국가에서는 특별히 수출을 위한 재화나 서비스의 거래에 대해서는 부가세 10%를 면제해주고 수출을 많이 할 수 있도록 장려하고 있습니다.

이를 영세율이라고 하는데요. 매출에 대해 말 그대로 Zero Tax Rate, 부가세를 0%의 세율로 적용받게 됩니다. 또한 매출뿐만 아니라 매입 세액에 대해서도 공제가 되므로 수출 실적이 인정되면 부가세를 전혀 부담하지 않게 됩니다.

10%의 부가세가 그렇게 큰 차이가 아닌 것 같아 보이지만 그렇지 않습니다. 내수거래 시 부가세와 아마존 판매 시 부가세를 간단하게 비교하겠습니다. 단, 설명을 위해 각종 비

용은 0원으로 가정하고 매출, 매입, 부가세만 고려하겠습니다.

내수 거래 시 부가세

매출 : 1,100만 원(공급가액 1,000만 원+부가세 100만 원)

매입 : 550만 원(공급가액 500만 원+부가세 50만 원)

납부해야 하는 부가세 : 매출 부가세(100만 원)-매입 부가세(50만 원)=50만 원

이익 : 1,100만 원(매출)-550만 원(매입)-50만 원(부가세)=500만 원

해외 수출 시 부가세

매출 : 1,100만 원(공급가 1,100만 원 모두 매출, 부가세 0원)

매입 : 550만 원(공급가 500만 원+부가세 50만 원)

납부해야 하는 부가세 : 매출 부가세(0원)-매입 부가세(50만 원)=-50만 원(50만 원 환급)

이익 : 1,100만원(매출)-550만 원(매일)+50만 원(부가세 환급)=600만 원

이렇게 해외 수출로 잡히는 매출이 많아지고 국내에서 부가세를 포함한 금액으로 매입을 했다면 금액이 커질수록 그 차이는 엄청나게 커집니다. 단, 부가세를 환급받는 것은 국내에서 상품을 매입했을 경우이고, 해외에서 상품을 매입했다면 해당되지 않습니다. 그 이유는 해외에서 매입했을 당시 해외 국가에 부가세를 납부할 의무가 없으므로 이미 부가세가 포함되지 않은 공급가로 상품을 매입했기 때문입니다. 해외에서 소싱을 했을 경우에도 매입 부가세의 환급은 받지 않지만, 매출이 100% 수출 매출이라면 매출에 대한 10%를 납부할 필요가 없어집니다.

앞에서 설명한 이 '영세율'을 적용받기 위해서는 정식으로 매출 신고를 해야 하고, 아마존으로 물품을 출고할 때 수출실적증명서를 받거나 부가세를 신고할 때 아마존 매출을 수출로 잡아야 합니다. 그런데 사업자등록번호가 없으면 수출실적증명서도 받을 수 없을 뿐 아니라 제대로 매출 신고를 할 수 없기 때문에 영세율 적용을 받을 수 없습니다.

사업자등록을 하면 회사에서 바로 알 수 있다?

이러한 이유로 아마존 계정을 제대로 운영하기 위해서는 반드시 사업자등록을 하고 운영하는 것이 좋습니다. 그래도 앞에서 언급한 겸직 금지 때문에 사업자등록을 꺼리는 분이 계실 것 같습니다. 하지만 먼저 알아두셔야 할 것은 사업자등록을 한다고 해서 회사에서 바로 알게 되는 것은 아니라는 것입니다. 사업자등록을 하고 일정 소득이 발생하기 전까지는 회사에서 알기가 어렵습니다.

회사에서 직원이 사업소득이 생겼다는 것을 알기 위해서는 다음과 같은 조건을 충족해야 합니다.

1 국민연금 소득액 기준 상한액 590만 원 이상 발생 시

2 연간 보수 외 소득이 2,000만 원을 초과하는 경우

3 개인사업자가 직원을 채용하는 경우 (연 매출 4억 원 이상)

먼저 1번의 경우를 설명하겠습니다. 국민연금의 요율은 소득의 9%로 근로자와 사업주가 각각 4.5%씩 부담하게 됩니다. 즉, 근로자 월 급여의 4.5%를 회사에서 부담하게 되는거죠. 그런데 회사에 소속되어 근로소득이 발생하면서 사업자등록을 할 경우 사업자 또한 국민연금에 가입해야 합니다. 직원을 한 명이라도 고용할 경우 두 개의 사업장에 대해 국민연금 보험료를 납부하게 되고, 종업원을 고용하지 않는다면 원래의 직장에서만 보험료를 납부하면 됩니다.

그런데 이 국민연금의 경우 최대 월 소득액 기준의 상한액이 있습니다. 그 상한액이 바로 590만 원입니다.(참고로 이 기준은 2023년 7월을 기준이며, 상한액은 매년 7월 변경됩니다.) 만약 회사에서 수령하는 월 소득이 이미 590만 원 이상이라면 상관이 없지만, 사업소득으로 인해 월 소득이 국민연금 소득액 기준 상한액을 넘을 경우에는 국민연금공단에서 직원의 국민연금 징수액이 변동되었다고 회사로 통지가 갈 수 있습니다.

따라서 사업자등록 및 종업원 고용 또는 사업소득 추가로 인해 국민연금 보험료의 변동이 생기고, 이 변동에 대해 근무하는 직장으로 통지가 갈 경우에만 회사에서 알 수 있는 것입니다.

2번도 마찬가지로 직장가입자의 급여 외 소득이 연간 기준 2,000만 원을 초과하게 되면 건강보험료가 추가 부담됩니다. 따라서 아마존 셀링 매출에서 각종 필요 경비를 제외한 사업소득이 2,000만 원을 초과하는 경우가 아니라면 건강보험료가 추가로 부담되지 않기 때문에 회사에서 알 수가 없습니다.

3번은 개인사업자가 직원을 채용하는 경우입니다. 사업자등록을 한 개인사업자가 직원을 채용하면 직원에 대한 4대 보험 가입이 의무입니다. 이로 인해 사업장가입자가 되면 기존에 근로자로 등록이 되어있던 사업장에서도 알 수 있게 됩니다. 따라서 사업자등록을 하더라도 투잡으로 직원을 채용하지 않고 운영한다면 직장에서 사업자등록 여부를 알 수 없습니다.

앞에서 설명해드린 3가지 경우와 같이 소득에 큰 폭의 변화가 생기거나, 국민연금 또는 건강보험료의 변화가 생기는 경우에만 직장에서 사업자등록 여부를 알 수 있습니다. 하지만 사업자를 내자마자 직원을 뽑을 정도로 판매가 잘 되거나 사업소득이 근로소득만큼 발생하여 회사에서 자연스럽게 투잡 여부를 알게된다면 설사 사규를 어겼더라도 기쁜 마음으로 퇴사를 할 수 있을 것 같습니다.

마스터의 시크릿 노트

저와 네트워킹하고 있는 아마존 셀러들 중에도 처음에는 사업자등록 없이 아마존 셀링을 시작하신 대표님이 계셨습니다. 하지만 이 대표님도 아마존 셀링을 시작하고 6개월 정도 지나서 바로 사업자등록을 하고 투잡으로 운영을 하시다가 현재는 전업 셀러를 하고 계십니다. 저의 개인적인 생각으로는 앞서 설명드린 이유들로 인해 사업자등록 없이 운영하는 것은 현실적인 어려움이 많지 않을까 합니다.

만약 그래도 본인 명의로 사업자를 내는 것이 불편하다면 가족의 명의로 사업자를 내고 시작하는 것도 방법이 될 수 있습니다. 단, 가족 명의로 사업자을 내는 경우라면 가상계좌의 계좌소유증명서(Bank Statement) 명의자, 아마존 계정 가입 명의자, 신용카드 명의자 역시 동일하게 맞춰서 가입 절차를 진행해야 합니다.

어찌 되었든 결론적으로는 수월한 아마존 셀링을 위해서는 사업자등록을 하고 운영하는 것 세금 문제도 복잡하지 않기 때문에 가급적이면 사업자등록을 한 상태로 운영하는 것을 추천드립니다.

06

아마존 셀링을 위한 꼼꼼한 체크리스트

이번 챕터에서는 아마존 계정을 만들기 전에 준비해야 할 것과 주의사항에 대해 알려드리겠습니다. 참고로 최근 계정 가입과 셀러 신원 확인 절차 등이 까다로워지는 경향이 있습니다. 계정 가입을 하시기 전에 꼼꼼하게 준비사항들을 체크하고, 가급적이면 아마존 코리아 공식 사이트에서 아마존 셀링과 관련된 모든 사항들을 자세하게 정독해보는 것을 추천드립니다.

아마존 코리아를 활용하자

아마존 계정 가입은 미국 아마존닷컴으로 접속하여 진행하는 것보다, 아마존 코리아 입점 페이지를 통하여 가입하는 것을 추천합니다. 아마존 코리아 입점 페이지 웹사이트 주소는 https://services.amazon.co.kr입니다.

아마존 코리아 사이트에는 아마존 셀러 계정을 만들기 위해 필요한 여러 준비사항들이 아주 자세하게 나와 있습니다. 또한 아마존 코리아에서 비정기적으로 운영하는 입점 세미나를 비롯하여 중소기업진흥공단, 창업지원센터 등의 공공기관이 진행하는 글로벌 셀러 양성 교육 및 세미나들을 통해서도 도움을 받을 수 있습니다. 관련 기관은 항상 즐겨찾기를 해놓거나 뉴스레터를 받아보시며 시시각각으로 올라오는 정보를 놓치지 않기를 바랍니다.

아마존 입점 세미나에 참석하면 아마존 코리아 매니저에게 입점 관련 도움을 받으며 아마존 셀링을 시작할 수 있습니다. 물론 세미나에 참석한다고 해서 100% 매니저 매칭이 되는 것은 아니고, 아마존 코리아에서 선정한 일부에게 별도로 매니저가 연락을 주게 됩니다. 기회가 된다면 입점을 준비할 때 혼자 하시는 것보다 도움을 받으며 입점을 할 수 있으니, 이러한 세미나는 놓치지 말고 참석해보면 도움이 될 것 같습니다.

아마존 계정 가입 전 준비사항

그럼 본격적으로 아마존 계정 가입 전에 준비해야 할 사항들에 대해서 설명하겠습니다. 이제부터 알려드리는 준비사항들은 아마존 계정 가입을 위해 꼭 필요한 것들이므로 설명을 꼼꼼하게 읽고 준비하시길 바랍니다.

아마존 전용 메일

아마존 계정 가입을 위한 전용 이메일을 준비합니다. 기존에 사용 중인 이메일로 가입을 진행하기보다 아마존 셀링을 위한 전용 메일 계정을 생성하는 것이 좋습니다. 국내 메일보다는 가급적이면 지메일gmail 사용을 권장합니다.

아마존에서는 이메일을 통해 주문 내역이나 판매를 하며 생기는 여러 가지 이슈에 대해 고지합니다. 기존에 사용하던 이메일의 경우 다른 이메일과 아마존 메일이 뒤섞이게 되면서 중요한 통지를 놓치거나 업무를 하는 데 불편이 생길 수 있습니다.

사업장 주소 및 휴대폰 번호

계정 가입을 진행할 때 휴대폰 번호로 인증번호를 받아 입력해야 하고 본인 신원 확인 절차 중에는 우편으로 인증번호를 받아 실제 사업장 주소지가 맞다는 것을 인증해야 합니다. 따라서 문자나 전화 연락이 가능한 휴대폰 번호와 사업장 주소 또는 거주지 주소 정보를 정확하게 갖고 있어야 합니다.

여권

대표자 또는 담당자의 만료되지 않은 여권이 필요합니다. 서명이 잘 보이고 만료일이 충분히 남아있도록 준비해주세요. 아마존 계정 가입 시 여권 사본을 업로드해야 합니다. 가이드에는 여권의 사진을 찍어 업로드해도 된다고 하지만 되도록 스캔을 해서 준비합니다. 스캔을 할 때는 신원이 나타나 있는 면과 그 윗면까지 모두 나오도록 스캔해주셔야 합니다.

신용카드

처음 계정을 만들 때 아마존 프로페셔널 계정으로 가입하는 경우 39.99달러의 계정비가 자동으로 결제됩니다. 따라서 가입 시 반드시 신용카드 정보를 입력해야 합니다. 신용카드는 해외결제가 가능한 본인 명의의 신용카드로 BC카드는 안 되고 VISA나 MASTER 마크가 붙어있는 신용카드로 준비합니다.

가끔 체크카드로 등록이 가능한지 물어보시는 분들이 계신데, 원칙상 체크카드는 불가능합니다. 체크카드는 현금이 있을 때만 자동결제가 되기 때문에 신용카드가 필요합니다. 신용카드 명의는 아마존 계정을 가입할 때 입력하는 법적 이름Legal Name, 여권명, 가상계좌를 만들 때 입력한 이름과 반드시 동일해야 합니다.

가상계좌

아마존에서 판매가 이루어지면 정산을 받게 됩니다. 이때 해외 셀러들은 가상계좌가 필요하게 됩니다. 원래는 현지국에 은행계좌를 개설하여 판매 대금을 정산받아야 하지만 해외 거주 중인 셀러들은 미국 시민이 아니기 때문에 현지에 계좌를 개설할 수 없겠죠?

그래서 정산 시 해외거래가 가능한 은행계좌를 온라인에서 가상으로 만들어 해외결제나 대금 수령을 가능하게 해주는 것이 가상계좌입니다. 앞서 언급했듯이 가상계좌의 명의와 주소는 반드시 아마존 계정 가입 시 작성하는 명의자와 일치해야 합니다.

아마존 셀러가 대표적으로 많이 이용하는 가상계좌 서비스는 다음 두 가지입니다.

페이오니아(Payoneer)

웹사이트 : https://www.payoneer.com/kr

페이오니아 사업개발팀 : saleskorea@payoneer.com

- 한국어 고객센터 : 070-4784-4047 (평일 오전 10시~오후 7시, 금요일 오후 6시까지)
- 8년간 국내 셀러들이 가장 많이 선택한 아마존 대금 수취 서비스로 나스닥에 상장한 글로벌 페이먼트사
- 한국 온라인 셀러 전용 고객센터 운영 및 기업형 고객 맞춤 상시 컬설팅 지원 서비스(수출 신고 및 마케팅 등)
- 페이오니아 모바일 앱으로 외부 환경에서도 실시간 입금 확인 및 출금 신청 가능
- 편리한 아마존 판매내역 관리를 위한 Store API 연동 기능 제공(Amazon MWS)

핑퐁글로벌(PingPong)

웹사이트 : https://kr.pingpongx.com/kr/index

핑퐁글로벌 서비스 운영팀 : cs-korea@pingponggx.com

- 전화번호 : 070-7878-8802
- 카카오톡 '핑퐁글로벌코리아' 채널 추가 후 문의
- 마켓플레이스 판매 대금 수취 후 국내 계좌 출금까지 최소 2시간~최대 1영업일 소요
- 각 마켓플레이스 및 국가별 가상계좌 은행명세서(Bank Statement) 발급 지원
- 부가가치세(VAT 및 GST) 납부, 그룹 계정 관리, API 연동 등 무역대금 정산시 필요한 추가 기능

국내에서 아마존 셀러들이 가장 많이 사용하는 가상계좌 서비스는 페이오니아입니다. 핑퐁글로벌은 후발주자로 최근 수수료 관련 프로모션을 많이 진행하면서 사용하는 셀러

들이 점점 늘어나고 있습니다.

두 가상계좌 서비스 모두 이용이 편리하고 대금 수령과 인출이 빠르기 때문에 추천드립니다. 저의 경우 페이오니아와 핑퐁글로벌을 모두 이용하고 있지만, 미국 계정은 핑퐁글로벌을 이용하고 있습니다. 핑퐁글로벌은 가상계좌로 받은 달러를 간단한 절차를 통해 송금할 수 있고 상대방이 핑퐁 계정을 갖고 있다면 송금을 받을 수도 있어, 송금 거래가 있을 때 이용하기 편리하다는 장점이 있습니다.

마스터의 시크릿 노트

아마존 계정 가입 후에는 신원 확인 절차를 거치게 됩니다. 가입하는 셀러의 정보와 여권 사본, 신용카드, 가상계좌의 정보가 스펠링 하나라도 일치하지 않으면 가입이 거절되는 경우가 많습니다. 처음부터 계정 가입이 거절되면 차후에 해결하기는 정말 어렵습니다. 처음에 거절된 경우에는 두 번째에는 더 까다롭게 체크하고, 만약 그래도 거절이 되면 같은 이메일로 가입이 어려울 수 있습니다.

따라서 아마존 코리아에서 제공하는 셀러 계정 가입 절차를 프린트해놓고 꼼꼼하게 체크하면서 차근차근 계정 가입을 진행해주시길 바랍니다.

07

가상계좌란 무엇이며 어떻게 만들까?

앞선 챕터에서는 가상계좌에 대해 언급을 했었습니다. 아마존 셀러들이 많이 사용하는 가상계좌 서비스로 페이오니아와 핑퐁글로벌을 소개했는데요. 이번 챕터에서는 각 가상계좌 서비스에 대해 좀 더 자세히 알아보고, 핑퐁글로벌과 페이오니아에서 가상계좌를 만드는 방법과 아마존에 제출해야 하는 계좌증명서를 준비하는 방법에 대해서 알아보겠습니다.

핑퐁글로벌의 특징

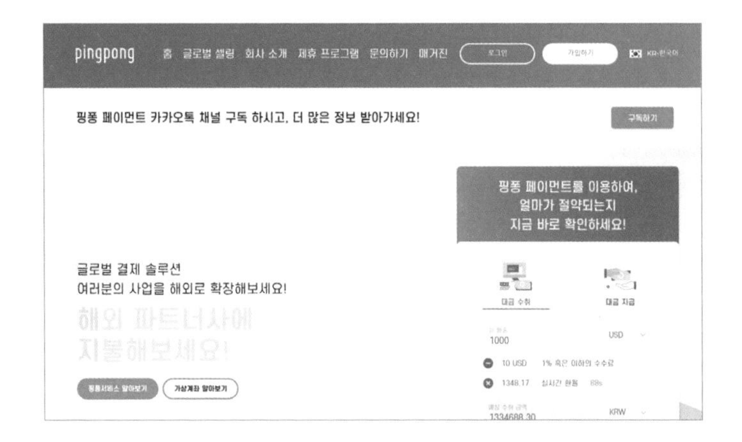

핑퐁글로벌은 해외 전자상거래 플랫폼을 사용할 때 대금 수취를 가능하게 해주고, 무역 대금 수취 또는 해외 송금을 간편하게 할 수 있도록 도와주는 가상계좌 서비스입니다. 15개국에서 가상계좌를 만들 수 있고 170개국 이상에서 무역거래를 지원합니다.

서비스 수수료는 최대 1%로 페이오니아의 기본 수수료보다 낮은 수준입니다. 또한 거래액에 따라 수수료 인하 혜택이 있습니다. 책에서 소개하는 QR코드를 통해 계정 가입을 진행할 시에는 수수료 인하 혜택이 있으니 참고 바랍니다.

핑퐁글로벌의 장점은 낮은 수수료율과 함께 대금 인출이 굉장히 빠르다는 점입니다. 가상계좌의 금액을 한국의 은행계좌로 인출 시 1일 이내에 인출을 요청한 대금이 들어옵니다. 해외에 송금할 일이 있을 경우 가상계좌에 있는 잔고로 간편하게 송금할 수 있다는 장점도 있습니다. 페이팔의 대금 수취, 송금 등의 수수료가 무려 4.5%인데 핑퐁글로벌은 아마존 정산대금 수취 수수료와 동일한 수수료로 송금 및 대금 수취가 가능합니다.

핑퐁글로벌 가상계좌 개설하기

가상계좌를 개설하기 위해서는 우선 핑퐁글로벌에 가입을 해야 합니다. 우선 앞에서 소개한 QR코드를 휴대폰으로 스캔한 후 링크를 복사하여 PC에서 복사한 링크로 접속하여 계정 가입을 진행하면 됩니다.

계정 가입을 위해 필요한 서류를 미리 준비해놓고 가입 절차를 진행하면 좋습니다. 다시 한번 언급하면 가입할 때 입력하는 영문명은 아마존 계정 개설시 사용한 영문명, 여권명 등과 100% 동일해야 합니다.

계정 가입 목적

앞서 소개한 프로모션 링크로 핑퐁글로벌에 접속하면 다음과 같은 화면이 나옵니다. 영어에 익숙하지 않는 분들은 우측 상단의 메뉴에서 ❶ 한국어를 선택하면 한글로 계정 가입 절차를 진행할 수 있습니다.

위치는 South Korea로 되어 있으니 그대로 두고, 핑퐁글로벌에 가입하는 목적을 묻는 질문에는 아마존 정산대금을 수취할 것이기 때문에 ❷ Accept payments를 선택한 후 다음 버튼을 클릭합니다.

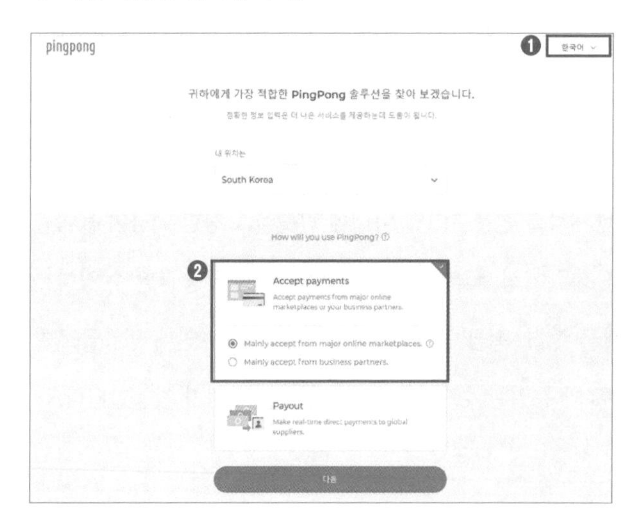

이메일 및 비밀번호 설정

다음 화면에서 이메일과 비밀번호를 설정하고 전화번호를 입력하면 보안코드를 받을 수 있습니다. 보안코드를 입력하고 생성하기 버튼을 클릭합니다. 참고로 이메일은 아마존 계정 가입 시에 사용한 이메일로 가입하면 편리합니다.

이메일 확인 및 로그인

앞서 입력한 이메일 주소로 핑퐁글로벌에서 계정 활성화와 관련된 메일을 보냈을 것입니다. 이메일을 확인하여 ACTIVE NOW 버튼을 클릭하면, 핑퐁글로벌 로그인 화면으로 자동 연결됩니다. 로그인 화면에서 설정한 이메일과 비밀번호를 입력하여 로그인을 진행합니다.

인증코드 설정

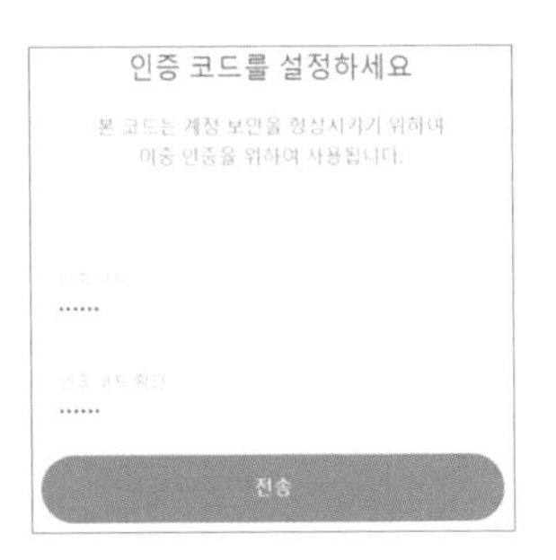

다음으로 인증코드를 설정합니다. 이 인증코드는 아마존 판매 정산대금을 인출하거나 송금 등의 거래를 진행할 때 보안을 위해 한 번 더 입력하는 비밀번호라고 생각하시면 됩니다.

비즈니스 유형 선택

개인사업자와 법인사업자는 가상 계좌를 개설하기 위해 필요한 서류나 입력해야 할 내용이 조금씩 다릅니다. 개인사업자와 법인사업자는 본인의 사업체에 맞춰 필요한 서류를 준비합니다.

개인사업자 정보 입력

개인사업자의 경우 여권에 나와있는 영문 이름과 동일하게 이름, 생년월일 등의 정보를 입력합니다. 중요하게 체크해야 할 것은 아마존 계정 가입을 진행할 때 입력한 주소와 여권의 이름, 여권 정보 등이 모두 일치해야 한다는 점입니다. 아마존 계정 가입과 가상계좌 개설을 진행하기 전에 주소를 영문으로 검색한 뒤 메모장에 붙여넣기를 하여 동일한 주소를 입력할 수 있도록 준비하면 좋습니다.

이어서 계좌 정보를 입력해야 합니다. 개인 또는 개인사업자는 은행 계좌 유형을 '개인계좌'로 선택하고, 계좌 사본을 인터넷 뱅킹으로 다운받거나 통장을 스캔해서 준비합니다. 계좌 정보 입력 시 스위프트 코드SWIFT CODE를 입력해야 합니다. 거래 은행의 스위프트 코드 확인 방법을 미리 확인해보기 바랍니다.

법인사업자 정보 입력

법인사업자의 경우 사업자등록증을 준비해야 합니다. 홈택스에서 미리 영문 사업자등록증을 받아놓으면 영문 사업장명과 주소 등의 정보를 확인할 수 있습니다. 법인사업자 역시 아마존 계정을 가입할 때 입력한 사업자 주소, 회사명, 대표자명 등의 정보가 동일해야 합니다. 25% 이상의 주식 소유자의 신분증도 필요합니다. 만약 대표자가 100% 소유주일 경우 대표자 신분증만 제출하면 됩니다.

다음으로 계좌 정보를 등록합니다. 가상계좌로 정산받은 대금을 인출할 국내 계좌 정보를 등록합니다. 만약 외화통장을 갖고 있다면 외화로 대금을 인출할 수도 있습니다. 저의 경우 환율이 계속 변동되기 때문에 우선 외화로 정산을 받아 외화로 자금을 보유하고 있다가, 환율이 오를 때 원화로 환전을 합니다. 자금의 여유가 있다면 이렇게 외화로 자금을 보유하다가 환차익을 얻을 수도 있습니다.

Business Information

○ Partnership ◉ Corporation ← 법인사업자는 반드시 Corporation 선택

Business full name ← 1) 기업명 작성

Business Registration Number ← 2) 사업자 등록증에 명시된 사업자등록번호 입력

Business Registration ← 3) 법인사업자 등록증 업로드

Sales category
Specify your sales category ← 4) 판매 품목 종류 선택 (현재 운영 사이트 주소 함께 제출)

Ultimate beneficial owner (UBO) information

Let us know how many people control at least 25% of the business.
If no one controls more than 25% of the business, please provide us with the largest shareholders owners information

◉ 1 ○ 2 ○ 3 ○ 4

UBO 1

Share proportion of business % ← 1) 주식 지분 기입(%)

Legal name

First Name ← 2) 이름 입력 (예: 이름이 '박보검'인 경우, 'Bo Gum' 입력)

Last Name ← 3) 성 입력 (예: 이름이 '박보검'인 경우, 'Park' 입력)

Date of birth

MM / DD / YYYY ← 4) 생년월일 기입

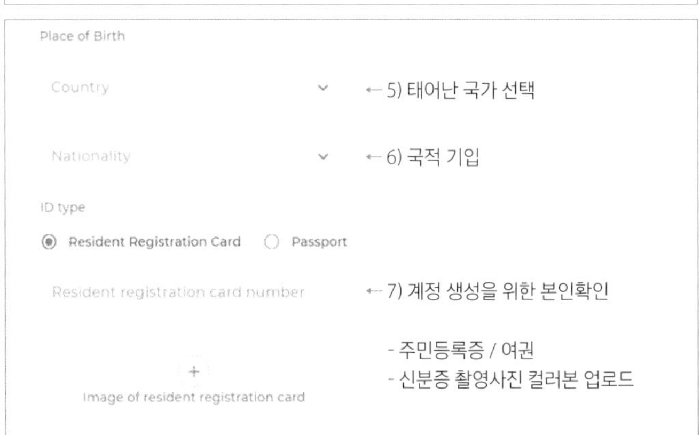

가상계좌 개설

핑퐁글로벌의 계정 가입을 완료했다면, 이제 별도로 가상계좌 개설을 진행해야 합니다. 핑퐁글로벌에 로그인하고 메인 화면 상단 대시보드 메뉴를 클릭하면 '가상계좌 개설하기' 버튼이 보일 것입니다. 해당 버튼을 클릭하고 통화를 USD로 선택하여 제출 버튼을 누르면 가상계좌 개설하기 절차가 모두 마무리됩니다.

계좌증명서 발급

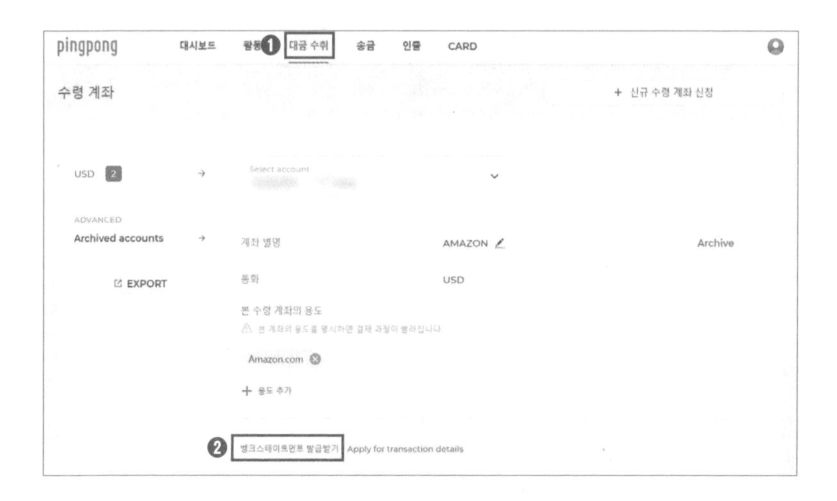

가상계좌 개설을 마무리했다면, 이제 아마존에 제출할 계좌증명서Bank Statement를 발급받아야 합니다. 핑퐁글로벌 메인 화면 상단에 ❶ 대금수취 버튼을 클릭하면 ❷ '뱅크스테이트먼트 발급받기' 버튼이 보일 것입니다. 해당 버튼을 클릭하고 계정 정보를 입력하면 1분 안에 이메일로 계좌증명서를 받을 수 있습니다.

계좌 명의자는 아마존에 등록된 업체명을 기재하고, Account holder's email에는 아마존 계정에 가입할 때 기입한 이메일을 기재합니다. 주소에도 역시 아마존과 동일한 주소를 입력한 뒤 체크박스 체크 후 제출 버튼을 클릭합니다.

지금까지 핑퐁글로벌 가상계좌 개설 방법 및 계좌증명서 발급 방법을 설명했습니다. 최대한 자세하게 알려드리려고 노력했으나, 그래도 어려움이 있다면 한국어 지원이 되는 직원에게 상담을 받으며 차근차근 가입 절차를 진행할 수 있으니 참고 바랍니다.

페이오니아의 특징

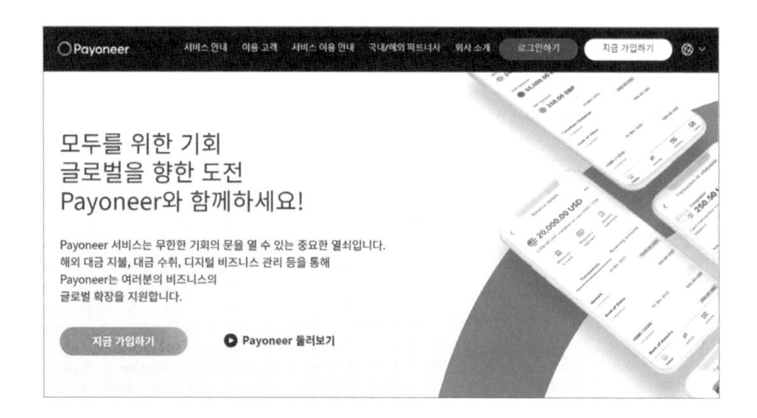

페이오니아는 페이팔Paypal과 비슷한 해외결제 시스템으로 해외에 계좌가 있는 것처럼 '가상의 계좌'를 제공함으로써 해외의 대금결제를 원활하게 해주는 서비스입니다. 미국 달러뿐만 아니라 위안화, 파운드화, 유로화, 엔화, 호주달러 등 세계 주요국 통화로 거래가 가능합니다.

페이오니아 가상계좌 서비스는 한 번 계정을 만들어놓으면 아마존 미국뿐만 아니라 아마존 일본, 아마존 유럽 등 다른 국가로 마켓플레이스를 확장할 때도 새로운 가상계좌를 만들 필요 없이 각 국가 통화에 해당되는 계좌를 계정과 연결시키기만 하면 되기 때문에 이용이 굉장히 간편합니다.

페이오니아의 기본 수수료는 1.2%이지만, 거래액과 규모에 따라 수수료율은 달라질 수 있습니다. 거래액이 늘어나면 수수료 조정이 가능하지만 핑퐁글로벌과 비교했을 때 페이오니아의 수수료가 더 높은 편입니다. 페이오니아도 한국어 지원이 되며, 고객센터로 전화를 걸면 한국어가 가능한 직원과 전화상담이 가능합니다. 운영하는 데 특별히 어려운 부분이 없고 유저인터페이스도 굉장히 쉽게 되어 있는 편입니다.

페이오니아 가상계좌 개설하기

페이오니아 가상계좌를 개설하기 위해서는 우선 페이오니아에 가입해야 합니다. 다시 언급하면 가입할 때 입력하는 영문명은 아마존, 여권 이름 등과 100% 동일해야 합니다.

비즈니스 유형 선택

페이오니아 홈페이지에서 가입하기를 누르면 다음과 같이 비즈니스 유형을 선택하는 창이 나옵니다. 만약 사업자등록증이 없는 상태라면 우선 개인회원으로 가입합니다. 하지만 아마존 셀링을 제대로 하기 위해서는 사업자등록을 해야 하므로 기업회원을 기준으로 설명을 하겠습니다.

해당되는 정보를 영문으로 입력합니다. 참고로 개인회원의 경우 이름, 이메일, 생년월일을 입력하면 됩니다. 다시 기업회원으로 돌아와 회사의 법적 이름 항목에는 영문 사업자등록증의 영문 회사명을 기입하고, 사업 법인의 종류는 개인사업자 또는 법인의 경우 주식회사(Inc)를 선택하면 됩니다. 권한을 가진 대리인의 이름 항목에는 아마존 셀러 가입 시 입력한 영문명을 동일하게 기입하고, 해당 명의자와 일치하는 신용카드도 추후에는 꼭 필요합니다.

다시 한 번 강조하자면 아마존, 가상계좌, 여권 등의 이름이 모두 일치하는지 반드시 체크해야 합니다. 생년월일 정보도 여권 정보와 반드시 일치해야 하므로 일치 여부를 다시 한 번 확인하시기 바랍니다.

연락처 정보 입력

다음 단계에서는 연락처 정보를 입력하게 됩니다. 네이버에서 영문 주소 찾기를 통해 자신의 집 주소 또는 회사라면 회사 주소를 영문으로 입력하면 됩니다.

휴대전화 번호를 입력하고 페이오니아에서 보내준 코드를 입력합니다. 국가코드가 있기 때문에 휴대전화 번호 맨 앞에 나오는 0은 빼고 1부터 시작하는 휴대전화 번호를 숫자만 입력하면 됩니다.

계정 정보 입력

다음 단계로 넘어가면 화면과 같이 계정 정보를 기입하는 페이지로 넘어갑니다. 사용자 이름에는 가입을 시작할 때 기입한 이메일 주소가 자동으로 입력됩니다. ID 유형은 주민등록증, 여권, 운전면허증 중 하나를 선택할 수 있습니다. 가급적이면 아마존에 제출하는 것과 동일하게 여권을 제출합니다.

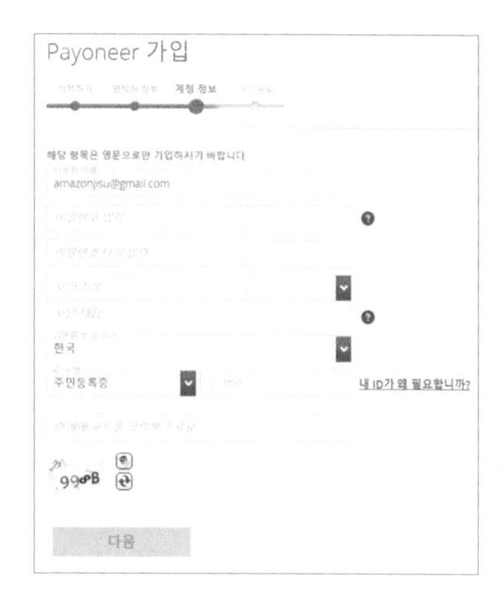

정산받을 은행계좌 입력

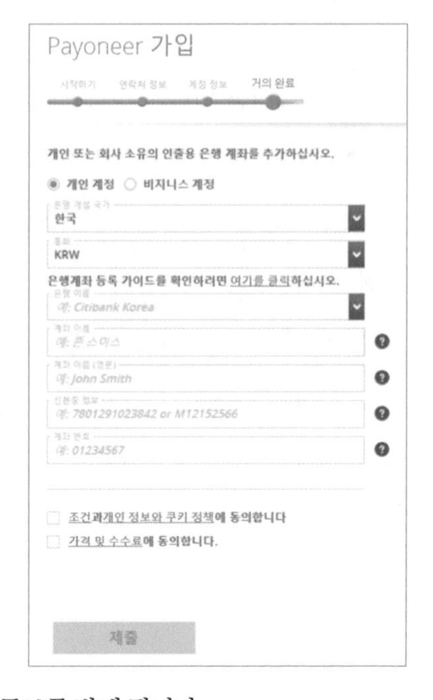

마지막 단계입니다. 이제 정산받을 은행계좌를 입력하면 됩니다. 페이오니아에서 정산을 받을 때 유리한 조건은 외화통장으로 미국 달러를 받는 것입니다. 가급적이면 외화통장을 만들어서 달러로 정산 금액을 인출하는 것이 좋습니다. 외화통장의 은행계좌 정보를 입력하면 됩니다.

이렇게 마지막까지 모든 정보를 기입하고 제출 버튼을 누르면 평균 1~2일의 검토 기간을 거쳐 승인을 받게 됩니다. 하지만 실제로는 하루도 걸리지 않아서 승인이 나는 경우가 많습니다. 승인 여부는 페이오니아 가입 당시 기입한 이메일을 통해 통보를 받게 됩니다.

그리고 페이오니아에 접속하여 마지막으로 인증센터에 필요한 추가 정보를 제출하고, 몇 가지 추가 정보에 대한 설문지만 작성하면 가상계좌 생성이 완료됩니다.

페이오니아 가상계좌가 생성되었다면 이후 계좌증명서Bank Statement를 발급받아 아마존에 제출하면 됩니다.

계좌증명서를 제출할 때는 반드시 핑퐁글로벌이나 페이오니아에서 제공한 PDF 파일 그대로 제출해야 합니다. 이 PDF 파일을 인쇄하여 스캔한다든지 JPG 파일로 변환하거나 발급받은 정보가 틀려서 재편집하여 제출하는 등의 행위를 해서는 안 됩니다.

반드시 제공받은 파일 그대로 제출해야 한다는 것을 명심하기 바랍니다. 만약 가상계좌 소유자 정보가 아마존 계정 가입 시 기입한 정보와 띄어쓰기, 하이픈 등 미세한 차이라도 있다면 고객센터에 문의하여 계좌증명서의 내용을 수정하여 다시 발급받을 수 있는지 문의하시기 바랍니다.

마스터의 시크릿 노트

이번 챕터에서는 아마존 정산을 받기 위해 필수적인 가상계좌를 만드는 방법에 대해 알아봤습니다. 다양한 가상계좌 서비스가 있지만 초보 셀러들이 쉽게 가입할 수 있고 운영하기도 쉬운 핑퐁글로벌과 페이오니아를 기준으로 설명했습니다. 가상계좌 서비스는 여러 업체들이 있기 때문에 자신에게 맞는 업체를 찾아 가입하면 됩니다. 수수료나 서비스 등을 고려하여 본인에게 더 잘 맞는 가상계좌 서비스를 선택하시기 바랍니다.

가장 중요한 점은 가상계좌를 만들 때 입력하는 정보와 아마존 계정 가입 시 입력하는 정보가 100% 일치해야 한다는 점입니다. 미세한 부분이라도 차이가 있다면 계정 가입이 거절될 수 있으므로 앞에서 설명한 체크리스트를 참고하여 정보의 일치 여부를 꼼꼼하게 확인하시길 바랍니다.

아마존 셀링을 위한 필수 용어

이번 챕터에서는 아마존 셀링을 운영하며 익숙해져야 하는 용어들에 대해 간단히 설명하겠습니다. 이 용어들을 마치 시험 공부하듯이 달달 외울 필요는 없습니다. 아마존 셀러로 운영을 시작하면 자연스럽게 익숙해지는 용어들이지만, 미리 알아두면 아마존 셀링을 준비하는 과정에서, 또 이 책을 본격적으로 읽을 때도 도움이 될 것입니다.

Listing : 상품 소개 및 상세페이지

리스팅은 아마존에서 판매하고자 하는 상품의 소개 및 설명을 하는 상세페이지 등을 뜻합니다. 아마존에서는 상품을 '업로드한다'고 표현하지 않고 '리스팅한다'고 이야기합니다.

리스팅은 Title, Bullet Point, Image, Description, Generic Keyword를 기본 구성 요소로 포함하고 있습니다.

Best Seller Rank(BSR) : 상품의 아마존 판매 순위

베스트 셀러 랭크BSR는 아마존 셀링 시 항상 주목해야 하는 주요 지표로 내 리스팅의 아마존 판매 순위라고 생각하면 됩니다. BSR이 낮을수록 해당 카테고리에서 잘 판매되는 상품이라는 뜻입니다. 아이템을 선정할 때도 경쟁 상품의 BSR을 잘 살펴야 하고, 자신의 리스팅 BSR이 카테고리 내에서 낮게 유지될 수 있도록 늘 신경써야 합니다.

Buy Box : 매출에 절대적인 영향을 미치는 절대 반지

바이 박스는 동일한 제품을 여러 셀러가 판매할 경우 해당 제품 리스팅에 생성되는 Add to Cart와 Buy Now 버튼이 있는 박스를 말합니다. 바이 박스가 중요한 이유는 이 박스를 차지한 셀러가 아마존 알고리즘에 의해 바뀌기 때문입니다.

보통 FBM 상품보다 FBA 상품을 운영하는 셀러가 바이 박스를 차지할 확률이 높으며, 가격과 재고 수준, 셀러 피드백 점수도 바이 박스 점유에 영향을 미치는 것으로 알려져 있습니다. 하지만 아마존에서는 바이 박스 점유 셀러를 선정하는 알고리즘을 절대 공개하지 않으므로 참고만 하시기 바랍니다.

Variation : 상품의 추가 선택 옵션

하나의 상품에 컬러, 사이즈 등 다양한 옵션 선택이 필요할 때 상품 리스팅에 옵션을 선택할 수 있는 Variation을 만들 수 있습니다. 신규 리스팅을 하게될 경우에는 베리에이션별로 다른 바코드 넘버가 있어야 합니다.

ASIN : 아마존 고유의 상품코드

ASIN은 아마존에서 개별 상품에 부여하는 고유의 상품코드입니다. 각각의 리스팅은 고유의 ASIN 넘버를 가지고 있으며, ASIN 번호로 상품을 검색할 수 있습니다. ASIN

Number는 제품 상세페이지 하단 Product Details 란에서 확인할 수 있습니다.

FNSKU : 아마존 고유의 바코드

FNSKU는 아마존에 상품을 입고시킬 때 상품에 붙여야 하는 바코드입니다. 입고 시 바코드는 FNSKU 바코드만 부착해야 합니다. 아마존 창고에서는 이 FNSKU 바코드로 어떤 셀러가 판매하는 어떤 제품인지를 인식하게 됩니다.

브랜드 상품의 경우 FNSKU 바코드를 면제해주어 브랜드사가 상품 리스팅 당시 기입한 바코드 번호로 제품을 인식합니다. 하지만 큰 문제없이 상품 운영을 하기 위해서는 FNSKU 바코드를 부착하여 입고시키는 것이 가장 안전합니다.

UPC/EAN Barcode : 상품 고유의 번호

UPC 또는 EAN 바코드는 세계유통표준코드에서 발급해주는 상품의 고유 넘버입니다. 아마존에 상품을 등록할 때에는 고유한 바코드 번호로 상품을 인식하게 되는데요. 이미 아마존에 리스팅된 상품이 아닌 신규 상품을 등록하기 위해서는 이 바코드가 있어야 합니다.

Click Through Rate(CTR) : 고객들이 내 상품을 클릭한 비율

클릭률CTR은 노출 대비 클릭 수를 비율로 나타낸 것입니다. 예를 들어, 내 상품이 검색 결과에 1,000번 노출되었는데 10번의 클릭이 발생했다면 클릭률은 1%가 됩니다. 아마존 셀링을 할 때 광고의 효과를 측정하거나 리스팅의 품질 지수를 확인하기 위해 살펴봐야 할 주요 지표입니다.

Conversion Rate(CR) : 고객이 내 상품을 구매한 비율

구매전환율CR은 클릭 수 대비 구매횟수를 비율로 나타낸 것입니다. 만약 10번의 클릭 대비 1건의 구매가 발생했다면 구매전환율은 10%가 됩니다. 구매전환율 역시 아마존 셀링을 할 때 클릭률과 더불어 항상 살펴봐야 할 중요한 지표입니다.

ACOS : 광고의 효율을 나타내는 지표

ACOS는 광고를 통한 매출 대비 지출된 광고비의 비중을 나타냅니다. 광고를 집행했을 때 광고의 효율을 확인할 수 있는 지표입니다. 예를 들어 광고를 통해 1,000달러의 매출이 발생했고 광고비로 50달러를 사용했다면, ACOS는 5%입니다. ACOS는 광고를 관리하는 페이지에서 확인할 수 있습니다.

Organic Sales : 광고 효과를 뺀 순수 매출

Organic Sales는 광고가 아닌 순수 키워드 검색을 통해 발생한 매출을 뜻합니다. 내 상품과 연관된 키워드를 검색했을 때 광고를 집행하지 않더라도 내 상품이 상위에 노출되고, 노출을 통해 유입된 고객에게 매출이 발생한 것을 오가닉 매출이라고 합니다.

광고나 프로모션을 통해 노출되는 것보다 이 오가닉 랭킹을 높여서 실제 키워드 검색으로 매출이 일어날 수 있도록 하여 비용을 최소화하는 것이 아마존 셀링에서 매우 중요합니다.

09

차근차근 따라 해보는 계정 가입

이번 챕터에서는 계정 가입 과정을 실제 셀러 센트럴 페이지를 보며 따라할 수 있도록 설명하겠습니다. 다만, 아마존 페이지는 끊임없이 변화하는 유기체처럼 꾸준히 업데이트되며 변화하고 있습니다. 따라서 독자 여러분이 이 책을 읽는 시점과는 가입 매뉴얼이 100% 동일하지 않을 수 있지만, 전체적인 구성과 내용은 비슷하기 때문에 참고하여 계정 가입을 진행해주시길 바랍니다.

추천해드리는 것은 가입 직전에 아마존 코리아에서 제공하는 계정 가입 절차 매뉴얼 및 가상계좌 가입 매뉴얼을 다운받아 다시 한 번 꼼꼼하게 살펴보는 것입니다.

참고로 원고를 집필하는 시기에는 2023년 10월부터 2024년 4월 3일까지 아마존 신규 계정 가입자를 대상으로 첫 6개월 동안 프로페셔널 계정비를 1달러만 받는 프로모션이 진행 중입니다. 이러한 계정 가입 프로모션은 시기에 따라 달라질 수 있기 때문에 계정 가입 전에 아마존 코리아 웹사이트를 주의 깊게 살펴보기 바랍니다.

아마존 코리아 웹사이트 접속

가장 먼저 할 일은 아마존 코리아 웹사이트에 접속하는 것입니다. 아마존 코리아 웹사이트에 접속했다면 우측 상단의 '입점 시작하기' 버튼을 클릭합니다.

대표자 이름, 이메일, 패스워드 등록하기

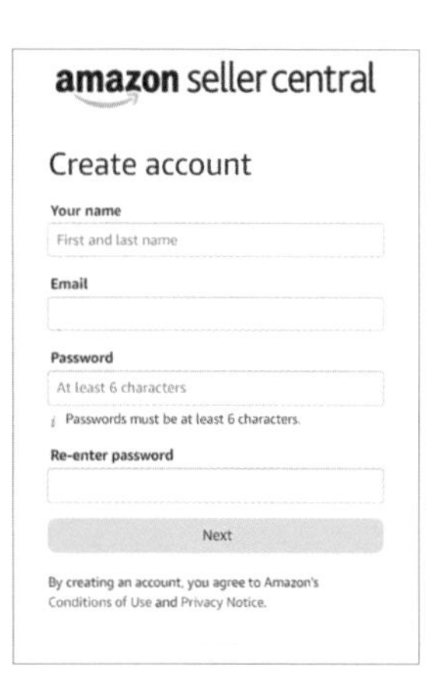

아마존 글로벌 셀러로 가입하기 위해 기본사항인 이름 및 이메일, 패스워드를 등록합니다. 이때 주의해야 할 점은 기입할 대표자 이름이 반드시 여권에 기재된 이름과 100% 일치해야 한다는 것입니다. 사업자등록증의 대표자 이름과도 일치해야 하며, 신용카드 정보 및 계좌증명서의 이름과도 일치해야 합니다. 그리고 아마존 계정 아이디로 사용할 이메일은 되도록 Gmail 계정을 추천합니다.

OTP 번호 입력

입력한 이메일 주소로 이메일 계정 확인을 위한 OTP 번호가 전송되면 해당 번호를 입력합니다.

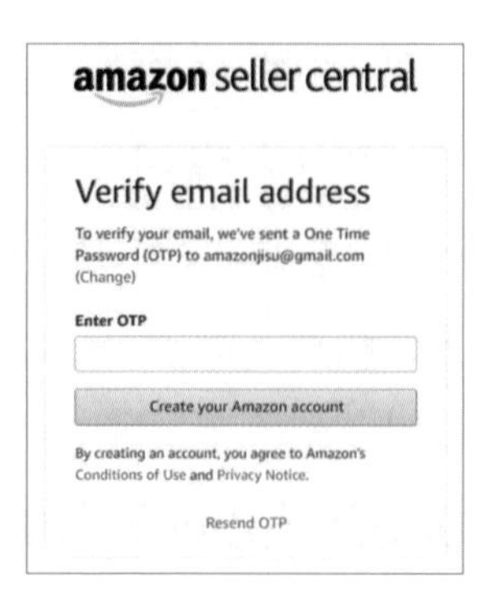

비즈니스 종류 입력

아마존 글로벌 셀링을 수행하는 국가와 법인사업자, 개인사업자 등 비즈니스 타입을 선택하는 과정입니다.

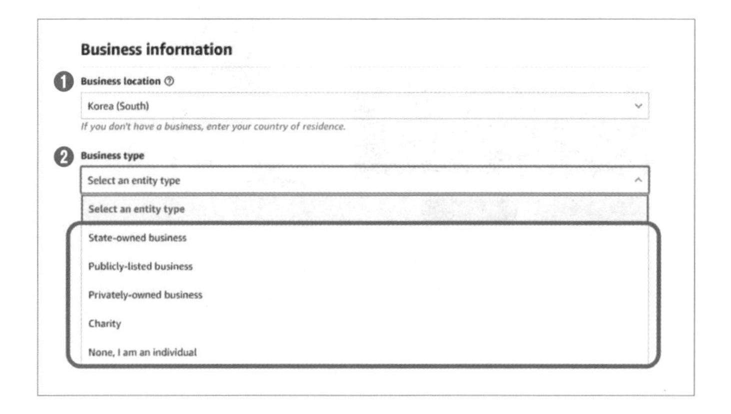

❶ Business location에는 사업자등록증을 발급한 국가를 선택합니다. 한국에서 비즈니스를 할 경우 Korea(South)를 선택하면 됩니다. ❷ Business type에는 법인사업자의 경우 Publicly-list business를 개인사업자는 Privately-owned business를 선택하면 됩니다. 사업자등록을 하지 않은 개인의 경우에는 None, I am an Individual을 선택하면 됩니다.

❸ 법인/사업자의 경우
Business Name, used to register with your state or federal government
Business name as it appears on business registration document

순수 개인의 경우
First name ⓘ
First name
Middle name(s) ⓘ
Middle name(s)
Last name ⓘ
Last name

I confirm my business location and type are correct, and I understand that this information cannot be changed later.

By clicking on 'Agree and continue', you agree to the Amazon Services Business Solutions Agreement and Amazon's Privacy Notice. If you use the selling services offered in Amazon's stores other than in Canada, United States, or Mexico, you also agree to the additional terms listed on the International Selling Agreements page with respect to those services.

Agree and continue

Business type을 선택하고 나면 ❸ Business Name을 입력하는 란이 나옵니다. 선택한 비즈니스 타입에 따라 보이는 화면이 달라지는데, 법인사업자와 개인사업자의 경우에는 영문 사업자등록증과 동일한 '영문 회사명'을 입력합니다. 개인의 경우에는 여권 이름과 동일한 '영문 이름'을 입력하면 됩니다. 여기에 입력하는 이름과 이후에 가입할 가상계좌의 계좌증명서 이름이 일치해야 합니다.

비즈니스 정보 입력

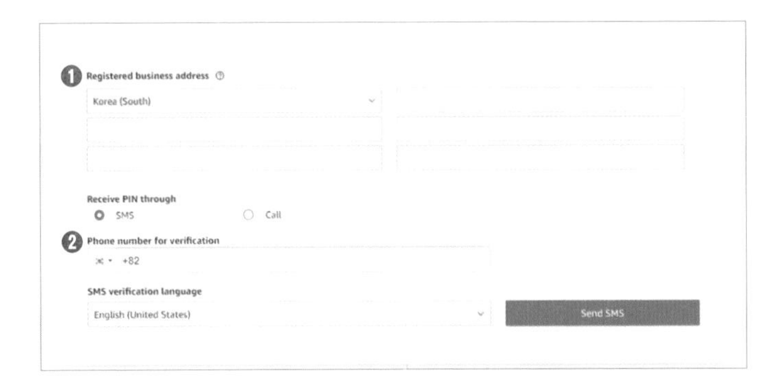

비즈니스 주소와 전화번호를 입력합니다. 영문 사업자등록증을 발급하여 나오는 영문 주소를 입력하시면 됩니다. ❶ 여기에 기입하는 주소는 계좌증명서의 주소와 100% 일치해야 합니다. 따라서 계좌증명서에 기입한 정보를 따로 워드 파일 등에 보관해놓고 그대로 복사 붙여넣기를 해서 입력하는 것이 가장 안전합니다.

❷ Phone number for verification에는 대한민국을 선택하고 +82-10-XXXX-XXXX의 방식으로 전화번호를 입력하면 됩니다. 그리고 휴대폰 번호로 pin 번호를 받아 확인합니다.

❸ 다음으로 회사의 법적 대표자 여권 이름과 동일한 영문 이름과 국적, 출생지, 생년월일 등의 정보를 입력합니다. ❹ Identity proof에서는 Passport를 선택한 후, 여권 번호와 여권 만료일을 입력합니다. 참고로 여권은 만료일이 6개월 이상 충분히 남아 있는 여권을 준비하시는 것이 좋습니다.

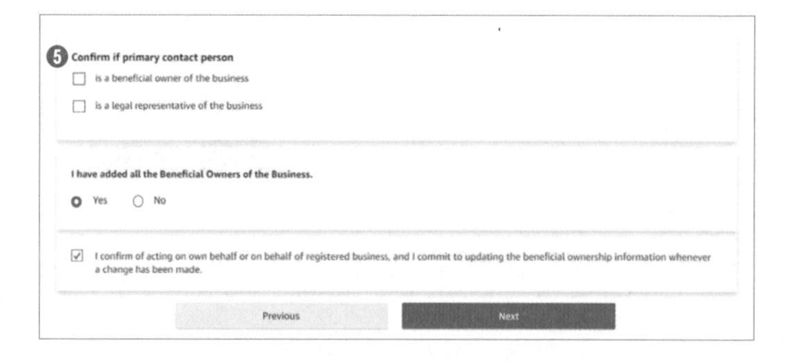

❺ Confirm if primary contact person에서는 정보를 제공한 사람이 누구인지

를 선택합니다. 대표자 명의로 가입한다면 Beneficial owner실소유주와 Legal representative법적대리인 모두를 선택하고, 만약 대표자이지만 주식의 25% 이상을 보유하고 있지 않다면 Legal representative만 선택하시면 됩니다. 다만, 법적대리인의 경우 담당자 변경이나 퇴사로 인해 문제가 발생하는 것을 방지하기 위해 대표자 명의로 가입을 권장합니다.

다음 항목으로 회사의 모든 실소유주를 추가했는지 체크하는 항목이 있는데, 보통 Yes를 선택하고 Next 버튼을 눌러 다음으로 넘어갑니다.

결제 정보 입력

Payment Information 단계에서는 아마존 계정비 39.99달러가 결제될 신용카드 정보를 입력합니다.

신용카드는 해외 결제가 가능한 신용카드로 준비합니다. BC 카드는 사용이 불가하며 마스터, 아멕스, JCB 등도 사용이 가능하나 VISA가 가장 문제없이 사용이 가능합니다.

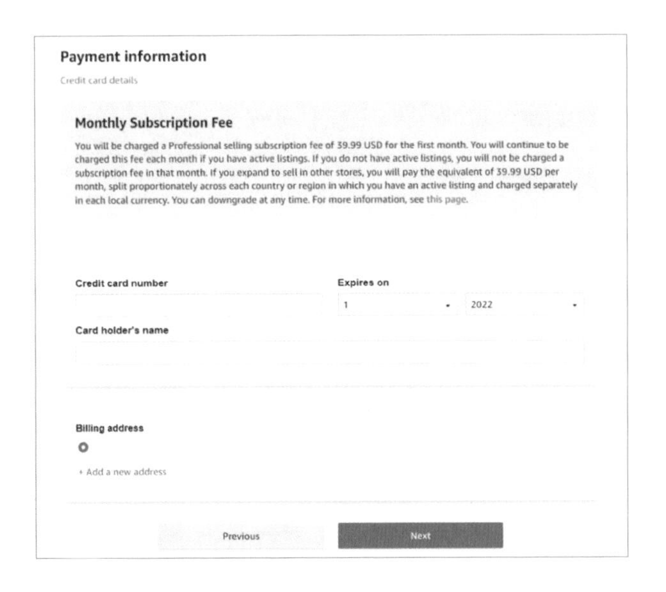

준비한 VISA 카드의 카드번호, 유효기간, 카드 소지자 이름을 정확하게 입력합니다. 참고로 법인 계정에 개인 카드를 사용해도 되고 카드 소지자와 계정 등록자가 동일하지 않아도 계정 가입 진행이 가능합니다.

신용카드 정보를 모두 입력하면 계정 가입을 끝내고 바로 43.99달러가 결제됩니다. 39.99달러가 아닌 43.99달러라 당황하실 수도 있습니다. 계정 가입을 하는 당시에는 사업자등록번호를 입력하지 않은 상태이기 때문에 부가세 10%가 포함된 계정비가 빠져나가는 것입니다. 가입을 완료한 후 사업자등록번호까지 등록하면 10% 부가세가 제외된 39.99달러가 결제됩니다.

스토어 정보 입력

다음으로 Store name에 원하는 상점 이름을 입력합니다. 이는 아마존에서 사용되는 상점 이름으로 판매하는 상품의 브랜드를 사용해도 되고, 여러 브랜드 제품을 판매할 예정이라면 브랜드와 상관 없이 원하는 상점 이름을 작성하여 기입하면 됩니다. 말 그대로 아마존에 입점하는 온라인 스토어의 간판이므로 고객들에게 매력적으로 보일 수 있는 스토어 네임을 적어주시면 됩니다.

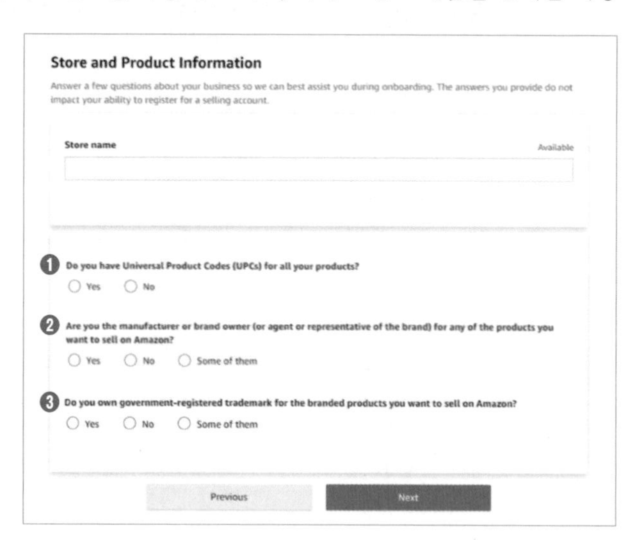

아래 이어지는 질문에서는 ❶ 판매하고자 하는 모든 제품에 UPCUniversal Product Code, 즉 바코드가 있다면 Yes에 체크하고, 하나라도 바코드가 없다면 No를 선택하면 됩

니다. 보통 No를 선택합니다.

다음 질문에서는 ❷ 판매하고자 하는 상품이 직접 제조하는 상품인지 또는 이 상품의 Brand owner인지 선택합니다. 만약 직접 제조하는 상품 또는 브랜드 상품을 판매할 생각이라면 Yes를 선택하고 아니라면 No를 선택합니다. 일부 상품만 자신이 브랜드 오너인 상품을 판매할 예정이라면 Some of them을 선택하면 됩니다.

마지막 질문에서는 ❸ 판매하고자 하는 브랜드 상품이 공식적으로 상표권 등록이 되었는지를 선택합니다. 마찬가지로 상표권이 등록된 상품이라면 Yes, 아니라면 No를 선택합니다. 일부만 상표권이 등록된 상품이라면 Some of them을 선택합니다.

신원 확인 정보 입력

이제 가입 절차가 거의 끝나갑니다. 이번 단계는 셀러의 실제 신원이 일치하는지 확인하는 단계입니다. 셀러 신원을 확인할 수 있는 여권 사본과 Bank Statement 서류를 업로드해야 합니다.

우선 앞에서 입력한 정보들이 모두 정확한지 확인한 후, ❶ Upload Passport 버튼을 눌러 여권 사본을 PDF 또는 JPG 파일로 업로드합니다. 여권의 경우 서명란의 서명을 포함한 컬러 스캔본으로 준비하고, 파일명은 가급적 특수문자를 포함하지 않은 영문으로 작성합니다.

다음으로 ❷ Proof of Address에서 Bank account statement를 선택하고 Bank statement를 업로드합니다. 주의해야 할 점은 발급받은 Bank statement를 다시 스캔하여 업로드하는 경우가 있는데, 그렇게 해서는 안 되고 다운로드받은 서류 원본을 해당 파일 그대로 업로드해야 합니다.

셀러 신원 확인 절차

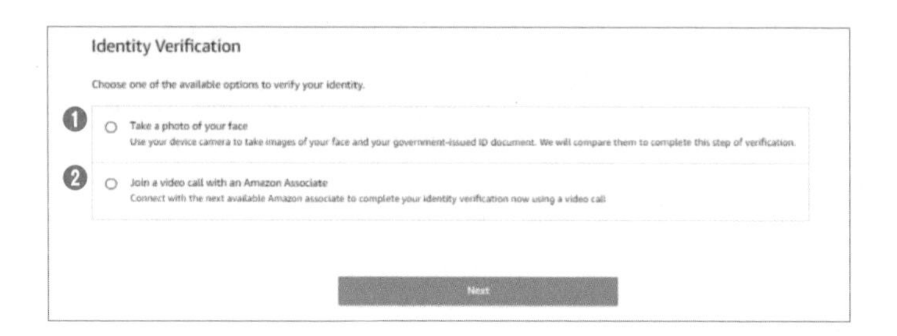

자, 여기까지 계정 가입을 하시느라고 수고가 많았습니다. 하지만 아직 우리에게는 Identity verification신원 확인 절차라는 산이 하나 더 남아 있습니다. 신원 확인은 두 가지 방법으로 진행이 가능합니다. ❶ 셀프로 진행하는 방법과 ❷ 담당자와 영상통화를 하는 방법이 있습니다. 셀프로 진행하는 방법의 경우 여러 가지 이유로 서류를 보완하거나 파일을 다시 올려야 하는 일이 발생할 수 있습니다. 따라서 확실하게 담당자와 영상통화를 진행하는 방법을 추천합니다.

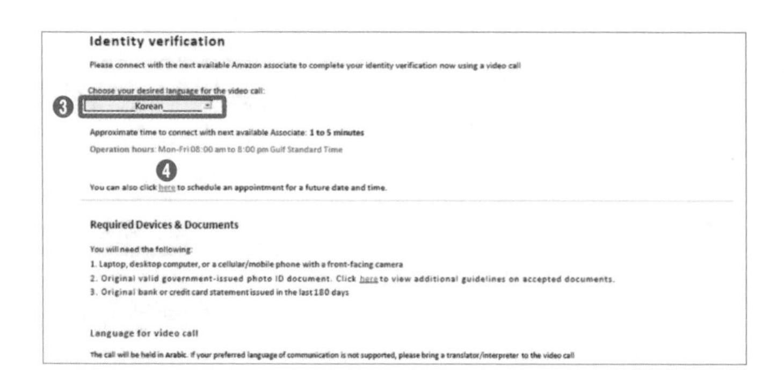

우선 영상통화를 원하는 언어를 선택합니다. ❸ Korean으로 선택하면 한국어가 가능한 아마존 직원과 영상통화를 진행합니다. 그리고 바로 영상통화가 가능하다면 Next 버튼을, 바로 영상통화가 어렵다면 하단의 ❹ click here 버튼을 클릭하고 영상통화가 가능한 날짜로 예약을 할 수 있습니다.

영상통화를 위해서 영상통화가 가능한 장치(랩탑 또는 휴대폰)가 잘 작동하는지 확인하고, 지금까지 계정 가입을 진행하며 제출했던 서류를 준비합니다. 여권은 실물 원본으로 Bank statement는 프린트하여 준비합니다. 만일을 위해 영문 사업자등록증도 준비해두시면 좋습니다.

영상통화는 그리 까다롭게 진행되지 않습니다. 실제 가입한 셀러의 신원이 일치하는지 여부를 확인하는 절차로 아마존 직원의 요구에 따라 준비한 서류를 카메라를 통해 보여주기만 하면 됩니다. 영상통화를 마치면 보통 72시간 내에 신원 확인 결과를 이메일로 통보받게 됩니다.

주소 인증 단계

지금까지의 아마존 계정 가입 절차를 모두 끝마쳤다면 추가로 주소 인증을 해야 합니다. 아마존 계정을 가입할 때 기입한 business address로 국제 우편물이 하나 날라올 것입니다. 이 우편물에 Verification code가 하나 적혀있는데, 여기에 적혀있는 숫자를 입력하면 모든 인증 절차가 마무리됩니다.

아마존에서 안내받은 것처럼 계정 가입 이후 셀러 센트럴에 접속하시면 Verification code를 입력하는 화면이 뜨고 여기에 우편으로 받은 코드를 입력하면 됩니다.

마스터의 시크릿 노트

여기까지 아마존 셀링 계정 가입 절차에 대해 배워봤는데요. 아무래도 한국 전자상거래 플랫폼에 비해 복잡하고 철자 하나만 틀려도 거절될 수 있다고 하니 겁부터 날 수도 있을 것 같습니다. 저 역시 계정 가입 당시에 기입한 정보가 철자 하나라도 틀렸는지 수십 번은 검토하고 눈이 빠지게 보았던 것 같습니다. 하지만 차근차근 준비해야 할 서류와 기입해야 하는 정보들을 비교해보며 잘 준비하면 그렇게 어려운 일은 아니니 너무 걱정하지 마시길 바랍니다.

가입 절차에서 실수를 방지하기 위해 아래의 내용들을 워드에 미리 작성해놓고 그대로 복사 및 붙여넣어 계정 가입을 진행하는 것을 추천드립니다.

<Seller Information>

Name : (여권의 영문 이름)

Email : (계정 아이디로 사용할 이메일, gmail 추천)

Seller Name : (영문 사업자등록증의 영문 회사명 또는 여권의 영문 이름)

Seller address : (영문 사업자등록증의 영문 주소 또는 영문 변환한 주소)

Phone number : (+82-10-XXXX-XXXX)

<Credit card information>

Card number :

Card Holder Name :

Expiration date :

하나 더! 독자 여러분들을 위해 혜택을 안내해드립니다. 아마존 계정을 가입하기 전에 온라인으로 아마존 입점 세미나를 먼저 참석해보기 바랍니다. 세미나에 참석하여 설문조사에 참여하신 분들에게는 선발을 통해 아마존 입점 컨설팅 및 계정 생성 가이드라인을 제공하고 아마존 코리아에서 진행하는 실습 세미나에 우선 초대하는 혜택이 주어진다고 합니다.

아마존 코리아 입점 세미나

3장

팔리는 상품의 법칙

10

내가 진입할 수 있는 틈새시장은 어디일까?

이번 챕터에서는 신규 브랜드나 신제품을 런칭할 때, 어떻게 하면 더 성공적으로 시장에 진입할 수 있는지에 대해 한 번 생각해보는 시간을 가져보려고 합니다. 특별히 아마존에 국한된 이야기는 아니지만, 신규 브랜드와 신제품을 런칭하기 위해 반드시 고려해야 할 부분이라 생각하여 이번 챕터를 준비했습니다.

내가 만약 새로운 브랜드를 런칭한다고 생각해보면 참으로 막막할 것입니다. 특히 초기 창업가는 자본과 인력이 한정적인 상황에서 브랜드를 런칭해야 하다 보니 시장 진입 자체가 쉽지 않습니다. 수많은 브랜드와 상품이 넘쳐나는 시장에서 실패 확률을 줄이고 성공 확률을 높이기 위해서 우리는 틈새시장에서 기회를 찾아야 합니다.

신규 브랜드 성공의 확률을 높이는 틈새시장을 찾아라!

틈새시장은 말 그대로 특정한 타겟에 집중된 시장을 말합니다. 영어로 니치마켓Niche Market이라고도 하죠. 여기서 '니치'라는 말은 '남들이 아직 모르는 좋은 낚시터'라는 은유적인 의미를 담고 있다고 합니다. 다수의 대중을 타겟으로 하는 시장이 아닌 특정 연령, 성별, 환경, 취향 등을 저격하는 시장이 바로 틈새시장입니다.

그렇다면 우리는 왜 틈새시장을 노려야 할까요? 기왕이면 큰 시장에 진입하여 많은 수요가 예상되는 곳에서 사업을 시작하는 것이 낫지 않을까요?

틈새시장을 먼저 노려야 하는 이유는 한정된 자원으로 성공해야 하기 때문입니다. 시간, 자본, 인력이 충분하다면 처음부터 매스마켓에서 신규 시장을 창출하고 개척할 수도 있겠죠. 하지만 대부분의 신규 브랜드들은 한정된 자원으로 생존해야 하기 때문에 마치 땅따먹기를 하듯이 작은 시장부터 조금씩 규모를 키워나가야 합니다.

틈새시장을 찾기 위해서는 큰 카테고리의 시장을 타겟이나 욕구에 따라 세분화하여 쪼개볼 수 있어야 합니다. 예를 들어 가방이라는 큰 카테고리에서도 용도에 따라 굉장히 다양한 종류의 가방이 있을 수 있습니다. 패션의 완성을 위해 들고 다닐 잇백부터 노트북이나 책을 갖고 다녀야 하는 학생이나 직장인을 위한 가방도 있을 수 있습니다. 이처럼 가방이라는 큰 카테고리에서도 특정 타겟이나 욕구에 따라 시장을 세분화하여 쪼개볼 수 있는 것이죠.

이러한 미충족 니즈Unmet needs를 정확하게 충족시켜줄 수 있는 아이템을 찾을 수 있다면 우리의 성공 가능성은 높아지게 됩니다. 그렇다면 이러한 미충족 니즈를 충족시켜준 아이템은 어떤 것이 있을까요? 몇 가지 케이스를 통해 알아보겠습니다.

물안경 시장의 세분화 : 아이들의 욕구와 불편에 집중한 물안경

보여드리는 제품은 스피도Speedo라는 브랜드에서 판매 중인 어린이용 물안경입니다. 이 제품은 아이들을 타겟으로 사용자의 니즈를 정확하게 간파한 아이템이라는 생각이 들었습니다.

물안경 디자인은 동그란 형태가 대부분이고, 물안경을 썼을 때의 모습은 그닥 예쁘지 않습니다. 우리나라 사람들의 경우 물안경을 쓰는 타겟이 대체로 실내 수영장에서 전문적으로 수영을 하는 사람들이고 물안경을 선택하는 기준 또한 기능에 집중되어있기 때문에 다른 차별화 포인트를 갖고 있는 제품을 찾기 어려웠습니다.

하지만 이 물안경은 어떤가요? 디자인이 마치 썬그라스처럼 톡톡 튀고 귀엽죠? 그리고 저는 물안경의 끈도 아이들이 물안경을 착용하는 상황을 세심하게 고려하여 만들었다고 생각했습니다. 보통 물안경의 끈이 넓적한 고무 재질로 되어 있다 보니 수영모자를 쓰지 않고 물안경을 착용하면 머리카락이 다 엉키고 심지어 뽑히기도 하여 매우 불편합니다. 아이들은 불편하면 물안경을 쓰기 싫어합니다. 하지만 이 물안경은 끈의 표면을 패브릭으로 처리했고, 조이는 부분도 뒤에서 간편하게 조이는 방식으로 만들었습니다. 아이들용 물안경을 찾는 부모라면 디자인도 귀엽고 착용하는 방식도 불편하지 않아 매력적으로 느낄 수밖에 없을 것 같습니다.

이렇게 시장을 세분화하여 면밀하게 살펴보다 보면 불편한 부분을 찾을 수 있고, 이러한 점을 개선한 상품으로 틈새시장을 공략하면 성공적으로 시장에 진입할 수 있습니다.

실내용 슬리퍼 : 층간소음이라는 명확한 니즈를 짚은 실내화

혹시 뭄뭄 실내화를 아시나요? 아파트 엘리베이터에서 광고를 보신 분이 계실 것 같습니다. 이 실내용 슬리퍼도 틈새시장을 잘 겨냥한 제품이라는 생각이 들었습니다. 집에서 실내화를 신는 목적에도 다양한 욕구가 있을 것 같은데요. 차가운 방바닥이 맨발에 닿는 것이 싫어서 신거나, 발바닥이 피로해서 신는 경우도 있습니다.

뭄뭄 실내화는 이러한 다양한 욕구 중에서 층간소음 방지라는 욕구를 더 깊게 파고든 제품입니다. 실내화를 신고 걸어 다닐 때의 소음 데시벨까지 측정하여 층간소음 방지 효과에 대해 강조하고 있습니다. 제품 광고도 오로지 아파트 엘리베이터 광고에 집중하고 있습니다. 광고 영상은 층간소음 문제에 공감할 수 있는 상황을 독창적이고 재미있게 표현하여 광고에 대한 거부감을 최소화하였고, 뭄뭄 실내화라는 제품명만 강조하는 방식으로 광고를 집행하고 있습니다.

그 결과 1년 6개월 만에 무려 7만 켤레나 팔리는 성과를 내게 되었다고 합니다. 층간소음 방지 실내화는 '이미 시장에 존재하는 상품이 아니야?'라고 생각할 수도 있습니다. 물론 이러한 기능을 하는 실내화는 있었습니다. 여기서 중요한 것은 소비자가 층간소음 실내화를 떠올렸을 때 머릿속에 각인된 브랜드나 제품이 없었다는 것이 핵심입니다.

특정 브랜드나 제품이 없을 경우, 이렇게 틈새시장을 정확하게 짚어주는 제품이 나오고 적극적인 마케팅 활동을 통해 제품을 인식시키면 소비자의 머릿속에 브랜드와 제품에 대한 명확한 깃발을 꽂을 수 있게 됩니다.

신규 브랜드 성공의 핵심, One Killer Item!

상품 브랜드에 있어 브랜드의 성패를 좌우하는 것은 단 하나의 킬러 아이템이라고 생각합니다. 앞에서 설명한 틈새시장에서 1등을 할 수 있는 제품, 고객의 머릿속에 명확하게 떠오르는 브랜드나 제품이 없을 때 깃발을 꽂아 내 브랜드의 존재를 알릴 수 있는 단 하나의 아이템이 바로 킬러 아이템입니다.

킬러 아이템의 성공이 있어야 고객들은 처음으로 내 브랜드를 경험할 수 있게 되고, 원 킬러 아이템에 고객들이 만족해야 내 브랜드의 후속 제품들도 구매할 가능성이 높아지게 됩니다.

생각해보면 대부분의 성공한 브랜드들은 이러한 원 킬러 아이템을 하나씩 갖고 있었습니다. 원 킬러 아이템은 틈새시장에서 다른 경쟁 상품들이 아직 채워주지 못한 고객들의 미충족 니즈를 충족시켜주며 브랜드 인지도가 없던 초기에 상품의 존재만으로 까다로운 고객들의 지갑을 열게 할 수 있었습니다.

지금은 주식시장에 상장까지 하게 된 에이피알APR도 처음에 작은 비누 하나로 시작했다는 것을 아시나요? 에이피알이 보유한 여러 브랜드 중 에이피알의 시초가 된 에이프릴스킨이라는 브랜드는 매직스톤 비누라는 하나의 킬러 아이템으로 시작되었습니다.

미디어 커머스가 태동하던 2015년 출시된 매직스톤 비누는 천연비누 시장에서 "쌩얼비누"라는 별명을 얻으며 세안 전용 비누로 10대와 20대 사이에서 큰 인기를 얻었습니다. 당시 천연비누 시장은 딱히 브랜드라고 불릴만한 제품이 없었고, 각종 공방에서 수제품으로 만들어진 비누들이 난립하던 상황이었습니다. 또한 천연비누의 특성상 쉽게

(출처 : 코스인 코리아 닷컴)

물러지고 세정력도 떨어진다는 편견도 존재하는 상황이었죠.

이때 매직스톤 비누가 이러한 천연비누의 단점을 보완한 상품으로 출시되었습니다. 제품의 외관 역시 상품명처럼 단단한 돌처럼 만들어 고객들에게 매직스톤 비누의 차별점을 직관적으로 인지하도록 만들었습니다. 그리고 모공까지 깨끗이 세안하여 쌩얼도 매끈한 피부결로 만들어 준다는 소구점을 재미있는 영상 콘텐츠로 풀어내 10대와 20대 여성들의 공감과 관심을 이끌어냈습니다.

이 매직스톤 비누가 성공하면서 에이프릴스킨은 미백크림, 선크림 등으로 상품 라인을 늘려가며 브랜드를 키워나갈 수 있었습니다. 지금은 패션 브랜드 널디를 포함하여 화장품 브랜드 메디큐브까지 성공시키면서 연매출 5,000억 원의 거대한 기업으로 성장하게 되었습니다.

이렇게 원 킬러 아이템은 초기 브랜드의 실패 확률을 낮춰주고, 한정된 인력과 자원을 집중하게 만들어 브랜드가 생존할 수 있게 합니다.

마스터의 시크릿 노트

지금까지 신상품과 신규 브랜드를 런칭하고 생존하기 위해 틈새시장을 공략하는 방법에 대해 알아봤습니다. 아마존 셀링 역시 국내 이커머스 시장과 마찬가지입니다. 국가와 고객만 바뀌었을 뿐이지 커머스의 본질은 같습니다.

아마존에 진입하려 할 때도 해당 카테고리를 분석하여 틈새시장을 찾고 경쟁 상품이 충족시키지 못한 미충족 니즈가 무엇인지 살펴봐야 합니다. 그리고 이것을 충족시켜줄 수 있는 제품을 개발하고 이 제품을 고객의 머릿속에 쉽게 각인시킬 한 마디의 핵심 컨셉, 차별화된 제품 디자인과 제품명 등을 고려해야 합니다. 이렇게 아마존에서도 통하는 하나의 킬러 아이템을 만들 수 있다면 성공적으로 아마존 시장에서 진입할 수 있을 것입니다.

11

어떤 기준으로 아이템을 선정해야 할까?

아마존 셀링을 시작할 때 가장 고민되는 부분이 바로 이번 챕터가 아닐까 싶습니다. 도대체 어떤 아이템을 팔아야 할지, 어디서부터 어떻게 접근해야 할지 감이 잘 오지 않을 수 있습니다.

아이템은 셀러의 자본금 상황, 성향, 전략에 따라 천차만별입니다. 따라서 어떤 아이템이 팔린다 안 팔린다를 단정하기가 매우 어렵습니다. 하지만 팔리는 아이템과 안 팔리는 아이템에는 어느 정도 공통점이 있는 것도 사실입니다. 아이템을 선정할 때 어떤 기준을 갖고 선택해야 하는지 알려드리기 전에 먼저 몇 가지 케이스를 살펴보고 들어가겠습니다.

아마존 전설의 아이템

아마존 셀링에 관심을 갖고 정보를 찾아보셨던 분들이라면 다음에 소개해드리는 아이템들에 대해서 들어보신 적이 있으실 것 같습니다. 이른바 전설처럼 전해 내려오는 아마존 대박 아이템들입니다.

전설처럼 전해 내려오는 아마존 대박템(?)

첫 번째 아이템은 바로 호미입니다.

우리나라 전통 농기구인 호미가 어떻게 미국 아마존에서 잘 팔리게 된 것인지 참 신기하죠? 호미는 미국에서도 'Homi'라는 고유명사로 판매되고 있으며, 한국처럼 농기구가 아닌 '가드닝 툴'로 아마존에서 큰 인기를 끌었습니다. 농기구에서 가드닝 툴로 살짝 컨셉을 변경한 것이죠. 대체로 단독주택에 거주하고 정원을 늘 관리해야 하는 미국인들의 입장에서는 가드닝 툴에 대한 수요가 항상 존재했고, 이 호미를 가드닝에 실제로 사용해봤더니 만족도가 아주 높아 입소문을 타게 되었다고 합니다.

두 번째 아이템은 할머니댁에서 자주 보았던 빈티지한 담요입니다.

커다란 장미 그림이나 호랑이 그림이 있는 부드러운 담요를 어릴 적에 한두 번쯤은 덮어본 적이 있을 것입니다. 사실 미국은 블랭킷 시장이 매우 큰 편입니다. 우리나라처럼 온돌 문화가 있는 것이 아니라 겨울이 되면 실내 공기가 매우 차가워져 이런 담요를 많이 사용합니다. 아마 시골 담요의 독특한 디자인과 함께 재질 또한 매우 부드러워 미국 고객들의 마음을 사로잡았던 것 같습니다.

세 번째 아이템은 이태리 타올입니다.

사실 때를 미는 문화는 서양에 없죠. 그런데도 아마존에서 이태리 타올이 이렇게 많이 팔리는 것이 놀랍지 않나요? 리뷰도 무려 15,000개가 넘게 쌓여 있는데요. 때를 미는 문화가 없는 미국에서 이태리 타올이 어떻게 잘 팔렸을까요? 비결은 바로 틱톡에 있었습니다. 어떤 틱톡커가 이태리 타올로 때를 미는 모습을 숏폼 영상으로 올린 것이 바이럴을 타면서 이태리 타올로 각질을 제거하는 것이 한때 챌린지처럼 유행했었다고 합니다.

마지막 아이템은 돌솥입니다.

미국에서 돌솥이라니? 한국 사람들도 요즘에는 돌솥에 밥을 지어먹지 않는데요. 미국에서 돌솥이 팔리는 것이 신기하지 않나요? 돌솥 역시 유명한 한식 유튜버가 돌솥밥을 지어먹는 콘텐츠를 제작하고 바이럴을 타면서 미국에서 많이 판매되기 시작했다고 합니다.

이렇게 미디어 콘텐츠에서 파생되어 잘 판매된 아이템들이 종종 있었습니다. 넷플릭스 오리지널 시리즈 〈킹덤〉이 전 세계적으로 유행했을 때는 놀랍게도 아마존에서 조선시대의 갓이 엄청나게 판매되었고, 〈오징어 게임〉이 난리가 났을 때는 달고나 세트가 불티나게 팔리기도 했습니다.

이러한 케이스를 보면 역시 앞에 K가 붙을만한 한국적인 아이템이 세계적인 것이라는 생각이 드실 수도 있습니다. 하지만 이것은 사실 굉장히 독특한 케이스입니다. 운이나 우연이 작용하여 반짝 잘 팔리게 된 아이템이기 때문에 성공 케이스라고 보기는 어렵다고 생각합니다.

아마존에서 성공한 셀러들이라면 호미나 돌솥이 미국에서 대박날 아이템이라고 확신할 수 있었을까요? 저는 절대 아니라고 생각합니다.

대부분의 셀러들은 보통 대중적인 매스마켓에서 약간의 차별화를 통해 기존 시장의 파이를 나눠 먹는 방식으로 판매를 하게 됩니다. 따라서 너무 특이하고 시장에 없는 아이템을 찾는 것보다는 기존에 형성되어 있는 시장에서 작은 차별화를 통해 틈새시장을 비집고 들어갈 수 있는 아이템을 찾아야 합니다.

잘 팔리는 아이템에 정해진 정답은 없지만, 아마존 셀링에 좀 더 '유리한' 아이템은 분명 있습니다. 또한 초보 셀러가 시작하기에 '불리한' 아이템도 있고요. 결국 내가 팔고자 하는 아이템이 아마존에서 '가능성이 있는가'를 보는 안목을 기르는 것이 이번 챕터의 목적입니다. 그 가능성을 발견한 다음 '잘 팔리는' 아이템으로 만들어 나가는 것이 아마존 셀링의 핵심이라고 생각합니다.

아이템을 찾을 때는 여러 가지 다양한 루트를 활용하여 아이템 아이디어를 최대한 많이 얻고, 아마존 셀링에 적합한가에 대해 다각도의 기준과 데이터를 토대로 검증하고 필터링하는 과정을 거쳐 아이템을 선정해야 합니다. 단순히 팔아보고 싶어서, 괜찮아 보여서, 잘 팔린다고 들었다고 시작하지 않기를 바랍니다. 나만의 기준을 갖고 데이터를 통해 검증해보며 가설에 확신을 갖는 과정들을 거쳐야 합니다.

아마존에서 피해야 할 아이템은 무엇인가?

그렇다면 먼저 아마존에서 피해야 할 아이템들에 대해 설명드리겠습니다. 지금부터 설명하는 아이템들은 아마존에서 판매는 가능하지만, 초보 셀러가 판매하기에 위험요소나 예상되는 어려움이 클 수 있는 아이템입니다.

위험물 또는 위험물질

위험물이란 인화성, 가압성, 부식성 또는 기타 유해성 물질을 포함하고 있기 때문에 보관 및 취급 또는 운송 중에 위험을 초래할 수 있는 물질이나 재료를 말합니다. 아마존에서 판매는 가능하지만 자칫 잘못하면 위험물로 취급될 수 있는 아이템들은 다음과 같습니다.

리튬이온 배터리가 포함된 제품, 충전식 배터리가 포함된 모자나 조끼, 엔진 및 타이어 관리용품, 오일/윤활유, 스프레이식 탈취제, 헤어스프레이, 에센셜 오일, 태닝 스프레이, 방충제, 쉐이빙 폼/크림, 보조배터리, 충전기, 휴대폰, 알콜 함량이 높은 제품, 배터리 작동 완구 등

깨지기 쉬운 아이템

깨지기 쉬운 상품도 가급적 피하는 것이 좋습니다. 해외로 배송하는 상품이다 보니 포장을 아무리 신경 써서 하더라도 파손된 상품이 많이 발생할 수밖에 없습니다. 또한 아마존 창고 내에서 이동하는 과정 중에 파손될 가능성도 높기 때문에 고객 클레임과 로스 요소가 많습니다.

특허나 저작권, 브랜드 라이센스가 있는 제품

미국은 지적재산권에 대한 보호가 굉장히 강력한 편입니다. 아마존의 경우 셀러가 직접 상품을 등록하여 판매하는 플랫폼이다 보니 지적재산권 침해가 빈번하게 발생할 수밖에 없습니다. 그래서 아마존은 이러한 문제에 대한 클레임이 들어오면 강력한 조치를 취하게 됩니다. 지적재산권 부분은 제품을 판매하기 전에 잘 알아보시기 바랍니다.

전기 및 전자제품

전기 및 전자제품의 경우 미국은 전압 환경이 한국과 다르기 때문에 자칫하면 미국 내에서 사용이 불가할 수 있습니다. 또한 중국산 전기 및 전자제품의 경우 고장이나 불량의 여지도 많기 때문에 원활한 C/S 처리가 가능하지 않은 초보 셀러가 취급하기 까다로운 제품입니다.

의류 및 신발

의류 및 신발은 많은 옵션 선택을 다룰 수밖에 없고 반품률 또한 다른 카테고리에 비해 매우 높은 편입니다. 특히 의류 반품의 경우 재판매가 불가한 수준으로 아마존에 도착하기 때문에 셀러는 고스란히 손실을 떠안아야 합니다. 다양한 옵션의 재고를 갖춰야 하고 잘 판매되지 않는 옵션의 경우 재고 부담까지 발생하기 때문에 초보 셀러가 운영하기에 어려움이 많은 카테고리입니다.

아마존이 직접 판매하는 아이템

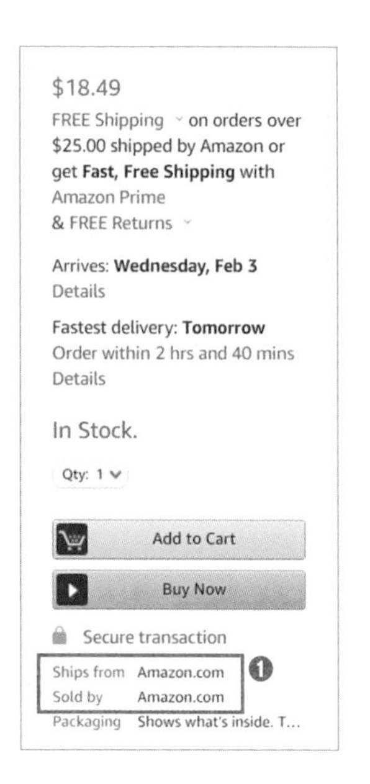

아마존에서 아이템을 살펴보면 이미지와 같이 아마존에서 직접 생산도 하고 판매도 하는 제품이 있습니다. 이러한 아이템들은 ❶ Ship from, Sold by 모두 Amazon.com으로 표시가 되어 있음을 볼 수 있습니다.

아마존에서 직접 판매하는 상품의 경우 대게 대중적이고 수요가 많은 공산품이 많습니다. 아마존에서 직접 OEM 제조를 하여 판매하기 때문에 자본이 적은 초보 셀러가 경쟁하기 어려운 카테고리가 대부분입니다. 또한 차별화가 어려운 아이템이 대부분이기 때문에 잘 팔리고 수요가 많다고 하더라도 아마존에서 직접 판매하는 제품과 경쟁 자체가 불가능할 가능성이 높습니다.

반짝 유행하는 아이템

반짝 유행하는 상품 역시 조심해야 할 아이템입니다. 온라인 셀링 및 소싱에 경험이 있어서 이런 유행 상품을 빠르게 수급하여 리스팅할 수 있다면 문제가 없을 수 있습니다. 하지만 이러한 반짝 유행 상품은 유행의 주기가 굉장히 짧기 때문에 초보 셀러의 경우 유행의

뒷북을 칠 가능성이 굉장히 높습니다.

지금까지 초보 셀러가 판매하기에 적합하지 않은 아이템에 대해 설명드렸습니다. 이와 별도로 아마존 자체에서 판매를 제한하는 상품들도 있습니다. 이 상품들은 카테고리별로 워낙 다양하기 때문에 아마존 사이트(https://sellercentral.amazon.com/gp/help/external/200164330)에서 가볍게 읽어보시기를 추천합니다.

아마존의 별도 승인이 필요한 아이템

아마존의 별도 승인이 필요한 아이템들도 있습니다. 아마존 셀링을 준비하는 셀러가 선택한 아이템이 아마존 승인이 필요한지 한번 확인해보시길 바랍니다. 아마존 승인이 필요한 카테고리는 다음과 같습니다.

승인이 필요한 기타 상품 및 프로그램 확인승인이 필요한 기타 상품 및 카테고리

- 전기 이동(e-mobility) 장치
- 레이저 포인터 및 기타 레이저 상품
- 아마존 인증 리퍼비시
- Amazon Accelerator

승인이 필요한 상품

- 우표
- 수집용 동전
- 미술품
- 쥬얼리
- 아마존 구독 박스 가입
- Made in Italy
- 음악 및 DVD
- 서비스
- 스포츠 관련 수집품
- 스트리밍 미디어 플레이어
- 비디오, DVD, 블루레이
- 시계
- Sony PlayStation 비디오 게임 상품에 관한 요구 사항

아마존의 승인이 필요한 카테고리의 경우 아마존 셀러 가입 절차를 마치고 리스팅을 시작할 때 카테고리 승인이 필요하다는 메시지가 뜹니다. 카테고리 승인 신청 버튼을 누르면 해당 카테고리 승인을 받기 위해 필요한 서류와 준비사항들을 확인할 수 있습니다.

승인이 필요한 카테고리는 초보 셀러가 바로 진입하기에 약간의 허들이 있을 수 있습니다. 하지만 만약 승인이 필요한 카테고리에서 차별화된 아이템이 있고 마케팅이나 영업 노하우를 갖고 있다면 카테고리 승인을 받아 진입하는 것이 오히려 경쟁력이 될 수도 있을 것입니다.

시장을 조사하는 기본, 3C 분석

이제부터는 본격적으로 아마존에서 판매하기에 유리한 아이템을 어떻게 판단할 수 있는지, 그 기준에 대해 설명드리겠습니다.

마케팅 공부를 해보신 분이라면 3C 분석에 대해 들어보셨을 것입니다. 3C 분석이란 Customer고객, Company자사, Competitor경쟁사를 뜻합니다. 3C 분석은 시장 진입 가능성을 판단할 수 있는 가장 기본적이고 필수적인 분석 기준입니다.

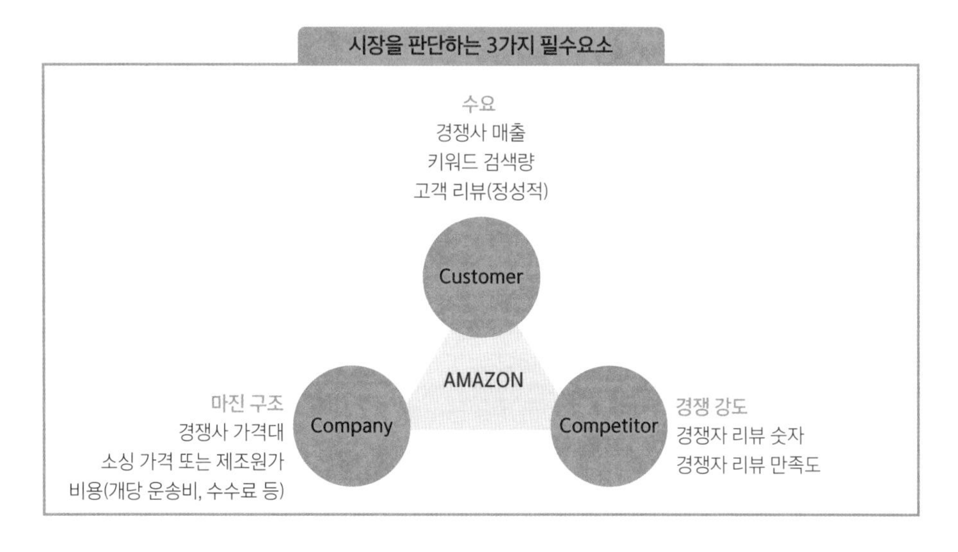

시장을 판단하는 3가지 필수요소

첫 번째 Customer는 고객 분석입니다. 상품을 판매할 때 가장 중요한 것은 무엇일까요? 바로 고객입니다. 고객 분석을 통해 수요는 충분한지, 주요 타겟은 누구인지, 고객이 원하는 니즈가 무엇인지 분석합니다. 두 번째 Company는 자사 분석입니다. 자사의 강점과 약점, 투입 가능한 자원, 목표 매출 및 마진은 어떻게 가져갈 것인지 분석합니다. 세 번째 Competitor는 경쟁사 분석입니다. 진입하려는 시장의 경쟁 강도는 어떠한지, 후발주자로 진입한다면 진입 가능성이 있는지를 분석합니다.

아마존 시장을 분석하는 기준도 이와 마찬가지입니다. 3C 분석을 통해 아마존에서 판매하고자 하는 아이템의 시장 진입 가능성을 확인해볼 수 있습니다.

고객 분석

고객 분석 단계에서는 외부 마케팅 툴을 활용하여 경쟁사의 대략적인 매출 규모Revenue, Sales Quantity와 수요의 정도를 분석합니다. 이 두 가지 기준을 토대로 해당 아이템의 평균적인 수요를 파악할 수 있습니다. 최근 아마존에서는 ❶ 경쟁 상품들이 한 달 평균 몇 개 정도 판매되는지도 대략 확인할 수 있습니다. 화면과 같이 메인 키워드를 검색했을 때 상단에 나오는 경쟁 상품들의 대략적인 판매량을 보고 수요를 예측합니다.

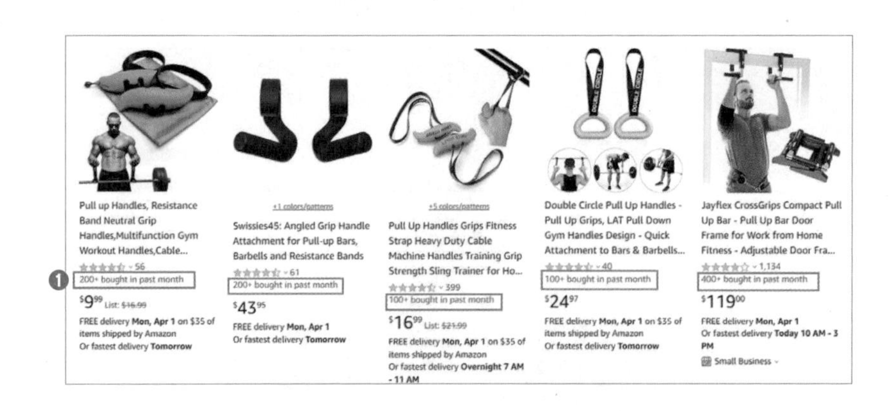

경쟁 상품의 고객 리뷰를 분석해보는 것도 중요합니다. 특히, 경쟁 상품의 별점 1~2점짜리 부정 리뷰를 꼼꼼하게 살펴보기 바랍니다. 경쟁 상품의 부정 리뷰를 통해서 우리는 고객들이 해당 카테고리와 상품에서 불편해하는 요소들을 파악할 수 있고, 고객들의 숨

겨진 니즈를 파악할 수 있습니다. 고객 리뷰에서 힌트를 얻어 개선품을 만들 수도 있습니다. 툴을 이용한 구체적인 분석 방법은 뒤에서 자세하게 설명하겠습니다.

자사 분석

자사 분석 단계에서는 판매할 아이템이 적당한 마진을 확보하며 판매할 수 있는 구조인지를 확인합니다. 경쟁 상품의 가격대, 제조원가, 운송비나 수수료를 확인해보면 판매할 아이템이 적정 마진을 남길 수 있는지를 판단할 수 있습니다. 만약 경쟁 상품의 가격대가 너무 낮게 형성되어 있다면 판매할 아이템에 특별한 차별점이 있지 않는 한 비슷한 가격대로 판매할 수밖에 없기 때문에 마진이 적게 남게 됩니다.

아마존 셀링을 하며 반드시 고려해야 할 부분이 바로 비용적인 측면입니다. 비용은 대표적으로 개당 배송비와 아마존에서 부과하는 수수료가 있습니다. 이러한 비용들은 제품 부피가 클수록, 무게가 무거울수록 높아지게 됩니다. 또한 초기에는 반드시 광고를 통해 상품을 노출시킬 수밖에 없는데 이러한 광고비 지출도 고려하여 마진을 설정해야 합니다. 구체적으로 마진을 계산하는 방법도 뒤에서 자세히 설명하겠습니다.

경쟁사 분석

아마존은 세계 최대의 온라인 마켓플레이스인 동시에 전 세계 셀러들 간의 무한 경쟁의 장입니다. 치열한 경쟁 속에서 내가 선택한 아이템이 들어갈 틈이 있는지 판단해야 합니다.

경쟁 강도는 경쟁 상품의 리뷰 숫자와 리뷰 별점을 통해 확인할 수 있습니다. 리뷰 숫자는 경쟁 상품의 리뷰 분포를 확인해야 합니다. 리뷰가 많이 쌓여있는 경쟁 상품이 너무 많다면 비슷한 상품으로는 경쟁이 어려울 것입니다. 심지어 리뷰가 많은 데다가 리뷰 평점까지 좋다면 경쟁 강도는 매우 높다고 판단해야 합니다.

아마존 신규 아이템을 고르는 6가지 기준

지금까지는 아이템을 선정하는 데 있어 기본적이고 필수적으로 고려해야 하는 기준들에 대해 살펴봤습니다. 어떤 아이템이 반드시 성공한다는 보장은 없지만, 실패 확률을 줄일 수 있는 선정 기준은 있다고 생각합니다. 이제부터는 저를 비롯한 여러 셀러들의 경험을 토대로 신규 아이템을 선정하는 적정 기준에 대해 말씀드리겠습니다.

기존 제품과 차별화되거나 단점을 보완한 제품을 런칭한다

새로운 아이템을 시장에 진입시키기 위해서는 차별화가 매우 중요합니다. 기존 제품의 리뷰를 읽어보고 단점을 보완한 제품을 런칭한다면 당연히 실패 확률이 낮아질 것입니다. 하지만 온라인 시장에서 고객들에게 제품의 차별화 포인트를 전달하기란 쉽지 않습니다. 옆에서 이야기해줄 영업사원이 있는 것도 아니고, 고객이 제품을 직접 만져보고 체험할 수도 없죠. 따라서 온라인 시장에서는 어떤 제품이 다른 경쟁 상품과 차별화되는 장점을 갖고 있다면, 제품 외관으로도 차별점을 두드러지게 드러내는 것이 훨씬 유리합니다.

제품 자체로 차별화가 어렵다면 구성을 다르게 하여 차별화를 할 수도 있습니다. 예를 들어 메인 키워드에서 단품으로 판매되는 상품이 대부분일 경우 비슷한 상품을 2 pack, 3 pack과 같이 번들 구성을 하여 판매할 수 있습니다. 또는 연관 상품이 있다면 세트 상품으로 구성하여 차별화를 할 수도 있습니다.

판매 가격대는 10달러 후반에서 70달러 사이가 좋다

신규 진입하는 아이템의 가격대는 10달러 후반에서 70달러 이내로 판매 가능한 것이 좋습니다. 경쟁 상품의 전반적인 가격 분포를 살펴보기 바랍니다. 너무 낮은 가격대로 형성되어 있는 상품이 많으면 특별한 차별점이 있는 않는 한 비슷한 가격대로 판매해야 합니다. 따라서 적정 마진을 확보하며 판매를 하려면 10달러 후반 정도로 판매가 가능한 것이 좋습니다. 물론 소싱 단가를 매우 낮게 가져간다면 더 낮은 단가로 판매할 수 있습니다.

판매가가 너무 높아도 구매의 허들이 높을 수 있습니다. 아마존 상품을 살펴보면 가격이 굉장히 낮게 형성되어 있음을 느끼실 것입니다. 따라서 70달러 이상의 상품은 아무리 품질이 좋아도 구매전환율이 조금 떨어질 수밖에 없습니다. 물론 가격 기준은 카테고리와 경쟁 상품의 가격대 분포에 따라 상대적일 수밖에 없으니 참고 바랍니다.

리뷰 숫자의 분포를 살펴보자

특정 키워드를 검색했을 때 나오는 경쟁 상품들의 전반적인 리뷰 분포를 살펴보기 바랍니다. 만약 리뷰 숫자가 2,000개 이상인 상품들이 많다면 해당 아이템은 경쟁이 매우 치열하다고 판단할 수 있습니다. 경쟁 강도 측면에서 봤을 때 경쟁 상품의 리뷰가 200개에서 1,000개 사이라면 수요도 어느 정도 있고 진입해볼 여지도 어느 정도 있다고 판단할 수 있습니다.

진입 가능성이 높다고 판단할 수 있는 리뷰 숫자의 분포는 특정 키워드를 검색했을 때 2,000개 이상의 리뷰를 가진 아이템이 적게 노출되고, 그 밑에 위치한 셀러들의 리뷰 숫자가 1등과 갭이 크고 리뷰 별점도 낮은 경우입니다. 이런 경우는 소수 셀러들이 시장을 점유하고 있고 상위 셀러와 하위 셀러 간의 차이가 크다는 것을 의미합니다. 여기에 별점이 낮은 경쟁 상품들이 많다면 단점을 보완하고 차별화를 하여 중상위 정도의 품질을 맞춘다면 진입 가능성이 높다고 판단할 수 있습니다. 반드시 1등을 해야 성공하는 것이 아닙니다. 이러한 상황에서 내가 런칭한 상품이 10위 안에만 들어도 아마존 셀링은 성공적이라 할 수 있습니다.

가볍고, 작고, 단가가 낮을수록 좋다

아마존 셀링에서 비용을 최소화하는 것은 셀러의 영원한 숙명과 같은 것입니다. 소싱 단계에서부터 비용에 대해 생각하는 습관을 가져야만 적정 마진을 보며 판매할 수 있습니다. 아마존 FBA 수수료부터 해외 배송비 등은 제품의 부피와 무게에 비례합니다. 따라서 무조건 작고 가벼운 제품일수록 글로벌 셀링에 유리합니다.

이 기준을 말씀드리는 이유는 처음부터 부피가 크고 무겁지만 매력적으로 보이는 제품에 꽂혀서 마진 구조를 제대로 파악하지 못하는 불상사를 방지하기 위함입니다. 물론 이런 상품도 다른 기준들을 토대로 판단했을 때 진입 가능성이 높고 매력적이라면 판매하기에 적합할 수 있습니다. 다만 크고 무거운 아이템의 경우 비용이 어쩔 수 없이 높아진다는 점을 반드시 고려해야 합니다.

키워드가 명확한 상품을 고려한다

아이템을 선정할 때 연관 키워드를 고려하는 것도 매우 중요합니다. 아마존은 고객이 대체로 명확한 구매 의도를 갖고 검색하는 플랫폼입니다. 그런데 판매하려는 아이템이 아마존에서 어떤 키워드로 검색되는지조차 모르고 아마존 셀링을 시작하려는 분들이 가끔 있습니다. 어떤 제품이 세상에 없던 완전히 혁신적인 제품이라는 생각으로 아마존에서 잘 팔릴 것이라 기대하시는 분도 있습니다. 하지만 실상은 그렇지 않습니다.

아마존 셀링은 결국 내가 판매하려는 제품과 연관된 키워드를 검색한 고객들에게 우리 제품이 얼마나 상위에 노출되고 클릭되어 구매전환이 일어나는가가 핵심입니다. 따라서 고객들이 검색하는 키워드가 모호하거나 너무 광범위한 경우에는 고객에게 접근하는 것조차 어려울 수 있습니다. 판매하려는 제품을 구매할 타겟 고객들이 어떤 키워드를 검색할 것인지를 먼저 고민해야 합니다. 가급적이면 아이템에 대한 키워드가 명확하고 검색량도 충분히 많은 키워드인가를 반드시 고려해야 실패 확률을 줄일 수 있습니다.

카테고리에 대한 고객 관여도 및 고객 욕구의 다양성을 파악하라

마지막으로 검토해야 할 기준은 관여도입니다. 관여도Involvement란 '어떤 상품을 구매하려 할 때, 소비자가 상품에 대해 얼마만큼의 관심과 주의를 기울여 구매하는가'라고 생각하면 될 것 같습니다. 예를 들어 일회용 접시, 나무 젓가락, 쓰레기 봉투와 같이 보통 습관적으로 구매하는 상품은 관여도가 낮습니다. 반면 고가의 사치품이나 전자제품의 경우 제품 하나를 사더라도 여러 가지 요소를 비교하고 고민하여 구매하는 제품으로 관여도가 높습니다.

이러한 관여도는 보통 가격대가 높을수록 높고 가격대가 낮을수록 낮습니다. 하지만 또한 관여도는 개인적인 성향, 상황적인 요인 등 여러 가지 이유로 인해 달라질 수 있습니다. 환경을 생각하는 고객이라면 제품의 친환경 여부가, 애완동물을 아끼는 고객이라면 애완동물 용품에 대한 관여도가 높아질 수밖에 없습니다. 그리고 주변 상황에 따라서도 관여도는 달라지게 됩니다. 전 세계를 뒤흔든 코로나 사태로 인해 위생용품에 대한 수요와 관심이 폭증했습니다. 코로나로 많은 사람들이 일자리를 잃고 힘들어졌지만, 개인 위생용품 시장에 일찌감치 뛰어든 업체들은 수혜를 입었습니다. 다만 이러한 상황에 따른 수요나 관여도는 기회요인이 없어지면 시장의 수요가 순식간에 사라지기 때문에 지속성이 있는지도 고민해야 합니다.

관여도가 너무 낮은 카테고리에서는 대게 습관적인 구매나 충동구매, 리뷰 숫자나 가격만 보고 큰 고민 없이 구매하는 경우가 많습니다. 이런 카테고리에 진입한다면 초보 셀러가 가격 경쟁이나 리뷰 숫자에서 열세에 놓일 수밖에 없기 때문에 시장 진입 자체가 어려울 수 있습니다. 반면 관여도가 높은 카테고리에서는 다양한 요인들을 활용하여 차별화가 가능하기 때문에 고객의 관심을 환기시키고 욕구를 자극할 수 있습니다. 관여도는 개인적인 욕구나 상황적인 요인들로 언제든지 바뀔 수 있기 때문입니다. 따라서 초보 셀러의 경우 관여도가 낮은 아이템보다는 관여도가 높은 아이템을 선정하면 틈새시장에 진입할 수 있는 차별화된 제품을 찾을 가능성이 높아집니다.

마스터의 시크릿 노트

이번 챕터에서는 신규 아이템을 선정할 때 반드시 고려해야 하는 사항들을 중심으로 알아봤습니다. 고려해야 할 부분들이 한두 가지가 아니다 보니 아이템 선정에 오히려 막막함을 느끼셨을 수도 있습니다. 하지만 이렇게 데이터와 정확한 기준을 가지고 아이템을 선정하지 않는다면 실패 확률이 높아질 수 있습니다.

처음에는 조금 고민스럽고 어렵더라도 지금까지 설명드린 기준들을 반드시 고려하여 아이템을 선정해야 합니다. 절대로 감에 의존하여 아이템을 선정하지 않았으면 좋겠습니다. 어렵더라도 설명드린 내용을 염두에 두고 실패 확률을 낮추기 바랍니다. 이어서 아이템을 선정할 때 실제 업무를 하는 것처럼 데이터를 보는 방법에 대해 더 구체적으로 설명드리겠습니다.

12

아이템을 직접 찾아보자

앞선 챕터에서 우리는 초보 셀러가 접근하기 까다로운 아이템 유형과 아이템을 선정할 때 반드시 고려해야 할 6가지 기준에 대해 알아봤습니다. 이번 챕터에서는 실제 아마존 셀링을 위해 어떤 방식으로 아이템을 리스트업하고 상품은 어떻게 찾는지에 대해 알아보겠습니다. 아이템을 선정하기 위해 데이터를 확인하는 방법에 대해서도 좀 더 자세히 설명하도록 하겠습니다.

아이템 소싱은 아마존뿐만 아니라 어떤 유형의 커머스 사업에서도 가장 핵심적이고 중요한 부분입니다. 아이템은 셀러의 관심사나 상황에 따라서 케이스들이 정말 다양하기 때문에 다방면으로 고려하여 고민하는 것이 좋습니다. 많은 셀러분들이 소싱은 무조건 중국에서 해야 한다고 생각하고 흔히 알리바바나 1688 같은 사이트에서 무작정 아이템을 서칭하는 경우가 많습니다. 이러한 접근으로는 엄청난 정보의 홍수 속에서 오히려 갈피를 잡지 못하고 헤매게 될 가능성이 높습니다. 그렇기 때문에 아이템을 선정할 때는 자신만의 기준을 잡고 접근하는 것이 좋습니다. 지금부터 설명해드리는 3가지 방법을 참고하시면 도움이 되실 것입니다.

다양한 루트로 아이템 아이디어를 최대한 많이 얻는다

아이템 아이디어는 여러 가지 루트를 통해 최대한 많이 얻는 것이 좋습니다. 평소 관심 있던 분야가 있다면 그 분야부터 시작하는 것도 좋은 방법입니다. 관심 분야와 관련된 아이템은 본인이 직접 사용해봤을 가능성도 높고, 사용하면서 개선점이나 불편사항에 대한 다양한 아이디어들도 있기 때문에 아이템 차별화를 하기도 쉬워집니다. 시장에 대한 이해도가 깊다는 점도 장점입니다.

아이디어를 얻을 수 있는 사이트들을 눈여겨보자

아이템 아이디어를 얻을 수 있는 다양한 커머스 사이트를 살펴보는 것을 추천합니다. 저 같은 경우에는 펀딩 사이트를 눈여겨보는 편입니다. 와디즈나 텀블벅 같은 크라우드 펀딩 사이트에 들어가 보면 생전 처음 보는 독특한 제품들을 많이 볼 수 있습니다. 물론 최근 무늬만 신제품 개발처럼 하고 중국에서 이미 생산된 상품을 약간만 튜닝하여 논란이 된 경우도 있었지만, 상당수의 제품들은 기존 제품보다 독특하고 생소하지만 생활 속의 작은 불편들을 해결하는 제품들이 많습니다. 이런 제품들을 소싱할 수도 있고 아이디어를 얻어 제품을 개발할 수도 있습니다. 만약 아이템 자체가 색다르고 특색 있는데, 제품 카테고리마저 대중적이라면 경쟁 우위를 갖고 아마존에 진입할 수도 있습니다.

크라우드 펀딩 사이트뿐만 아니라 다양한 커머스 사이트들에 자주 들어가서 소비자들이 어떤 제품을 좋아하고, 왜 그 제품을 좋아하는지를 주의 깊게 살펴보기 바랍니다.

텐바이텐 : http://www.10x10.co.kr/
오늘의집 : https://ohou.se/store
집꾸미기 : https://www.ggumim.co.kr/
펀샵 : https://www.funshop.co.kr/
와디즈 : https://www.wadiz.kr/
아이디어스 : https://www.idus.com/

아마존 베스트셀러 제품들과 비교해보자

오늘의집이나 집꾸미기와 같은 사이트는 대부분 소싱처가 중국입니다. 아이템을 찾아보면 이미 아마존에서 판매되고 있는 제품들도 많습니다. 괜찮아 보이는 아이템은 꼭 아마존으로 검색해보면서 아마존 시장과 한국 시장이 어떻게 다른지, 고객 반응은 어떠한지, 어떤 경쟁 상품들이 있는지도 전반적으로 함께 살펴보는 것이 좋습니다.

아마존 베스트셀러 제품들도 함께 확인해보는 것이 좋습니다. 관심 있는 카테고리가 있다면 해당 카테고리에서 잘 팔리는 상품들을 확인해봅니다. 아마존에서 아이템을 검색할 때는 반드시 지역을 미국 주소로 설정하여 검색하는 것을 잊지 말아야 합니다.

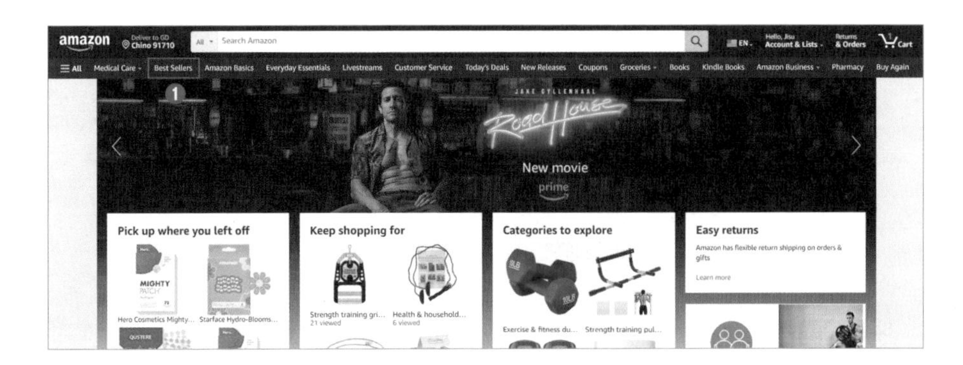

아마존에 접속하면 상단에 ❶ Best Seller 아이템들을 볼 수 있는 메뉴가 있습니다. 클릭해보면 카테고리별로 잘 팔리는 아이템들을 한 번에 볼 수 있습니다. 카테고리가 굉장히 세분화되어 있기 때문에 상위 카테고리에서 하위 카테고리로 계속 들어가면서 요즘 아마존에서 잘 판매되는 아이템들은 어떤 것들인지 함께 살펴보면 좋습니다.

미국 주소로 검색하는 방법

아마존에서 베스트셀러 제품과 검색 키워드를 조사할 때 미국 주소로 설정해야 한다고 이야기했습니다. 초보 셀러를 위해 미국 주소로 설정하는 방법에 대해 간단한 팁을 알려드리겠습니다.

우선 미국 주소로 설정하기 위해서는 미국 주소가 필요합니다. 우선 구글에서 US radom address라고 검색을 하면 가짜 미국 주소와 우편번호를 생성해주는 사이트들이 나옵니다. 여러 사이트 중에서 아무 사이트에 들어가 랜덤 주소를 생성하면 미국 주소의 우편번호zip code를 확인할 수 있습니다. 해당 우편번호를 복사하여 좌측 상단의 ❷ Deliver to 버튼을 클릭하고 ❸ 우편번호를 입력하면 미국 주소로 변경됩니다.

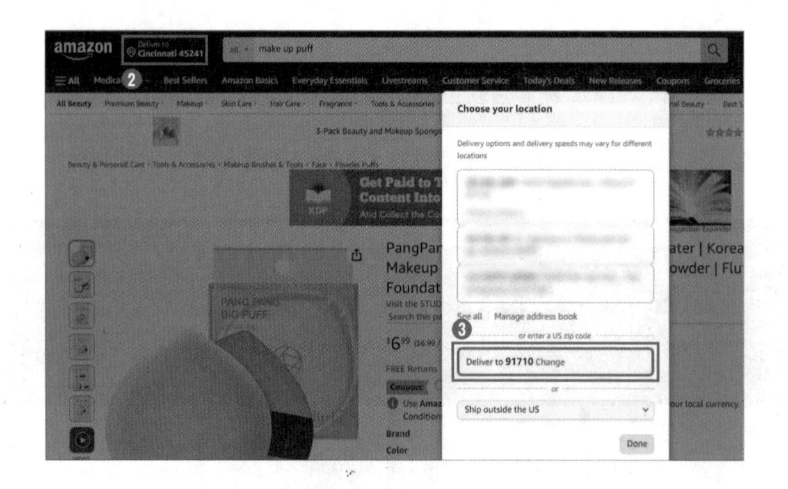

배달 주소에 따라 노출되는 베스트셀러의 순위도 달라질 수 있습니다. 배달 주소에 따라 재고 상황이 달라 노출 순위가 다를 수 있고, 베스트셀러 제품이 지역에 따라 차이가

있을 수 있기 때문입니다. 어찌되었든 주소가 한국으로 되어 있으면 키워드 검색 시에 모든 제품이 검색되지 않을 수도 있기 때문에 시장조사를 하기 전에는 반드시 배송지를 미국 주소로 변경한 뒤에 시장조사를 하시기 바랍니다.

아이템 아이디어들의 경쟁력을 판단할 수 있도록 정리한다

여러 루트를 통해 아이템 아이디어를 얻었다면, 아이템 경쟁력을 판단할 수 있도록 잘 정리하는 것이 중요합니다. 저 같은 경우에는 엑셀을 활용하여 아이템 리스트를 정리하는 것을 추천합니다.

아이템 경쟁력 판단을 위한 리스트를 만들자

아이템마다 정리해야 할 항목은 순서대로 소싱 타겟 상품, 경쟁 상품, 경쟁 상품 특징, 제품 가격, Main Keyword, Sub Keyword, 1위 제품 리뷰수, 2위 제품 리뷰수입니다.

소싱 타겟상품	경쟁제품 Link	경쟁제품 특징
https://www.dangolgongjang.com/straight/68?utm_source=insta&utm_medium=social&utm_campaign=ttermess_dco#p2s_review	https://www.amazon.com/EvridWear-Exfoliating-Gloves-Remover-cleansing/dp/B076ZXLDRX/ref=sxin_13_lp-trr-2-	번들구성이 많음, 장갑 여러 개 세트묶음
https://www.dangolgongjang.com/straight/68?utm_source=insta&utm_medium=social&utm_campaign=ttermess_dco#p2s_review	https://www.amazon.com/pcs-Asian-Exfoliating-Bath-Washcloth/dp/B085BQ416M/ref=sr_1_5?dchild=1&keywords=exfoliating+washcloth&	번들구성이 많음, 장갑 여러 개 세트묶음
B9%A8%EB%81%97%ED%95%A8%EC%9D%98-%EB%82%A8%EB%8B%A4%EB%A6%84-%ED%95%B8%EB%94%94%EC%9E%98%E B9%84/10/category/24/display/1/?page_4	Professional-CleaningCarpets-Furnishings-Interiors/dp/B084TP2VCD/ref=sr_1_32?crid	롤러, 청소기, rubber broom 등 형태 다양함
https://smartstore.naver.com/yao		

제품 가격	Main keyword	Sub keyword	1위 제품리뷰 수	2위 제품리뷰 수	3위 제품리뷰 수
8.99~9.99	Exfoliating gloves		4526	1631	1393
8.99~15.95	- Exfoliating wash cloth - wash cloths for body Exfoliating		14171	1078	1045
4.99~24.95	pet hair remover	pet hair remover for couc	1481	10259	431
4.77~19.95	hair brushes	hair brushes for women	5495	4411	10521

아이템 아이디어가 아마존에서 판매 중인 상품에서 시작되었을 수도 있고, 다른 루트를 통해 아이템 아이디어를 얻었을 수도 있습니다. 항상 소싱하려는 타겟 상품의 링크와 경쟁이 될만한 경쟁 상품의 링크를 함께 정리하여 비교하는 것이 좋습니다.

전혀 경쟁이 없는 아이템을 운 좋게 찾을 수도 있겠지만, 우리가 판매하려는 대부분의 아이템은 이미 쟁쟁한 경쟁자가 많을 가능성이 높습니다. 아이템 선정에 있어서 어느 정도 수요가 있는 시장임이 확인되었다면 결국 경쟁 상품과 비교했을 때 진입할 수 있는 가능성이 있는지, 판매했을 때 마진을 남길 수 있는 구조가 나오는지가 핵심입니다. 그러므로 앞선 챕터에서 설명했듯이 경쟁 상황을 면밀하게 살펴보고 경쟁 상품에 대한 대략적인 특징과 제품 가격대를 분석하여 한눈에 파악이 가능하도록 정리하는 것이 좋습니다.

아이템을 노출시킬 메인 키워드를 고민하자

아이템 서칭 단계부터 어떤 키워드로 상품을 노출시킬 것인가를 생각해두고, 키워드 검색량 또한 체크해보는 것이 중요합니다. 아마존을 찾는 대다수의 고객들은 목적구매적 성향을 갖고 있습니다. 소싱하고자 하는 아이템을 고객들이 어떻게 검색하여 유입될지 상상해보고, 얼마나 많은 고객들이 검색을 해볼 것인지 데이터를 통해 확인해봐야 합니다. 따라서 아이템 선정 시에 체크해야 할 항목에 메인 키워드와 서브 키워드를 함께 포함시켜주는 것이 좋습니다.

아이템 아이디어를 얻어 시장조사를 한다고 가정하고 어떻게 검색하는지 예시를 들어 알려드리겠습니다. 예를 들어 와디즈에서 다음 상품을 보고 괜찮다는 생각이 들어 아마존에 진입할 수 있는지 가능성을 살펴본다고 가정해보겠습니다.

이 제품은 메이크업을 할 때 사용하는 퍼프입니다. 대표적인 키워드는 Make up puff라고 예상해볼 수 있으나, 미국 고객들이 가장 많이 검색하는 키워드가 맞을 것인지는 추가로 확인해보는 것이 좋습니다. 이 제품은 키워드를 쉽게 알 수 있지만, 어떤 제품은 메인 키워드가 명확히 떠오르지 않을 수도 있습니다. 그럴 때는 구글 번역기로 영어 단어를 찾아보고, 해당 키워드를 아마존에서 검색했을 때 내가 소싱하려는 제품과 비슷한 제품들이 나오는지 확인해보면 됩니다. 키워드를 확인하기 어려울 때는 Chat-GPT를 활용하는 것도 방법입니다.

ChatGPT
아마존에서 미국 고객들이 메이크업 퍼프와 관련하여 자주 검색하는 키워드 중 일부는 다음과 같을 수 있습니다:

1. Beauty blender
2. Foundation sponge
3. Cosmetic sponge
4. Blending sponge
5. Makeup applicator
6. Silicone makeup sponge
7. Latex-free sponge
8. Makeup blending sponge
9. Makeup puff
10. Velvet sponge

이 외에도 변동성이 있을 수 있으며, 실제로 아마존에서 검색을 해보면 더 많은 관련 검색어를 찾을 수 있습니다.

You
아마존에서 미국 고객들이 메이크업 퍼프를 뭐라고 검색 하는지 알려줘.

ChatGPT
저는 실시간으로 웹을 탐색하거나 특정 회사의 데이터베이스에 접근하는 기능을 가지고 있지 않기 때문에 현재 아마존에서 미국 고객들이 어떤 검색어로 메이크업 퍼프를 검색하는지에 대한 정보를 제공할 수 없습니다. 그러나 일반적으로 메이크업 퍼프에 대한 인기 있는 검색어는 "makeup sponge", "beauty blender", "makeup applicator" 등이 있을 수 있습니다. 아마존의 검색 기능을 사용하여 실제로 어떤 검색어들이 인기 있는지 확인할 수 있습니다.

You
makeup sponge 외에 미국 고객들이 자주 검색하는 키워드가 뭐야?

이렇게 Chat-GPT를 활용하여 다양한 검색 키워드를 찾아볼 수도 있습니다. 구글 번역이나 인공지능 플랫폼을 활용하여 메인 키워드와 서브 키워드에 대한 아이디어를 얻고 나서는 반드시 판매하려는 아이템과 비슷한 제품들의 상품명에 어떤 키워드가 쓰였는지, 아마존 자동완성 검색어 리스트에 어떤 키워드들이 있는지를 살펴보는 것이 필요합니다.

메인 키워드와 관련된 연관 키워드를 검색한다

Chat-GPT를 통해 확인한 메인 키워드는 Makeup sponge였으니, 해당 키워드를 아마존에서 검색해봅니다.

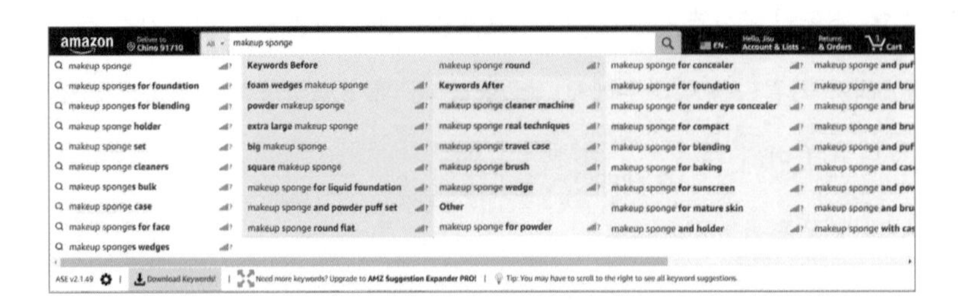

저는 크롬에 Amazon Suggest Expander를 설치해놓았기 때문에 화면과 같이 연관 키워드와 백엔드 키워드를 두루 살펴볼 수 있습니다. 유료 버전을 사용한다면 키워드 검색량까지 확인할 수 있지만 무료 버전을 사용하더라도 아마존에서 자동으로 완성되는 키워드를 확인할 수 있고, 고객들이 해당 키워드 앞뒤로 붙여서 검색하는 다양한 백엔드 키워드를 확인할 수 있습니다.

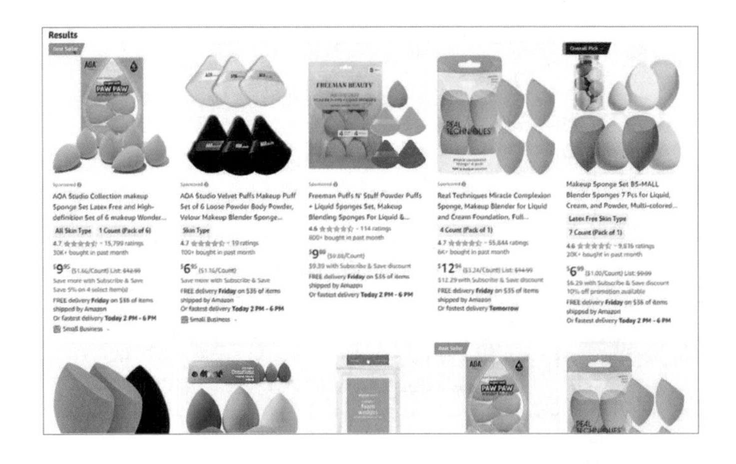

아마존에서 Makeup sponge를 검색하면 동그란 형태의 퍼프보다는 물방울 모양의 스펀지 형태의 제품이 더 많이 검색되는 것을 알 수 있습니다. 그렇다고 와디즈에서 검색

한 제품과 무관한 제품들은 아니기 때문에 연관 키워드를 확인해봅니다. 가장 경쟁이 치열하지만 검색량이 월등히 많은 대표 키워드가 Makeup sponge라는 것을 확인할 수 있습니다. Beauty blender도 검색을 해보았는데, 이 키워드는 메이크업 스펀지의 브랜드명이 대표 명사처럼 사용되는 것이라는 것도 확인할 수 있었습니다.

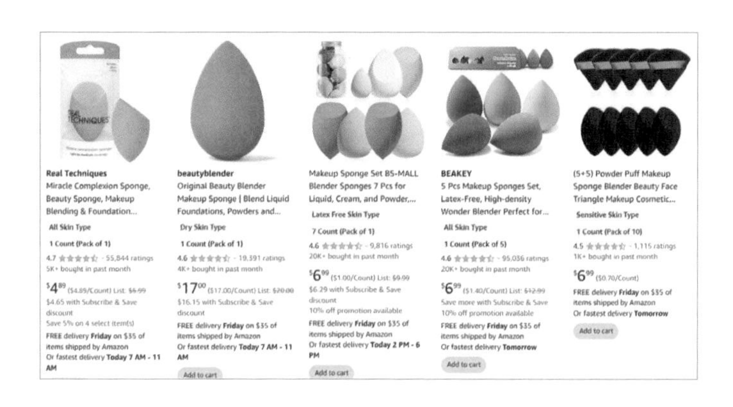

두 번째 핑크색 물방울 모양의 제품명이 Beautyblender라는 것을 알 수 있었고, 클릭하여 들어가 보면 제품명 뒤에 ® 마크가 표기된 것으로 보아 해당 키워드는 상표등록이 된 키워드임을 알 수 있었습니다. 3M에서 만든 Post-it이 상표명이자 대표적인 카테고리명이 된 것처럼 비슷한 케이스라고 보면 됩니다.

이러한 키워드를 함부로 쓰면 상표권 침해가 될 수 있기 때문에 주의해야 합니다. 이렇게 아마존에서 연관된 키워드를 검색해보면서 내가 사용할 수 있는 키워드에는 어떤 것이 있는지, 런칭하려는 상품과 비슷한 대표 상품이 아마존에서 판매되고 있는지, 경쟁 상품은 어떤 단점이 있는지 등을 조사합니다.

만약 와디즈에서 발견한 뚱뚱한 퍼프와 같은 제품을 아마존에 런칭한다면 크기도 일반 퍼프보다 큰 편이기 때문에 연관 키워드 중에서 big makeup sponge라든지, extra large makeup sponge와 같은 서브 키워드로 진입해보는 것도 방법이 될 수 있습니다.

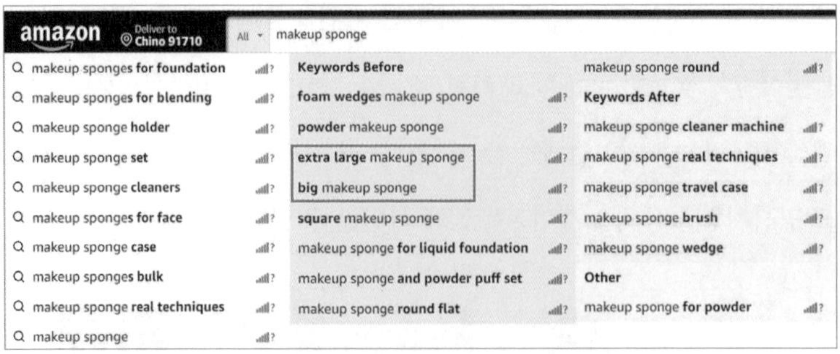

amazon Deliver to Chino 91710 All makeup sponge

makeup sponges for foundation
makeup sponges for blending
makeup sponge holder
makeup sponge set
makeup sponge cleaners
makeup sponges for face
makeup sponge case
makeup sponges bulk
makeup sponge real techniques
makeup sponge

Keywords Before
foam wedges makeup sponge
powder makeup sponge
extra large makeup sponge
big makeup sponge
square makeup sponge
makeup sponge for liquid foundation
makeup sponge and powder puff set
makeup sponge round flat

makeup sponge round
Keywords After
makeup sponge cleaner machine
makeup sponge real techniques
makeup sponge travel case
makeup sponge brush
makeup sponge wedge
Other
makeup sponge for powder

이렇게 메인 키워드와 서브 키워드까지 찾으셨다면, 해당 키워드의 상위에 노출되는 경쟁 상품 1~3등의 리뷰 분포가 어떠한지도 함께 엑셀에 정리합니다. 1~3등 이외에 다른 경쟁 상품들의 리뷰 분포도 전반적으로 검토하는 것이 좋습니다.

마케팅 툴을 활용하여 경쟁 상품을 분석한다

앞서 아이템을 선정할 때 비슷한 경쟁 상품의 월 매출 규모를 확인할 것을 권장했습니다. 월 매출 규모를 확인하는 이유는 경쟁 상품의 수요와 경쟁 강도를 예측해보기 위함입니다. 이를 통해 내가 비슷한 아이템을 판매한다면 어느 정도의 매출을 기대할 수 있을지 추측할 수 있습니다. 하지만 월 매출 규모는 참고사항일 뿐이지 내가 비슷한 아이템을 판매한다고 해서 그 정도의 매출을 일으킬 수 있다는 보장은 아닙니다. 반대로 현재 경쟁 상품의 월 매출 규모가 너무 작다면 비슷한 상품을 소싱해서 판매한다고 해도 수요 자체가 너무 적기 때문에 운영이 어려울 수 있습니다.

경쟁 상품의 월 매출은 겉으로 드러나는 정보가 아닙니다. 하지만 외부 마케팅 툴을 활용하여 추측해볼 수는 있습니다. 월 매출 규모를 확인할 수 있는 마케팅 툴은 무료도 있고 유료 프로그램도 있습니다. 물론 모든 프로그램은 BSR Best Seller Rank과 리뷰의 증가 속도 등을 토대로 월 매출을 추측하여 데이터로 보여주는 것임으로 절대로 정확한 매출이라고 생각해서는 안 됩니다. 참고용 데이터로만 사용해야 합니다.

헬리움10 무료 기능 : 경쟁 상품의 정보 및 매출 추이를 분석

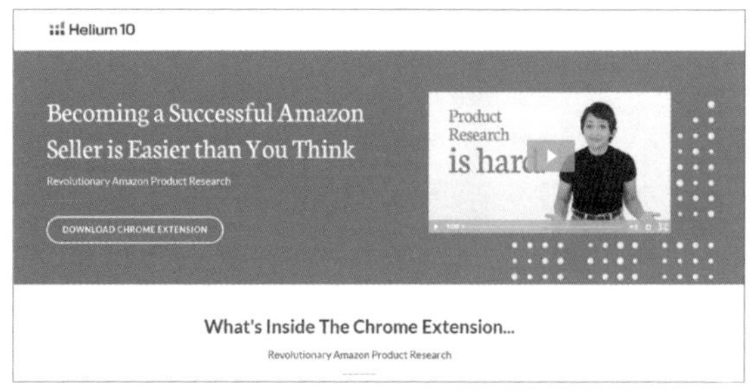

헬리움10Helium10은 무료 및 유료로 사용할 수 있는 프로그램으로 크롬에 설치하여 사용하는 확장 프로그램입니다. 프로그램을 설치한 후 아마존에서 상품을 검색하면 다양한 데이터를 확인할 수 있습니다. 구글에서 Helium10 Chrome Extension으로 검색하면 크롬 웹 브라우저에 설치할 수 있고, 설치를 하면 주소창 옆으로 아이콘이 설치된 것을 확인할 수 있습니다. 그리고 아마존에 접속하면 파란색으로 활성화가 됩니다. 그럼 헬리움10의 유용한 기능들에 대해 설명드리겠습니다.

헬리움10이 활성화 된 상태에서 키워드 검색을 해보면 다음과 같이 상품 외에 다양한 정보들을 한눈에 볼 수 있습니다. ❶ 각 상품별로 상위 카테고리와 세부 카테고리 랭킹과 더불어 ASIN 번호, FBA 여부, 같은 상품을 판매 중인 셀러의 수를 확인할 수 있습니다.

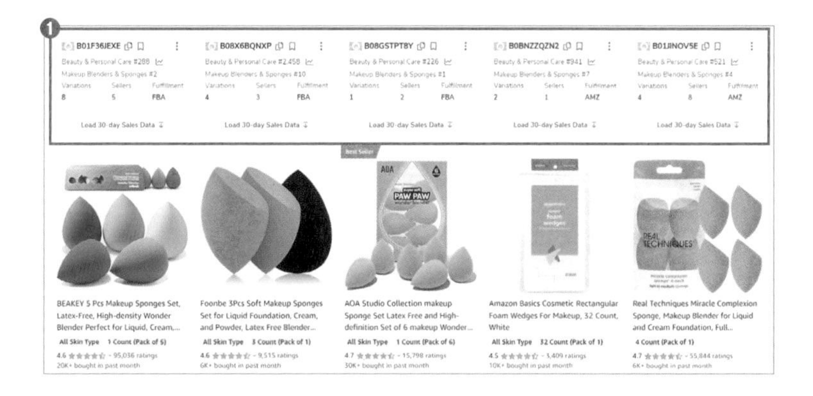

이 상태에서 경쟁 상품을 클릭해보면 다음 화면과 같이 경쟁 상품의 가격 변화와 랭킹 변화의 추이를 확인할 수 있습니다. ❷ 파란색이 BSR의 변화, ❸ 노란색과 연두색이 가격의 변화를 보여주는 그래프입니다.

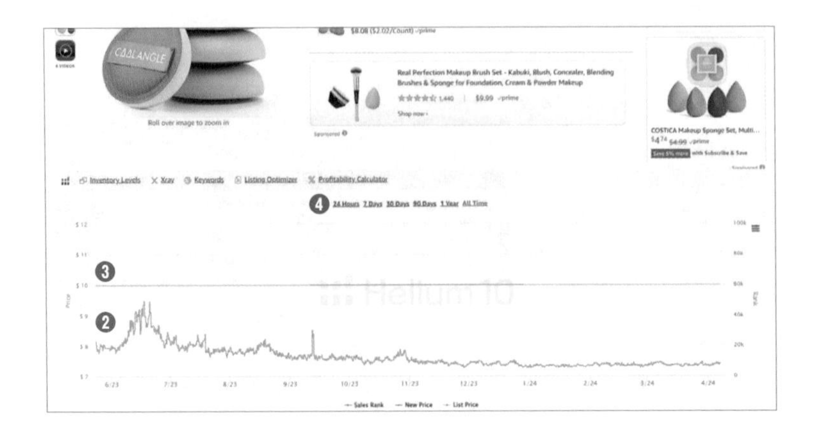

❹ 24시간, 7일, 30일, 90일, 1년 단위로 기간 설정이 가능하고, 전체 기간을 설정하면 상품의 런칭부터 지금까지의 추세와 함께 언제부터 판매가 시작되었는지도 알 수 있습니다. 위 화면에서 보여드리는 상품은 23년 6월경에 처음 런칭되어 랭킹 순위가 높아지기 시작해 어느 정도 자리를 잡을 때까지 대략 5개월 정도 걸린 것 같습니다.

이렇게 판매 기간 동안의 랭킹 변화와 가격의 변화를 트래킹해보면 상품이 판매되는 추이를 확인할 수 있습니다. 반짝 유행으로 끝나는 상품인지, 꾸준히 판매되고 있는지, 런칭 이후 랭킹이 잘 유지되고 있는지, 시즌성이 있는 상품인지 등을 확인해보는 것이 좋습니다. 무료 기능으로도 경쟁 상품의 대략적인 랭킹 추이나 판매 기간 등의 정보를 확인할 수 있기 때문에 시장조사를 하는 데 도움이 됩니다.

헬리움10 유료 기능 : 경쟁 상품의 키워드 랭킹 확인

헬리움10에서 유용하게 활용할 수 있는 기능이 바로 경쟁 상품의 키워드 랭킹을 확인해보는 기능입니다. 관심 있는 상품을 클릭해서 들어가면 랭킹과 리스팅 가격 변화를 보여주는 그래프 상단에 ❺ Keywords 버튼이 있습니다. 이 버튼을 클릭하면 해당 제품이 어떤 키워드에서 오가닉하게 검색되고 있는지, 광고를 하고 있는지, 몇 위에 노출되고 있는지를 한 번에 확인할 수 있습니다.

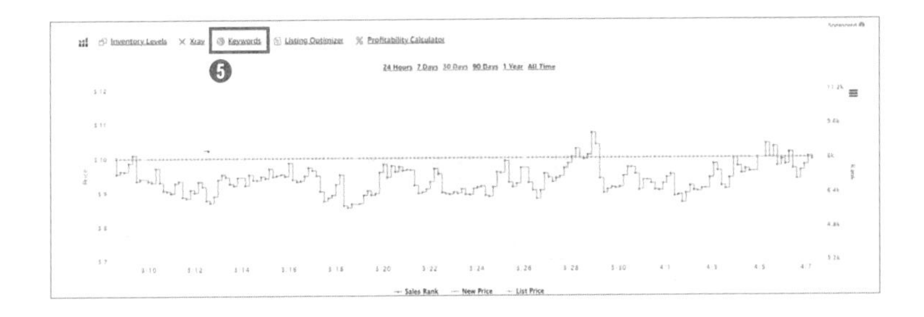

다만 해당 기능은 유료 기능으로 월 구독료를 지불하는 회원만 확인할 수 있습니다. 월 구독료는 플랜에 따라 다른데 보통 플래티넘 플랜 정도면 대부분의 기능을 이용할 수 있습니다. 자세한 월 구독료 및 이용 가능 플랜은 헬리움10 홈페이지에서 확인 바랍니다.

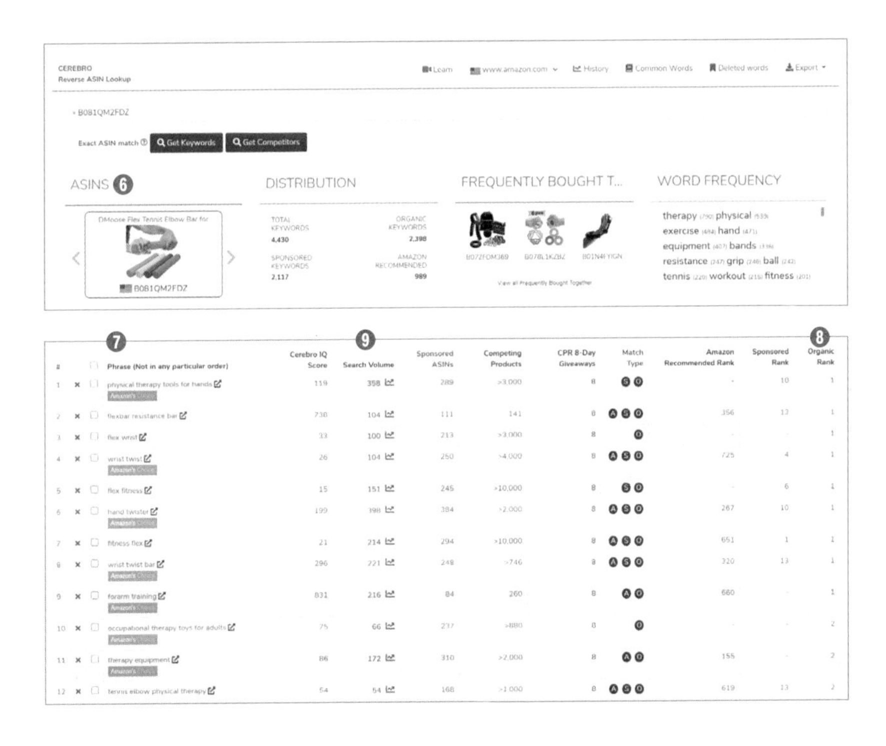

#	Phrase (Not in any particular order)	Cerebro IQ Score	Search Volume	Sponsored ASINs	Competing Products	CPR 8-Day Giveaways	Match Type	Amazon Recommended Rank	Sponsored Rank	Organic Rank
1	physical therapy tools for hands	119	358	289	>3,000	8	S O	-	10	1
2	flexbar resistance bar	738	104	111	141	8	A S O	356	13	1
3	flex wrist	33	100	213	>3,000	8	O	-	-	1
4	wrist twist	26	104	250	>4,000	8	A S O	725	4	1
5	flex fitness	15	151	245	>10,000	8	S O	-	6	1
6	hand twister	199	398	384	>2,000	8	A S O	267	10	1
7	fitness flex	21	214	294	>10,000	8	A S O	651	1	1
8	wrist twist bar	296	221	248	>746	8	A S O	320	13	1
9	forarm training	831	216	84	260	8	A O	660	-	1
10	occupational therapy toys for adults	75	66	237	>880	8	O	-	-	2
11	therapy equipment	86	172	310	>2,000	8	A O	155	-	2
12	tennis elbow physical therapy	54	54	168	>1,000	8	A S O	619	13	2

위 화면과 같이 특정 ❻ ASIN을 검색하면 해당 제품을 검색할 때 ❼ 고객들이 주로 검색하는 키워드를 확인할 수 있고, ❽ 각 키워드에서 해당 ASIN이 노출되고 있는 순위와

함께 ❾ 키워드별 월 평균 검색량도 확인할 수 있습니다. 이렇게 유료 기능을 활용하여 검색했을 때의 키워드 검색량과 경쟁 상품의 매출액을 토대로 내가 비슷한 아이템을 런칭했을 때 어느 정도의 시장 파이를 가져올 수 있을지 예측해볼 수 있습니다.

이러한 데이터를 참고하여 정량적인 분석을 하고, 기존 경쟁 상품의 단점을 확인해보는 정성적인 분석을 통해 고객들이 원하는 바가 무엇인지를 찾아 내가 진입할 수 있는 틈새시장이 존재하는지를 확인해야 합니다.

정글 스카우트 : 원하는 조건의 아이템 발굴

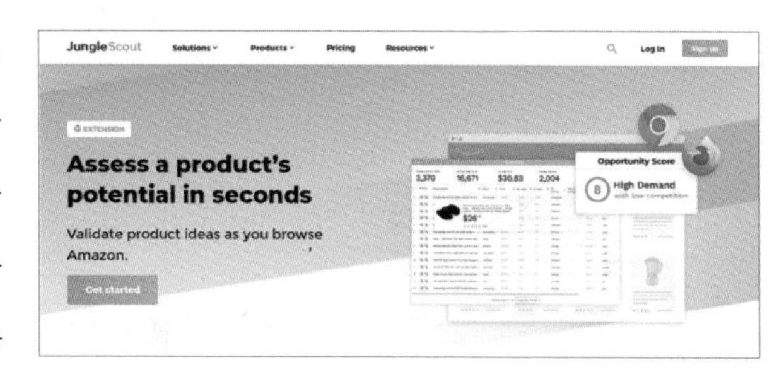

정글 스카우트라는 프로그램도 헬리움10에서 제공해주는 기능과 비슷한 기능을 제공합니다. 데이터의 정확성을 파악하기 위해 제가 판매하는 아이템의 실제 월 판매량과 정글 스카우트를 통해 확인한 월 판매량을 비교해본 적이 있는데요. 단품의 경우 실제 판매량과 10~20개 정도밖에 차이가 나지 않았습니다. 다만 단품이 아닌 여러 베리에이션으로 운영되는 상품이나 최근에 랭킹 변화가 큰 상품의 경우에는 차이가 많이 나기도 했습니다. 헬리움10의 경우도 실 판매와의 차이가 100~200개까지 나는 경우가 있었기 때문에 프로그램에서 제공하는 데이터를 맹신하기보다 참고하는 정도로만 활용하는 것이 좋을 것 같습니다.

정글 스카우트도 월 구독료에 따라 제공받을 수 있는 서비스가 조금씩 차이가 납니다. 보통 중간 가격대의 플랜을 통해 필요한 데이터들은 대부분 확인할 수 있었습니다. 자세한 월 구독료 및 이용 가능 플랜은 정글 스카우드 홈페이지에서 확인 바랍니다.

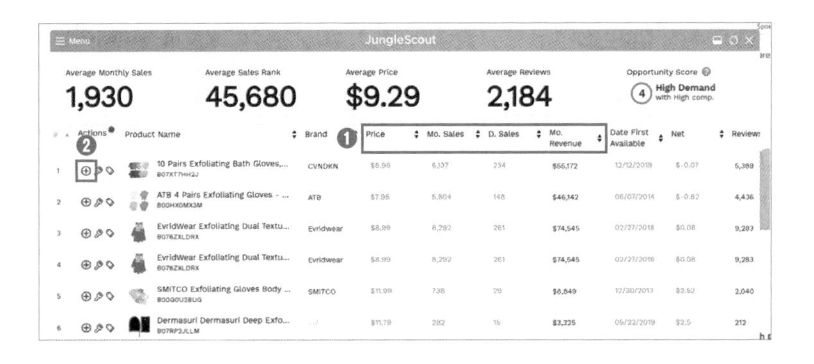

그럼 정글 스카우트의 기능에 대해 알아보겠습니다. 예를 들어 때밀이 장갑인 Exfoliating Gloves를 검색했을 때 나오는 여러 상품의 ❶ 가격대, 월 판매량, 일 판매량, 월 매출 규모 등을 한 번에 확인할 수 있고, 타겟팅하는 경쟁 상품 좌측의 ❷ ⊕ 버튼을 눌러 저장해놓으면 다시 찾아보지 않더라도 이 상품에 대한 정보를 지속적으로 트래킹할 수도 있습니다.

또한 판매하고자 하는 키워드에서 가장 잘 팔리는 상품들이 어떤 제품들인지 한 번에 확인할 수 있는 기능도 있습니다. 다음 화면에서 보는 것처럼 ❸ Top Products를 클릭하면 메인 키워드에서 잘 판매되고 있는 ❹ 경쟁 제품들의 월별 판매량, 매출, 리뷰 숫자, 리뷰 점수 등을 확인할 수 있습니다. 이 기능을 잘 활용하면 원하는 키워드에서 내 상품이 경쟁 상품과 비교했을 때 경쟁 우위를 가질 수 있을지 분석해볼 수 있습니다.

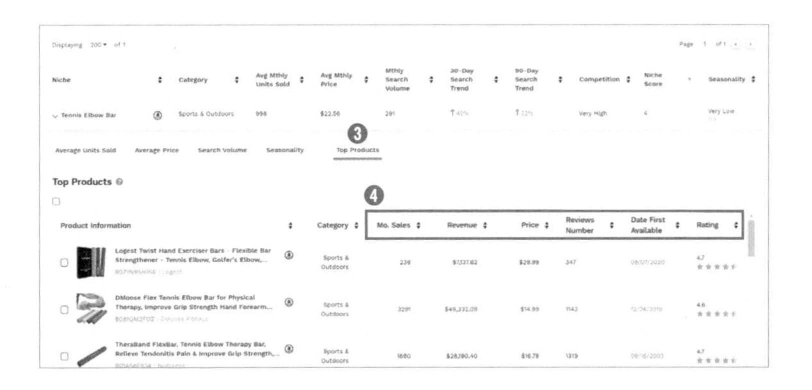

정글 스카우트에서 또 하나 활용할 수 있는 유용한 기능이 바로 Product Database입니다. 이 기능을 활용하면 아이템 아이디어가 도저히 떠오르지 않을 때 원하는 카테고리 내에서 원하는 조건 범위로 설정하여 아이템을 발굴할 수 있습니다.

앞선 챕터에서 아이템을 선정하는 기준들에 대해 설명을 했는데요. 초보 셀러가 진입하기에 수요나 경쟁, 마진 측면에서 유리하다고 판단되는 기준들을 설정해놓고 그 기준에 부합하는 아이템을 역으로 찾아볼 수 있습니다.

Product Database를 클릭하면 다음과 같이 원하는 카테고리를 선택하여 자신이 원하는 조건을 화면에 표시된 것처럼 다양하게 설정할 수 있습니다.

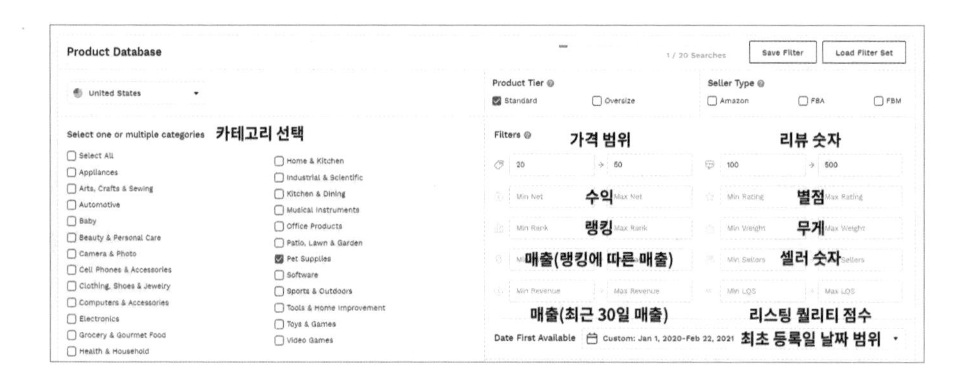

이 방법으로 아이템을 찾을 때는 가급적 최근(1년~1년 6개월)에 최초로 등록된 아이템이면서, 리뷰 숫자도 많고, 랭킹이 높은 상품 위주로 검색하는 것이 좋습니다. 이러한 조건의 아이템들은 아직 신규성을 가지고 있으면서 수요나 경쟁 강도 측면에서도 비교적 좋은 조건을 가지고 있다고 할 수 있습니다.

단, 이 방법은 데이터만 가지고 조건에 부합하는 아이템을 역으로 찾는 방법이기 때문에 조건적인 측면에서는 부합될 수 있으나, 조건이 맞다고 해서 모두 성공하는 아이템이라고는 단정 지을 수 없습니다. 조건에 부합하는 아이템을 골랐다면 메인 키워드와 서브 키워드 검색 시 노출되는 아이템들도 함께 비교하여 분석하기 바랍니다.

마스터의 시크릿 노트

이번 챕터에서는 시장을 분석하는 프로세스를 바탕으로 실제 아이템을 서칭하는 방법, 실무적인 툴을 활용하는 방법, 아이템을 찾기 위한 체계적 접근 방법에 대해 배웠습니다. 툴을 사용하여 분석하는 과정이 생소하기도 하고, 이번 챕터에서 다루는 내용이 워낙 광범위하다 보니 다소 어렵게 느껴질 수도 있습니다.

하지만 중요한 것은 어떤 툴을 활용하는 방법을 배우는 것이 아닙니다. 소개한 툴들의 기능을 전부 익힐 필요도 없고 비싼 유료 툴들을 자유자재로 다룬다고 해서 판매를 더 잘 하는 것도 아닙니다. 외부 툴이나 실무적인 부분을 배우는 이유는 초보 셀러가 오로지 감에 의존하기보다 정량적인 데이터로 시장 기회를 파악하고 판단할 수 있는 역량을 갖추기 위해서입니다.

이러한 프로세스나 방법론적인 것들을 활용하지 않고도 남들과 다른 접근법, 다른 관점으로 아이템을 찾는 셀러들도 분명 있을 것입니다. 이 책을 읽고 아마존 셀링을 시작하려는 여러분들도 우연히 그런 아이템을 찾아 우연한 성공을 거둘 수도 있습니다. 하지만 중요한 것은 아이템과 커머스 시장을 이해하는 가장 근본적이고 기본적인 관점을 여러분들의 마음속에 내재화하는 것이라 생각합니다. 이 부분을 꼭 마음에 새기고 지금부터는 구매를 위해 상품을 바라보는 것이 아닌 이 상품을 누구에게 어떻게 팔 수 있을지를 염두에 두며 셀러의 관점으로 세상의 모든 상품들을 바라보는 습관을 기르기 바랍니다.

13

OEM 제조를 위한 노하우

예전에는 이미 시중에 유통되는 상품을 소싱하여 판매하는 아마존 셀러가 많았으나, 경쟁이 점점 심해지면서 최근에는 많은 셀러들이 OEM 제조에 관심을 갖고 있습니다.

하지만 상품 제조를 처음 시작하려고 할 때는 어떻게 제조공장을 찾고, 어떤 것부터 협의해야 할지 참으로 막막합니다. 그래서 이번 챕터에서는 OEM 제조 과정에 대해 알려드리고, 특히 아마존 셀링을 할 때 OEM 제조공장과 협의해야 할 사항, 협의 시 주의해야 할 점들에 대해 알려드리려고 합니다.

OEM 제조란?

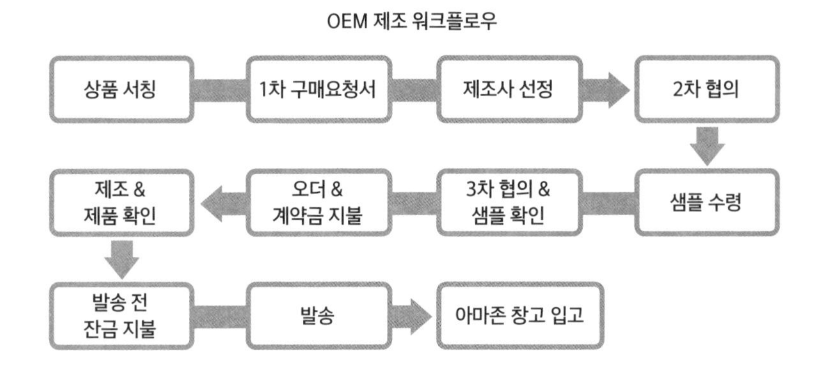

먼저 OEM 제조의 정의에 대해 알아보겠습니다. OEM Original Equipment Manufacturing이란 한마디로 '주문자 상표 부착 생산'을 말합니다. 생산 능력이 있는 제조공장에 주문자가 제품 생산을 의뢰하고, 주문자의 상표를 부착하여 해당 제품에 대한 상표권이나 유통권리를 주문자가 갖는 방식입니다.

시장에 출시되지 않은 새로운 제품을 직접 디자인 또는 설계하여 제작하는 경우는 보통 ODM Original Design Manufacturing이라고 합니다. 주문자가 상품기획과 디자인 및 설계를 하여 생산 능력이 있는 제조공장에 구체적인 개발과 제조를 의뢰하는 것입니다. 하지만 ODM 방식은 개발비용도 많이 들고 생산에 대한 경험도 전무한 상태에서 여러 가지 시행착오를 겪을 수 있기 때문에 초보 셀러의 경우 보통 OEM 방식으로 기존 상품에 약간의 변형을 하거나 상표와 패키지만 바꾸는 정도로 제조하는 경우가 많습니다.

초기에는 이렇게 작은 수준의 OEM 방식으로 시작했다가 경험이 쌓이면 새로운 제품 아이디어로 ODM 방식의 생산까지 하며 사업을 키워나가기도 합니다. 우선 누구나 쉽게 시작해볼 수 있는 OEM 제조 과정부터 차근차근 배워보겠습니다. OEM 제조 과정은 국내에서 제조하거나 중국을 비롯한 해외에서 제조하거나 큰 틀에서는 비슷합니다.

상품 검색

OEM 제작을 위해서는 먼저 판매하고자 하는 상품을 제조할 수 있는 제조공장을 찾아야 합니다. 보통은 알리바바나 1688과 같은 사이트에서 제품을 검색합니다. 요즘은 일반적인 공산품들을 제조하는 공장들이 대부분 중국에 있고, 중국에서 만들어야 제조원가가 저렴하기 때문에 중국에서 찾기는 합니다. 하지만 한국에서도 잘 찾아보면 양심적으로 제품을 잘 만드는 제조공장들을 찾을 수 있습니다. 특히 뷰티 상품의 경우 기초화장품은 한국의 기술력이 월등하기 때문에 중국 알리바바보다는 한국의 화장품 제조공장을 찾아보는 것이 더 좋습니다.

여기서는 초보 셀러들이 가장 많이 활용하는 알리바바에서 제조공장을 찾는 방법에 대해 알려드리겠습니다. 제조공장을 찾기 위해서는 우선 내가 소싱하려는 상품을 검색해야 합니다. 원하는 상품을 쉽게 찾는 첫 번째 방법은 아마존에서 자신이 판매하려는 상품과 가장 유사한 제품들이 가장 많이 검색되는 검색 키워드를 가지고 알리바바에서 검색하는 것입니다.

알리바바에서 소싱하는 아마존 셀러들이 많기 때문에 아마존 메인 키워드를 상품 타이틀에 그대로 사용하는 경우가 많습니다. 따라서 소싱하려는 상품의 메인 키워드로 먼저 검색을 해봅니다.

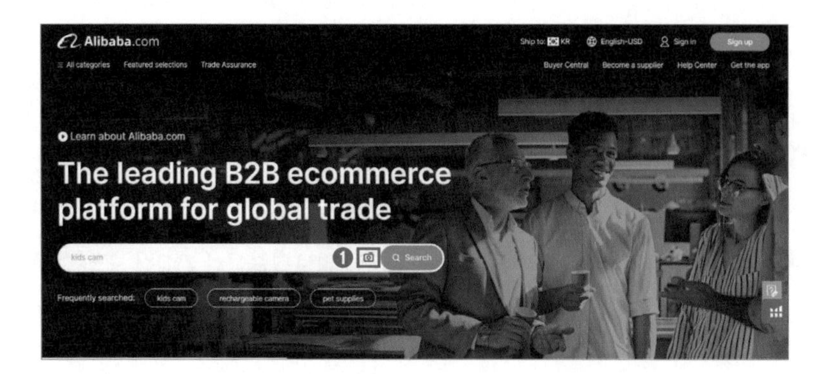

원하는 상품을 찾는 두 번째 방법은 내가 소싱하려는 상품의 이미지로 검색하는 것입니다. 메인 키워드로 검색을 했는데도 원하는 상품을 찾지 못했을 경우 해당 제품의 이미지로 알리바바에서 검색을 할 수 있습니다. 알리바바의 메인 화면을 보면 검색창에 작은 ❶ 카메라 모양의 아이콘이 있습니다. 카메라 아이콘을 클릭하면 이미지로 비슷한 상품을 검색할 수 있습니다.

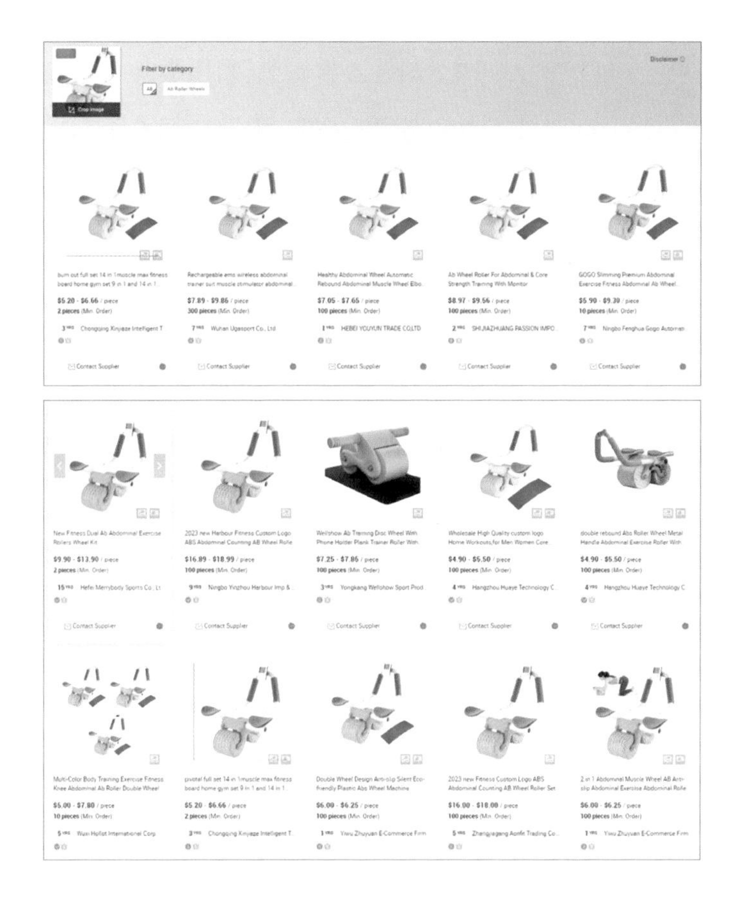

이렇게 아마존에서 판매하는 제품과 동일한 제품을 알리바바에서 찾고자 한다면 이미지 검색을 활용하는 것이 굉장히 편리합니다. 동일한 제품의 가격대도 쉽게 비교할 수 있고, 제품을 제조하는 업체를 살펴보고 더 나은 모델을 찾거나 다른 유사 상품을 찾아볼 수도 있습니다.

OEM 제조 시 주의사항

그렇다면 본격적으로 OEM 제작 시 각 단계별로 논의해야 할 사항 및 주의해야 할 사항들에 대해 설명드리겠습니다.

MOQ를 확인해야 합니다

MOQ Minimum Order Quantity, 최소주문수량는 공장마다 품목마다 천차만별입니다. 제품 디자인이나 스펙을 드라마틱하게 바꿔야 하는 경우가 아닌 이상, 몇백 개부터 MOQ가 시작하는 경우도 있습니다. 그리고 MOQ에 따라 제작단가도 달라지기 때문에 수량별 제조원가도 파악하는 것이 중요합니다.

유통업체인지 제조공장인지 확인합니다

알리바바에 올라와 있는 업체들 중에 유통업체임에도 직접 공장을 보유한 것처럼 속이는 경우가 많습니다. 이럴 경우 제조 과정에서 내가 원하는 스펙으로 튜닝을 한다든지, 로고 인쇄를 위해 문의했을 때 커뮤니케이션이 원활하지 않습니다. 가격 또한 재하청을 통해 제작되는 것이기 때문에 제조업체와 직접 커뮤니케이션 하는 것보다 비쌉니다.

그렇기 때문에 로고 인쇄와 커스터마이징이 가능한지 여부를 제조공장을 컨택할 때부터 반드시 문의해야 합니다. 그리고 원하는 스펙에 대해 어느 정도까지 변경이 가능한지, 변경에 대한 비용이 별도로 발생하지는 않는지 등도 확인해야 합니다.

유통업체와 제조공장을 구분하는 가장 기초적인 방법은 해당 업체의 페이지에 들어가 보는 것입니다. 보통 제조공장은 취급하는 상품이 대부분 관련된 제품으로 사양별로 다양한 컬렉션을 보유하고 있는 경우가 많습니다. 그러나 유통업체는 취급하는 상품이 전혀 다른 카테고리의 상품들로 구성된 경우가 많습니다.

예를 들어, Latex Tubing Band를 알리바바에서 검색하여 튜빙밴드를 전문적으로 제조하는 업체를 찾는다고 가정하겠습니다. 한 업체의 경우 취급하는 모든 제품을 봤을 때, Resistance Latex Band 카테고리의 제품은 일부에 불과하고 튜빙밴드의 제품은 약 20종 밖에 되지 않습니다. 오히려 웨이트 리프팅 보호대나 요가 앵클 스트랩, 피트니스 악세사리 등 스포츠와 관련된 다양한 카테고리의 제품을 더 많이 취급하고 있는 것을 알 수 있습니다.

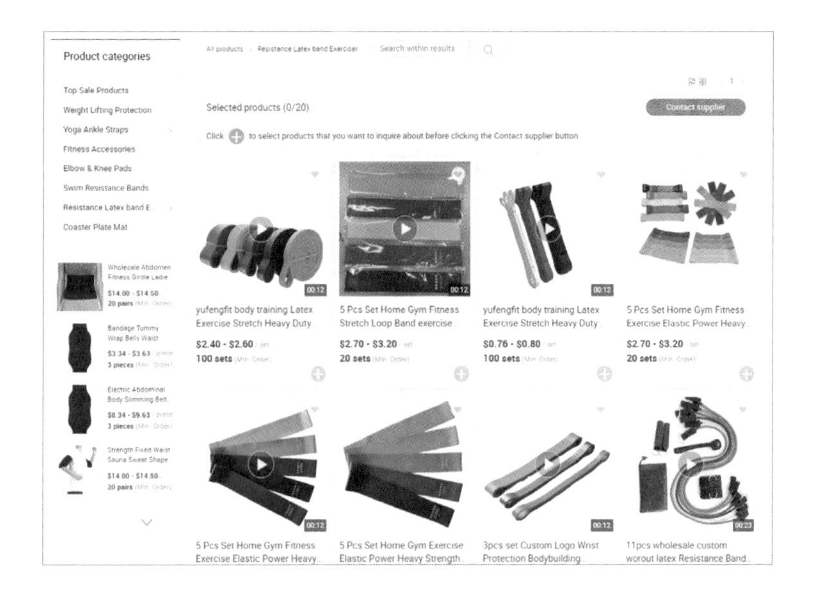

반면, 다른 업체의 페이지에 들어가보면 홈 화면부터 주요 제품 카테고리가 Latex Band 위주로 구성된 것을 알 수 있습니다. 전체 제품을 살펴봐도 다른 카테고리의 제품도 물론 있지만 전체적으로 튜빙밴드와 관련 카테고리가 상당수 차지하고 있음을 알 수 있습니다.

만약 튜빙밴드를 활용한 제품을 소싱하고자 한다면 두 번째 업체가 소싱가가 저렴할 확률은 물론, 라텍스 밴드를 전문적으로 생산하는 업체일 가능성이 높으므로 품질 또한 더 나을 수 있다고 예상할 수 있습니다.

1카톤 박스에 들어가는 입수와 무게를 확인해야 합니다

마진 계산 시 아마존 창고까지 발송하는 비용을 1카톤 박스Carton Box에 들어가는 수량으로 나누어야 아이템 1개당 소요되는 배송비를 계산할 수 있습니다. 그리고 이 배송비는 카톤 박스의 부피와 무게 중 더 많이 나가는 것을 기준으로 산정합니다.

따라서 아마존 창고에 입고시킬 때 무게는 50lbs(약 22.5kg) 미만으로 맞춰야 합니다. 카톤 수량과 무게를 확인할 때 한 박스 당 무게를 50lbs 미만으로 맞췄을 때 들어가는 수량과 카톤 박스의 무게를 사전에 확인해야 합니다.

생산 기간과 배송 방법, 아마존 거래 여부를 확인합니다

리드타임(생산 기간)과 배송 방법, 제조사에서 발송할 경우 소요되는 배송비, 아마존 판매용 상품을 제조한 경험이 있는가 등을 확인합니다. 리드타임은 수량별로 다를 수 있으니 MOQ에 따른 리드타임을 문의하시고, 커스터마이징 요소에 따른 리드타임도 확인합니다.

제조사에서 아마존 창고로 직배송을 해줄 수도 있습니다. 하지만 중국 업체에서 부르는 배송비가 비싼 경우가 많습니다. 그래도 비교 견적을 낼 수 있도록 배송 조건에 따른 배송비를 문의하시는 것이 좋습니다.

그리고 아마존 상품 생산 경험이 있는가 여부도 중요합니다. 아마존 FBA 창고로 상품을 입고시킬 때 제품에 바코드 작업도 해야 하고 미리 배송 계획을 작성한 뒤 박스 겉면에 패키지 바코드도 부착해야 합니다.

만약 제조하려는 공장이 아마존 상품 생산 경험이 있다면 입고 요건을 맞추기 위한 커뮤니케이션이 한결 원활할 것입니다. 물론 아마존 상품 생산 경험이 없더라도 요청하는 작업에 대해 제대로 이행하는지 여부를 샘플 사진으로 요청하고 작업 중간중간 계속 확인하면서 진행하면 큰 문제는 없습니다.

결제 조건을 확인해보기 바랍니다

OEM 제조의 지불 조건은 보통 선금 30%에 나머지 잔금 70%는 배송 시점에 치르는 방식으로 결제됩니다. 그리고 알리바바를 통해 결제할 경우 업체가 주문을 정상적으로 이행할 때까지 자금을 홀딩해놓고, 만약 주문이 정상적으로 이행되지 않았다면 선금을 포함하여 환불을 요청할 수 있기 때문에 알리바바를 통해 결제하는 것이 좋습니다.

지금까지 OEM 제조공장을 선정하기 위한 주의사항을 확인했다면, 본격적으로 OEM 제조공장을 선택하고 협의해야 합니다. OEM 제조 프로세스에 따라 구매요청서를 보내고 협상해야 할 내용에 대해 자세히 알아보겠습니다.

1차 구매요청서 단계 체크리스트

우선 소싱할 제품을 제조하는 제조공장을 찾아본 뒤에 자본 상황, 원하는 제조수량 MOQ를 맞춰줄 수 있는지 제조공장 여러 곳에 1차 Inquiry구매요청서를 발송하게 됩니다.

1차 구매요청서를 발송할 때는 내가 원하는 스펙, 품질, 단가, 수량으로 제조가 가능한지 여부를 체크하고 여러 제조사에 컨택하여 비교 견적을 받아본 후 다음 사항들을 고려하여 문의 및 답변을 충분히 주고받으며 제조사를 선정합니다.

- 같은 사양의 제품을 너무 저렴한 단가로 올렸다면 미끼상품일 가능성이 높거나, MOQ가 굉장히 높은 경우가 있다. 너무 저렴한 단가만 찾기보다는 다른 조건도 함께 고려해본다.
- 최소 5군데 이상의 업체에 구매요청서를 넣어본다.
- 답변 속도도 중요하다. 커뮤니케이션이 원활하지 않는 업체와는 거래하지 않는 것이 좋다.
- 자신의 로고를 부착할 수 있는지, 원하는 스펙으로 커스터마이징이 가능한지도 1차 구매요청서 단계에서 확인해본다.
- 유통업체가 공장을 사칭하는 경우도 있는데 직접 생산을 하는지도 한번 확인하는 것이 좋다.
- 아마존 납품 실적이 있는지 확인해본다.

1차 구매요청서 작성 요령

1차 구매요청서 작성이 너무 복잡하고 어려워 보이는 분들을 위해 1차 구매요청서를 어떻게 작성해야 하는지 알려드리겠습니다. 샘플 양식을 참고하여 자신의 상황에 맞춰 조금씩 수정해서 활용하면 좋을 것 같습니다.

Dear [담당 직원 이름 및 제조사]:

I'm [본인이름], the owner of a [회사명] which is specializing in [관련업계].

We are looking for a new product line and interested in [상품명 및 링크].

Dear [담당 직원 이름 및 제조사]:

I'm [본인이름], the owner of a [회사명] which is specializing in [관련업계].

We are looking for a new product line and interested in [상품명 및 링크].

Could you please provide me with the following information?

Can we order the item with our brand logo?

What color, package or size options do you offer?

What color, package or size options do you offer?

Also, for estimating our shipping costs, could you please let me know the following information?
How many units usually come in a carton box?
What are the size and weight of a carton box?
We'd like to sell the products on Amazon. Do you have an experience to ship the products to Amazon FBA center?
I look forward to hearing from you soon so that we can move forward with our next order.
Best Regards,
이름, 직위 회사명

2차 협의 단계 체크리스트

1차 구매요청서를 여러 제조사에게 발송한 뒤 커뮤니케이션이 원활하게 잘 되고 원하는 조건을 맞춰줄 수 있는 제조사 몇 곳을 선정했다면, 2차 협의 단계에서는 구체적인 스펙과 원하는 튜닝 디테일, 사이즈, 패키징 등에 대해 좀 더 자세한 협의를 진행해야 합니다.

다음 사항들을 체크하며 2차 협의를 진행합니다.

- 원하는 샘플 스펙에 대해 구체적으로 협의한다.
- 커스터마이징 정도에 따른 MOQ 확인한다.
- 샘플 수정이 계속되면 샘플 비용 및 단가도 늘어나게 되므로 가급적이면 샘플 생산 전에 요구사항을 최대한 반영하여 생산 여부, 비용 등을 꼼꼼하게 체크한 후 1차 샘플에 모두 반영될 수 있도록 커뮤니케이션한다.
- 중국에서 한국으로 샘플을 받을 때 배송비를 과다하게 청구하는 경우가 있다. 견적을 받아보고 너무 비싸다면 배송대행사를 알아본다.

배송대행사 선정

참고로 제가 이용하는 배송대행 서비스인 123GO를 소개합니다. 다른 배송대행사도 많이 있으니 비교해보시고 이용하시면 됩니다. 배송대행 서비스를 소개하는 이유는 대략 어떤 프로세스로 배송대행이 진행되는지를 설명하기 위함입니다.

우선 사이트에 들어가 회원가입을 한 후 이용 안내 페이지에서 배송비를 확인합니다. 배송 방법, 무게에 따라 배송비는 다르게 책정되기 때문에 같은 조건으로 다른 배송대행 서비스와 견적을 비교하면 됩니다. 그런 다음 배송대행 신청서를 작성하는 페이지에 들어가면 다음과 같이 배송 방법과 배송지를 입력할 수 있습니다.

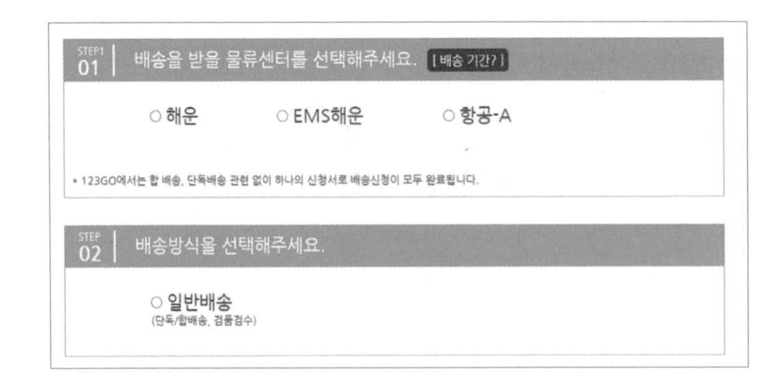

STEP 03 받는 사람 정보를 입력해주세요. [주소 불러오기 클릭 - 자세히]

받는 사람	한글 [주소록 가져오기] 영문 * 사업자 통관은 사업자명을 써주세요
통관방법?	◉ 목록통관 (추천) ○ 사업자통관 ○ 일반(간이)통관(개인통관고유번호 필수) 개인통관고유번호 또는 생년월일 필수!(수취인) 사업자통관은 사업자번호 필수!
주소 및 연락처	연락처 - - 우편번호 [우편번호 검색] 주소 상세주소 * 도로명 주소를 써주세요. 지번 주소 기재 시 통관/세관에서 오류로 분류시켜 통관지연이 될 수 있습니다 영문주소 영문상세주소
배송 요청사항	* 국내 배송기사 분께 전달하고자 하는 요청사항을 남겨주세요(예: 부재 시 휴대폰으로 연락주세요.)
받는 사람 정보	

배송 방법에 따라 물류센터 주소가 달라집니다. 보통 샘플의 경우 항공으로 배송을 받게 되는데 항공-A를 선택하시면 물류센터 배송지를 확인할 수 있습니다. 중국 제조사에서 물류센터까지 배송을 요구하면 공장측에서 부담하는 경우도 있고 보통은 2~4달러 정도를 요구합니다.

그런 다음 받는 사람 정보를 입력합니다. 사이트에 들어가보면 코로나19 사태로 최근에는 목록통관은 진행하지 않고 사업자통관 또는 일반통관으로 진행합니다. 개인통관 고유번호는 개인적으로 발급받을 수 있으므로 개인통관 고유번호를 발급받아 입력하면 됩니다.

배송받을 상품 정보를 입력합니다. 보통 배송대행 신청서는 제조사에서 상품을 선적하기 전에 작성하기 때문에 트래킹 번호는 나중에 중국 업체로부터 받은 다음 입력하면 됩니다. 상품에 대한 통관 품목, 상품명, 단가, 수량 등을 입력해주고 상품 URL의 경우 알리바바 링크를 입력하면 됩니다. 이미지는 중국 제조사에서 상품을 배송하기 전에 박스 사진을 찍어서 보내달라고 요청하면 보통 보내줍니다.

단가의 경우 150달러가 넘게 되면 통관수수료가 부과될 뿐만 아니라 관세도 발생할 수 있기 때문에 정식적인 방법은 아니지만 단가를 실제보다 조금 낮춰서 입력하기도 합니다. 합법적인 방법이 아니어서 세관 통과 시 적발되면 가산세를 내야 할 수도 있습니다.

정식 오더 발주 및 선불 지급

이렇게 2차 협의를 통해 샘플을 확인하고 이상이 없다면 정식 오더를 하게 됩니다. 만일 샘플을 확인하는 과정에서 마음에 들지 않는다면 위의 과정들을 반복하여 원하는 스펙이 나올 수 있도록 커뮤니케이션해야 합니다.

정식 오더 시에는 결제 조건을 확인하여 30% 정도의 선금을 지불하는 조건으로 요청한 후 알리바바를 통해 결제를 하도록 합니다.

마스터의 시크릿 노트

이번 챕터에서는 OEM 제조의 전체적인 프로세스에 대해 알아봤습니다. OEM 제조에 대해 감이 좀 오셨나요? 중국에서 제조하는 경우가 많기 때문에 중국을 기준으로 설명했지만, 한국에서도 원하는 제품을 잘 만드는 제조공장이 있고 가격 또한 합리적이라면 한국 공장과 거래하는 것을 추천합니다. 커뮤니케이션도 훨씬 원활하고 공장에 직접 방문해서 일을 진행할 수 있기 때문에 처음 상품을 제조하면서 발생할 수 있는 여러 가지 시행착오들을 방지할 수 있습니다.
특히 요즘은 직접 공장을 갖고 있지 않더라도 원하는 제품을 만들고 브랜딩도 직접 할 수 있는 기회가 많기 때문에 너무 어렵고 복잡하게 생각하기보다는 적극적으로 제조공장을 찾아보고, 만나보고, 많이 물어보면서 많이 부딪혀보는 것이 가장 큰 공부가 됩니다.

14

아이템 마진 계산하기

아마존 셀링에서는 매출도 중요하지만 더 중요한 것은 아이템당 얼마의 마진을 남기느냐입니다. 매출이 아무리 높아도 마진이 너무 적어서 고생은 고생대로 하고 남는 것이 별로 없는 셀러들이 정말 많습니다. 따라서 이번 챕터에서는 아마존 셀링을 하면서 어떤 비용이 발생하고, 아이템당 마진을 대략적으로 어떻게 확인해볼 수 있는지에 대해 자세히 알려드리겠습니다.

아마존 소싱 단계부터 이 아이템으로 얼마 정도의 마진을 남기며 판매할 수 있는 구조인가를 잘 판단하는 것이 중요합니다. 고객의 반품이나 아마존 창고에서의 분실 등 예기치 못한 비용을 정확하게 다 계산할 수는 없겠으나, 이러한 로스 및 각종 부대비용 등도 고려하여 적정한 마진을 남길 수 있는 구조를 만들어가야 합니다.

아이템별 마진을 확인하기 위해서는 아마존 셀링을 하면서 발생하는 기본적인 비용 구조에 대해 정확하게 알고 있어야 합니다. 고려해야 할 비용은 크게 '아마존에서 발생하는 비용'과 '아마존 외에서 발생하는 비용'으로 나눌 수 있습니다.

아마존에서 발생하는 비용

아마존 소개 수수료

먼저 아마존 플랫폼에서 판매를 할 때 기본적으로 지불해야 하는 수수료가 있습니다. 이를 Referral Fee라고 하는데요. 이 수수료는 건당 부과되는 수수료로 보통 판매 가격의 8~15% 정도를 부과합니다. 보통의 카테고리 대부분에서 15% 정도의 수수료를 감안해야 합니다. 만약 FBM으로 상품을 운영할 경우 판매 가격에서 Referral Fee를 제외하고, 한국에서 미국 고객에게 배송하는 배송비를 제외한 만큼이 아이템 마진이 됩니다.

FBA 수수료

FBA 상품의 경우 아마존 소개 수수료와 별개로 FBA 수수료가 발생합니다. 이 FBA 수수료 역시 판매 건당 수수료가 부과됩니다. FBA 수수료는 아마존 물류센터에서 주문처리를 대행해주고 상품을 창고에 보관하는 등에 대한 서비스 비용입니다. FBA 수수료는 부피, 무게에 따라 달리지기 때문에 같은 제품이라도 패키지 사이즈를 어떻게 맞추냐에 따라 수수료가 달라질 수 있습니다.

프로페셔널 계정비

이전 챕터에서 아마존은 계정비가 있다고 이야기했는데요. 아마존 셀링을 제대로 하기 위해서는 일반 계정이 아닌 프로페셔널 계정으로 운영할 수밖에 없습니다. 이때 39.99달러의 계정 비용이 매월 발생합니다. 단, 이는 판매 수량에 따라 달라지는 비용이 아닌 판매량에 상관없이 발생하는 고정비 형식임으로 아이템당 마진을 계산할 때는 크게 고려하지 않습니다.

PPC 광고비

마지막으로 PPC 광고비입니다. 흔히 CPC 광고로 알고 있는 클릭당 과금 방식의 광고를 아마존에서는 PPC 광고라고 부릅니다. 보통 첫 런칭 아이템은 PPC 광고 없이 매출을 발생시키기 어렵기 때문에 반드시 광고비가 지출되어야 한다고 생각해야 합니다.

광고비의 가장 이상적인 그림은 초기에 적자를 보더라도 공격적인 광고를 통해 원하는 키워드에서 아이템 랭킹이 상승될 수 있도록 광고를 집행하고, 그 이후로는 점차 자연검색 유입을 통한 매출 비중이 점점 높아지는 모습입니다.

PPC 광고비는 변동비이므로 마진을 계산할 때 정확하게 반영하기는 어렵지만, 광고에 대한 정확한 효율을 파악할 수 있기 때문에 보통 판매 가격의 몇 퍼센트를 광고비로 지출했을 때 마진이 얼마나 남는지를 사전에 파악해놓는다면 광고를 집행할 때도 마진을 고려하면서 적정선으로 광고를 집행할 수 있습니다.

기타 비용

여기까지가 아마존에서 부과하거나 지출되는 비용입니다. 이외에 장기보관 재고의 경우 Long Term Storage Fee라고 해서 장기보관재고 비용을 별도로 부과하기도 하는데, 생각보다 그리 큰 금액은 아니기에 아이템별 마진을 계산할 때는 따로 고려하지 않습니다. 이외에도 반품이나 아마존 창고에서 파손되는 아이템들로 인한 비용도 상당히 큽니다. 아이템에 따라 다르겠지만 가급적이면 광고를 집행하지 않고도 최소 30~40% 이상 마진이 남는 구조를 만들어야 PPC 광고를 집행했을 때 적자를 보지 않는 선에서 운영이 가능합니다.

아마존 외에서 발생하는 비용

국내 및 해외 배송비

다음으로 아마존에서 발생하는 비용이 아닌 아마존 셀링을 하며 고려해야 할 '아마존 외에서 발생하는 비용'에 대해 설명드리겠습니다. 아마존 외 비용에서 가장 크게 고려해야 할 부분은 바로 배송비입니다.

배송비는 아이템 1개당 배송비를 고려해야 합니다. 보통 배송비는 무게와 부피에 따라 카톤 박스를 기준으로 발생합니다. 따라서 1개의 카톤 박스에 몇 개의 아이템이 들어가는지를 고려하여 아이템 1개당 배송비를 계산합니다.

예를 들어, 카톤 박스 1개에 100개의 아이템이 들어가고 카톤 박스 1개의 무게가 20kg이라고 가정합시다. 해외 특송 요율은 보통 배송대행사가 가장 저렴하기 때문에 배송대행사 중 하나인 '도어로'라는 업체의 요율로 따져본다면, 카톤 박스 1개의 배송료가 221,100원(2023년 11월 기준)으로 아이템 1개당 배송료는 2,211원이 됩니다. 이런 방식으로 아이템별 배송비를 대략 확인할 수 있습니다.

만약 중국에서 생산하는 경우라면 아이템을 중국에서 미국 아마존 창고까지 직송할 수도 있습니다. 그럴 경우 중국 생산공장에서 아마존 창고까지의 배송비를 확인해보고, 카톤 박스당 아이템 개수로 배송비를 나누면 아이템의 1개당 배송비를 알 수 있습니다.

이 예시는 카톤 박스 1개 정도의 매우 적은 물량을 항공특송으로 보낸다는 전제로 아이템 1개당 배송비를 간단하게 계산해본 것입니다. 물량이 늘어난다면 해상운송으로 아이템을 발송할 수 있고, 이 경우 아이템 1개당 배송비는 조금이나마 줄어들게 됩니다.

가상계좌 수수료

마지막으로 아마존 외에서 발생하는 비용 중 고려해야 할 수수료가 하나 더 있습니다. 바로 가상계좌 수수료입니다. 가상계좌 수수료가 그리 높은 것은 아니지만 금액이 커지면서 수수료율에 따라 차이가 꽤 발생할 수 있습니다.

보통 페이오니아의 경우 수수료율이 1.2%부터 시작하게 되는데 인출 금액에 따라 수수료를 낮춰주기도 합니다. 현재 가상계좌 수수료는 페이오니아보다 핑퐁글로벌이 더 저렴합니다. 핑퐁글로벌 역시 페이오니아와 마찬가지로 매출 규모에 따라 수수료율이 달라집니다.

아마존 마진 계산기

지금까지 아마존 셀링을 할 때 고려해야 할 비용 구조에 대해 알아봤습니다. 하지만 이렇게 글로만 설명해서는 실제로 계산하는 것이 어려우시죠? 그래서 제가 마진 계산을 쉽게 할 수 있도록 마진 계산기를 엑셀로 만들어봤습니다. QR 코드를 찍어 강의자료를 다운로드할 수 있도록 해놓았으니 다운받아서 활용하기 바랍니다.

마진 계산기

판매 가격 및 소개 수수료 계산하기

아마존 가격구조 Sheet_ver.2023

	ITEM 1	ITEM 2	ITEM 3	ITEM 4	ITEM 5	ITEM 6	ITEM 7
Sales							
1) Listing Price	$ 32.99	$ 49.90	$ 58.70	$ 24.80	$ 31.50	$ 21.40	$ 15.80
Cost							
1) Referal fee (15%)	$ 4.95	$ 7.49	$ 8.81	$ 3.72	$ 4.73	$ 3.21	$ 2.37
2) FBA fee	$ 4.54	$ 5.70	$ 5.70	$ 5.05	$ 4.38	$ 4.38	$ 4.16
3) DOM Shipping (per unit)	$ 0.04	$ 0.13	$ 0.30	$ 0.08	$ 0.09	$ 0.08	$ 0.08
4) INT Shipping (per unit)	$ 1.26	$ 5.00	$ 5.87	$ 1.70	$ 1.83	$ 2.40	$ 0.15
5) Manufacturing cost (or Purchasing price)	$ 8.00	$ 25.00	$ 14.50	$ 1.70	$ 5.50	$ 2.50	$ 2.00
6) Acos(%)	15.00%	0.00%	18.60%	19.00%	20%	22%	38%
7) Payoneer fee (2%)	$ 0.47	$ 0.73	$ 0.88	$ 0.32	$ 0.45	$ 0.28	$ 0.19
Revenue	**$ 8.78**	**$ 5.85**	**$ 11.72**	**$ 7.52**	**$ 8.23**	**$ 3.85**	**$ 0.85**
Revenue rate	**27%**	**12%**	**20%**	**30%**	**26%**	**18%**	**5%**

QR 코드로 아마존 마진 계산기 엑셀 시트를 다운받으면 각 항목에 대한 자세한 설명을 확인할 수 있습니다. 가장 위에 있는 Listing Price는 내가 판매하는 아이템의 가격입니다. Listing Price에 원하시는 판매 가격을 입력하면 Referral Fee는 자동으로 계산됩니다.

FBA 수수료 계산하기

다음으로 FBA Fee인데요. 자신이 판매하는 아이템의 부피, 무게 등을 확인하여 FBA 수수료가 얼마인지 확인할 수 있습니다. 아래 표는 2023년 기준 아마존 FBA 수수료 기준표입니다. 2023년 10월 15일부터 2024년 1월 14일까지는 피크시즌 할증 요율을 적용받게 되고, 피크시즌 이외에는 Non-peak period 수수료를 적용받습니다.

Standard-size product tiers				
Product type	**Size tier**	**Shipping weight**	**Non-peak period fulfillment fee** *(January 17, 2023 to October 14, 2023)*	**Peak period fulfillment fee** *(October 15, 2023 to January 14, 2024)*
Most products (non-dangerous goods, non-apparel)	Small standard	4 oz or less	$3.22	$3.42
		4+ to 8 oz	$3.40	$3.60
		8+ to 12 oz	$3.58	$3.78
		12+ to 16 oz	$3.77	$3.97
	Large standard	4 oz or less	$3.86	$4.16
		4+ to 8 oz	$4.08	$4.38
		8+ to 12 oz	$4.24	$4.54
		12+ to 16 oz	$4.75	$5.05
		1+ to 1.5 lb	$5.40	$5.70
		1.5+ to 2 lb	$5.69	$5.99
		2+ to 2.5 lb	$6.10	$6.60
		2.5+ to 3 lb	$6.39	$6.89
		3+ lb to 20 lb	$7.17 + $0.16/half-lb above first 3 lb	$7.67 + $0.16/half-lb above first 3 lb

표에서 보시다시피 스탠다드 사이즈에서 무게에 따라 FBA 수수료가 달라지는 것을 확인할 수 있습니다. 스탠다드 사이즈와 크기 초과 아이템 기준은 다음 이미지와 같습니다.

표준 크기와 크기 초과 비교

표준 크기 아이템은 포장을 마친 후 중량이 20lb 이하이고 다음 크기를 초과하지 않는 아이템입니다.

- 가장 긴 면이 18인치
- 중간 길이 면이 14인치
- 가장 짧은 면이 8인치

이 규격을 초과하는 아이템은 크기 초과로 간주됩니다.

> **중요사항:** 상품이 세트로 판매되는 경우 중량 및 규격은 세트로 함께 포장된 모든 아이템의 총합계입니다.

크기와 무게에 따른 FBA 수수료 표는 구글에서 Amazon FBA Fee라고 검색하시면, 아마존 관리자 페이지에서 회원가입 없이도 확인할 수 있습니다. 아마존 셀러로 판매하고자 하는 아이템의 FBA 수수료를 미리 확인하기 바랍니다.

배송비 계산하기

다시 마진 계산기 엑셀 시트로 돌아가보겠습니다. FBA Fee 아래에 있는 항목인 DOM Shipping Cost와 INT Shipping Cost는 배송비를 의미합니다.

DOM Shipping Cost는 배송대행사 물류센터까지 발송하는 국내 배송비입니다. 예를 들어 100개의 아이템이 들어가는 카톤 박스 1개를 배송대행사 물류센터까지 배송하는데 5,000원이 들었다면, 아이템당 국내 배송비는 50원이 됩니다. 이 비용을 달러로 환산하여 적으면 됩니다. 그다음 INT Shipping Cost가 해외 배송비입니다. 이 해외 배송비도 달러로 환산하여 엑셀 마진 계산기에 입력해줍니다.

제조원가 및 소싱단가 계산하기

Manufacturing Cost 또는 Sourcing Price는 제조원가 또는 소싱단가를 뜻합니다. 만약 직접 제조를 한다면 제조원가를, 아이템을 소싱하는 경우라면 소싱단가를 입력하면 됩니다. 이 역시 단위는 달러로 환산하여 기입합니다.

PPC 광고비 계산하기

마지막으로 PPC 광고비를 계산하기 위해 ACOS 항목을 넣었습니다. ACOS란 아마존에서 PPC 광고를 집행할 경우 산출되는 효율 지표입니다. ACOS는 광고를 통해 발생한 매출 중 광고비가 차지하는 비중으로 ACOS가 낮을수록 광고 효율이 좋은 것입니다. 그래서 마진 계산기에서는 ACOS를 입력하면 마진에서 광고비 비중만큼 빠지고 마진이 계산될 수 있도록 수식을 걸어놓았습니다.

사실 광고비는 광고를 집행하지 않으면 전혀 나가지 않는 비용이고, 광고 효율에 따라 달라지는 변동비입니다. 따라서 정확한 광고비를 고려해 마진을 계산할 수는 없지만, 제품 마진을 계산할 때 광고비 비중을 고려하지 않고 마진을 설정하면 문제가 생길 수 있습니다. 그리고 초기에는 광고를 집행하지 않고는 판매로 이어지기 힘들기 때문에 광고비를 포함하여 마진이 어느 정도인지 고려해야 판매를 하면서 적절한 광고비 비중을 설정할 수 있습니다.

초기에 광고를 집행했는데, 만약 광고비 비중이 20%라면 ACOS 항목에 20%를 입력하시면 됩니다. 보통 초창기에는 광고 효율이 잘 나와도 30% 정도가 나오고 점차 랭킹이 상승하고 리뷰가 쌓이면서 광고 효율은 좋아지게 됩니다. 그렇게 되면 마진도 점차 높아지게 됩니다.

여기까지 아마존 셀링을 할 때 비용 구조가 어떻게 되고, 마진을 어떻게 계산하는지에 대해 설명드렸습니다. 생각했던 것보다 굉장히 다양한 비용이 발생하는 것 같죠? 이렇게 일일이 복잡하게 계산하지 않더라도 경험상 소싱단가 또는 제조원가의 3~4배 정도로는 판매 가격을 산정해야 그래도 마진을 적절하게 보면서 판매할 수 있는 것 같습니다. 예를 들어 소싱단가가 10달러라면 최소한 30달러에는 판매할 수 있어야 한다는 이야기입니다.

마진을 계산하는 다른 방법

제가 제공해드린 마진 계산기 엑셀 시트 외에도 아마존에서 제공하는 마진 계산기로 마진을 계산해보는 방법도 있습니다.

구글에서 Amazon Revenue Calculator라고 검색하시면 아마존에서 제공하는 마진 계산기 사이트에 접속할 수 있습니다. 접속하시면 다음과 같은 화면이 나오는데 셀러 센트럴에 계정이 없다면 ❶ Continue as Guest를 클릭하여 접속하실 수 있습니다.

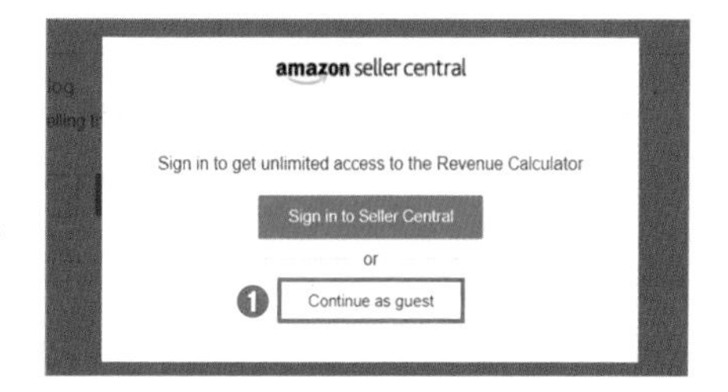

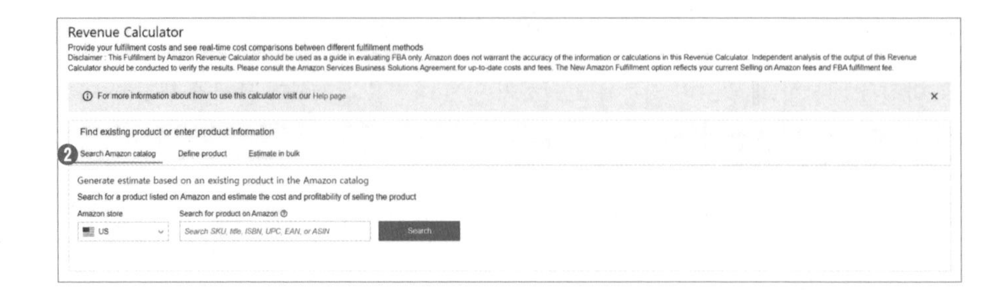

만약 판매하고자 하는 아이템이 이미 아마존에서 판매되고 있는 제품이라면 ❷ Search Amazon Catalog 탭에서 해당 제품의 ASIN 번호를 검색하여 FBA 수수료를 확인할 수 있습니다.

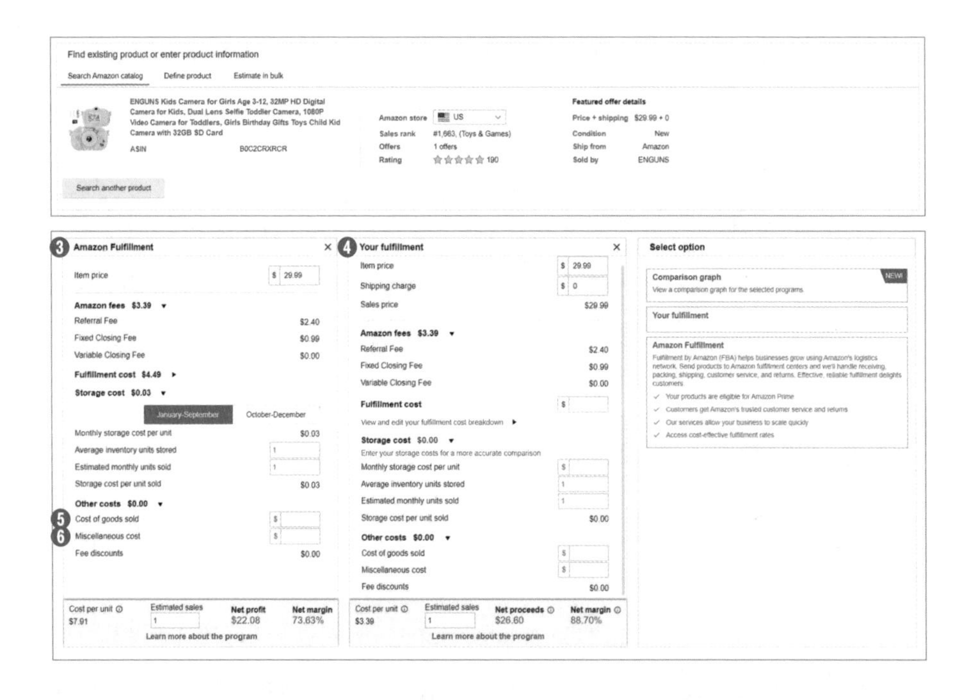

특정 제품의 ASIN 번호를 입력하고 Search 버튼을 클릭하면 이미지와 같이 제품의 FBA 수수료와 아마존 수수료를 확인할 수 있습니다. ❸ Amazon Fullfillment 탭은 아마존 FBA를 사용할 경우 예상되는 마진을 계산하는 탭이고, ❹ Your fullfillment 탭은

아마존 셀러 본인이 직접 보관 및 배송을 할 경우 마진을 계산할 수 있는 탭입니다.

Amazon Fullfillment 탭에는 Fullfillment cost와 Storage cost가 아마존에서 이미 정해진 비용이 있기 때문에 특별히 입력할 부분이 없고, ❺ Cost of goods sold에는 자신이 소싱한 아이템 가격, ❻ Miscellaneous cost에는 아마존 창고까지의 개당 배송비를 입력하면 제품 1개당 대략적인 마진을 계산할 수 있습니다.

이렇게 본인이 판매할 아이템이 아마존에서 이미 판매되고 있거나 비슷한 경쟁상품이 아마존에서 판매되고 있다면 위에 설명한대로 아마존에서 제공해주는 마진 계산기를 이용해 쉽게 마진을 계산할 수 있습니다.

Revenue Calculator
Provide your fulfillment costs and see real-time cost comparisons between different fulfillment methods
Disclaimer : This Fulfillment by Amazon Revenue Calculator should be used as a guide in evaluating FBA only. Amazon does not warrant the accuracy of the information or calculations in this Revenue Calculator. Independent analysis of the output of this Revenue Calculator should be conducted to verify the results. Please consult the Amazon Services Business Solutions Agreement for up-to-date costs and fees. The New Amazon Fulfillment option reflects your current Selling on Amazon fees and FBA fulfillment fee.
For more information about how to use this calculator visit our Help page
Find existing product or ente❼duct information
Search Amazon catalog
Define product
Estimate in bulk
Generate estimate by entering product information
Manually enter product details to estimate the cost and profitability of selling the product on Amazon
Amazon store
US
Unit of measurement
in
Package dimensions
in X in X in
Unit weight
lb
Product category
Select category
Item price
$
Shipping charge
$
Estimate

다음으로 ❼ Define product 탭에 대해 설명하겠습니다. 만약 판매하려는 아이템이 아마존에서 아직 판매되지 않은 신제품이라면 Define product 탭에서 직접 제품의 부피 및 무게 정보를 입력하여 예상되는 마진을 계산할 수 있습니다.

제품의 패키지 사이즈와 개당 무게를 입력하고 Estmate 버튼을 클릭하면 자동으로 아마존 수수료를 보여주고 예상 마진을 계산할 수 있는 페이지가 뜹니다.

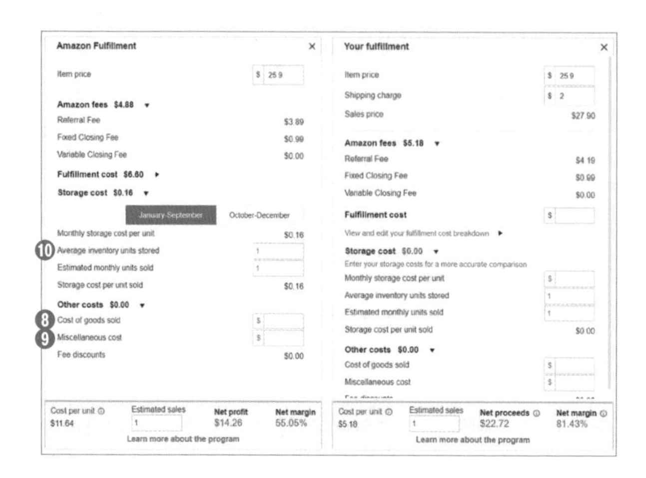

위의 이미지와 같이 제품 사이즈와 무게 정보를 입력했더니 아마존 수수료와 FBA 수수료를 확인할 수 있습니다. 그리고 아래에 있는 ❽ Cost of goods sold에 제품의 원가를 ❾ Miscellaneous cost에 제품 개당 운송비 등을 입력하면 제품 개당 마진이 얼마나 되는지 바로 계산해볼 수 있습니다.

이렇게 아마존에서 제공하는 마진 계산기를 활용하면 아이템 1개당 마진 뿐만 아니라 ❿ 한 달간 보관하는 아이템의 수량, 대략 예상되는 월 판매량을 입력하면 Storage fee까지 반영한 예상 한 달 수익금을 계산할 수도 있습니다.

마스터의 시크릿 노트

여기까지 아마존에서 판매할 아이템의 마진을 계산하는 방법에 대해 알아봤습니다. 아이템을 검색하고 소싱하는 단계에서부터 마진 계산기를 이용해 마진을 반드시 고려해주는 것이 아마존 셀링에서 매우 중요합니다.

아마존 셀링은 예상하지 못한 비용과 생각보다 높은 광고비로 인해 초기에는 이익이 나지 않을 수도 있습니다. 따라서 비용 구조를 잘 생각하시면서 너무 적은 마진이 예상되는 아이템은 가급적 피하시고 판매할수록 마진이 남는 구조를 만들어 아마존 셀링을 성공할 수 있도록 꼼꼼하게 따져봅시다.

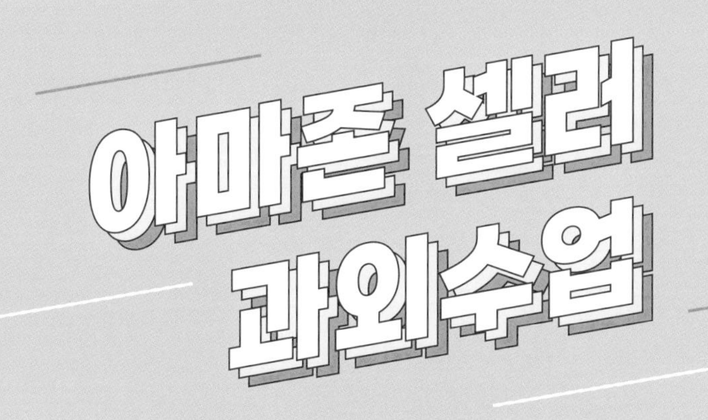

4장

판매로 이어지는 리스팅의 비밀

15

아마존 알고리즘의 이해

아마존 셀링에서 가장 중요한 것은 무엇일까요? 바로 내 제품을 구매할 가능성이 높은 잠재 고객들이 내 제품을 발견하고 구매하도록 설득하는 것입니다.

이 과정이 원활하게 이루어질 수 있도록 아마존에서는 복잡하고 정교한 검색 알고리즘을 갖고 있고 지속적으로 업데이트를 하고 있습니다. 고객이 원하는 상품을 보다 빠르게 찾고 쉽게 구매할 수 있도록 하는 것입니다.

아마존은 정확한 검색 알고리즘을 공개하고 있지 않지만, 상식적인 수준에서 생각해 보았을 때 검색 랭킹에 영향을 주는 요소들이 분명히 있습니다. 따라서 아마존 알고리즘이 작동하는 원리에 대해 전체적인 흐름을 이해한 상태에서 리스팅을 하고 광고나 마케팅 툴을 활용한다면 상품을 판매하기가 훨씬 수월해집니다.

아마존 알고리즘의 작동 원리

아마존은 특정 키워드를 검색한 고객들에게 '구매할 것 같은' 상품을 상위에 노출시켜줍니다. 그렇다면 아마존은 어떤 알고리즘에 의해 고객들이 '구매할 것 같은' 상품을 선정할까요?

예를 들어 특정 키워드를 검색한 고객들 중 상당수 고객들이 A라는 상품을 클릭해서 유입되었고, A 상품을 살펴보고 매력을 느껴서 구매했다고 생각합시다. 그러면 아마존 알고리즘은 A라는 상품을 특정 키워드를 검색한 고객들이 '구매할 것 같은 상품'으로 인식하게 되고, 아마존 알고리즘에 의해 해당 키워드에 대한 검색 랭킹이 자연스럽게 상승하게 됩니다. 즉, 클릭률CTR과 구매전환율CR이 검색 랭킹에 영향을 미친다고 생각할 수 있습니다.

위 그림처럼 아마존 검색 결과 상위에 노출되고, 클릭을 하는 고객이 많아서 클릭률이 높아지고, 유입된 고객들이 구매까지 이어져 구매전환율이 증가하고 매출이 늘어남에 따

라 검색 랭킹은 상승하게 됩니다. 검색 랭킹이 상승하기 때문에 검색 결과에서 또 상위 노출이 쉬워지고 이러한 사이클이 계속 반복되면서 광고를 특별하게 하지 않아도 특정 키워드에서 자연스럽게 상위 노출이 되고 판매가 되는 상품으로 자리잡게 됩니다.

따라서 검색 결과에서 상위에 노출되기 위해서는 가장 먼저 검색 키워드 관련성이 높아야 하고, 노출이 되었을 때 고객들에게 많이 선택되어야 합니다. 그리고 제품을 클릭하고 들어온 고객들이 쉽고 빠르게 구매로 연결되어야 하는 것이죠.

A10 알고리즘의 변화

A9이라고 불리는 아마존 알고리즘은 최근 업데이트되어 A10 알고리즘이라고 불리고 있습니다. A10 알고리즘은 A9 알고리즘과 큰 틀에서 비슷하지만 몇 가지 중요한 점에서 업데이트된 내용이 있습니다.

A9 알고리즘은 구글 검색쿼리 알고리즘과 상당히 흡사한 면을 가지고 있었습니다. 고객이 검색한 검색 키워드와 연관성이 중요하고, PPC 광고를 통해 이러한 키워드에 제품을 노출시킨 후 클릭에서 구매전환까지의 사이클을 타게 하는 것이 가장 핵심적인 흐름이었습니다. 그렇다면 가장 최근 업데이트된 A10 알고리즘은 어떤 점에서 변화했을까요?

외부 트래픽 장려

기본적으로 아마존 알고리즘은 아마존 내에서의 검색 결과를 바탕으로 검색 랭킹이 변화하도록 만들어졌습니다. 그러나 A10 알고리즘부터는 아마존 외부에서 트래픽을 끌어올 경우에도 검색 랭킹이 상승할 수 있도록 업그레이드되었습니다.

외부 트래픽을 아마존 셀러가 직접 끌어오도록 독려하는 추가적인 기능이 생기기도 했는데요. 이는 아마존이 SNS를 비롯한 외부 마케팅 활동이나 브랜딩 활동을 적극적으로 장려하기 시작한 것으로 보입니다.

고객 행동을 기반으로 한 개인 맞춤화

A10 알고리즘의 또 다른 점은 기존의 검색 키워드 기반 상위 노출에서 업데이트되어 인공지능 기술을 도입, 고객 행동을 보다 정교하게 추적하여 이전보다 개인에게 더욱 맞춤화된 검색 결과를 노출하도록 개선되었습니다.

클릭률과 구매전환율은 A9 알고리즘에서도 중요했는데요. A10 알고리즘에서는 특히 클릭을 많이 받아서 트래픽이 높아질 수 있는 제품이 상위에 노출될 가능성이 높아졌습니다. 즉, 아마존에서 가장 많이 보거나 클릭한 제품과 함께 가장 많이 구매한 제품, 가장 많이 구매할 가능성이 있는 제품을 상위에 노출시키는 것입니다.

이를 위해 아마존은 인공지능 기술을 적용하여 개별 고객의 구매 내역, 클릭해본 상품 내역, 장바구니 내역 등을 살펴보고 고객의 복잡한 구매 행동이 검색 랭킹에 반영되도록 하고 있습니다.

아마존 알고리즘은 계속해서 변화하고 업데이트될 예정입니다. 그렇지만 중요한 것은 바로 알고리즘의 기반이 되는 클릭률CTR, 구매전환율CR, 매출sales을 높일 수 있는 리스팅 요소들을 계속해서 개선해나가고 다양한 마케팅 활동을 통해 트래픽을 끌어들이는 것입니다. 그렇다면 클릭률과 구매전환율을 높이기 위해 고려해야 할 요소들에는 어떤 것들이 있는지 큰 틀에서 설명하겠습니다.

노출을 늘려라!
키워드 최적화와 키워드 광고

아마존에 처음으로 상품을 리스팅하게 되면 내 상품과 연관된 키워드로 검색을 해도 내 상품은 저 구석에 꼭꼭 숨어서 보이지 않습니다. 수십 페이지를 넘겨봐도 도대체 내 상품은 어디에 숨었는지 보이지 않죠.

먼저 내 상품 리스팅이 특정 키워드와 연관 있는 상품이라고 아마존이 인식하기 위해서는 상품명과 불렛 포인트에 연관 키워드가 포함되어 있어야 합니다. 신규 리스팅을 할 때 상품명과 불렛 포인트를 작성해야 하는데, 최대한 내 상품의 타겟들이 아마존에서 검색할만한 키워드들을 잘 조합하여 작성해줘야 합니다. 상품명 최적화와 불렛 포인트 작성 방법에 대한 자세한 내용은 뒤이은 챕터에서 설명하겠습니다.

만약 상품을 리스팅했는데 전혀 검색이 되지 않는다면 먼저 다음의 사항을 한번 확인해보시길 바랍니다.

- **주소지가 미국 주소지로 되어 있는가?**

  아마존닷컴에 접속하면 미국 주소로 바꿔놓더라도 셀러의 접속 위치가 대한민국이기 때문에 계속해서 deliver to 주소가 대한민국으로 바뀝니다. 배송지가 대한민국으로 설정되어 있으면 검색을 해도 상품이 보이지 않을 수 있습니다. 시장조사를 하고 상품 서칭 시에는 반드시 주소지가 미국 주소로 설정되어 있는지 확인하고 검색하기 바랍니다.

- **상품명에 고객이 검색하는 키워드가 포함되어 있는가?**

  내 상품과 가장 연관 있는 메인 키워드와 서브 키워드를 뽑아보고, 상품명이나 불렛 포인트에 해당 키워드가 포함되어 있는가를 점검하시길 바랍니다. 상당히 많은 셀러들이 미국 고객들이 실제 검색하지 않는 키워드를 사용하여 상품명을 구성한다든지, 짧게 브랜드명으로 상품명을 구성해놓는 경우가 많습니다. 상품명은 특히 연관 키워드에 영향을 많이 줍니다. 고객이 어떤 키워드를 검색하면 내 제품을 찾을 수 있고, 이 키워드를 통해 내 제품으로 유입된 고객이 구매까지 연결될 수 있을까에 대해 계속해서 고민해야 합니다.

- **리스팅은 최적화되어 있는가?**

  상품을 리스팅 할 때 굉장히 많은 요소들을 입력해야 합니다. 그중 검색 최적화에 영향을 미치는 요소 중 하나가 제너릭 키워드입니다. 많은 셀러들이 제너릭 키워드를 기입하지 않는데요. 이는 자연 검색을 통해 노출될 수 있는 기회를 날리는 것이나 다름없습니다. 또한 리스팅 요소 중 필수 입력사항이 아닌 항목들도 최대한 입력하는 것이 좋습니다. 고객이 항상 메인 키워드로 검색하는 것이 아니라, 좀 더 디테일하게 검색할 경우 이러한 서브 키워드에 의해 내 상품이 노출되기 때문에 반드시 리스팅 항목들이 최적화가 되어있는지 점검해야 합니다.

위 사항들을 점검했음에도 불구하고 연관 키워드 검색 결과에 내 상품의 리스팅이 보이지 않을 수 있습니다. 특히 처음 리스팅한 상품의 경우에는 더더욱 그렇습니다. 이미 관련된 키워드에서 오랜 기간에 걸쳐 구매 데이터가 쌓여있고, 좋은 리뷰도 수천 개씩 보유하고 있는 경쟁 셀러들이 당연히 상위에 노출될 것입니다.

이렇게 치열한 경쟁 속에서 내 상품을 노출시킬 수 있는 방법은 결국 키워드 광고, 즉 아마존 PPC 광고밖에 없습니다. 아마존에 키워드를 검색했을 때 ❶ Sponsored라는 표시가 붙어 상단에 노출되는 상품들이 PPC 광고로 노출되는 상품들입니다.

이처럼 리스팅 초기에 연관 키워드 검색으로 자연스럽게 상위 노출이 되지 않을 경우 PPC 광고를 통해 내 상품을 상위에 노출시킬 수 있습니다. 초기에는 이렇게 아마존 알고리즘이 내 상품을 연관된 키워드와 관련있는 상품으로 인식하게 만들고(키워드 최적화), 해당 키워드 검색 시 상단에 노출될 수 있도록 PPC 광고를 집행하여 최대한 많은 고객들에게 노출시켜야 합니다.

PPC 광고는 연관 키워드를 통해 내 상품이 노출되게 할 수도 있고, 경쟁 상품을 검색했을 때 노출되도록 할 수도 있습니다. 또한 브랜드 레지스트리가 되어 있는 브랜드 셀러라면 여러 개의 브랜드 제품들을 모아서 다음 화면과 같은 ❷ Brand AD를 할 수도 있습니다.

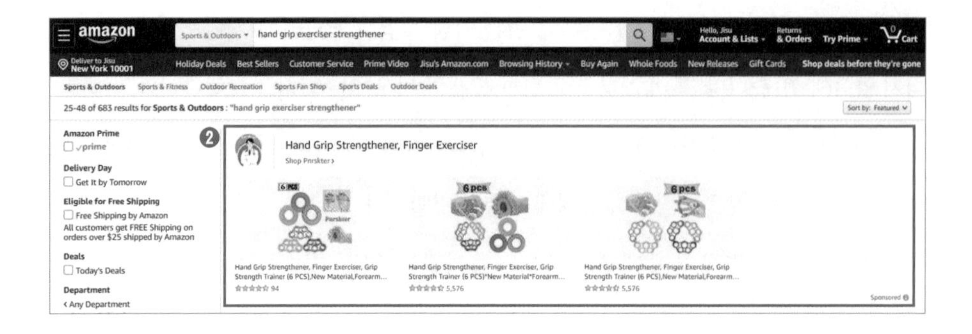

처음에는 구매가 발생할 때까지 투자를 한다 생각하고 최대한 다양한 경로를 통해 내 상품을 고객들에게 노출하고 유입될 수 있도록 노력해야 합니다.

노출된 상품을 클릭하게 하라! 클릭률에 영향을 미치는 요소

키워드 최적화와 PPC 광고를 통해 타겟 고객들에게 내 상품을 노출한다고 생각해봅시다. 노출된 상품을 고객들이 눈길만 스치고 지나가는 것이 아니라 클릭을 유도하기 위해서는 어떤 요소들이 중요할까요?

차별화된 메인 이미지

PPC 광고를 통해 아무리 첫 페이지나 경쟁 상품에 내 상품을 노출시켜도 고객이 클릭하여 확인해보고 싶을 정도의 매력이 느껴지지 않는다면 무슨 의미가 있을까요? 메인 이미지는 내 상품의 첫인상이고, 다른 경쟁 상품에 비해 내 상품을 돋보이게 만들어 클릭을 유도하는 첫 번째 관문입니다.

항상 내 상품의 메인 이미지가 경쟁 상품에 비해 매력적인지, 차별화되었는지를 고민하고 품질 개선을 위해 노력해야 합니다. 그렇다고 아마존 이미지 가이드를 위반하면 아이템 자체가 노출되지 않을 수 있습니다. 이미지 가이드는 잘 준수하되 최대한 해당 상품을 검색하는 고객들이 클릭하고 싶게끔 메인 이미지를 잘 꾸며야 합니다.

쿠폰과 타임딜과 같은 적절한 프로모션

아마존에서 제공하는 다양한 할인 행사를 적절하게 활용하면 구매전환율이나 클릭률을 높이는 데 긍정적인 영향을 줄 수 있습니다. ❶ 쿠폰이나 ❷ 타임딜 같은 경우 다음 화면처럼 리스팅 하단에 표시되기 때문에 이러한 프로모션이 없는 경쟁 상품에 비해 좀 더 매력적으로 보일 수 있습니다.

명확한 상품명

상품명은 키워드 최적화에 있어서도 중요하지만 고객이 상품명을 읽었을 때 쉽게 이해할 수 있도록 최대한 간결하게 제품의 특징이나 구성요소를 담고 있어야 클릭으로 이어집니다. 여러 키워드를 무분별하게 넣는 것보다 고객이 봤을 때 자신이 찾고 있던 제품인지를 쉽게 파악할 수 있도록 상품명을 작성하는 것이 좋습니다.

유입된 고객들이 상품을 구매하게 하라! 구매전환율을 높이는 요소

다양한 경로로 고객들에게 내 상품을 노출시키고 클릭까지 유도했다면, 그다음 중요한 단계는 최대한 많은 고객들이 구매하도록 하는 것입니다. 그렇다면 구매전환율에 영향을 미치는 요소들에는 어떤 것이 있을까요?

제품의 서브 이미지와 상품 설명

온라인 쇼핑을 할 때 구매를 결정함에 있어 가장 큰 영향을 미치는 요소 중 하나는 상세페이지입니다. 온라인 쇼핑은 직접 눈으로 보거나 체험할 수 없기 때문에 상세페이지만 보고도 구매 결정을 할 수 있도록 설득해야 합니다. 한국 온라인 쇼핑몰의 상세페이지는 기본적으로 웹사이트의 최소 이미지 사이즈 기준만 맞으면 얼마든지 길게 만들 수도 있고, 각종 디자인 요소와 동영상 등 여러 콘텐츠를 활용하여 굉장히 설득적인 상세페이지를 구성할 수 있습니다.

하지만 아마존은 국내 온라인 쇼핑몰 상세페이지와 달리 7장의 제품 이미지와 5가지 핵심 요소를 담은 불렛 포인트 그리고 상품 설명만으로 고객을 설득해야 합니다. 그렇기 때문에 제품의 이미지만 봐도 이 상품에 대해 잘 알 수 있도록 서브 이미지를 구성하는 것이 중요하고, 불렛 포인트와 상품 설명을 통해 고객을 충분히 설득할 수 있어야 합니다. 다만 브랜드 레지스트리가 되어 있는 브랜드 셀러의 경우 상품 설명을 국내 온라인 쇼핑몰의 상세페이지처럼 꾸밀 수 있는 A+ Content 기능을 활용할 수 있습니다.

다양한 프로모션과 할인 행사

아마존에서 제공하는 다양한 마케팅 툴들을 활용하여 셀러가 직접 다양한 할인 행사들을 진행할 수 있습니다. 대표적으로는 Deal, Coupon, Promotion code가 있는데요. 각 할인 행사에 따라서 노출되는 방식도 다르고 활용할 수 있는 방법도 다양합니다.

이러한 할인 행사를 적절히 활용하면 구매로 연결되는 데 도움이 됩니다. 우리가 쇼핑을 할 때를 떠올려보면 할인 행사를 하는 매장에서 지갑이 좀 더 쉽게 열리는 것처럼, 아마존 역시 다양한 할인 행사를 활용하는 것이 구매전환율을 올리는 요소가 됩니다.

다음 화면은 쇼핑 시즌 딜만 모아 보여주는 페이지입니다. 여러 형태의 딜을 한눈에 볼 수 있고 딜 행사를 하는 상품들만 별도로 모아서 노출시켜주기도 합니다.

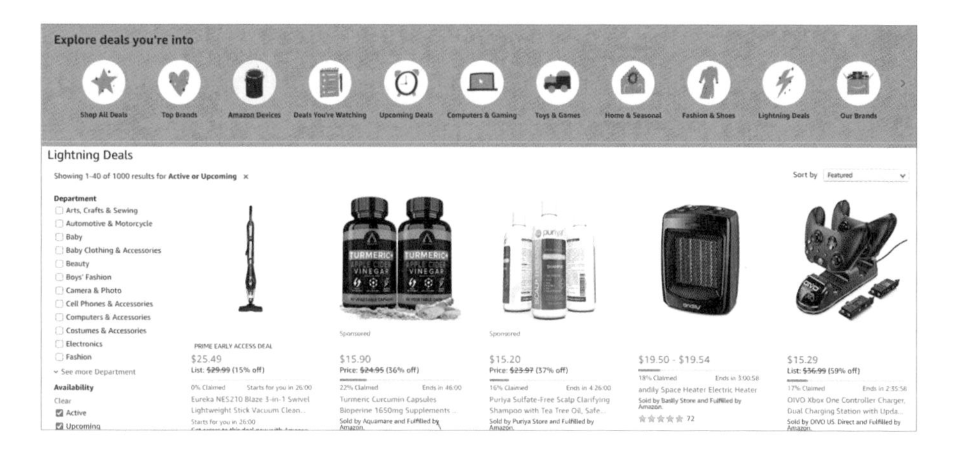

특히 아마존에는 큰 행사를 시행하는 주요 쇼핑 시즌이 있습니다. 보통 7월 중순에 진행되는 아마존 프라임데이, 11월에는 블랙 프라이데이, 12월에는 크리스마스 시즌과 같이 주요 쇼핑 시즌에는 아마존 플랫폼에 상품을 구매하기 위해 방문하는 트래픽도 굉장히 늘어나고 구매 자체도 큰 폭으로 늘어납니다. 이러한 주요 쇼핑 시즌에 맞춰 할인 행사를 진행하면 구매전환율도 증가하면서 랭킹 상승에도 큰 도움이 됩니다.

최대한 빨리 좋은 리뷰를 확보

아마존 셀링에서 매우 중요하게 생각해야 할 요소 중 하나가 바로 리뷰입니다. 보통 주문량에 비해 리뷰가 달리는 속도는 굉장히 느리고, 어쩌다 달린 리뷰 평점이 나쁘기라도 하면 내 상품의 판매량이 급속도로 떨어지고 랭킹 관리에도 큰 영향을 미칩니다. 그래서 아마존 셀링에서 좋은 리뷰를 초기에 받는 것은 굉장히 중요합니다.

과거에는 외부 마케팅업체를 통해 체험을 원하는 고객들에게 무료로 상품을 제공하고 리뷰를 받는 편법을 사용하는 셀러들도 종종 있었습니다. 하지만 이제는 아마존 알고리즘이 이러한 편법을 기가 막히게 알아채고 리뷰를 삭제하거나 심한 경우 리뷰 어뷰징으로 계정 정지까지 시키는 경우가 있었습니다. 심지어 개인적으로 알고 있는 지인에게 메신저나 이메일을 통해 제품 링크를 보내고 돈을 주고 구매를 한 다음 좋은 리뷰를 달아 달라고 요청을 해도 아마존에서 알아채고 리뷰를 걸러낼 정도입니다. 이제는 편법적으로 리뷰를 쌓는 방법은 거의 사라졌다고 생각하셔야 합니다.

그렇다면 우리 같은 초보 셀러들은 어떻게 리뷰를 쌓을 수 있을까요? 그저 자연스럽게 진짜 구매한 고객들이 리뷰 하나를 달아줄 때까지 마냥 손을 놓고 기다려야 할까요? 아마존에서는 초보 셀러들을 위해 아마존 자체적으로 리뷰를 확보할 수 있는 마케팅 툴을 제공합니다. 리뷰를 받을 수 있는 대표적인 마케팅 툴로는 Vine이 있습니다.

바인은 아마존 구매 고객 중 양질의 리뷰를 남기는 고객들을 바인 리뷰어로 선정하여, 신제품을 체험해보고 다른 고객들이 참고할 수 있도록 리뷰를 남기는 제도입니다. 단, 바인 리뷰어 프로그램은 브랜드 레지스트리에 등록되어 있는 브랜드 셀러만 활용할 수 있습니다.

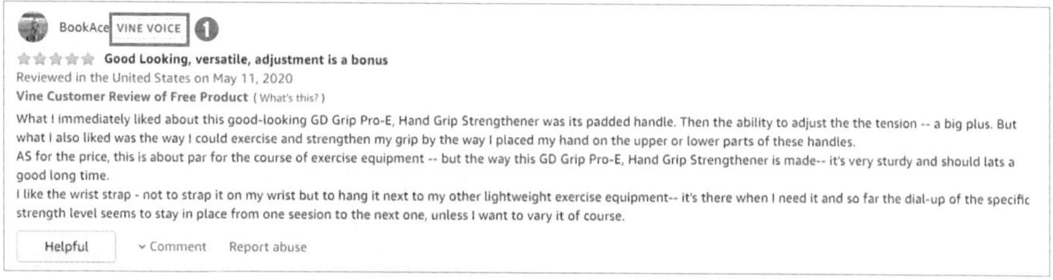

BookAce VINE VOICE ❶

Good Looking, versatile, adjustment is a bonus

Reviewed in the United States on May 11, 2020

Vine Customer Review of Free Product (What's this?)

What I immediately liked about this good-looking GD Grip Pro-E, Hand Grip Strengthener was its padded handle. Then the ability to adjust the the tension -- a big plus. But what I also liked was the way I could exercise and strengthen my grip by the way I placed my hand on the upper or lower parts of these handles.
AS for the price, this is about par for the course of exercise equipment -- but the way this GD Grip Pro-E, Hand Grip Strengthener is made-- it's very sturdy and should lats a good long time.
I like the wrist strap - not to strap it on my wrist but to hang it next to my other lightweight exercise equipment-- it's there when I need it and so far the dial-up of the specific strength level seems to stay in place from one seesion to the next one, unless I want to vary it of course.

Helpful   Comment   Report abuse

화면 같이 바인 리뷰어를 통해 받은 리뷰는 ❶ VINE VOICE라는 표시가 뜹니다. 이러한 바인 리뷰어는 100% 긍정적인 리뷰만을 달아주는 것은 아니더라도 굉장히 길고 상세한 리뷰를 달아줍니다. 또한 상품을 무상으로 제공받는 것이기 때문에 부정적인 리뷰보다는 긍정적인 리뷰를 남겨주는 경향이 있습니다.

아마존에서 제공해주는 마케팅 툴을 이용하여 리뷰를 받는 구체적인 방법에 대해서는 뒤이어서 나올 챕터에서 더 상세하게 다루도록 하겠습니다.

브랜드 셀러라면 반드시 활용해야 하는 A+ content

아마존 리스팅은 대게 7장의 이미지와 불렛 포인트, 상품 설명만으로 고객들을 설득해야 한다고 말씀드렸습니다. 하지만 아마존 브랜드 레지스트리를 마친 브랜드 셀러는 여러 가지 추가적인 기능들을 활용할 수 있습니다. 그중 유용한 기능이 바로 A+ 콘텐츠입니다. A+ 콘텐츠는 아마존에서 제공하는 모듈을 활용하여 다양한 그래픽, 디자인 요소들을 넣어 리스팅을 상세페이지처럼 꾸밀 수 있는 기능입니다. 통계적으로 A+ 콘텐츠가 있는 리스팅의 경우 A+ 콘텐츠가 없는 리스팅에 비해 구매전환율이 적게는 3%, 많게는 10%까지 높다고 알려져 있습니다.

다음 화면은 다양한 구도에서 촬영한 사진과 디자인 요소를 활용하여 상품이 더 매력적으로 보이도록 꾸민 A+ 콘텐츠 예시입니다. 이렇게 상세한 설명과 감각적인 사진이 뒷받침된다면 상품을 클릭한 고객들을 구매까지 설득하는 데 한결 수월해질 것입니다.

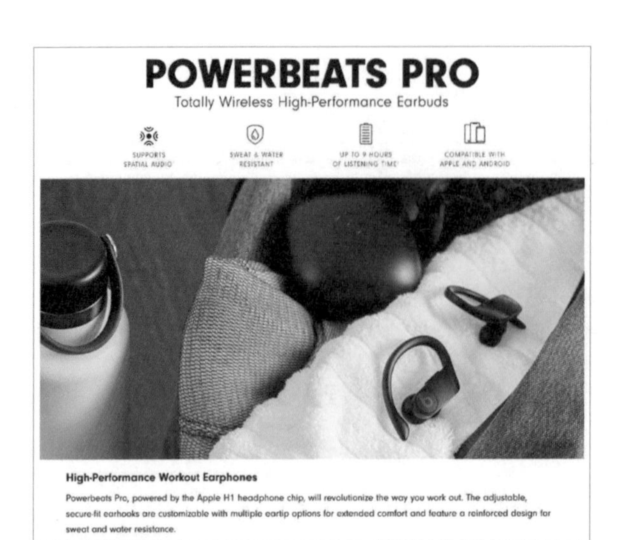
POWERBEATS PRO
Totally Wireless High-Performance Earbuds
SUPPORTS SPATIAL AUDIO
SWEAT & WATER RESISTANT
UP TO 9 HOURS OF LISTENING TIME
COMPATIBLE WITH APPLE AND ANDROID
High-Performance Workout Earphones
Powerbeats Pro, powered by the Apple H1 headphone chip, will revolutionize the way you work out. The adjustable, secure-fit earhooks are customizable with multiple eartip options for extended comfort and feature a reinforced design for sweat and water resistance.

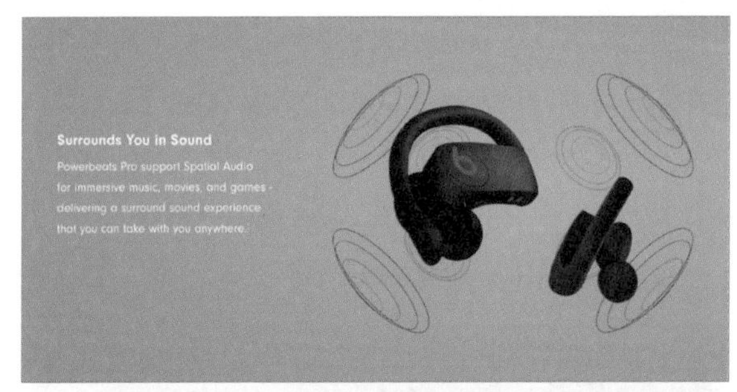
Surrounds You in Sound
Powerbeats Pro support Spatial Audio for immersive music, movies, and games - delivering a surround sound experience that you can take with you anywhere.

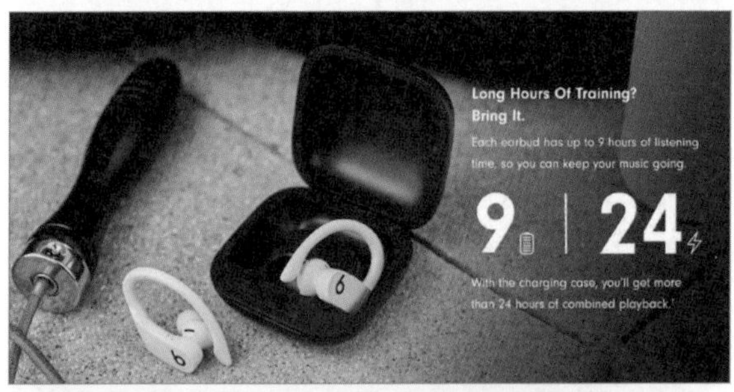
Long Hours Of Training? Bring It.
Each earbud has up to 9 hours of listening time, so you can keep your music going.
9 | 24
With the charging case, you'll get more than 24 hours of combined playback.

Listen With A Friend
With Audio Sharing, you can pair two sets of Beats headphones or AirPods to one iPhone and enjoy the same song, podcast, or movie along with a friend.

재고 수준을 유지

마지막으로 클릭률과 구매전환율 그리고 노출에 종합적으로 영향을 미치는 중요한 요소가 바로 재고 수준입니다. 아마존 셀링에 있어 적정 재고 수준을 유지하는 것은 매우 중요합니다. 아마존 알고리즘은 고객 만족에 포커스가 맞춰져 있습니다. 그래서 높은 수준의 배송, 반품, 교환 서비스를 제공하는 FBA 상품의 리스팅이 FBM 상품보다 바이 박스를 얻을 확률도 높고 검색 결과에서도 상위에 노출될 확률이 높습니다.

FBA 상품의 경우 아마존 창고로 입고된 수량 내에서만 판매가 이뤄지는데, 만약 재고가 부족할 경우 아마존에서 노출을 시켜도 배송 지연, 재고 부족 등의 이슈로 고객이 불만족할 확률이 높기 때문에 랭킹에서 떨어질 수 있습니다. 반대로 입고된 수량이 충분해야 미국 전역에 분포된 수많은 아마존의 창고에 재고가 분포될 수 있습니다. 그렇게 되면 미국 전역에서 1~2일 내에 배송이 가능한 지역이 많아지게 되고 구매전환율 또한 높아지게 됩니다.

마스터의 시크릿 노트

지금까지 아마존에서 고객들에게 어떤 기준과 알고리즘으로 상품을 노출해주고, 처음 런칭한 소중한 제품이 수많은 경쟁 상품을 뚫고 고객의 선택을 받기 위해서는 어떤 요소들이 중요한지에 대해 알아봤습니다. 고객이 상품을 찾는 과정부터 구매까지의 과정을 떠올려보면서 아마존 알고리즘이 고객에게 내 상품을 노출시키는 원리를 고려하여 리스팅과 마케팅에 신경 쓴다면 첫 리스팅 이후 첫 구매가 일어나기까지 그리 오랜 시간이 걸리지 않을 것입니다.

첫 구매가 일어나고 나면 다음 구매까지 걸리는 시간이 점점 짧아지고 상품의 랭킹도 조금씩 상승하며 리뷰도 자연스럽게 쌓이게 됩니다. 책에서 설명해드린 내용 외에도 클릭률과 구매전환율을 높이는 방법에는 또 어떤 것이 있을지 계속해서 연구하여 리스팅 품질을 높이고 다양한 마케팅 방법을 시도해보며 자신의 상품에 효과적인 방법을 끊임없이 찾아나가야 할 것입니다.

16

신규 상품 리스팅을 위한 준비사항

이번 챕터에서는 아마존 리스팅이 어떻게 구성되어 있는지 리스팅 항목들을 자세히 살펴보고, 신규 상품의 리스팅을 위해 준비해야 할 사항들에 대해 알아보겠습니다.

아마존 리스팅은 곧 제품의 상세페이지입니다. 기존에 판매되고 있는 상품을 판매할 경우 리스팅에 대해 복잡하게 생각할 것 없이 기존 상품에서 Sell on Amazon 버튼 하나만 눌러 리스팅을 끝낼 수 있습니다. 하지만 PL 상품으로 신규 리스팅을 한다면 리스팅 구성요소 하나하나를 만들고 작성해야 하기 때문에 초보 셀러의 경우 꽤나 고생을 할 수밖에 없습니다.

처음부터 리스팅을 완벽하게 하기는 어렵습니다. 어느 정도 속도감을 가지고 런칭하기 위해서는 다소 부족하더라도 일단 빠르게 리스팅을 하고, 아이템이 아마존 창고에서 재고로 잡히는 기간 동안 리스팅의 여러 가지 구성요소들을 보완해도 괜찮습니다.

리스팅의 구성요소들을 지속적으로 체크하고 구매전환율이나 클릭률을 확인하면서 리스팅을 개선해나가는 것이 중요합니다. 리스팅이 제대로 갖추어져 있지 않는다면 아무리 PPC 광고를 돌리고 클릭률을 높여 고객들을 유입시켜도 판매로 이어지지는 않고 밑 빠진 독에 물 붓기처럼 이탈하는 고객이 많아지기 때문입니다.

앞서 설명해드린 것처럼 아마존 알고리즘을 항상 머릿속에 새겨놓고, 어떻게 하면 클릭률과 구매전환율을 높일 수 있을지 고민하면서 리스팅 구성요소를 한 땀 한 땀 정성들여 작성해야 합니다.

PC에서 보여지는 리스팅 구성요소

리스팅을 위한 준비사항을 설명하기에 앞서 리스팅의 구성요소와 아마존에서 업로드한 리스팅이 어떻게 고객에게 보여지는지를 이해할 필요가 있습니다. 아마존 리스팅은 PC로 확인할 때와 모바일로 확인할 때가 각각 다르게 노출되므로 리스팅 예시를 보며 설명하도록 하겠습니다.

PC로 아마존에 접속하여 리스팅을 살펴보면 다음 화면과 같이 노출됩니다. 좌측으로 상품 이미지를 볼 수 있고, 마우스를 이미지 위에 올리면 확대된 이미지를 확인할 수 있습니다. 그리고 이미지를 클릭하면 7개의 이미지를 확대하여 볼 수 있습니다.

리스팅 우측을 보면 상품명인 ❶ Product Title을 볼 수 있습니다. 스크롤을 조금 더 내려보면 점 표시와 함께 나오는 5개의 항목이 바로 ❷ Key Features입니다. 일명 불렛 포인트라고도 합니다.

셀러 센트럴에서 리스팅을 작성할 때 기본적으로 Image, Product Title, Key Features를 가장 신경 써서 작성해야 합니다. 키워드의 연관성, 클릭률, 구매전환율에 직접적인 영향을 미치는 요소이기 때문입니다.

스크롤을 좀 더 내리다 보면 내 상품에 붙은 경쟁 상품들의 광고가 보이고, 그 하단에 좀 더 자세한 상품 설명인 Description과 상품 정보를 확인할 수 있습니다.

모바일 앱에서 보여지는 리스팅 구성요소

모바일에서는 리스팅이 노출되는 순서나 방식이 PC와 다릅니다. 최근에는 아마존 고객들이 대부분 모바일 앱을 통해 쇼핑을 하기 때문에 모바일에서 노출될 때는 어떻게 노출이 되는지 확인해보고 리스팅 구성요소를 최적화하는 것이 중요합니다.

아마존 모바일 앱에서는 최상단에 ❶ 상품명이 위치하고, ❷ 제품의 메인 이미지, ❸ Add to cart 버튼, 그 밑으로 내 상품에 붙는 경쟁 상품의 광고 순서대로 노출이 됩니다.

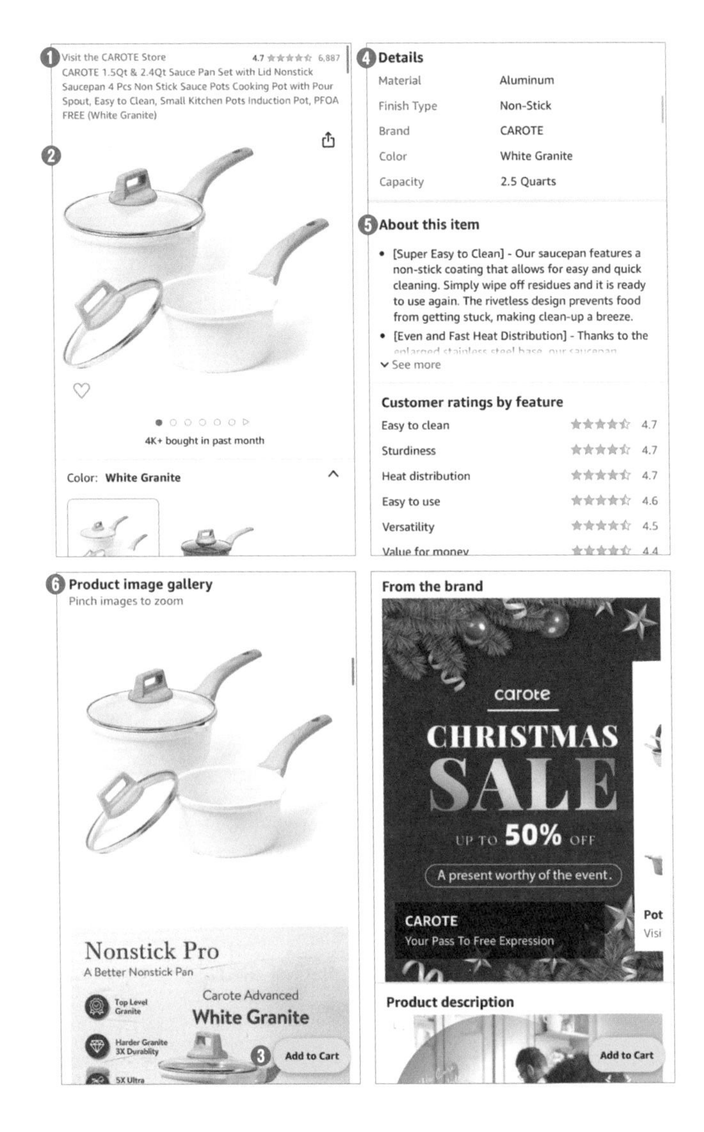

그리고 제품에 대한 Detail information, Description, Key features, 고객 별점을 요약한 화면이 나오게 됩니다. 2022년까지는 Key features 항목이 나오기 전에 리스팅

이미지 7장이 상세페이지처럼 노출되었는데 2023년부터는 ❹ Detail information과 ❺ Key features 항목이 먼저 노출되고 Description 대신 A+ 콘텐츠가 있다면 A+ 콘텐츠가 먼저 노출된 다음 ❻ Product Image Gallery의 이미지 7장이 차례대로 노출됩니다.

카테고리에 따라 리스팅 이미지가 Product Image Gallery에 세로로 나열되어 노출되기도 하고, 최상단 메인 이미지에서 옆으로 넘겨야 볼 수 있기도 합니다. 리스팅 이미지를 옆으로 넘겨보는 사람도 있겠지만 모바일 환경에서는 습관적으로 아래로 스크롤하며 넘기기 때문에 하단으로 내려가는 흐름에 맞춰 상품 정보가 잘 전달되는지 확인할 필요가 있습니다.

아마존 리스팅이 PC와 모바일에서 어떻게 다르게 노출되는지와 함께 기본적인 구성요소들을 살펴보았습니다. 그렇다면 본격적인 신규 리스팅을 위해 필요한 준비사항에 대해 알아보겠습니다. 그럼 순서대로 하나씩 확인하도록 하겠습니다.

신규 리스팅을 위한 체크리스트 1단계: 상품 리스팅을 위한 바코드번호 생성

바코드는 특정 상품에 부여되는 고유한 식별번호입니다. 상품 제조공장에서 발급받아 셀러에게 전달하는 경우도 있고, 셀러가 직접 발급받거나 구매하기도 합니다. 바코드번호는 국제표준기구인 GS1에서 관리하며, 국내에서는 대한상공회의소에서 발급을 대행하고 있습니다. 말 그대로 국제 표준이기 때문에 전 세계 어디서든 식별이 가능합니다.

아마존에 신규 상품을 등록할 때 이 바코드가 반드시 필요합니다. 많은 셀러들이 이베이와 같은 오픈마켓에서 바코드를 구매하는데, 유효하지 않거나 이미 다른 셀러가 사용중인 경우가 빈번히 발생하기 때문에 바코드 발급은 셀러가 직접 받는 것을 추천합니다.

바코드 타입

바코드 타입은 UPC 바코드와 EAN 바코드가 가장 많이 사용됩니다. 아마존에서는 리스팅할 때 두 타입 모두 사용 가능합니다. 다만, EAN 바코드는 유럽과 그 외의 국가에서 많이 사용되는 타입이기 때문에 아마존에 리스팅하는 경우 영미권에서 보편적으로 사용되는 UPC 바코드로 등록하는 편입니다.

국내 발급 절차

우리나라에서는 코리안넷(www.koreannet.or.kr)을 통해 GS1에 정식으로 등록되는 바코드를 발급받을 수 있습니다. 업체 정보와 관련 서류를 코리안넷 홈페이지에 등록하여 회원가입을 완료하고 입회비와 3년 계약에 대한 비용을 지불하면 일정 수량의 바코드를 생성할 수 있습니다.

입회비가 처음에는 다소 부담스러워 보이지만 연간 매출액이 1억 원 미만이고 10개 이하의 바코드를 사용하는 소량 회원의 경우 연회비(3년 기준)가 9만 원입니다. 게다가 사업자등록증의 개업일이 회원가입 신청일 이전 6개월 이내인 경우 입회비도 20만 원에서 10만 원으로 할인해주기 때문에 부담이 조금이나마 줄어듭니다.

해외에서 검증되지 않은 UPC 바코드를 구매하여 곤란을 겪는 것보다 직접 코리안넷

에 가입하여 바코드를 생성하는 것이 사고를 방지할 수 있고, 생각보다 큰 비용을 부담하지 않고도 바코드를 발급할 수 있으니 정석적인 방법을 고려해보길 바랍니다.

상품을 등록하기 위해서는 바코드가 필요하다고 설명드렸습니다. 그럼 바코드와 관련하여 초보 셀러들이 많이 궁금해하는 부분에 대하여 정리하겠습니다.

Q 디자인, 기능, 스펙 모두 같은데 색상만 다를 경우 바코드 한 개만 사용해도 될까요?

A 아닙니다! 색상별로 바코드를 따로 생성해야 합니다.

빨강 바코드, 노랑 바코드, 초록 바코드
총 3개의 바코드 필요

바코드는 각 상품을 식별할 수 있는 고유한 식별 코드입니다. 제품이 동일하더라도 색상이 다르거나 사이즈가 다르다면 상품별로 서로 다른 바코드번호가 필요합니다.

Q 같은 제품을 묶음으로 판매하는 상품과 1개짜리 단품으로 판매하려고 합니다. 바코드를 어떻게 발급하면 좋을까요?

A 묶음 상품과 단독 상품을 다른 제품으로 생각하고 바코드번호를 각각 생성해야 합니다.

A제품 1 pack 바코드 생성 & A제품 2pack 바코드 생성
총 2개의 바코드 필요

같은 상품을 리스팅할 때, 하나는 단품으로 다른 하나는 2개 묶음으로 업로드할 경우가 있습니다. 이러한 경우에는 단품의 바코드번호와 2개 세트의 바코드번호를 각각 발급받아야 합니다. 즉, 2개 세트도 하나의 상품처럼 리스팅되는 것입니다.

Q 바코드번호를 패키지에 인쇄하거나 라벨로 붙여야 하나요?

A 아니요! 아마존 FBA 창고에 입고시킬 때는 아마존에서 부여하는 고유 바코드인 FNSKU (Fulfillment Network Stock Keeping Unit) 바코드를 부착해야 합니다. 리스팅할 때 필요한 바코드번호의 경우 상품을 등록할 때만 필요하고 패키지에 인쇄하거나 라벨링을 하지 않아도

됩니다. 아마존에서는 기본적으로 FNSKU 바코드를 기반으로 제품을 인식합니다. 만약 FBA 운영을 하지 않거나 FBM으로만 운영한다면 발급받은 바코드를 부착하거나 인쇄해도 상관 없습니다. 하지만 FBA 창고에서 해당 바코드로 상품을 인식하지는 않습니다.

신규 리스팅을 위한 체크리스트 2단계: 제품 이미지 준비

상품을 소개할 때 가장 중요한 요소 중 하나인 제품 이미지는 리스팅할 때 최대 10장까지 넣을 수 있지만, 아마존에서는 7장까지만 노출하고 있습니다. 하지만 이미지 소스는 추후에 A+ 콘텐츠를 제작할 때를 고려해서 최대한 많이 촬영하여 가지고 계실 것을 추천합니다. 이미지 사이즈는 가장 짧은 길이 기준으로 1,000px 이상이 되도록 준비하며, 이미지에 마우스를 올리면 확대되는 점을 고려한다면 2,000px 이상의 고해상도 이미지로 준비하는 것이 좋습니다.

이미지는 직접 촬영하는 방법과 3D 모델링 작업으로 실물과 비슷하게 그래픽으로 구현하는 방법이 있습니다. 이미지는 다양한 구도의 누끼 이미지와 상품을 실제로 사용하는 라이프스타일 이미지 등을 다양하게 준비하는 것이 좋습니다. 이미지와 관련된 내용은 뒤이어 나올 챕터에서 더 자세히 다루겠습니다.

신규 리스팅을 위한 체크리스트 3단계: 디테일한 상품 정보

아마존에 상품을 리스팅할 때 상품의 사이즈, 무게, 재질 등 구체적인 상품 정보를 기입하도록 되어 있습니다. 상품 이미지를 제작할 때도 상품 정보를 상세하게 보여주는 컷이 있으면 좋기 때문에 상품의 디테일한 정보를 미리 준비해놓는 것이 좋습니다.

Product information

Product Dimensions	4.72 x 6.3 x 12.99 inches
Item Weight	1.23 pounds
Manufacturer	PETKIT
ASIN	B07CRYWQ8Q
Customer Reviews	1,690 ratings 4.4 out of 5 stars
Best Sellers Rank	#12,090 in Pet Supplies (See Top 100 in Pet Supplies) #32 in Raised Cat Bowls
Is Discontinued By Manufacturer	No
Date First Available	February 22, 2019

FBA 방식으로 운영할 경우 상품의 부피와 무게를 기준으로 FBA 수수료가 책정되므로 상품의 사이즈와 무게 정보도 미리 입력해놓는 것이 좋습니다. 물론 최종 FBA 수수료의 경우 아마존 FBA 센터에 입고될 때 자동으로 측정되어 아마존에서 설정한 기준으로 부과됩니다. 그래도 FBA 수수료가 적절하게 부과되는지 확인하기 위해서라도 셀러는 상품의 정확한 부피와 무게 정보를 아는 것이 중요합니다.

그리고 미국은 길이와 무게 단위가 한국과 다릅니다. 한국은 mm, cm, g, kg 단위를 사용하지만 미국은 inch인치, feet피트, oz온즈, lb파운드 단위를 사용합니다. 포털 사이트에서 단위 변환을 검색하여 사이즈와 무게 정보를 미리 미국에서 통용되는 단위로 준비하는 것을 권장합니다.

메인 키워드 및 서브 키워드

고객이 원하는 상품을 찾을 때 정확한 상품명보다는 관련 키워드로 검색해서 상품을 찾는 경우가 많습니다. 독자 여러분들도 온라인 쇼핑몰에서 쇼핑할 때 관련 키워드로 상품을 검색할 것입니다. 따라서 고객들이 어떤 키워드로 해당 상품을 검색하여 유입될지를 충분히 고민해야 합니다.

고객이 어떤 키워드로 검색해야 내가 아마존에 리스팅한 상품을 발견할 수 있을지, 즉 '검색 최적화'를 항상 고민해야 합니다. 이때 메인 키워드와 서브 키워드를 미리 리스트업해놓으면 리스팅할 때 상품명과 불렛 포인트에 연관 키워드를 적절하게 배치할 수 있습니다. PPC 광고를 집행할 때도 연관 키워드를 활용할 수 있으니 내 상품과 관련된 키워드는 미리 조사해놓고 새로운 키워드가 나오는지도 계속해서 관찰해야 합니다.

상품명과 상품의 핵심 포인트 5가지

상품명과 불렛 포인트는 리스팅 이미지와 더불어 가장 중요한 리스팅 요소 중 하나입니다. 상품명은 아마존 검색 알고리즘과 연관되어 노출을 좌우할 수 있는 중요한 요소이며, 불렛 포인트는 키워드 연관성과도 관련이 깊고 상품에 대해 자세히 설명하는 부분이기 때문에 잘 작성해놓는 것이 좋습니다.

About this item

- PETKIT raised cat bowls are made with food grade material that is strong and durable. Safe and stable for your pets to use. The simple and elegant Nordic design makes a great decoration at your home
- Reduce Neck Burden: This 0/15° raised cat food bowls offers easy and healthy eating and licking habits for your pet. Comfortable feeding height allows mealtime more comfortable for your pets with arthritis, neck and back problem
- Picked for All Cats: This pet bowl is 5.4 inches wide and 2.36 inch deep. The deep and wide shape prevents whisker fatigue, and rounded edges make it easy for your cat to get every bit of the food. The transparent design makes food visible
- None-Skid, Anti-Spill: This elevated cat bowl is a good choice for messy eater. Slightly inclined surface prevents food spilling. Rubberized grips at the bottom make bowls stable while eating
- Easy to Use and Wash: Simply press the cat bowl into 0/15-degree buckle, that will keep it secure in place. Bowls are removable and dishwasher safe. ATTENTION: NO MICROWAVE

브랜드 등록을 하지 않은 일반 셀러라면 A+ 콘텐츠를 사용할 수 없기 때문에 사실상 리스팅 이미지와 불렛 포인트, 상품 설명 텍스트만을 활용하여 내 상품의 특장점을 모두 전달하고 구매를 설득해야 합니다. 상품명과 불렛 포인트는 클릭률과 구매전환율을 좌우하는 중요한 요소이기 때문에 뒤이어 나올 챕터에서 좀 더 자세히 다루도록 하겠습니다.

마스터의 시크릿 노트

여기까지 상품을 리스팅하는 구성요소에 대해 이해하고, 상품 리스팅을 하기 전에 준비해야 할 리스팅 요소와 체크리스트에는 어떤 것이 있는지 설명했습니다. 앞서 설명한 내용은 리스팅을 하기 전에 어떤 준비사항이 필요한지에 대해 파악하기 위한 기초 지식에 해당됩니다.
본격적으로 리스팅의 품질을 높이기 위해 각 리스팅 요소들을 어떻게 구성하면 좋고, 구체적으로 어떻게 준비해야 하는지에 대해서는 앞으로 상세히 설명하겠습니다.

17

검색이 되는 상품명과 불렛 포인트 작성 노하우

본격적인 상품명과 불렛 포인트 작성 노하우 설명에 앞서 아마존 SEO Search Engine Optimization와 아마존 검색 알고리즘인 A10에 대하여 좀 더 깊이 이해하는 시간을 가져보겠습니다.

아마존 SEO와 아마존 검색 알고리즘에 대한 이해를 바탕으로 상품 리스팅을 작성해야만, 고객들이 내 상품과 관련된 키워드를 검색했을 때 경쟁 상품에 비해 상위 페이지에 노출될 수 있기 때문입니다. 아마존에서 최고의 마케팅은 키워드 검색 결과의 상위 페이지에 노출되는 것입니다.

아마존 검색 알고리즘의 목적

아마존 SEO란 아마존 검색 결과에서 내 상품이 상위에 노출될 수 있도록 나의 리스팅을 아마존 검색 엔진에 최적화하는 것을 의미합니다. 플랫폼을 이용하는 고객들의 목적에 따라 각 플랫폼은 고유의 검색 알고리즘을 갖고 있고, 이 알고리즘은 고객들의 검색 패턴에 따라서 끊임없이 변화합니다.

구글이나 네이버에서 어떤 키워드를 검색할 때를 생각해봅시다. 구글이나 네이버에 무언가를 검색한다면 검색 키워드와 관련된 정보를 찾기 위함일 것입니다. 그렇기 때문에 구글이나 네이버와 같은 플랫폼은 사용자가 찾고자 하는 정보와 가장 근접한 정보의 결과가 상위에 노출되도록 알고리즘이 설정되어 있습니다.

그렇다면 아마존에서 검색하는 고객의 경우는 어떨까요? 미국 고객의 60%는 제품을 구매하려는 목적으로 상품을 검색할 때 구글이 아닌 아마존에 먼저 접속하여 상품을 검색하고, 약 66%의 고객들은 아마존을 통해 신제품 정보를 얻는다고 합니다. 그렇기 때문에 아마존의 검색 알고리즘은 오로지 구매에 초점이 맞춰져 있습니다.

아마존의 비즈니스 모델은 무엇인가요? 아마존은 모든 거래에 대해 약 15%의 수수료를 부과합니다. 아마존을 이용하는 고객들은 저렴한 가격에 다양한 상품들을 가장 빠르게 구매하고 싶어 합니다. 그리고 아마존에서 상품을 파는 셀러들은 수많은 상품들을 많이 판매하고 싶어 합니다.

결국 아마존, 고객, 셀러 이 세 당사자들이 모두 만족할 수 있는 방법은 거래량과 거래액을 늘리는 것입니다. 그렇기 때문에 아마존 검색 알고리즘은 거래량과 거래액을 최대한 많이 늘릴 수 있는 상품의 랭킹을 상위로 올리는 것에 초점이 맞춰져 있습니다.

아마존 검색 알고리즘의 핵심 : 필터링, 퍼포먼스

아마존 검색 알고리즘에 대해 대략적으로 설명을 드렸는데요. 조금 더 깊이 들어가보면 아마존 검색 알고리즘이 두 단계의 과정을 거쳐서 검색 랭킹을 선정하고 해당 리스팅을 노출시키는 것을 알 수 있습니다.

첫 번째 스텝은 필터링입니다. 아마존 검색 알고리즘은 검색 키워드와 연관 있는 상품만을 필터링합니다. 그렇기 때문에 내 상품을 구매할만한 고객이 검색하는 키워드가 내 리스팅에 포함되어 있지 않다면 무슨 수를 쓰더라도 타겟 고객에게 내 리스팅이 노출되지 않습니다. 반대로 내 상품과 전혀 관련이 없는 키워드가 연관 키워드로 잡힌다면 타겟이 아닌 고객들에게 내 리스팅이 노출되어 클릭률이나 구매전환율이 떨어지게 됩니다. 타겟 고객이 검색하는 키워드는 내 리스트에 포함되어 있지 않고, 내 리스트에 포함된 엉뚱한 키워드를 검색한 고객들만 내 리스트로 유입된다면 당연히 매출은 떨어지겠죠?

이렇게 첫 번째 스텝인 연관 검색어 필터링으로 상품을 한 번 걸러낸 후에 두 번째 스텝에서는 상품의 퍼포먼스를 기준으로 상위 노출을 결정하게 됩니다. 상품 퍼포먼스는 간단하게 클릭률, 구매전환율, 매출 이 3가지 지표로 측정될 수 있습니다. 말 그대로 많은 고객이 내 리스트를 클릭하고, 클릭한 고객들이 많이 구매하고, 매출이 높을수록 상품 퍼포먼스는 높게 측정됩니다. 그렇기 때문에 내 상품이 상위에 노출되기 위해서는 상품명과 불렛 포인트, 상품 설명과 같이 텍스트로 표현하는 항목에서 키워드 연관성이 높아야 하고, 이 항목들은 구매전환율에도 영향을 미치기 때문에 고객들을 충분히 설득할 수 있도록 신경을 많이 써야 합니다.

연관 키워드를 선택할 때도 주의해야 할 부분이 있는데요. 키워드에 절대 포함시켜서는 안되는 키워드들이 있으니 해당 키워드들은 사용하지 않도록 주의해야 합니다. 다음의 키워드들을 상품명이나 불렛 포인트에 사용하려면 별도의 인증을 받거나 미국 시민권자여야만 합니다. 외국에 거주하는 셀러가 해당 키워드를 리스팅에 포함시키면 리스팅이 정지될 수 있으니 주의하셔야 합니다.

Dust Mite / insect / antibacterial / pesticide devices / mold / bacteria / Insecticides / Rodenticides / Herbicides / Fungicides / Repellants / pesticides / Antimicrobial / Insect Traps / Ground Vibrators / antifungal / pesticidal / disinfect / repel insects / remove allergens / prevent bacteria / fungal / Toyota / Subaru / detergent / bleach / germ / FDA

상품명 아마존 가이드라인

그럼 본격적으로 상품명을 어떻게 작성해야 하는지 설명하겠습니다. 먼저 아마존에서 제공하는 가이드라인을 가급적이면 지키는 것이 좋습니다.

상품명 요건

상품명 요건은 아마존의 전 세계 마켓플레이스 모든 상품에 적용됩니다. 검색 결과에서 표시가 제한되지 않도록 하려면 다음과 같은 4가지 기준을 준수해야 합니다.

- 상품명은 공백을 포함하여 상품 카테고리의 권장 문자 길이를 준수해야 합니다.
- 상품명에는 홍보 문구가 포함될 수 없습니다. 예 free shipping, 100% quality guaranteed
- 상품명을 꾸미기 위해 문자 기호를 포함해서는 안 됩니다. 예 ~ ! * $? _ { } # | ; ^
- 상품명에는 상품 식별 정보가 포함되어야 합니다. 예 hiking boots, umbrella

유용한 팁

잘 작성한 좋은 상품명은 아마존에서 긍정적인 고객 경험을 보장하는 핵심요소입니다. 다음은 상품명을 잘 작성하기 위한 추가 팁입니다. 알려드리는 팁을 어긴다고 해서 위에 나열된 4가지 요건처럼 검색 결과에서 상품의 표시를 제한하지는 않지만, 알려드리는 상품명의 표준을 잘 지킬 것을 강력하게 권장합니다.

- 상품명은 간결해야 합니다. 80자 미만으로 유지하는 것이 좋습니다.
- 모두 대문자로 표기하지 않습니다.
- 각 단어의 첫 글자를 대문자로 표기합니다. 전치사(in, on, over, with), 접속사(and, or, for), 관사(the, a, an)의 경우는 예외입니다.
- 숫자를 사용합니다. 예 2를 사용하고, two를 사용하지 않습니다.
- 비언어 ASCII 문자를 사용하지 않습니다. 예 Æ, ©, or ®
- 상품명은 상품을 식별하는 데 필요한 최소 정보만 포함해야 합니다.
- 주관적인 의견을 사용하지 않습니다. 예 Hot Item, Best Seller
- 상품명에는 하이픈(-), 슬래시(/), 앰퍼샌드(&), 마침표(.)와 같이 필요한 구두점을 포함할 수 있습니다.
- 상품명은 측정값을 축약할 수 있습니다. 예 cm, oz, in, kg
- 상품명에는 판매자의 이름을 포함하지 않습니다.
- 크기 및 색상 선택사항은 기본 상품명이 아닌 하위 ASIN의 상품명에 포함되어야 합니다.

일부 카테고리에는 특정 상품명 규칙이 있을 수 있습니다. 자세한 내용은 셀러 센트럴 페이지의 '한 번에 하나의 상품 등록' 도움말 페이지 및 '카테고리별 스타일 가이드'를 참조하길 바랍니다. 상품명의 권장 스타일은 카테고리별로 약간씩 다르기 때문에 판매하려는 상품의 카테고리 상품명을 참고해야 합니다.

선택사항이 포함된 리스팅의 경우

선택사항Variation에서 하위 ASIN을 선택하면 상세페이지에 하위 ASIN 상품명이 표시되므로 하위 ASIN의 상품명에 크기 및 색상 같은 선택사항 특성을 포함해야 합니다.

- 상위 항목의 상품명 예 Crocs Beach Clog
- 하위 항목의 상품명 예 Crocs Beach Clog, Lime Green, Men's Size 8-9

상품명 작성 시 고려해야 할 사항

지금까지 이야기한 것은 상품명을 작성할 때 아마존에서 요구하는 내용이었습니다. 아마존에서 요구하는 내용은 기본적으로 충족시키는 것이 좋습니다. 지금부터는 아마존에서 기본적으로 요구하는 요건 이외에 상품명을 작성할 때 고려해야 할 사항들을 제 경험에 비추어 4가지 정도로 정리해보겠습니다.

상품명만 봐도 어떤 제품인지 한눈에 알아볼 수 있어야 합니다

브랜드, 제품 설명, 라인 또는 컬렉션, 재료나 성분, 재질, 색상, 크기, 수량 등 상품명만 보더라도 이 상품이 어떤 상품인지 쉽게 알 수 있도록 상품명을 만듭니다.

만약 전자제품을 판매한다면 고객들이 쉽게 검색할 수 있도록 모델 넘버를 넣는 것도 중요합니다. 상품명은 고객에게 한마디로 이 제품이 어떤 제품인지 인지시키고 이 상품을 구매할 것 같은 고객들이 검색했을 때 상품명만 봐도 상품을 매력적으로 느끼게 해야 함을 기억해야 합니다.

상품을 구매할 것 같은 고객들이 검색할 연관 키워드를 포함해야 합니다

내 상품을 구매할만한 고객들이 어떤 키워드를 검색할 것인지 고민해보고, 키워드 검색량이 많은 메인 키워드부터 고객들이 검색할만한 서브 키워드까지 연관된 키워드를 최대한 포함시킵니다.

초보 셀러라면 경쟁 상품의 상품명을 참고해도 좋습니다. 이때 아마존 셀러들이 자주 사용하는 유료 마케팅 툴(Marchant Words, Viral Launch, Jungle Scout 등)이 있습니다. 이러한 툴을 활용하면 연관 키워드와 키워드 검색량을 확인할 수 있습니다.

유료 마케팅 툴을 사용하지 않더라도 아마존에서 연관 키워드를 찾을 수 있는 간단한 방법이 있습니다. 아마존 검색창에서 자동완성 검색어를 참고하는 것입니다. 아마존 검색창에 내 리스팅과 연관된 메인 키워드를 입력하면 검색창 하단에 자동완성 검색어가 뜹니다. 자동완성 검색어가 상위에 노출될수록 해당 키워드를 검색하는 고객들이 많다는 것을 의미합니다. 이러한 자동완성 검색어를 참고하여 상품명에 연관 키워드를 포함시키는 것도 한 방법이 될 수 있습니다. 또한 메인 키워드에 for나 in과 같은 전치사를 붙이면 고객들이 더 세부적으로 검색하는 다양한 키워드를 확인할 수도 있습니다. 만일 내 상품이 특정 타겟을 위해 개발된 제품이라면 이러한 세부 키워드를 검색해보며 다양한 서브 키워드를 찾는 것이 중요합니다.

관련 없는 키워드는 빼고 키워드를 중복해서 넣지 않습니다

자신의 리스팅이 다양한 키워드에 많이 노출되었으면 하는 욕심에 자신의 리스팅과 크게 관련이 없는 키워드까지 상품명에 포함시키는 경우가 있습니다. 하지만 이러한 경우 오히려 검색 품질이 떨어지고 노출이 잘 되지 않을 수 있습니다.

또한 메인 키워드라고 해서 중복하여 여러 번 넣어도 해당 키워드 검색 시 노출이나 랭킹에 전혀 영향을 주지 않습니다. 불필요하게 반복되는 키워드는 고객의 피로도를 높일 수 있기 때문에 중복하여 사용하는 것은 지양합니다.

일시적인 할인 행사나 프로모션 내용을 넣지 않습니다

한국의 온라인 쇼핑몰을 이용하다 보면 할인율이나 1+1 행사와 같은 프로모션 내용을 상품명에 포함시키는 경우를 많이 접할 수 있습니다. 하지만 아마존에서는 이러한 일시적인 행사 내용을 상품명에 넣는 것을 금지하고 있습니다.

상품을 많이 팔고 싶고 마케팅 행사를 알리고 싶은 마음에는 공감하지만, 아마존 정책에 맞춰 이러한 일시적인 행사 내용은 상품명에 넣지 않도록 해야 합니다.

상품명 케이스 스터디

그럼 본격적으로 지금까지 설명드린 사항들을 적절하게 고려한 상품명의 사례를 통해 상품명 작성법을 다시 한 번 복습하겠습니다.

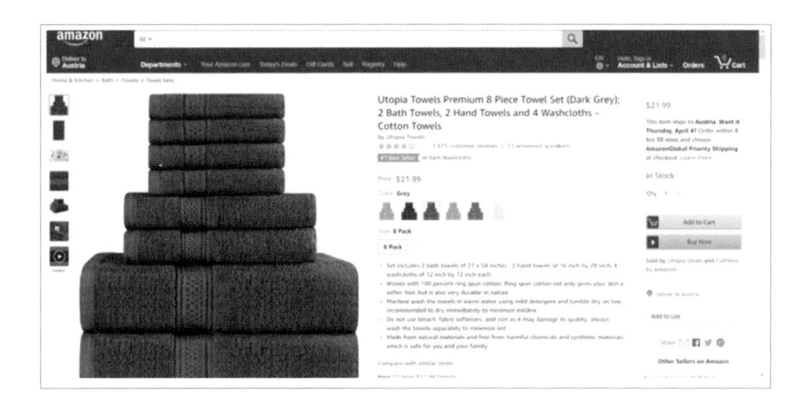

첫 번째 보실 리스팅은 Bath Towel입니다. 상품명의 스타일을 보시면 Brand + Premium + Product name + Quantity + Color + Amount + Material 순서로 상품명을 구성했습니다. 맨 앞에서 브랜드명과 프리미엄 타월임을 강조하고, 번들 상품이기 때문에 번들 상품의 수량, 색상, 구성, 재질의 순서로 상품명을 작성했습니다. 때문에 상품명만 보더라도 상품의 구체적인 구성과 색상, 수량 등을 정확하게 인지할 수 있습니다.

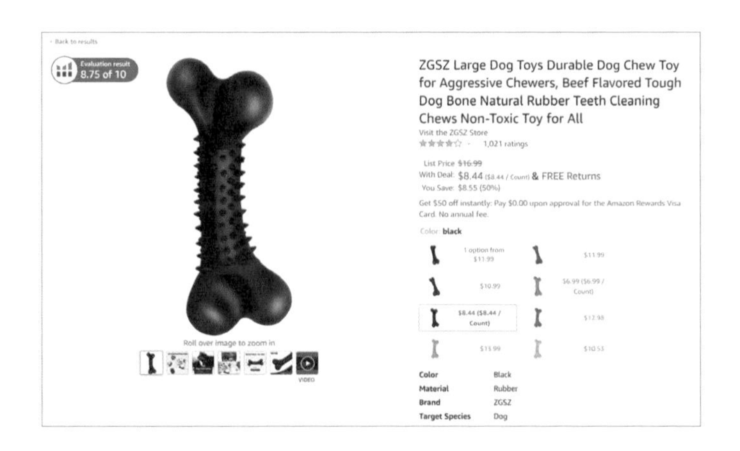

다음으로 강아지 치석 제거 장난감의 상품명을 살펴보겠습니다. 위 리스팅의 상품명을 보면 굉장히 다양한 키워드를 포함시켜 상품 특장점을 부각한 것을 확인할 수 있습니다.

상품명의 스타일을 보면 Brand + Product name + Key feature + Target +

Product Type(Shape, Color, Flavor or Something) + Material 순서로 다양한 항목들을 상품명에 넣었습니다. 사실 이러한 항목들을 상품명에 포함시킨 데는 이유가 있습니다.

Dog Teeth Cleaning Toys강아지 치석 제거 장난감을 아마존에서 검색하여 경쟁 상품들의 부정적인 리뷰들을 살펴보시면 답을 찾을 수 있습니다. 부정적인 리뷰에서 고객들이 공통적으로 호소하는 불만요소들이 '강아지가 물어뜯어 먹었다', '내구성이 좋지 않다', '고무 냄새가 심하게 나서 안전성이 의심된다'라는 내용들이 대부분입니다.

그렇기 때문에 해당 제품은 이러한 고객들의 불만요소를 일부 개선한 상품으로 런칭한 것이고, 상품명에 경쟁 상품과 대비되는 장점을 강조한 것입니다. 상품명에 이러한 특장점을 넣어줌과 동시에 고객들이 치석 제거 장난감을 검색할 때 많이 검색하는 보조 키워드도 상품명에 포함시켰을 것입니다. 아마도 이 제품이 명확하게 노린 고객들은 장난감을 일주일만에 망가뜨리는 사고뭉치 대형견의 견주일 것입니다.

검색 최적화의 기본 원리

아마존에서 요구하는 상품명의 기본 요건과 상품명 작성 시 고려해야 할 사항 4가지를 감안하여 상품명을 작성하였다면, 마지막으로 아마존 검색 최적화의 기본 원리를 함께 고려하여 상품명에 포함된 키워드의 순서를 배치한다면 금상첨화가 될 것입니다. 그럼 아마존 검색 최적화의 기본 원리를 살펴보겠습니다.

첫 번째 기본 원리는 중요한 순서대로 좌측에서 우측으로 작성하는 것입니다.

검색 최적화의 기본은 좌측에서 우측으로 우선순위에 따라 배치하는 것입니다. 검색엔진이 데이터를 읽고 처리할 때 기본적으로 좌측 끝에서부터 읽기 시작하여 분석을 시작합니다. 따라서 보통 브랜드를 가장 좌측에 놓고 그다음으로 메인 키워드를 배치하는 방식으로 상품명을 작성하게 됩니다.

두 번째 기본 원리는 문장의 어순이 적절한지 확인하는 것입니다.

연관 키워드가 가장 중요하다고 해서 어순을 무시하고 모든 연관 키워드를 나열하게 된다면 오히려 검색 품질이 떨어지게 됩니다. 검색엔진은 실제 사용하는 어순을 준수하여 데이터를 처리하도록 되어 있습니다. 따라서 연관 키워드를 그저 나열하는 것이 아니라 상품명이 적절한 어순으로 해당 상품을 알기 쉽도록 설명하고 있는가를 고려하고 검토해야 합니다.

상품명 직접 작성해보기

지금까지 상품명을 작성하는 방법에 대해 설명했습니다. 하지만 설명만 듣고 처음부터 상품명을 잘 작성하기는 어려울 것입니다.

이제부터는 지금까지 배운 상품명 작성 노하우를 고려하여 직접 상품명을 작성해보는 시간을 갖도록 하겠습니다. 계속해서 다양한 방법으로 상품명을 작성하다 보면 어느덧 자신만의 노하우가 생기리라 믿습니다. 그럼 아마존 셀러가 되었다고 생각하고 다음 상품의 상품명을 직접 작성해보기 바랍니다. 브랜드명은 본인이 생각하는 브랜드명을 넣어 주시면 됩니다.

OOO 브랜드 애플워치 스트랩 가죽밴드 검정색

직접 셀러가 되어 상품명을 작성해보니 생각보다 쉽게 써지던가요? 쉽게 써지지 않는 것이 정상일 것입니다. 제가 해당 상품을 판매하는 셀러라면 다음과 같은 방법으로 접근해봤을 것 같습니다.

1 먼저 아마존 웹사이트에 들어가 검색창에 Apple Watch라고 검색어를 입력합니다.

2 검색어를 입력해보면 검색창에 자동완성 검색어가 나오고, 이 가운데 apple watch bands라는 자동완성 검색어가 있는 것을 발견합니다. 그러면 저는 미국 고객들이 이 제품에 대해 apple watch strap이 아닌 apple watch bands라고 검색한다는 사실을 깨닫고, apple watch bands의 연관 키워드들이 어떤 것이 있는지 다시 자동완성 검색어를 살펴봅니다.

apple watch **bands**
apple watch **band**
apple watch **bands 44mm**
apple watch **bands 38mm**
apple watch **bands 40mm**
apple watch **case**
apple watch **bands 42mm**
apple watch **charger**
apple watch **band pack**
apple watch **bands and case**

3 apple watch bands를 검색했을 때 상위에 노출되는 경쟁 상품들을 훑어보고, 경쟁 상품의 상품명에 어떤 키워드들이 사용되었는지 두루 살펴봅니다.

4 검색을 통해 찾은 키워드인 apple watch bands라는 메인 키워드와 더불어 compatible with라는 키워드가 반드시 포함되어 있음을 확인합니다. 이를 통해 고객들이 어떤 기종 혹은 사이즈와 호환이 되는지를 검색해본다는 사실을 추론합니다.

5 만약 내가 판매하려는 애플워치 스트랩이 전 기종 혹은 전 사이즈와 호환된다면 해당 기종과 사이즈를 포함시킨 상품명을 만들어 다양한 기종, 사이즈를 검색했을 때도 내 리스팅이 검색될 수 있도록 합니다.

이러한 과정을 거쳐 제가 해당 상품의 상품명을 만든다면 다음과 같을 것 같습니다.

ABC(브랜드명) Leather Band Compatible with Apple Watch Bands 38mm 40mm 42mm 44mm iWatch SE Series 6 5 4 3 2 1, black

상품명을 직접 작성해보는 것의 핵심은 실제 미국 고객들이 상품을 검색할 때 어떤 키워드를 주로 사용하는지 파악하는 데 있습니다. 즉, 키워드 찾기를 습관화하는 것이죠. 상품명을 작성할 때 구글이나 파파고 번역에 의지해서는 절대로 안 됩니다. 정 어렵다면 차라리 경쟁 상품의 상품명을 참고하여 내 상품만의 차별점을 부각할 수 있는 키워드를 덧붙이는 것이 검색 품질을 높이는 간편한 방법입니다.

그럼에도 판매하려는 상품의 메인 키워드를 잡기 어렵다면 어떻게 해야 할까요? 아마존 셀링을 하다 보면 한국에서 통용되는 영문 상품명과 미국 고객들이 검색하는 키워드가 전혀 다른 경우가 굉장히 많습니다. 또한 앞서 설명한 자동완성 기능을 통해 연관 키워드를 쉽게 찾아내는 경우도 있지만, 자동완성 검색어를 봐도 연관 검색어를 전혀 알 수 없는 경우도 발생합니다.

그럴 때는 우선 자신이 생각했던 영문 키워드나 번역한 키워드를 아마존에서 검색해 보세요. 그러면 의외로 해외 셀러들이 구글 번역 등으로 번역한 키워드를 사용하여 리스팅을 해놓은 경우를 종종 볼 수 있습니다. 해당 리스팅에 들어가서 해당 상품에 붙은 광고를 살펴보면 다른 셀러들이 리스팅한 경쟁 상품을 확인할 수 있습니다. 이렇게 경쟁 상품들의 상품명에 어떤 키워드들이 사용되었는지를 살펴보면 해당 제품이 어떤 키워드로 검색되었는지를 추론할 수 있습니다.

불렛 포인트 작성하기

상품명과 더불어 내가 셀링하는 상품을 고객들에게 알리고 구매전환율을 높이는 데 중요한 것이 상품을 설명하는 불렛 포인트입니다. 앞에 글머리표가 붙어서 불렛 포인트라고 합니다. 다음 이미지에서 보는 것처럼 PC에서 리스팅을 봤을 때 우측에 나오는 5가지 특장점 부분이 불렛 포인트입니다.

불렛 포인트를 작성할 때 포함하는 키워드들도 아마존 검색 알고리즘에 의해 연관 키워드로 인식합니다. 또한 불렛 포인트로 상품에 대한 특장점과 상세한 정보를 고객들에게 전달할 수 있기 때문에 구매전환율에도 큰 영향을 미치는 중요한 부분입니다.

그렇다면 좋은 품질의 불렛 포인트를 작성하기 위해서는 어떻게 해야 할까요? 상품명과 마찬가지로 불렛 포인트 역시 아마존에서 제공하는 가이드라인이 있습니다. 가급적이면 우선 아마존에서 제공하는 가이드라인을 파악하고 따라주시는 것이 좋습니다.

불렛 포인트 아마존 가이드라인

불렛 포인트는 고객들이 구매 시 고려했으면 하는 5가지 주요 특장점입니다. 예를 들어 사이즈, 연령 적합성, 원산지, 보증 정보 등의 정보를 중점적으로 제공합니다. 그럼 우선 아마존에서 제공하는 불렛 포인트 가이드라인을 살펴보겠습니다.

- 각 글머리 기호는 대문자로 시작합니다.
- 문장으로 작성하지 말고 마침표를 찍지 마십시오.
- 모든 숫자는 영어 단어가 아닌 숫자로 작성합니다.
- 하나의 불렛 포인트에서 문단을 나눌 때는 세미콜론(;)을 사용합니다.
- 도량형은 쿼트(quart), 인치(inch) 또는 피트(feet)와 같은 단위를 사용합니다.
- 하이픈, 기호, 마침표 또는 느낌표를 사용하지 않습니다.
- 제품 기능 및 속성을 최대한 구체적으로 작성하고 모호한 설명은 하지 않습니다.
- 회사에 대한 정보를 입력하지 않습니다. 이 섹션은 제품 기능만을 위한 것입니다.
- 프로모션 및 가격 정보를 포함하지 않습니다.
- 배송 또는 회사 정보를 포함하지 않습니다. 아마존 정책은 셀러, 회사, 배송에 대한 정보를 제공하는 것을 금지합니다.

아마존에서 제공하는 불렛 포인트 가이드라인에서 많은 분들이 두 번째 내용을 이해하기 어렵다고 합니다. 예를 들어 불렛 포인트에 '제품이 가벼워서 휴대가 간편하다'라는 특장점을 강조하고 싶은 경우를 살펴보겠습니다. 특장점을 강조하고 싶다면 이렇게 완성된 문장의 형태로 작성하는 것이 아니라, '제품이 가볍다 간편한 휴대성'과 같이 완성되지 않은 문장으로 작성하는 것이 좋다는 의미입니다.

불렛 포인트 작성 시 고려해야 할 사항

지금까지 설명한 불렛 포인트 가이드라인은 스타일, 즉 형식에 관한 지침입니다. 이제부터는 실제 셀러들이 효율적인 불렛 포인트를 작성하기 위해서 어떤 내용을 담아야 하며 고려해야 할 것들에는 무엇이 있는지를 설명하겠습니다.

저의 경험으로 봤을 때 효율적인 불렛 포인트를 작성하기 위해서는 다음과 같은 사항을 고려해야 합니다.

특징보다는 고객이 얻을 수 있는 혜택 중심으로 작성한다

말 그대로 제품 중심적으로 설명하는 것보다 이 제품을 구매한 고객이 얻을 수 있는 혜택을 중심으로 작성하는 것이 좋습니다. 예를 들어 '이 제품은 OO 소재에 고급스러운 XX 코팅을 하여 만들었습니다'라고 설명하는 것보다는, 'OO 소재와 XX 코팅제를 사용하여 만들었기 때문에 고객이 사용할 때 편의성이 좋아졌다'든지, 그래서 '튼튼하게 오래 사용할 수 있다'든지처럼 고객이 얻을 수 있는 혜택을 중심으로 작성하는 것이 고객 입장에서 더 와 닿을 수 있습니다. 또한 불렛 포인트를를 작성하고 나서 하나의 단어나 문단으로 축약할 수 있는지도 생각해보면 더 좋습니다.

한 줄의 불렛 포인트에는 한 가지의 특장점만 담는다

가급적이면 한 줄에는 한 가지 특장점만 담는 것이 좋습니다. 물론 세미콜론을 사용하여 문단을 나눌 수도 있지만, 고객의 입장에서는 한 줄에 한 가지의 특장점이 담겨 있는 것이 더 이해하기 수월합니다. 굳이 욕심을 내서 두세 가지 서로 다른 특장점을 한 줄의 불렛 포인트에 담으면 고객에게 전달력이 떨어지게 됩니다.

상품 특장점 설명 이외의 연관 키워드를 넣는 것을 지양한다

검색 최적화를 위해 연관 키워드를 억지로 불렛 포인트 여기저기에 끼워 넣는다면 오히려 상품 특장점에 대한 이해도를 떨어뜨릴 수 있습니다. 불렛 포인트의 핵심은 고객이 상품에 대한 충분한 정보를 인지할 수 있도록 하는 것입니다. 상품 특장점과 관련 없는 키워드는 배제하고 상품 특장점을 설명하면서 자연스럽게 연관 키워드를 녹여 넣어야 합니다.

영문 번역 이후 대체할 수 있는 단어와 문장을 찾아본다

불렛 포인트를 작성할 때 먼저 한글로 작성하고 영문으로 번역할 것입니다. 이때 영문으로 번역된 불렛 포인트를 꼼꼼하게 살펴보고 연관 키워드로 대체할 수 있는 단어나 문장이 있는지 찾아봅니다. 보통 번역을 하게 되면 아마존에서 고객이 검색하는 키워드가 아닌 일반적이고 통상적인 단어나 문장으로 번역되는 경우가 많습니다. 예를 들어 악력 측정기를 판매할 경우, 악력 측정기를 구글 번역기로 번역하면 grip strength meter라는 단어로 번역됩니다. 그러나 아마존에서 고객들이 검색하는 메인 키워드는 hand dynamometer입니다. 만약 연관 키워드를 확인하지 않았다면 고객이 검색한 키워드로는 내 상품이 노출되지 않을 수 있습니다. 따라서 불렛 포인트를 번역한 후에는 반드시 연관 키워드로 대체할 단어나 문장이 없는지 확인해야 검색 연관성을 최대한 높일 수 있습니다.

마스터의 시크릿 노트

여기까지 아마존 검색 알고리즘에 대해 조금 더 깊은 이해의 시간을 갖고, 검색 최적화와 밀접한 연관이 있는 상품명과 불렛 포인트를 어떻게 작성하면 좋은지에 대해 설명했습니다. 리스팅을 빨리 하는 것이 중요한 것은 아닙니다. 리스팅은 클릭률, 구매전환율과 매우 밀접한 관련이 있고 아마존 랭킹에 영향을 미치는 핵심이기 때문에 시간이 걸리고 비용이 조금 발생하더라도 좋은 품질의 리스팅을 작성하기 위해 최선을 다해야 합니다.

한 번 리스팅을 했다고 끝나는 것도 아닙니다. 이후 고객들이 검색하는 키워드가 달라질 수도 있고 특정 이슈가 발생했을 때 내 상품이 연관될 수도 있습니다. 따라서 경쟁 상품의 상품명이나 불렛 포인트에 어떤 변화가 있는지 항상 살펴보고 키워드의 변화나 흐름을 놓치지 않고 그때그때 잘 따라서 반영해야 좋은 결과를 얻을 수 있습니다.

Chat-GPT를 활용한 리스팅 작성법

인공지능의 시대가 도래하면서 아마존 셀러들도 다양한 인공지능 도구들을 적극적으로 활용하기 시작했습니다. 이번 챕터에서는 여러 가지 인공지능 도구 중에서 Chat-GPT를 활용하여 아마존 리스팅을 작성하는 팁을 알려드리겠습니다.

Chat-GPT는 Chat이라는 단어에서 알 수 있듯이 채팅을 하듯 인공지능과 대화를 하며 질문을 통해 답변을 얻을 수 있는 인공지능 플랫폼입니다. Chat-GPT는 미국의 Open AI에서 개발한 인공지능 언어 모델입니다. 미국에서 개발된 대화형 인공지능 모델이기 때문에 영어로 질문하는 것이 가장 정확한 답변을 얻을 수 있는 확률이 높지만, 실제로 사용을 해보면 한글 질문에 대한 이해도도 꽤나 높다는 것을 느낄 수 있었습니다.

저는 무료로 사용이 가능한 GPT 3.5 버전만을 사용해봤지만, 유료 버전인 GPT 4.0에서는 최근의 정보까지 학습하여 더 정교한 답변을 얻을 수 있다고 합니다. 그렇다면 아마존 리스팅을 만들 때 어떤 식으로 Chat-GPT를 활용할 수 있는지 구체적으로 알아보겠습니다.

미국 고객에게 최적화된 번역

제가 가장 유용하게 활용하고 있는 Chat-GPT 기능은 영문 번역입니다. 보통 아마존 리스팅을 위한 작업을 할 때, 상품의 특장점을 한글로 작성하여 비용을 들여 번역을 하거나 번역기를 사용해 번역을 하는 경우가 많습니다. 그러나 제 경험에 비춰보면 번역하려는 글의 목적을 번역가에게 설명해도 다소 딱딱하거나 너무 설명적인 번역으로 고객 친화적이지 않은 결과물을 받게 되는 경우가 종종 있었습니다.

Chat-GPT의 기초 데이터가 미국을 기반으로 수집되었고 언어 베이스도 미국 영어이기 때문에 Chat-GPT에게 글의 목적을 잘 설명하면서 번역을 요청하면 조금 더 아마존 리스팅이라는 목적에 부합하고 미국 고객들에게 친숙한 용어로 번역된 결과를 받을 수 있습니다.

그렇다면 Chat-GPT에게 어떻게 질문하고 요청해야 좋은 답변을 얻을 수 있을까요? 제가 직접 사용해본 몇 가지 예시를 통해 여러분들이 쉽게 응용할 수 있는 방법 몇 가지를 소개하겠습니다.

리스팅 이미지에 넣을 핵심 문구 번역하기

리스팅 이미지를 기획할 때, 서브 이미지에는 이미지뿐만 아니라 간략한 설명 텍스트를 넣을 수 있다고 말씀드렸습니다. 이러한 서브 이미지에 들어갈 텍스트는 설명하듯 풀어

쓴 문장의 형태보다는 간단한 구문이나 단어로 표현되는 것이 가독성도 높고 이해하기도 쉽습니다. 따라서 번역된 결과물은 간결하면서도 의미가 함축적인 것이 좋으며 약간은 광고 카피와 같은 요소가 가미되면 좋습니다.

Chat-GPT는 질문을 하는 목적과 이유를 분명하게 알려주면 그에 가까운 답을 제시해 줍니다. 따라서 리스팅 이미지에 넣을 핵심 문구를 번역해야 한다면, 번역할 한글 텍스트를 명확하게 작성하고 해당 텍스트의 번역을 요청하면서 아마존 리스팅 이미지에 넣을 내용이라는 것을 Chat-GPT에게 알려주면 좋습니다.

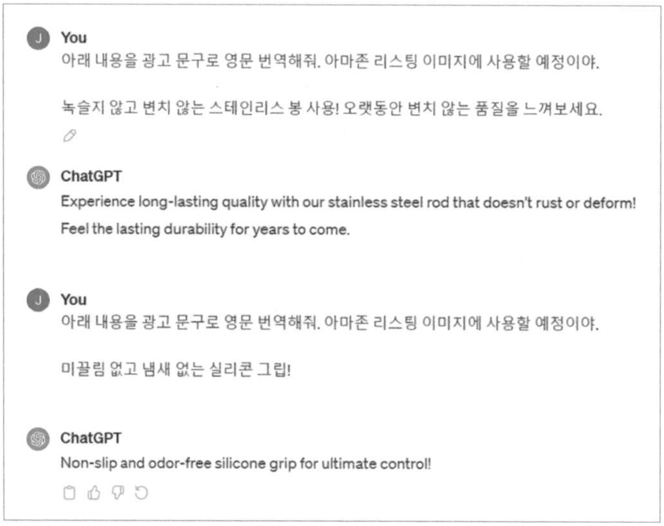

You
아래 내용을 광고 문구로 영문 번역해줘. 아마존 리스팅 이미지에 사용할 예정이야.

녹슬지 않고 변치 않는 스테인리스 봉 사용! 오랫동안 변치 않는 품질을 느껴보세요.

ChatGPT
Experience long-lasting quality with our stainless steel rod that doesn't rust or deform!
Feel the lasting durability for years to come.

You
아래 내용을 광고 문구로 영문 번역해줘. 아마존 리스팅 이미지에 사용할 예정이야.

미끌림 없고 냄새 없는 실리콘 그립!

ChatGPT
Non-slip and odor-free silicone grip for ultimate control!

화면과 같이 한글로 질문을 해도 Chat-GPT가 잘 이해하고 원하는 답변을 제공해주는 편입니다. 만약 이렇게 했는데도 번역된 내용이 너무 길고 어렵게 작성되었다면 뒤이은 채팅을 통해 "몇 자 이내로 번역해줘"라든지 "짧고 간결하게, 광고 문구처럼 기억하기 쉽게 번역해줘"와 같이 추가 요청사항을 말해주면 더 나은 결과물을 얻을 수 있습니다.

영문으로 요청해도 마찬가지입니다. 번역하려는 텍스트에 덧붙여 이 텍스트가 아마존 리스팅을 위한 텍스트임을 알려주면 훨씬 목적에 부합하는 단어와 표현을 사용하여 번역을 해줍니다. 번역을 요청할 때 다음과 같이 영문으로 지시를 해주면 됩니다.

Please translate the below sentence into English. This is for the Amazon listing image.
(+ 하단에 번역하고자 하는 한글 텍스트 입력)

Please translate the below contents into English. Using impact, customer-friendly words.
(+ 하단에 번역하고자 하는 한글 텍스트 입력)

번역된 내용이 너무 길다면 더 짧게 번역해달라고 추가적인 요청을 할 수도 있습니다. 광고 카피처럼 만들어 달라고 요청하거나, 글자 수 제한을 두어 간결하면서도 효과적인 표현으로 번역을 할 수도 있습니다.

Please make the sentence like advertisement copy.

Please make the sentence within 200 words including space.

미국인들이 실제로 사용하는 표현인지 확인하기

반대로 이미 번역된 영문이 있거나 은유적이고 카피적인 요소를 넣어 리스팅 텍스트를 작성했는데 실제 미국인들에게 그 의미가 제대로 전달될지 잘 모르는 경우가 있을 수 있습니다. 이럴 때도 Chat-GPT를 활용하면 주변에 현지인 친구가 없더라도 문장의 의미가 제대로 전달되는지 확인할 수 있습니다.

이번 케이스도 제가 실제 사용했던 예시를 들어 설명하겠습니다. 제가 판매하려는 상품을 초보자부터 중급자까지 사용 가능하다는 것을 배너에 넣어 표현해야 하는 상황이었습니다. 중급자를 영어로 intermediate라고 표현하는데, 이 단어를 넣기에는 배너 사이즈가 작았습니다. 그래서 이 단어를 축약하여 inter-mid라고 써볼까 했는데, 현지 미국인들이 실제로 사용하는 단어인지가 궁금했습니다. 그래서 역으로 Chat-GPT에게 질문을 해봤습니다.

You
inter-mid 라고 줄이면 미국사람들이 알아들을까?

ChatGPT
"inter-mid"라는 줄임말은 일반적으로 사용되지 않는 용어입니다. 따라서, 미국 사람들이 이 용어를 알아들을 수 있는지 확실하지 않습니다. "intermediate"를 줄일 때는 "interm."이나 "int."와 같이 보다 일반적으로 사용되는 줄임말을 사용하는 것이 좋습니다.

You
Beginner to Interm. 이라고 레벨을 표현하면 미국사람들이 잘 이해할 수 있을까?

ChatGPT
"Beginner to Interm."은 보편적으로 사용되는 용어이며, 미국 사람들도 이 용어를 잘 이해할 수 있을 것입니다. 이 용어는 "초급에서 중급" 레벨을 의미하며, 운동기구나 기타 운동 분야에서 자주 사용됩니다. 따라서, "Beginner to Interm."으로 레벨을 표현하는 것은 매우 일반적이고 흔한 방법 중 하나입니다.

위와 같이 현지 미국인들이 실제로 사용하는 줄임말을 추천해주고, 이 표현이 판매하는 제품 카테고리에서도 자주 사용되는 일반적인 표현인지도 알 수 있었습니다.

이처럼 사용하고자 하는 표현이 현지 미국인들에게도 익숙한 표현인지 Chat-GPT를 통해 한 번 더 체크하면 딱딱한 번역투가 아닌 현지인들에게도 공감이 가고 더 쉽게 이해되는 리스팅을 제작할 수 있습니다.

불렛 포인트 번역하기

아마존 리스팅에서 알고리즘 최적화와 구매전환율을 높이는 중요한 부분 중 하나가 Key features, 즉 불렛 포인트라고 설명했습니다. 불렛 포인트는 제품의 특장점을 이해하기 쉽게 설명함과 동시에 제품의 연관 키워드를 담고 있어야 합니다.

우선 한글로 5가지 제품 특장점을 작성해본 다음 번역 작업을 진행하고, 그 다음 연관 키워드로 대체할 수 있는 키워드가 있다면 대체를 하는 순서로 불렛 포인트를 작성해야 합니다. 불렛 포인트 역시 Chat-GPT를 활용하여 번역하면 미국 현지인 고객 입장에서 이해하기 쉬운 표현으로 번역할 수 있습니다.

다음과 같이 한글로 작성한 불렛 포인트를 하단에 넣어주고, 번역을 요청하니 제품 카테고리와 전체적인 문맥에 맞는 표현으로 잘 번역되었습니다. 이렇게 Chat-GPT를 사용하면 영어가 능숙하지 않아도 얼마든지 쉽고 간단하게 리스팅을 작성할 수 있습니다.

상품명 최적화에 Chat-GPT 활용하기

번역 작업 외에도 Chat-GPT를 활용할 수 있습니다. 상품명은 고객이 인지하기 쉬우면서도 아마존 알고리즘에 최적화되어 검색되기 쉽도록 상품과 타겟 고객에게 가장 밀접하게 연관된 검색어를 포함해야 합니다. 이때 Chat-GPT를 활용하면 아마존 알고리즘에 최적화된 상품명을 만들 수 있습니다.

앞선 챕터에서 설명한 상품명 최적화의 원리를 이해하고 직접 상품명을 작성해보는 과정도 반드시 필요하지만, 너무 막막하게 느껴진다면 인공지능의 도움을 받아 힌트를 얻는 것도 큰 도움이 됩니다.

You
I'm selling a Sauce Pan Set. Please make a product title within 200 characters considering Amazon SEO optimization.

ChatGPT
Certainly! Here's a product title for your Sauce Pan Set within 200 characters, optimized for Amazon SEO:

"Premium Stainless Steel Sauce Pan Set - 3-Piece Cooking Pots with Lids - Non-Stick Interior, Riveted Handles - Induction, Gas, Electric Stove Compatible - Essential Kitchen Cookware for Sauces, Soups, and More"

This title emphasizes key features such as the material, set size, non-stick interior, compatibility with various stovetops, and its versatility in the kitchen.

예를 들어, 소스 팬 세트를 판매한다고 가정하겠습니다. 먼저 Chat-GPT에게 질문하기에 앞서 상품명에 반드시 포함했으면 하는 제품의 주요 특장점 1~2개 정도를 제품 설명에 포함시키면 좀 더 정확한 결과물을 얻을 수 있습니다. 또한 상품명의 길이는 200자 이내로 작성하는 것이 가장 좋으므로 상품명의 길이를 한정하여 질문하는 것이 좋습니다.

I'm selling (상품의 메인 키워드 또는 상품을 설명하는 대표 키워드). This product has 2 key strong points, (특장점1, 특장점2). Please make a product title within 200 characters considering Amazon SEO optimization.

이런 식으로 자신이 판매하는 제품을 설명하면서 아마존 알고리즘 최적화를 고려하여 상품명을 만들어 달라고 요청하면 됩니다. 이렇게 요청하면 단 1초 만에 상품명을 아마존 연관 검색 키워드를 고려하여 만들어줍니다.

상품명을 작성할 때, 상품명에 연관 검색어를 넣으려고 하다 보면 문장의 어순이 어색하거나 고객이 이해하기 힘들게 작성되는 경우가 있다고 이야기했습니다. 이때 Chat-GPT를 활용하면 미국인들이 이해하지 못할 정도로 무분별하게 연관 검색어를 나열하는 느낌이 아닌, 실제 미국인 고객이 읽었을 때도 어순이 맞고 이해가 가능하게 상품명을 작성할 수 있습니다.

서치텀 키워드 작성하기

상품명을 작성했다면, 이제는 서치텀 키워드를 작성해야 합니다. 서치텀 키워드도 Chat-GPT를 활용하면 좀 더 쉽게 작성할 수 있습니다. Chat-GPT에게 판매하는 상품의 서치텀 키워드를 제안해달라고 요청해봤습니다.

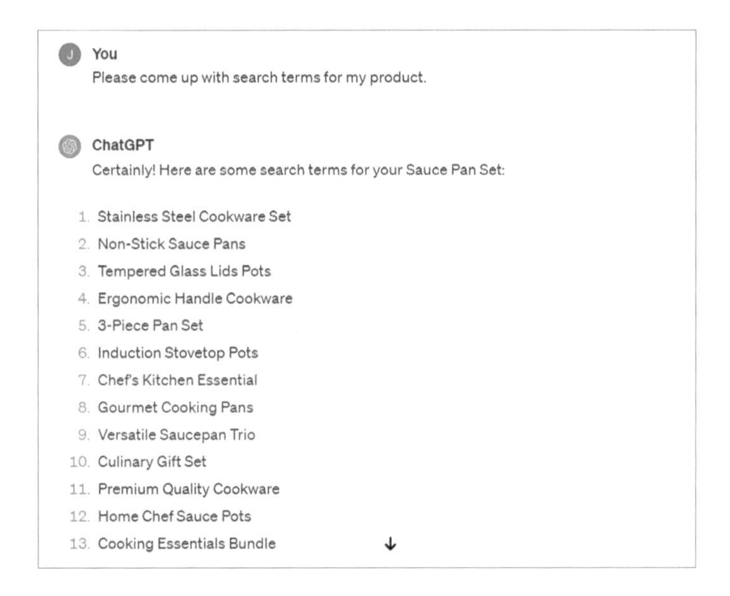

Chat-GPT가 판매하는 상품인 소스 팬 세트와 연관이 있으면서도, 고객들이 검색할 만한 다양한 키워드 20가지를 단 1초 만에 제안해줍니다. 단, GPT 3.5 버전의 경우 2021년까지의 데이터를 기반으로 학습하여 답변을 제안합니다. 답변의 오류 가능성도 있기 때문에 해당 키워드들을 참고하여 실제 연관이 있는지를 직접 판단하고 사용하는 것이 좋습니다.

제안된 서치텀 키워드들을 살펴보고 판매하는 상품과 연관성이 떨어지는 키워드는 제외시키고 중복되는 키워드는 삭제한 상태에서 서치텀 키워드로 활용합니다.

마스터의 시크릿 노트

지금까지 Chat-GPT를 활용하여 아마존 리스팅을 쉽게 작성하는 방법에 대해 알아봤습니다. 아마존 리스팅 작성은 아마존 셀링에 있어 가장 중요한 작업입니다. 내가 판매하는 상품을 고객에게 알리고 실제 구매로 전환시키는 데 잘 작성된 리스팅이 가장 핵심적인 역할을 하기 때문입니다. 따라서 아마존 리스팅을 작성할 때는 고민도 많이 되고 무척 힘든 작업이었습니다.

하지만 이렇게 Chat -GPT의 도움을 받으며 리스팅을 작성해보니 신규 리스팅을 하거나 기존 리스팅을 업데이트할 때 정말 많은 도움이 되었습니다. 리스팅뿐만 아니라 고객이 클레임을 걸었을 때나 POA를 작성 할 때, 문의나 제안 메일을 보낼 때나 SNS에 게시물을 올릴 때도 Chat-GPT를 정말 유용하게 활용할 수 있었습니다. 이제 아마존 셀링을 하는 셀러에게 인공지능은 이제 더 이상 선택이 아닌 필수가 되어가고 있는 것 같습니다.

이번 챕터에서는 리스팅 작성을 중심으로 활용 방법을 설명했지만, 다른 챕터에서도 인공지능을 활용하여 업무 처리를 쉽게할 수 있는 팁이 있다면 저희 경험과 정보를 기반으로 최대한 알려드리겠습니다.

19

사고 싶게 만드는 이미지 비법

아마존에서 클릭률과 구매전환율에 가장 큰 영향을 미치는 것은 바로 이미지가 아닐까 싶습니다. 직접 물건을 보고 살 수 없는 온라인 마켓플레이스의 특성상 상품의 신뢰도에 항상 의구심을 품을 수밖에 없는데요. 이때 잘 만들어진 이미지는 구매를 망설이던 고객을 설득하는 아주 중요한 요소가 됩니다.

브랜드 셀러라면 A+ 콘텐츠를 활용하여 리스팅의 상품 설명을 상세페이지처럼 꾸밀 수 있으나, 브랜드 레지스트리가 되어 있지 않다면 단 7장의 이미지와 상품 설명, 불렛 포인트를 통해 고객을 설득해야 합니다.

상품 설명과 불렛 포인트에서 텍스트로 내 상품에 대한 상세한 정보를 전달할 수 있지만, 글을 꼼꼼하게 읽지 않는 고객들도 굉장히 많기 때문에 이미지에서 내 상품의 매력을 충분히 어필할 수 있어야 합니다.

특히 아마존에서 키워드 검색 결과에 노출되는 메인 이미지는 클릭률에 큰 영향을 미치고, 나머지 서브 이미지들은 구매전환율에 큰 영향을 미칩니다.

이미지는 비용이 발생하더라도 가급적 한 번에 좋은 이미지로 준비하는 것이 좋습니다. 돈을 아끼려다가 만족스럽지 않은 이미지 결과물을 얻게 되고, 그로 인해 구매가 발생하지 않으면 또 비용을 들여서 촬영 및 보정 작업을 해야 할 수도 있습니다. 이렇게 되면 시간과 비용이 모두 이중으로 들기 때문에 처음부터 이미지를 잘 기획하여 고객들이 사고 싶은 마음이 들게끔 만들어야 합니다.

어떤 이미지를 준비해야 할까?

이미지를 준비하기에 앞서 아마존에서 제공하는 이미지 스타일 가이드를 확인해봐야 합니다. 리스팅의 모든 구성요소에는 아마존에서 제공하는 명확한 가이드라인이 있습니다. 이미지의 경우 아마존의 가이드를 위반하면 노출을 제한하는 경우도 있습니다. 하지만 아마존에서 상품들을 살펴보면 아마존의 가이드를 제대로 지키지 않은 이미지들도 정말 많습니다. 아마존 알고리즘이 제대로 걸러내지 못한 이유도 있을 것이고, 가이드를 위반했음에도 불구하고 노출이 되는 경우도 있겠죠. 하지만 이는 이유를 알 수 없는 경우이기 때문에 운에 기대지 마시고 문제없이 운영하기 위해서는 가급적 이미지 가이드를 준수하는 것이 좋습니다.

아마존의 이미지 가이드는 해당 카테고리의 스타일 가이드에서 확인할 수 있습니다.

아마존에 업로드하는 이미지는 중복 또는 충돌이 발생했을 때 각 카테고리의 가이드라인이 우선 적용된다는 점에 유의하길 바랍니다. 아래 소개하는 이미지 요건은 중요하고 주의해야 할 핵심적인 일부 내용만 추렸습니다. 세부적인 이미지 요건은 검색을 통해 구체적인 내용을 확인하기 바랍니다.

메인 이미지 기준

- 메인 이미지는 상품을 정확히 나타내야 하며 판매하는 상품만 보여줘야 합니다.
- 메인 이미지의 배경은 순백색이어야 합니다. (RGB 색상값 255, 255, 255)
- 이미지는 상품에 대한 전문적인 사진이어야 하며 로고, 워터마크, 삽화 등 삽입은 불가합니다.
- 이미지는 가장 긴 변이 1,600px 이상이어야 합니다. 이 조건을 준수해야 확대/축소 기능을 이용할 수 있습니다. 다만, 가장 긴 변이 10,000px을 초과해서는 안 됩니다.
- 이미지 파일은 JPEG, TIFF, GIF 형식을 허용하지만 JPEG가 선호됩니다. 다만, 애니메이션 GIF는 지원되지 않습니다.
- 이미지는 누드 또는 외설적인 내용이 포함되어서는 안 됩니다.
- 신발의 메인 이미지는 45도 각도로 왼쪽을 향하는 신발 한 켤레여야 합니다.
- 여성 및 남성 의류 메인 이미지는 모델이 착용한 상태로 촬영해야 합니다.
- 모든 아동 및 유아 의류 이미지는 평면 위에 놓고 촬영해야 합니다. (모델 제외)

모든 카테고리 이미지에서 금지되는 사항

- 아마존 로고 또는 상표를 사용하거나 수정하여 아마존 로고 및 상표로 혼동될 수 있는 어떤 것도 포함되어서는 안 됩니다.
- 흐릿하거나 픽셀이 깨졌거나 가장자리가 울퉁불퉁한 이미지는 허용되지 않습니다.
- 상품이 가장 긴 변을 기준으로 전체의 85% 미만을 차지하는 경우 허용되지 않습니다. 최대한 흰 배경은 적게, 상품이 최대한 화면에 꽉 차게 보이는 것이 좋습니다.

앞에서 설명한 이미지 가이드는 메인 이미지에 대한 내용입니다. 서브 이미지의 경우 반드시 흰색 배경에 텍스트나 그래픽이 전혀 없어야 할 필요는 없습니다. 서브 이미지에서는 다양한 각도에서 촬영된 다양한 이미지들을 보여줄 수 있는 것이 좋으며, 이미지와 그래픽을 적절히 조합하여 상품의 특장점을 잘 설명하고 부각시킬 수 있도록 구성하는 것이 좋습니다.

저의 경우에도 메인 이미지는 흰 배경에 상품만 자세히 잘 보이도록 했고, 나머지 서브 이미지에는 적절한 텍스트와 그래픽을 활용하여 고객들이 상품에 대해 쉽게 인지할 수 있도록 구성했습니다.

상품 이미지 직접 만들어 보기

이제 본격적으로 고객들이 사고 싶게 만드는 이미지는 어떻게 만들 수 있을지 설명하겠습니다. 아마존 이미지 가이드를 지키는 것은 좋은 상품 이미지를 만들기 위한 기본적인 사항에 포함됩니다.

그렇다면 고객들에게 매력적으로 보여지는 이미지를 만들기 위해서는 어떻게 해야 할까요? 저의 경험에 비추어 클릭률과 구매전환율을 높이기 위한 이미지 제작 방법을 알려드리겠습니다.

이미지는 최대한 다양한 각도에서 고화질로 많이 촬영해놓자

아마존의 이미지는 총 7개까지 노출됩니다. 하지만 등록할 때에는 9장까지 등록이 가능합니다. 7개 이후의 이미지는 이미지를 클릭해야 노출되지만, 이미지를 클릭하지 않으면 노출이 되지 않습니다.

이미지를 클릭하지 않았을 때 노출되는 이미지 갯수

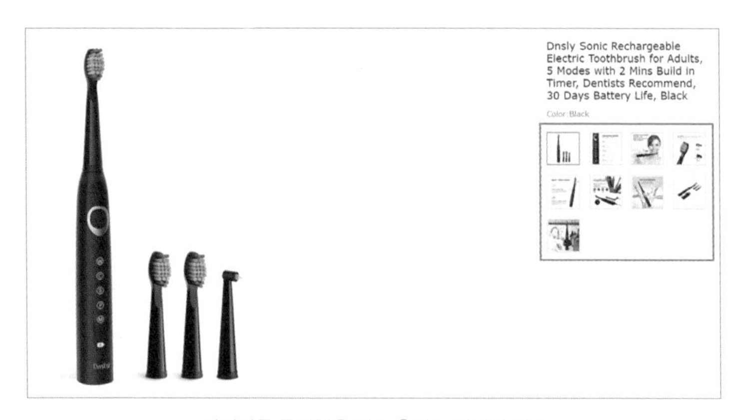

이미지를 클릭했을 때 노출되는 이미지 갯수

7장의 이미지는 기본적으로 노출되는 이미지이기 때문에 상품의 특장점을 자세히 보여줄 수 있도록 다양하게 준비해놓는 것이 좋습니다. 만약 브랜드 셀러라면 A+ 콘텐츠도 고려하여 더 많은 이미지를 준비해야 합니다. 아마존 리스팅 이미지는 마우스를 이미지에 올려놨을 때 확대가 됩니다. 따라서 최대한 고화질의 이미지로 준비해야 하며, 이미지를 저장할 때는 포토샵에서 '웹용으로 저장Save fo web & Device'을 선택하여 화질과 선명도는 유지하면서 파일 크기를 줄여 저장하는 것을 추천합니다.

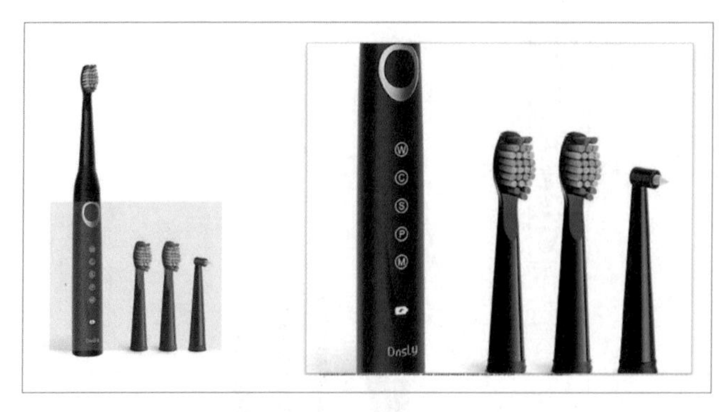

마우스를 올려놓았을 때 확대되는 이미지

메인 이미지는 랜더링을 하자

아마존에서 키워드 검색 결과 첫 페이지에 노출되는 탑 셀러들의 리스팅 이미지를 보면 두드러지는 공통점이 하나 있습니다. 바로 실사 이미지가 아닌 랜더링 이미지를 대부분 사용하고 있다는 점입니다.

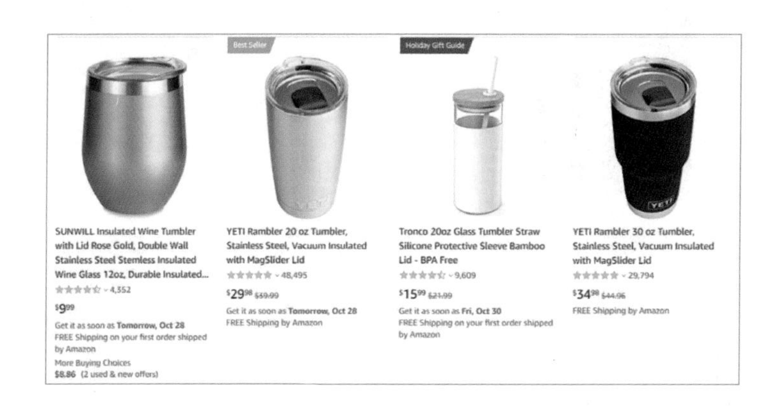

위 이미지들을 보면 언뜻 보기에는 실제 제품을 촬영하여 약간의 보정 처리를 한 것처럼 보일 것입니다. 물론 그렇게 제작된 이미지도 있으나 아마존에서 잘 판매되는 상품의 메인 이미지 대부분은 그래픽 작업을 통해 랜더링으로 구현한 3D 이미지입니다. 실제 제품인지 랜더링된 그래픽 이미지인지 구분이 잘 되지 않을 정도로 정교하게 재질감을 구현하여 메인 이미지를 제작한 것입니다.

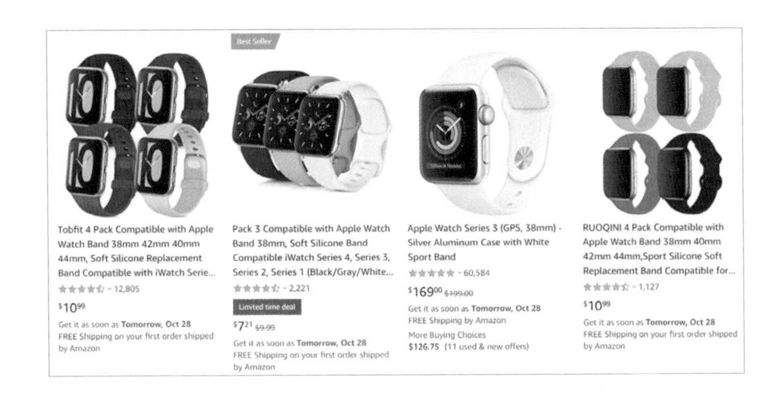

아마존에서 애플워치 밴드를 검색해보면 상위에 노출되는 메인 이미지들 역시 3D 랜더링 이미지로 되어 있음을 확인할 수 있습니다. 메인 이미지는 선명한 실사 이미지도 좋지만 3D 랜더링을 활용하면 실사보다 훨씬 고급스러워 보이는 효과를 줄 수 있습니다.

추천하는 이미지 구성

상품 리스팅을 살펴볼 때 7장의 이미지를 잘 구성하고 기획하면 상세페이지처럼 이미지만 보고도 제품의 특장점을 쉽게 파악할 수 있게 됩니다. 굳이 텍스트를 읽지 않더라도 빠르게 이미지만 보고 파악할 수 있다면 자연스럽게 구매전환율도 높일 수 있습니다.

잘 구성된 전동칫솔 리스팅 이미지를 통해 상세페이지처럼 보여지는 리스팅 이미지의 사례를 보겠습니다.

예시로 보여드린 7개의 이미지를 보니 어떠신가요? 이미지를 어떻게 구성해야 할지 감이 오나요? 메인 이미지의 경우 아마존 가이드에 맞춰 흰색 배경에 상품과 그 구성품이 선명하고 고급스럽게 보이도록 잘 만들었습니다. 그리고 나머지 서브 이미지들을 통해 제품의 기능과 성능, 사용하는 모습, 기대 효과, 제품의 특장점 등을 쉽게 인지할 수 있도록 디자인했습니다. 적절한 그래픽 이미지와 합성을 사용하여 상품을 실제로 보지 않더라도 생생하게 상품의 특장점, 느낌 등을 잘 전달하고 있습니다.

아마존에서 높은 랭킹을 유지하는 리스팅의 이미지들을 잘 살펴보면 순위가 높은 이유를 알 수 있습니다. 살펴본 전동칫솔 이미지와 독자님들이 판매하려는 상품을 생각하면서 제가 앞으로 설명드리는 이미지 구성 방법을 잘 활용하면 좋은 이미지를 만들 수 있을 것입니다.

아마존 리스팅 이미지 구성 방법

그럼 지금부터는 제가 좋은 리스팅 이미지 구성이라고 생각하는 것들에 대해 설명하겠습니다. 좋은 리스팅 이미지란 셀러들이 판매하는 카테고리에 따라, 상품에 따라 각기 다를 것입니다. 하지만 아마존 탑 셀러들의 리스팅 이미지를 보면 좋은 리스팅 이미지에는 어떤 공통점이 있음을 알 수 있습니다.

입체감이 살아있는 메인 이미지를 만들자

아마존 이미지 가이드를 준수하여 배경은 반드시 흰색이어야 하지만 전면 이미지보다는 10도에서 45도 정도의 입체 이미지가 좋습니다.

살짝 사선 각도의 제품 이미지는 제품의 전면과 측면을 함께 보여주며 입체감도 살아 있어 전체적인 비주얼과 느낌을 좋게 만들기 때문입니다. 여기에 3D 랜더링 이미지를 활용하면 더욱 고급스럽게 만들 수 있습니다. 다만 메인 이미지에는 판매하는 상품만 노출시키며 고객에게 혼돈을 줄 수 있는 다른 아이템을 함께 놓지 않습니다.

상품의 핵심 특장점과 기능을 설명하자

상품의 핵심적인 특장점이나 기능에 대한 설명을 한눈에 볼 수 있는 서브 이미지가 포함되면 좋습니다.

특히 경쟁 상품의 부정 리뷰를 살펴보고 이러한 부분이 보완되었다든지, 경쟁 상품 대비 독특한 차별점이 있다면 이러한 부분을 강조해주는 것이 좋습니다. 혹은 앞서 살펴본 진동칫솔처럼 제품에 여러 가지 기능이 있고, 이 기능들이 장점이라면 한눈에 살펴볼 수 있도록 비주얼적으로 설명해줍니다.

상품을 사용하는 라이프스타일을 보여주자

상품을 실제로 사용하는 상황을 보여주는 라이프스타일 이미지를 포함시키면 좋습니다.

커피머신을 판매한다면 커피머신이 예쁜 주방에 놓여 있는 이미지라든지, 커피머신에서 커피가 추출되는 이미지와 같이 제품을 구매했을 때 고객 관점에서의 혜택이 쉽게 연상될 수 있는 이미지가 포함되면 고객들을 설득하기 용이해집니다.

서브 이미지에는 배경이 들어가거나 제품 일부가 확대된 것도 괜찮습니다. 그래픽이나 텍스트를 포함시켜도 무관하기 때문에 일상생활에서 제품의 사용 상황을 묘사하는 이미지를 추가하면 좋습니다.

고객이 상품에 대해 궁금해할 내용을 미리 알려주자

제 경험에 따르면 내 상품과 경쟁 상품의 Q&A를 자세하게 살펴보는 것은 큰 도움이 되었습니다. 고객을 설득하고 구매전환율을 높일 수 있는 요소를 미리 발견할 수 있기 때문입니다. 고객의 입장에서 이 제품을 사용한다면 어떤 점을 궁금해할지 미리 생각해보고 Q&A 이미지를 구성하는 것이 좋습니다.

전동칫솔의 예시를 다시 보면 배터리 지속시간과 충전시간을 이미지로 잘 표현했습니다. 전동칫솔을 구매할 때 주로 고려하는 요소들에 대해 미리 설명해주는 방법입니다.

상품을 사용하면 얻게 되는 기대효과와 타겟 이미지를 보여주자

상품의 타겟이 이 제품을 사용하고 있는 이미지를 포함시키는 것도 좋습니다.

만약 상품을 사용했을 때 기대되는 효과가 있다면 기대효과를 잘 보여줄 수 있도록 합니다. 예를 들어 운동기구라면 몸이 좋아지는 것을 기대할 수 있도록 몸이 잘 단련된 모델이 제품을 사용하는 이미지를 넣으면 좋겠죠?

상품의 스펙을 잘 보여주는 이미지를 포함하자

어떤 상품이든지 상품의 사이즈 등을 쉽게 알 수 있도록 하는 것은 중요합니다.

재질이나 소재가 중요하다면 이런 부분들을 고객들이 알 수 있도록 확대 이미지와 설명을 넣어주는 것이 좋고요. 사이즈가 중요하다면 제품의 사이즈를 쉽게 인지할 수 있는 이미지를 포함시킵니다. 다음 요가매트의 이미지처럼 돌돌 말았을 때의 두께, 매트의 가로세로 길이를 다양한 각도에서 보여주면서 쉽게 사이즈에 대한 감을 잡을 수 있도록 이미지로 표현합니다.

이처럼 사이즈, 무게, 구성품, 소재 등 제품의 구체적인 스펙을 쉽게 알 수 있는 이미지를 반드시 포함시켜줍니다. 다만 하나의 이미지에 너무 많은 스펙을 포함시키는 것보다는 설명하려는 하나의 스펙만 제대로, 쉽게 인지할 수 있도록 이미지를 기획해야 합니다.

패키지가 포함된 이미지를 추가하자

구입한 제품을 받아봤을 때 패키지는 제품의 첫인상이 됩니다. 패키지가 딱히 중요한 상품도 아니고 패키지가 장점이 되지 않는다면 꼭 포함시킬 필요는 없습니다. 하지만 제품이 손상되지 않도록 패키징이 잘 되어 있고, 선물하기에도 괜찮아 보이는 패키지라면 패키지도 이미지에 포함시키는 것이 좋습니다. 잘 만들어진 패키지는 고객들에게 매력적으로 보이는 장점이기 때문입니다.

이렇게 이미지를 구성할 때 포함시키면 좋을 내용을 총 7가지를 살펴봤습니다. 이 7가지 내용들을 반드시 이미지 구성에 포함시켜야 하는 것은 아닙니다. 자신의 상품에 맞게, 상황에 맞게 잘 적용하시면 됩니다.

다만 이미지는 구매전환율에 매우 큰 영향을 미치는 만큼 초기부터 기획을 잘 하는 것이 매우 중요합니다. 물론 처음부터 완벽할 수는 없습니다. 리스팅은 계속 수정할 수 있기 때문에 클릭률과 구매전환율 데이터를 살펴보면서 조금씩 바꿔도 보고 지속적으로 테스트를 하며 최적의 이미지를 구성하도록 합니다.

이미지 제작, 어디에서 어떻게 할까?

이번 챕터의 마지막은 상품 리스팅을 위해 고민하고 기획한 이미지를 어디에서 어떻게 제작하면 좋을지에 대해 알려드리고, 이미지 제작 팁을 소개하며 마무리하겠습니다.

먼저 소개하는 방법은 미국의 Fiverr라는 플랫폼을 이용하는 것입니다.

혹시 한국의 재능기부 플랫폼 '크몽'을 아시나요? 크몽이 벤치마킹한 플랫폼이 바로 파이버입니다. 여기서 아마존 리스팅 전문 프리랜서를 찾는 것입니다. 파이버에서 'Amazon Listing Images'라고 검색하면 아마존 리스팅 이미지만 전문적으로 디자인하는 여러 프리랜서들을 찾을 수 있습니다.

다음 이미지와 같이 여러 프리랜서들의 작업 내용과 비용을 비교해보고 이미지 제작을 의뢰할 수 있습니다. 사진 촬영까지 한꺼번에 해주는 경우도 있고, 리스팅 이미지 제작만 대행해주는 경우도 있습니다.

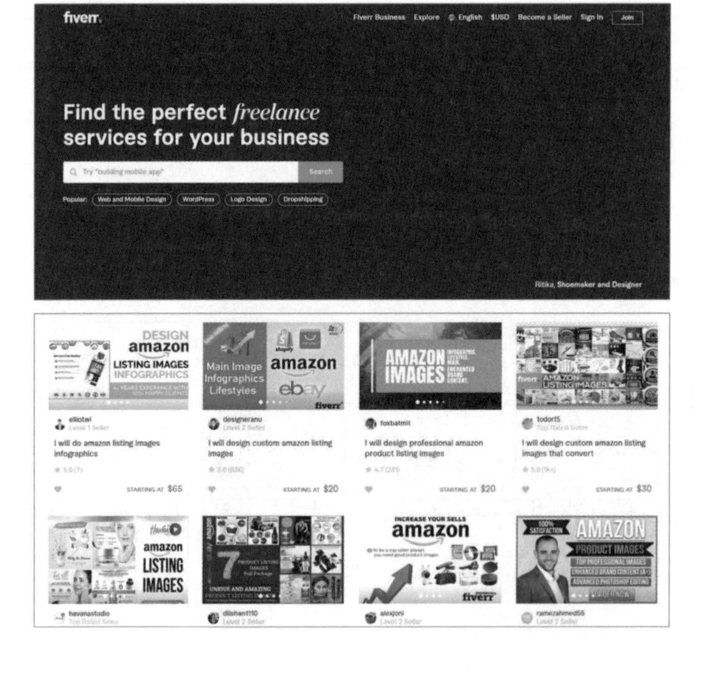

파이버의 장점은 아마존 리스팅 이미지만 전문으로 제작하는 프리랜서가 많기 때문에 아마존 이미지 가이드에 맞춰 아마존 고객들이 좋아할만한 디자인 스타일로 제작이 가능하다는 것입니다.

다만 언어 장벽과 시차 문제 등으로 인해 커뮤니케이션에 어려움을 겪을 수 있습니다. 미국의 업무 스타일을 겪어본 분들은 아시겠지만, 한국에 비해 답변 속도가 굉장히 늦고 일처리 속도도 굉장히 느린 편입니다. 저와 네트워킹하고 있는 아마존 셀러의 경우 디자인이 너무 불만족스러운데도 환불해주지 않고 수정도 대충해주는 프리랜서를 만나 고생했다고 합니다. 물론 프리랜서에 따라 다를 수 있기 때문에 여러 업체들에 견적을 물어보고 충분히 커뮤니케이션하며 결정해야 합니다.

이미지 제작을 의뢰할 때 프리랜서마다 요청사항을 적는 일정한 양식이 있는데, 최대한 그 양식을 자세히 작성하고 디자이너가 작업하기 수월하게끔 요청사항을 명확히 전달하는 것도 중요합니다. 종종 프리랜서 디자이너에게 업무 의뢰를 어떻게 해야 할지 몰라서 요청사항을 두루뭉술하게 표현하거나, 디자이너가 알아서 깔끔하고 센스 있게 해주길 바라는 분들도 종종 있습니다. 하지만 반드시 요청사항과 요구사항은 본인이 원하는 바가 디자인에 잘 반영될 수 있도록 명확하게 전달할 수 있어야 합니다.

다음으로 소개하는 방법은 파이버의 한국 버전인 크몽을 이용하는 것입니다.

크몽에서는 주로 제품 사진 촬영과 보정, 3D 랜더링, 웹디자인 분야의 다양한 프리랜서들을 찾을 수 있습니다. 다만 크몽에는 아직 아마존 리스팅 이미지만 전문적으로 하는 디자이너나 사진작가들이 많지 않습니다. 따라서 아마존 리스팅 이미지 제작에 대해 셀러 본인이 충분히 숙지가 되어 있어야 하고, 이미지 구성과 기획도 직접해서 적절한 프리랜서를 찾아 의뢰해야 합니다.

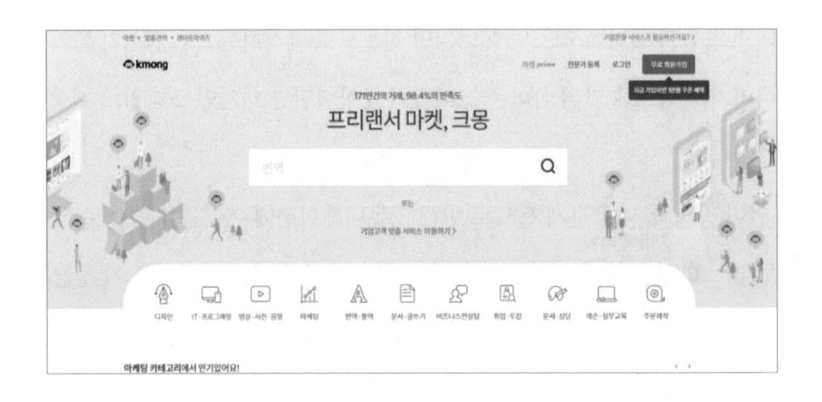

아마존 리스팅 전문 디자이너가 아니더라도 한국 온라인 시장은 그 어떤 국가보다 경쟁이 치열한 만큼 디자이너들의 실력이 굉장히 상향 평준화되어 있는 편입니다. 그래서 만약 파이버의 프리랜서들과는 커뮤니케이션이 걱정되고, 본인이 원하는 느낌의 결과물이 잘 나오지 않을 것 같다면 크몽에서 사진 촬영, 3D 랜더링, 디자인 등의 전문가에게 개별적으로 맡겨서 진행하는 편이 더 좋을 수도 있습니다.

마스터의 시크릿 노트

디자인 영역은 호불호가 주관적이므로 내가 보기에 고급스럽고 깔끔한 디자인도 미국 고객들의 감성과는 맞지 않을 수 있습니다. 파이버에서 찾은 프리랜서들의 포트폴리오를 보면 국내 웹디자이너들의 포트폴리오와 비교했을 때 수준이 현저히 떨어져 보이는 경우도 굉장히 많았습니다.

아마존에서도 리스팅 이미지를 쭉 살펴보다가 보면 어딘가 모르게 촌스러운듯한 특유의 미국 감성이 녹여져 있는 리스팅 이미지들도 쉽게 발견할 수 있습니다. 그래도 최근에는 이미지 느낌이 많이 심플하고 깔끔해지긴 했지만 한국과 미국 사이에 디자인 감성의 차이가 있다는 점도 염두에 두고 작업을 의뢰하는 것이 좋습니다.

20

이미지 제작 과정의 노하우

이번 챕터에서는 아마존 리스팅 이미지를 어떻게 제작해야 하는지, 기획 과정부터 이미지를 제작할 때 활용할 수 있는 인공지능 서비스까지 이미지 제작과 관련된 내용을 다루겠습니다.

앞선 챕터에서 아마존 리스팅 이미지를 구성할 때 전반적으로 어떤 내용들을 위주로 구성해야 하는지 설명했습니다. 하지만 설명만으로는 이해가 어려울 수 있을 것 같아 실제 제가 디자이너에게 리스팅 이미지 제작을 요청할 때 만든 기획안과 기획안을 통해 나온 결과물을 예시로 설명하겠습니다.

상품의 특장점을 기획안으로 전달하자!

다음 이미지들은 제가 디자이너에게 이미지 제작을 의뢰할 때 기획한 내용을 실제로 캡처한 화면입니다.

메인 이미지 다음에 오는 이미지에는 제품의 콘셉트 중 가장 중요한 부분을 다뤘고, 그 다음 이미지부터 차례대로 제품의 특장점을 넣었습니다. 제품의 특장점을 잡을 때는 경쟁 제품의 부정 리뷰를 살펴보고 우리 제품만이 가질 수 있는 차별점을 중심으로 이미지를 구성했습니다. 불렛 포인트를 기획할 때 잡았던 특장점들이 이미지로 잘 표현될 수 있도록 디자인적으로 구성 요소를 담아주면 좋습니다.

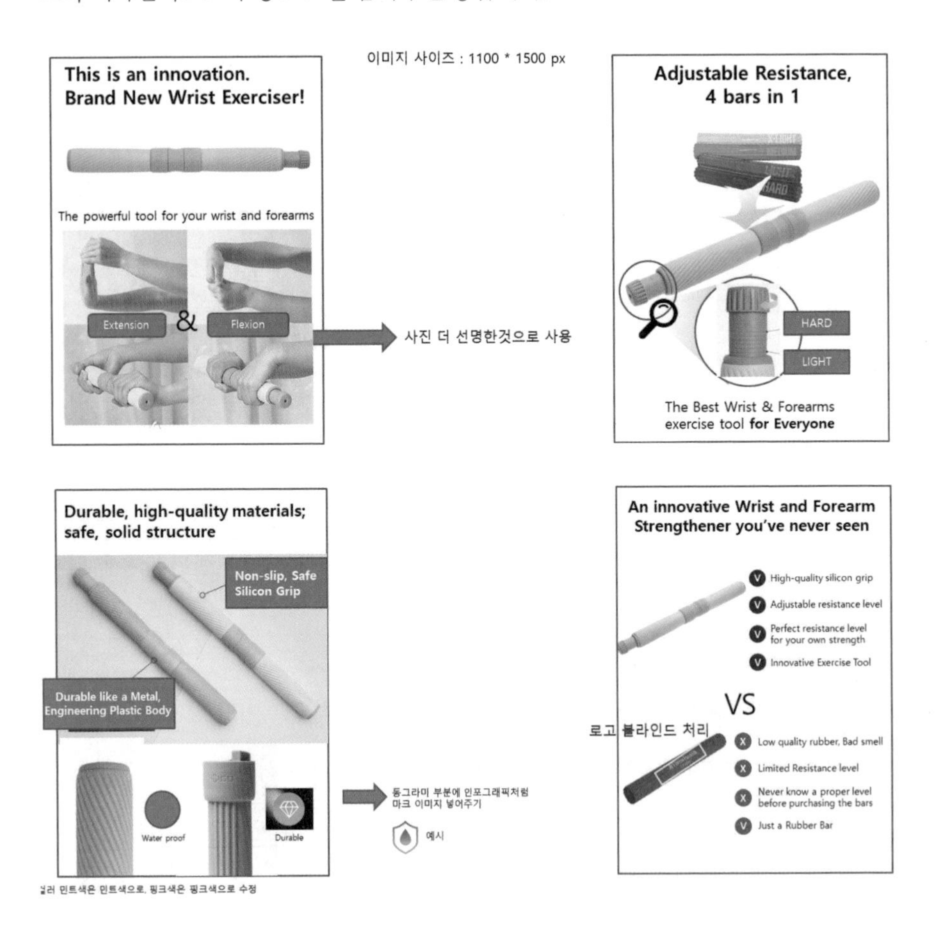

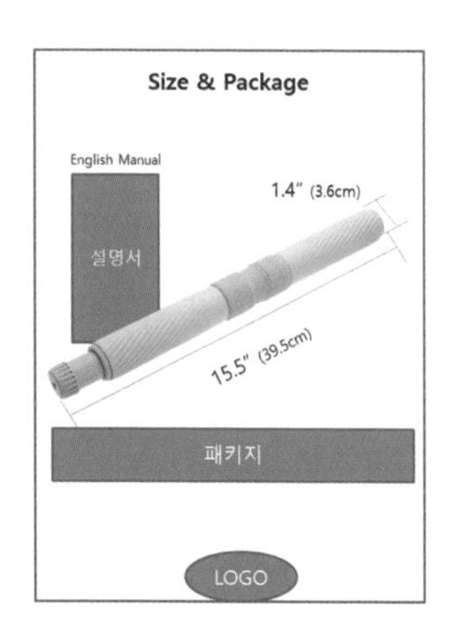

외국인 모델이 필요할 때, 인공지능 서비스를 활용해보자!

파이버에서 디자이너를 찾아 상품을 보내고 이미지 제작을 의뢰하면, 외국인 모델을 활용하거나 합성하여 외국인 모델 이미지나 라이프스타일 이미지를 제작할 수 있습니다. 하지만 파이버에서 미국 프리랜서에게 의뢰하는 것에도 어려움이 있고, 한국인 모델 이미지나 마네킹 이미지를 보유하고 있다면 인공지능 서비스를 활용하여 외국인 모델 이미지를 쉽게 만들 수 있습니다.

인공지능 이미지 제작을 돕는 여러 가지 서비스가 있지만, 제가 활용해본 인공지능 이미지 서비스인 위샵 AI WeShop AI를 중심으로 설명하겠습니다.

위샵의 서비스는 마네킹 착용 이미지를 쉽게 모델 착용 이미지로 바꿔주기도 하고, 한국인 모델 이미지를 외국인 모델 이미지로 손쉽게 바꿔줍니다. 배경 또한 원하는 것으로 바꿀 수 있습니다. 위샵은 유료 서비스이지만 회원가입을 하면 200크레딧을 제공하기 때문에 무료로 체험을 해볼 수 있습니다. 이미지 1개 생성에 40크레딧으로 5개의 이미지 생성까지 무료로 체험이 가능합니다.

인공지능 서비스로 외국인 모델 이미지 만들기

먼저 바꾸려고 하는 모델 원본 이미지를 업로드합니다. 그리고 변경이 필요한 영역을 지정합니다. 모델의 얼굴만 외국인으로 변경하고 싶다면 모델의 얼굴을 제외한 영역을 모두 선택해줍니다.

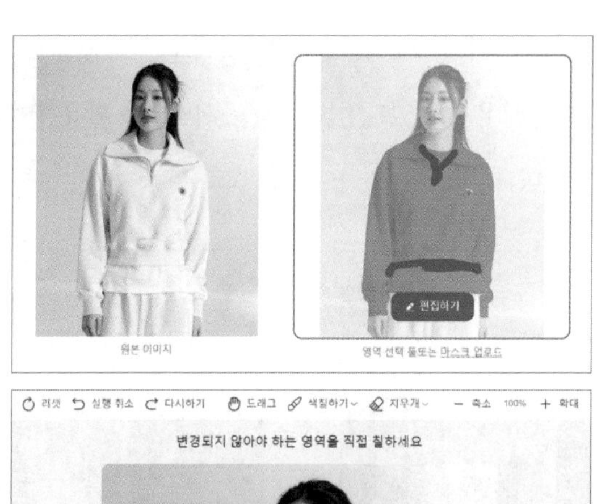

그 다음에는 텍스트로 생성하려는 이미지를 설명해줍니다. 인물의 특징, 행동, 시간, 날씨 등 생성하고자 하는 이미지를 최대한 상세하게 묘사합니다. 다음과 같이 위샵에서 예시로 안내해주는 텍스트 요구사항을 참고하여 묘사합니다.

생성하려는 이미지를 원하는 언어로 설명하세요. 예를 들면,

- A girl wearing a floral sundress walks on the streets of Tokyo
- Una niña con un vestido de flores camina por las calles de Tokio
- Uma garota usando um vestido floral caminha pelas ruas de Tóquio
- Um adorável menininho rechonchudo brinca com areia à beira-mar
- Une fille portant une robe à fleurs marche dans les rues de Tokyo
- 꽃무늬 원피스를 입은 소녀가 도쿄의 거리를 걷고 있습니다
- 花柄のワンピースを着た少女が東京の街を歩いています

등장인물, 장소, 행동, 시간, 날씨, 환경, 소품, 분위기 등의 요소에 대한 매우 상세한 설명을 제공하고 동시에 '아이폰으로 촬영, 카메라 용시, 깊은 피사계 심도'와 같이 촬영 기법을 구체적으로 지정하는 것도 가능합니다.

예시 1:

풍성한 황금빛 단발머리, 문신, 정교하고 섬세한 피부, 생동감 넘치는 디테일한 눈매, 자연스러운 피부 결, 자신감 넘치는 표정, 세련된 힙합 복장을 한 젊은 중국 여성이 도시의 폐허를 배경으로 야외를 걷고 있다. 여름 오후의 밝은 햇살이 내리쬐는 화창한 날이다. 초점이 선명하고, 고품질 이미지이며, 아이폰으로 촬영하였으며, 매우 사실적인 효과를 나타낸다.

한국어의 예 2:

2020년 하와이의 한 해변 앞에서 아름답고 우아한 여성이 진한 빨간색 브이넥 드레스를 입고 사진을 찍기 위해 포즈를 취하고 있다. 이미지에는 따뜻한 톤과 빛바랜 효과가 있는 빈티지 필름 느낌이 있어야 한다. 요트와 해변을 배경으로 이미지의 초점에 여성이 있어야 한다. 아트스테이션을 참고하여 복잡한 디테일과 고정밀 요소가 포함되어야 한다.

테스트로 이미지를 생성하기 위해 텍스트 요구사항을 다음과 같이 표현했습니다.

"금발의 외국인 여성, 정교하고 섬세한 피부 표현, 배경은 편안해 보이는 거실, 고품질 이미지이며 매우 사실적인 모델 이미지이다."

이렇게 텍스트를 입력하고 이미지를 생성하면 다음과 같은 이미지 4개가 생성됩니다. 생성된 이미지를 확인하여 가장 자연스럽다고 생각되는 이미지를 선택하면 됩니다.

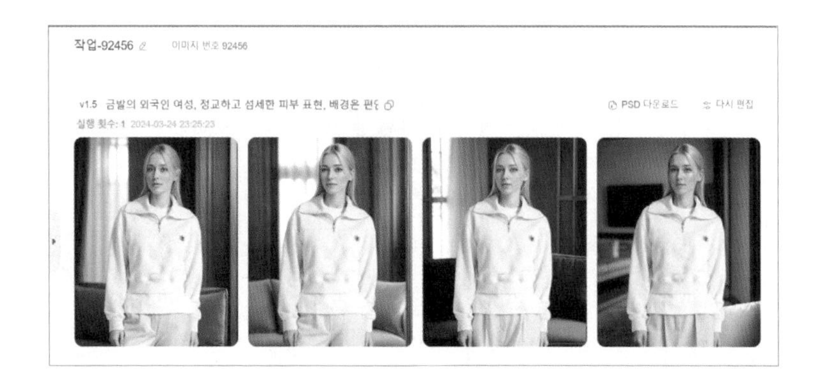

배경을 편안해 보이는 거실로 바꾸고 모델은 금발의 외국인 모델로 바꿔보았습니다. 사실적인 표현을 위해 피부 표현을 섬세하게 해달라고 요청했는데, 목의 미세한 주름까지 표현할 정도로 매우 정교한 인공지능 이미지를 생성해주었습니다.

이렇게 한국인 모델의 이미지를 이미 보유하고 있는 경우라면 인공지능 서비스를 활용하여 생각보다 어색하지 않게 굉장히 사실적인 느낌의 외국인 모델 이미지를 생성할 수 있습니다. 저 같은 경우에는 위샵 서비스를 활용해 한국 모델이 운동하는 이미지를 외국 모델이 운동하는 이미지로 바꿔보았습니다.

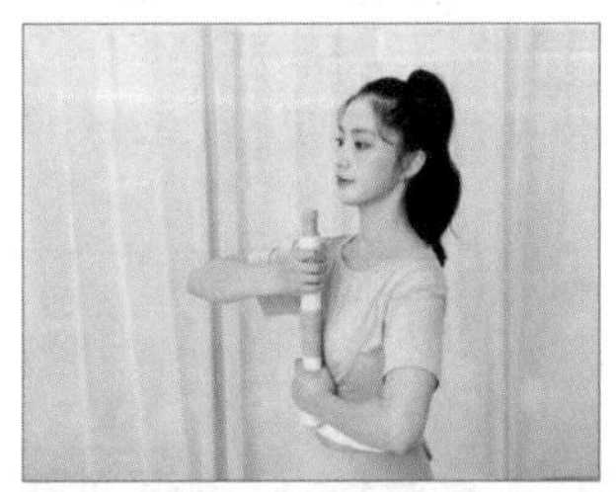

이렇게 보시는 것처럼 옆모습임에도 불구하고 자연스러운 외국인 모델의 운동하는 이미지를 만들어 상세페이지에 활용할 수 있습니다.

지금은 이렇게 인공지능 서비스가 잘 되어있기 때문에 비싼 돈을 들여 외국인 모델을 구하고 촬영을 하지 않아도 원하는 라이프스타일의 이미지를 저렴하고 빠르게 생성할 수 있습니다.

마스터의 시크릿 노트

이번 챕터에서는 아마존 리스팅 이미지 제작을 실제 디자이너에게 의뢰할 때 어떻게 기획안을 구성하는지 제가 작성했던 기획안을 예시로 보여드리고, 인공지능 서비스를 활용하여 쉽게 외국인 모델 이미지를 생성하는 방법에 대해 배워보았습니다.
리스팅 이미지 기획안을 만들고, 디자이너에게 전달할 때 어떤 내용들을 넣어야 하는지 감을 잡는데 도움이 되었으면 좋겠습니다.

상품 설명과 일반 키워드의 이해

이번 챕터에서는 상품 리스팅의 또 다른 핵심 구성요소인 상품 설명Description과 일반 키워드Generic keyword에 대해 알아보겠습니다.

모바일 환경에서 특히 중요한 상품 설명

상품 설명은 구매전환율에 큰 영향을 미치고 일반 키워드는 상품을 검색하는 다양한 서브 키워드를 포함하여 검색 최적화에 영향을 미치는 요소입니다. 상품의 특장점을 요약하여 보여주는 불렛 포인트와 다르게, 상품 설명에서는 말 그대로 상품의 세세한 부분을 자세하게 소개할 수 있습니다. 브랜드 레지스트리 등록 이후 A+ 콘텐츠를 사용한다면 리스팅에 A+ 콘텐츠가 노출되지만, 그렇지 않다면 다음 화면과 같이 상품 설명이 리스팅에 노출됩니다.

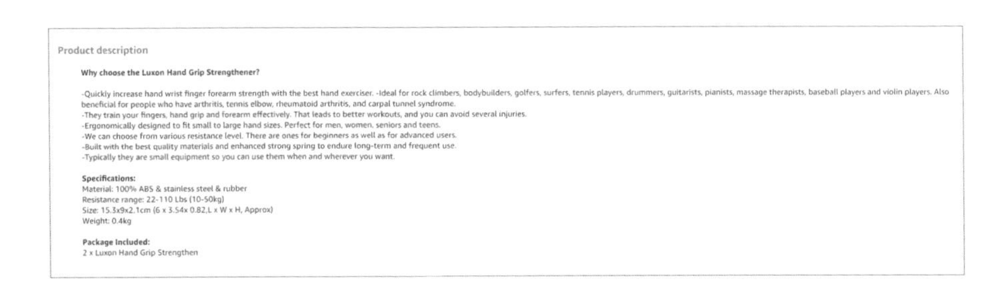

PC 화면을 기준으로 노출 순서를 살펴보면 맨 위에서부터 상품 이미지와 불렛 포인트가 노출되고 경쟁 상품과 상품 설명이 차례대로 배치됩니다.

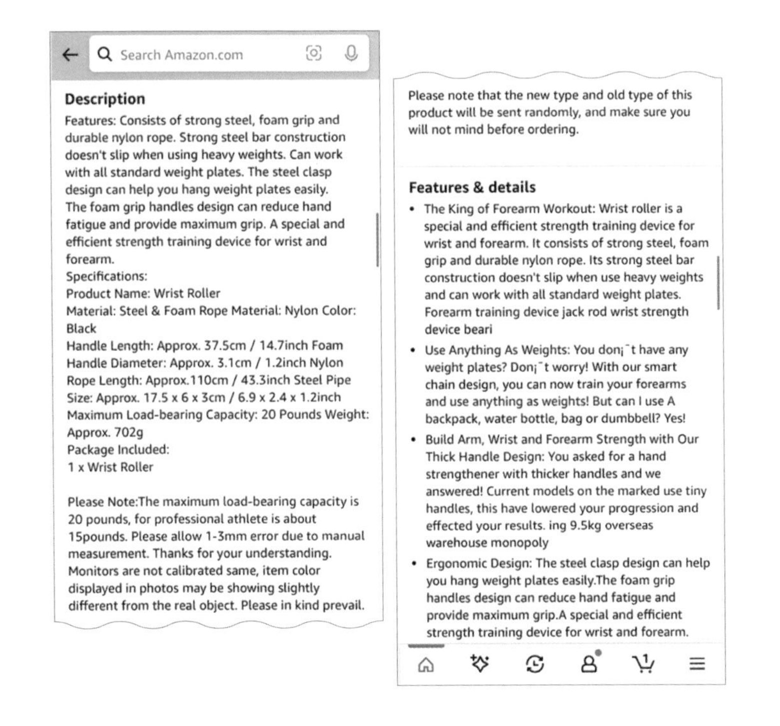

모바일에서는 노출되는 순서가 약간 다릅니다. 모바일 아마존에서는 상품 설명이 화면과 같이 불렛 포인트보다 먼저 노출됩니다. A+ 콘텐츠를 준비하지 않았다면 상품 설명이 먼저 노출되기 때문에 고객들이 상품에 대한 세세한 정보를 전달받을 수 있도록 내용을 잘 작성해야 합니다.

상품 설명에는 불렛 포인트에 담지 못했던 상품의 디테일한 특징, 사이즈, 무게, 활용법, 유의사항 등을 아주 세세하게 녹여내야 합니다. 특히 A+ 콘텐츠를 사용하지 못하는 상태라면 더욱 더 심혈을 기울여야 합니다. 상품 설명은 키워드 랭킹에 영향을 주지 않기 때문에 연관 키워드를 억지로 끼워 넣기보다는 고객들이 상품에 대해 궁금해할 만한 핵심 정보와 경쟁 상품과 비교했을 때 우리 상품이 가지는 핵심 장점을 보여줘야 합니다.

키워드 검색 최적화 보조 수단 일반 키워드

다음으로 일반 키워드에 대해 설명드리겠습니다. 셀러 센트럴 페이지에서 리스팅 정보를 입력하는 페이지를 보면 ❶ Generic Keyword 란이 있습니다. 상품명과 불렛 포인트가 키워드 최적화에 있어 가장 중요한 요소이지만, 이와 더불어 상품명과 불렛 포인트에 담지 못했던 서브 키워드를 추가하여 타겟 고객이 검색할 수 있게 만들어줍니다.

Generic Keyword 란에 연관 키워드를 넣으면 연관 검색어 검색 시 내 리스팅이 노출될 수 있지만 아마존 검색 랭킹에는 큰 영향을 주지 않는 것으로 알려져 있습니다.

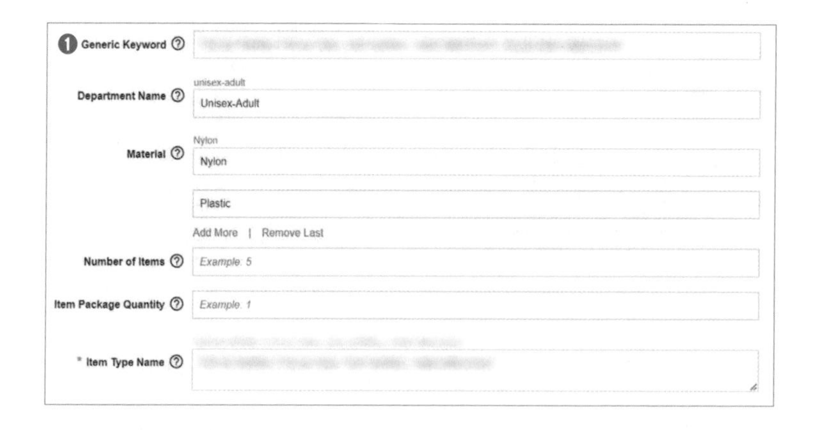

아마존에는 고객이 굉장히 다양한 키워드로 검색하여 유입되기 때문에 내 상품과 연관된 다양한 서브 키워드를 일반 키워드에 포함시켜야 합니다. 우선 아마존에서 제안하는 최적화된 일반 키워드 규칙은 다음과 같습니다.

- **길이 제한 준수 :** 텍스트 길이 제한을 준수하십시오. (249자, 콤마/공백 모두 포함)
- **동의어 포함 :** 해당 제품과 연관된 동의어가 있다면 동의어를 포함하십시오.
- **철자 변형 :** 틀린 철자를 포함시킬 필요는 없으나 철자 변형을 포함하십시오.
- **스페인어 번역 :** 미국에는 스페인어를 사용하는 고객들도 많습니다.
- **단어 공백 :** 단어를 공백으로 구분하십시오. (콤마+공백 필요 없음)
- **반복 최소화 :** 검색어 입력란에 단어를 반복하지 마십시오.
- **관사 및 전치사 제외 :** 관사, 전치사, 짧은 단어를 제거하여 필수 키워드에 집중합니다.
- **단수형 및 복수형 :** 단수형 및 복수형을 명확하게 사용하십시오.
- **금지된 단어 :** 아마존에서 가이드하고 있는 금지된 단어를 포함하지 않습니다.

위 규칙들을 지켜야 일반 키워드를 통해 검색 최적화를 할 수 있습니다. 아마존은 키워드 반복을 싫어합니다. 일반 키워드를 작성할 때는 반드시 상품명과 중복되는 단어는 피해서 기입하기 바랍니다. 다음은 일반 키워드의 나쁜 예와 좋은 예를 살펴보시고 참고하기 바랍니다.

규칙	나쁜 예	좋은 예
전반적인 내용을 포함한다 (최대 100자 이내)	night cream	night cream moisturizer face wrinkles
쓸데없는 말을 사용하지 않는다	cream for night	cream night
검색 행동에 일치하는 키워드만 사용한다	cheap night cream	night cream
단어 구분을 위한 공백만 사용한다 (문장부호 사용금지)	night, cream, moisturizer, face, wrinkles	night cream moisturizer face wrinkles
인용부호를 사용하지 않는다	"night""cream""moisturizer""face" "wrinkles"	night cream moisturizer face wrinkles

단어의 조합	cream face cream eye cream body	cream face eye body
정리된 단어	skin cream night cream skin cream night	skin night cream
하이픈 및 연결/분리된 스펠링	anti-aging antiaging anti aging	anti-aging
단수/복수	night cream creams	night cream
소문자/대문자	night cream booster BOOSTER	night cream booster

효율적인 키워드 추출 방법

그렇다면 일반 키워드에 담을 키워드는 어떻게 추출할까요? 유용하고 효율적인 키워드를 추출할 때 도움이 되는 무료 또는 유료 서비스들이 있습니다. 먼저 소개해드릴 서비스는 Amazon Date Studio입니다.

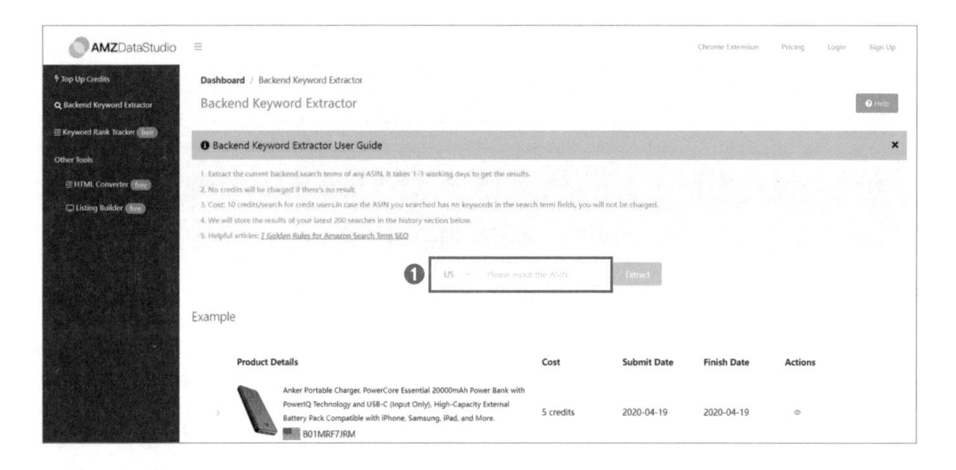

아마존 데이터 스튜디오는 유료 서비스이며 ❶ 경쟁 ASIN을 입력하고 Extract 버튼을 클릭하면 다음 화면처럼 ❷ 해당 ASIN 상품이 사용하고 있는 일반 키워드들을 확인할 수 있습니다.

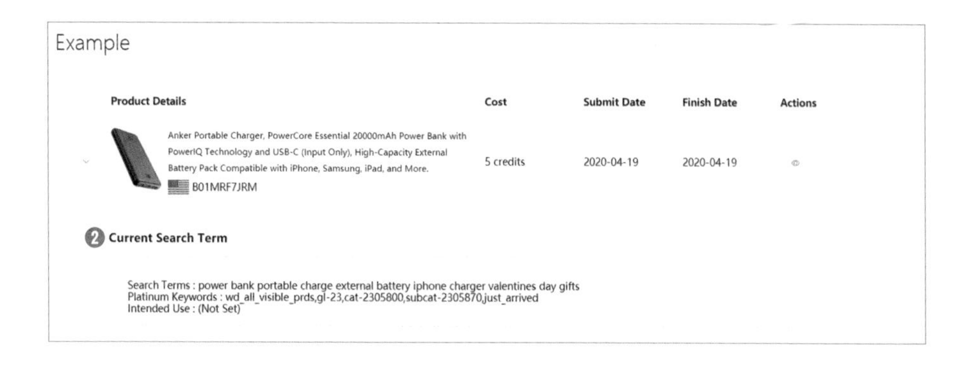

유료 서비스가 아니더라도 백엔드 키워드Backend Keyword를 추출할 수 있는 서비스가 있습니다. Keyword Tool Amazon의 무료 버전을 사용하면 키워드 볼륨까지는 알 수 없지만 메인 키워드를 검색하는 고객들이 자주 검색하는 서브 키워드들은 확인할 수 있습니다.

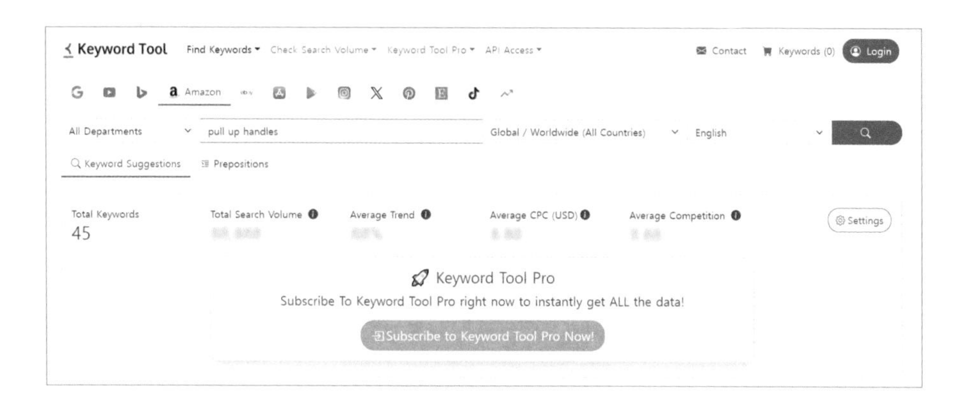

다음 이미지와 같이 메인 키워드를 검색해보면 메인 키워드의 앞 또는 뒤에 붙여서 검색되는 연관 키워드들을 확인할 수 있습니다. 이렇게 메인 키워드의 앞 또는 뒤에 붙는 키워드들을 백엔드 키워드라고 하는데요. 이러한 백엔드 키워드들을 중복되지 않게 일반 키워드에 넣어주시면 됩니다.

↑ Keywords	Search Volume	Trend	Average CPC (USD)	Competition
pull up handles				
pull up handles **for baby playpen**				
neutral grip pull up handles				
baby play pen pull up handles				
playpen pull up handles				
pull up handles **grip**	[illegible]	[illegible]	[illegible]	[illegible]
pull up handles **for doorway**	[illegible]	[illegible]	[illegible]	[illegible]
pull up handles **for bar**	[illegible]	[illegible]	[illegible]	[illegible]
pull up handles **baby**	[illegible]	[illegible]	[illegible]	[illegible]
pull up handles **angled**	[illegible]	[illegible]	[illegible]	[illegible]
pull up handles **for playpen**	[illegible]	[illegible]	[illegible]	[illegible]
pull up handles **for gym**	[illegible]	[illegible]	[illegible]	[illegible]
pull up handles **door frame**	[illegible]	[illegible]	[illegible]	[illegible]
pull up handles **door**	[illegible]	[illegible]	[illegible]	[illegible]
ergonomic pull up handles	[illegible]	[illegible]	[illegible]	[illegible]

Keyword Tool Pro
Do you need this information?
Unlock this data to find the most popular products on Amazon.
Try it now!

꼭 기억해야 할 것은 상품명에 들어간 키워드를 여러 번 중복해서 사용해도 랭킹 상승에 도움이 되지 않는다는 것입니다. 반드시 백엔드 키워드만 선별하여 일반 키워드에 넣는 것이 좋습니다. 또한 키워드 서비스에서 검색된 키워드 중에서도 내 상품과 연관되지 않은 키워드가 있을 수 있기 때문에 추출된 키워드를 아마존에서 직접 검색해보고 노출되는 상품도 확인해보는 것이 좋습니다.

이러한 방법을 활용하여 내 상품과 연관된 다양한 키워드를 일반 키워드에 포함시키면 해당되는 연관 키워드에 내 상품이 검색될 수 있는 확률도 높아지게 됩니다.

마스터의 시크릿 노트

이번 챕터에서는 리스팅의 구성요소 중 하나인 상품 설명과 일반 키워드에 대해 알아봤습니다. 소개한 서비스들은 사용하는 것이 중요한 것이 아니라, 이러한 서비스를 잘 활용하여 고객이 구매하고 싶은 매력적인 리스팅으로 최적화하는 것이 중요합니다.

항상 아마존 검색 알고리즘을 염두에 두고 어떻게 하면 내 리스팅이 더 잘 노출될 수 있는지 고민하여 검색 최적화 및 구매전환율 최적화를 목표로 리스팅을 업그레이드시켜 나가면 자연스럽게 매출이 증가하고 랭킹 상승으로 이어지게 될 것입니다.

구매전환율을 높여주는 A+ 콘텐츠

앞서 여러 번 언급했지만 브랜드 레지스트리를 한 PL 셀러가 활용할 수 있는 가장 강력한 기능 중 하나가 바로 A+ 콘텐츠입니다.

A+ 콘텐츠를 활용하지 않을 경우 상품 이미지와 불렛 포인트, 상품 설명만으로 상품을 최대한 소개해야 합니다. 즉, 이미지와 텍스트만으로 고객을 설득해야 하는 것이죠. 하지만 A+ 콘텐츠를 활용하면 아마존 리스팅에서 상품 설명이 나오는 공간에 상세페이지처럼 A+ 콘텐츠가 노출되어 좀 더 설득력 있는 리스팅을 구성할 수 있습니다.

A+ 콘텐츠를 적극 활용하자

최근 브랜드 셀러들은 A+ 콘텐츠를 거의 필수적으로 활용하고 있습니다. 상품 이미지 7장으로 다 담지 못한 내용을 추가하기도 하고, 브랜드 아이덴티티를 담아 브랜드가 추구하는 이미지와 무드를 담아낼 수도 있기 때문입니다.

통계적으로 A+ 콘텐츠가 있는 리스팅이 A+ 콘텐츠가 없는 리스팅에 비해 3~10% 정도의 구매전환율이 높다고 합니다. 또한 전달하고자 하는 브랜드 컨셉을 디자인적으로 표현할 수 있기 때문에 PL 셀러라면 브랜드 레지스트리에 반드시 등록하여 A+ 콘텐츠를 적극 활용하는 것이 좋습니다.

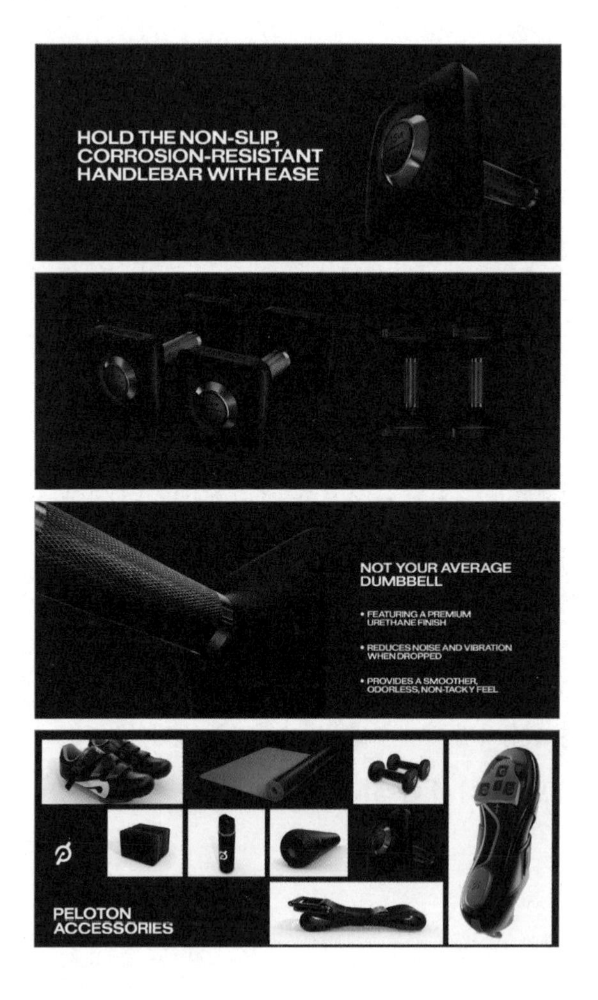

예시와 같이 A+ 콘텐츠를 잘 활용하면 상품을 더 매력적으로 보이게 할 뿐만 아니라 판매를 늘리는 것과 동시에 브랜드 이미지를 구축할 수도 있습니다. 제한된 이미지와 텍스트만으로는 전달하기 어려운 상품의 다양한 특장점을 A+ 콘텐츠를 활용하면 쉽게 전달할 수 있기 때문입니다.

잘 만들어진 A+ 콘텐츠는 무엇이 다른가?

그렇다면 A+ 콘텐츠를 어떻게 만들고 준비하면 좋을까요? 먼저 잘 만들어진 A+ 콘텐츠 케이스 몇 가지를 살펴보며 어떻게 준비하면 좋을지 설명드리겠습니다.

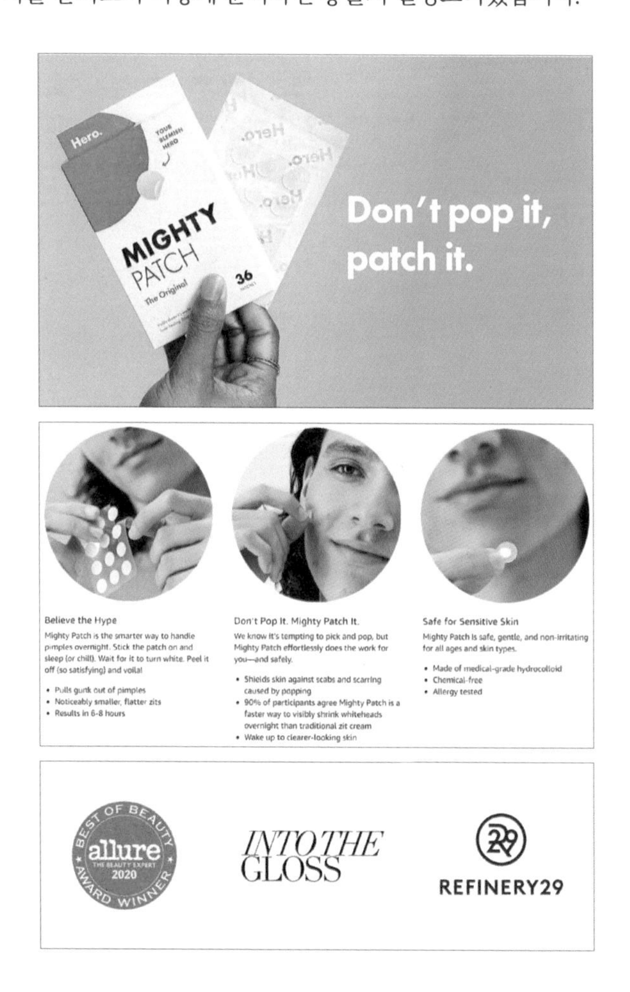

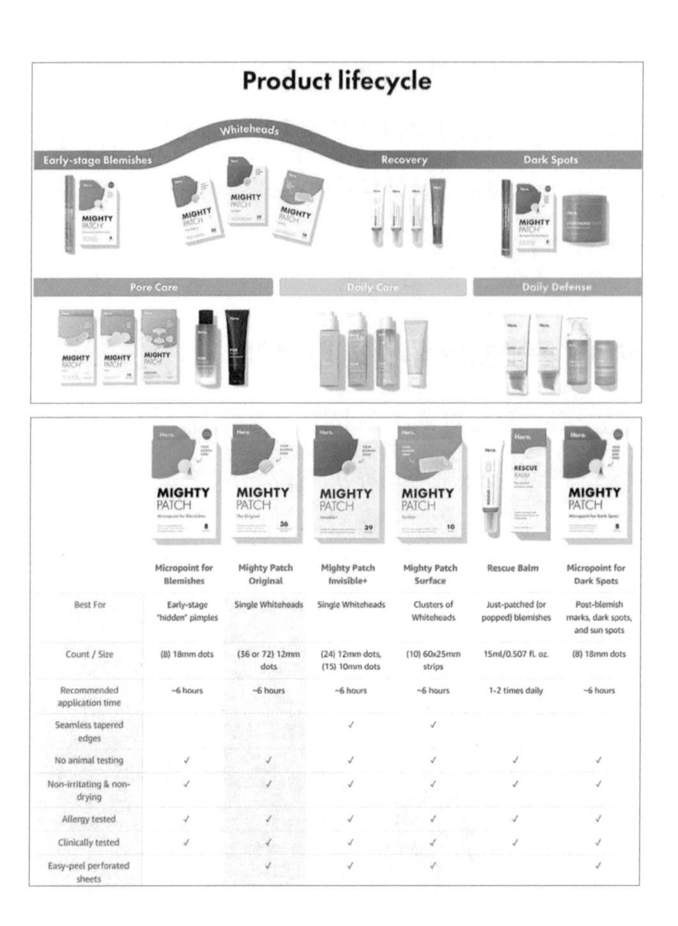

	Micropoint for Blemishes	Mighty Patch Original	Mighty Patch Invisible+	Mighty Patch Surface	Rescue Balm	Micropoint for Dark Spots
Best For	Early-stage "hidden" pimples	Single Whiteheads	Single Whiteheads	Clusters of Whiteheads	Just-patched (or popped) blemishes	Post-blemish marks, dark spots, and sun spots
Count / Size	(8) 18mm dots	(36 or 72) 12mm dots	(24) 12mm dots, (15) 10mm dots	(10) 60x25mm strips	15ml/0.507 fl. oz.	(8) 18mm dots
Recommended application time	~6 hours	~6 hours	~6 hours	~6 hours	1-2 times daily	~6 hours
Seamless tapered edges			✓	✓		
No animal testing	✓	✓	✓	✓	✓	✓
Non-irritating & non-drying	✓	✓	✓	✓	✓	✓
Allergy tested	✓	✓	✓	✓	✓	✓
Clinically tested	✓	✓	✓	✓	✓	✓
Easy-peel perforated sheets		✓	✓	✓		✓

이 상품은 여드름 패치 브랜드 베스트셀러 1위를 차지하고 있는 MIGTHY PATCH 입니다. 자랑스러운 한국 브랜드이죠. 아마존 스킨케어 카테고리에서 패치 분야 1위를 하고 있는 매우 훌륭한 브랜드입니다. 이렇게 성공적인 브랜드가 되기까지 여러 가지 요인이 있겠지만 A+ 콘텐츠를 중심으로 한번 살펴보겠습니다.

전체적으로 이 제품의 A+ 콘텐츠는 브랜드 중심적인 커뮤니케이션을 위주로 하고 있다고 느껴졌습니다. 첫 번째 이미지로 굉장히 큼직하게 브랜드의 핵심 슬로건과 제품을 보여주고, 바로 이어지는 이미지로 제품의 핵심 장점 3가지를 아주 간단하게 설명하고 있습니다. 그리고 이러한 스킨케어 카테고리의 경우 신뢰도가 중요한데요. 공신력 있는 뷰티 관련 미디어에서 소개된 것을 로고로 간접적인 어필을 하고 있네요.

저는 그 다음 파트가 인상 깊었는데요. 브랜드 상품들을 피부 사이클에 맞춰 어떤 제품을 언제 사용해야 하는지 전체적으로 볼 수 있도록 해 놓았습니다. 여드름 초기, 화이트헤드 상태, 트러블 회복, 색소 침착 부위의 케어까지 트러블의 라이프 사이클에 맞춰 브랜드의 어떤 제품을 사용하면 좋은지 쉽고 간결하게 전달해줍니다. 고객 입장에서는 트러블을 전문적으로 케어하는 브랜드라는 인식을 가질 수 있습니다.

마지막으로 패치 상품군을 한눈에 볼 수 있도록 비교표를 넣어 클릭한 상품 외에도 다른 상품까지 비교할 수 있도록 했습니다. 이러한 비교표를 넣으면 다른 상품으로 이탈하는 것을 방지하고, 살펴본 상품이 마음에 들지 않더라도 해당 브랜드의 상품군에서 대체 상품을 고려할 수 있도록 해줍니다.

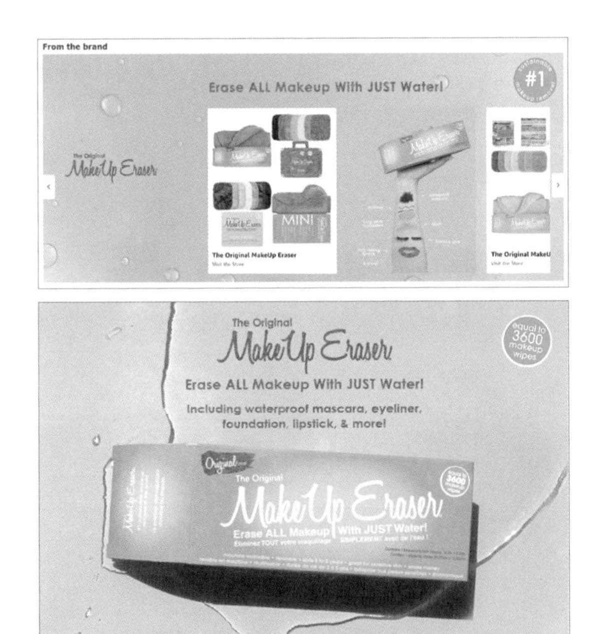

✔ machine washable
✔ reusable
✔ lasts 3 to 5 years
✔ great for sensitive skin
✔ eliminates waste
100% VEGAN
CRUELTY FREE
USA

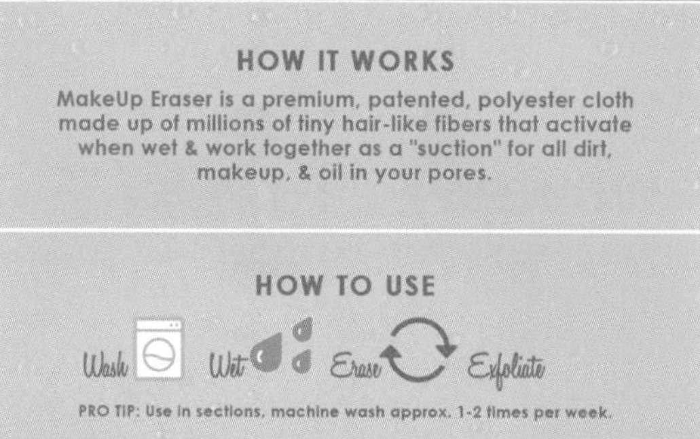
HOW IT WORKS
MakeUp Eraser is a premium, patented, polyester cloth made up of millions of tiny hair-like fibers that activate when wet & work together as a "suction" for all dirt, makeup, & oil in your pores.
HOW TO USE
Wash
Wet
Erase
Exfoliate
PRO TIP: Use in sections, machine wash approx. 1-2 times per week.

bye bye
makeup wipes
forever!

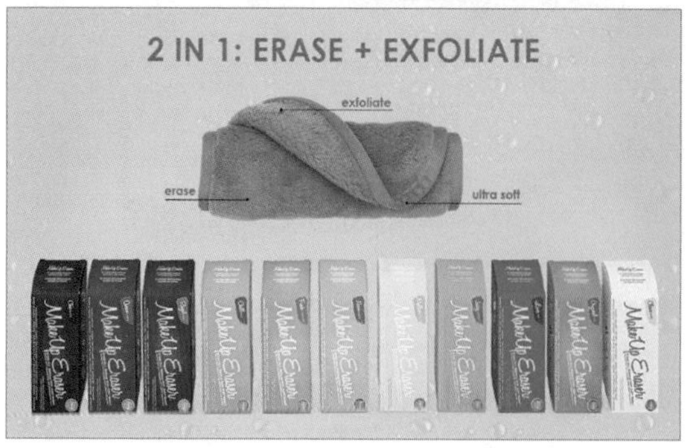
2 IN 1: ERASE + EXFOLIATE
exfoliate
erase
ultra soft

다음 소개해드릴 브랜드는 Make Up Eraser라는 브랜드입니다.

물만으로도 메이크업을 지워주는 작은 타월 제품입니다. A+ 콘텐츠 기능 중에는 브랜드에 대해 소개할 수 있는 모듈이 있습니다. 따라서 A+ 콘텐츠 최상단에 브랜드가 제공하는 가치, 히스토리, 철학 등을 먼저 보여주는 것도 브랜드에 대한 신뢰를 높일 수 있는 좋은 방법입니다.

A+ 콘텐츠의 전체적인 톤 앤 매너를 브랜드 아이덴티티와 잘 어우러지고 통일감 있게 만든 점이 돋보입니다. 또한 큼직한 헤드카피만 쭉 읽어도 제품에 대한 정보가 쉽게 전달되도록 만든 점이 좋습니다.

한번 구매로 3,600장의 클렌징 티슈를 대체할 수 있다는 점도 고객들에게 매력적으로 전달되는 것 같습니다. A+ 콘텐츠 내용은 너무 복잡하게 텍스트가 많이 들어가는 것보다 Make Up Eraser의 케이스처럼 브랜드 아이덴티티가 느껴지도록 이미지로 표현하면서도 제품의 특장점이 간결하고 명확하게 전달되도록 구성하는 것이 좋습니다.

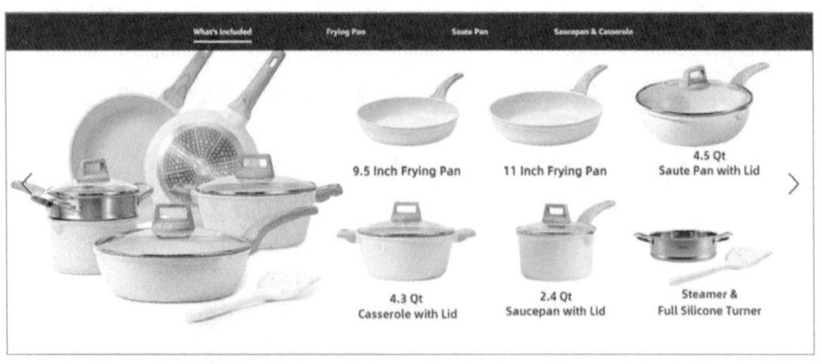
What's Included
Frying Pan
Saute Pan
Saucepan & Casserole
9.5 Inch Frying Pan
11 Inch Frying Pan
4.5 Qt
Saute Pan with Lid
4.3 Qt
Casserole with Lid
2.4 Qt
Saucepan with Lid
Steamer &
Full Silicone Turner

Clean like a breeze
5
CAROTE Cream White Cookware
Easy to clean
Cleaning is a breeze. Easy-to-clean set features an enhanced non-stick exterior that makes cleaning easy.

CAROTE Cream White Cookware
A Better Nonstick Cookware Set
A top level, harder nonstick granite pan with 10x Ultra Non-stick performance. Even the simplest recipes get star treatment with Carote's unique and stylish kitchen pots and pans set.
ULTRA
NONSTICK
CAROTE | White Granite
TOP LEVEL
WIHTE GRANITE
Provides 10x better
nonstick performance

Premium Die-Cast
aluminium
Heavy Gauge
CAROTE
Cream White

Lightweight body
Heat Up Fast and Evenly
CAROTE | White Granite
LIGHTWEIGHT BODY
EASY TO HOLD

다음 케이스는 일반 A+ 콘텐츠로 제작한 것이 아닌 프리미엄 A+ 콘텐츠 모듈을 사용하여 제작한 케이스입니다. 프리미엄 A+ 콘텐츠는 원래 벤더 셀러만 이용할 수 있는 기능이었습니다. 하지만 최근부터 일반 브랜드 셀러 중에서 특정 기준을 충족시키는 셀러에게 그 기능을 오픈해주기 시작했습니다.

프리미엄 A+ 콘텐츠를 활용하면 일반 A+ 콘텐츠보다 더 많은 수의 모듈을 사용할 수 있고, 이미지 크기도 더 큼직하여 비주얼적으로 시원시원하게 표현할 수 있습니다.

주방용품의 경우 세트 구성품과 제품의 기능과 특장점 등을 설명해야 하기 때문에 포함되는 내용들이 많은 편입니다. 그래서 모듈도 옆으로 넘기면서 제품에 대한 다양한 정보를 확인할 수 있는 슬라이드형 모듈을 사용하여 표현했습니다.

그 다음으로 고객들이 궁금해할 구성품 정보를 시작으로 제품의 성능과 특장점을 설명해주는 이미지와 글을 순차적으로 배치하고, 가장 마지막에는 몸에 좋지 않는 원료를 사용하지 않았다는 점을 어필하며 신뢰감을 높이고 있습니다.

이렇게 A+ 콘텐츠는 전체적인 내용 구성과 브랜드의 무드 및 톤 앤 매너를 통일감 있게 만들어 전달하는 것이 매우 중요합니다.

A+ 콘텐츠는 자신이 판매하는 아이템의 어떤 속성을 부각시킬 것인지에 따라 다양하게 표현할 수 있습니다. 앞의 3가지 예시 외에도 아마존 아이템을 탐색하다 보면 잘 만들

어진 A+ 콘텐츠를 만날 수 있습니다. 그래픽 이미지나 표현 같은 부분에서 참고할만한 컨텐츠가 있으면 항상 레퍼런스로 모아두는 것이 좋습니다.

A+ 콘텐츠를 잘 만들기 위한 준비사항

A+ 콘텐츠를 만들 전에 제품에 달린 Q&A나 리뷰를 꼼꼼히 읽어보는 것은 큰 도움이 됩니다. 경쟁 제품과 비교했을 때 우리 제품만의 장점과 차별점을 명확히 글로 표현해보고 A+ 콘텐츠 내용에 잘 녹여낼 수 있도록 합니다.

최근 트렌드를 보면 다양한 레이아웃으로 텍스트와 이미지를 조합하여 A+ 콘텐츠를 만들기보다는 주로 이미지만을 통으로 사용하여 조합하는 경우가 굉장히 많아졌습니다. 한국형 상세페이지처럼 담고 싶은 내용을 이미지로 만들고 그 이미지만 연결하여 붙여넣은 것이죠.

A+ 콘텐츠 영역의 텍스트는 키워드 랭킹에 크게 영향을 미치지 않기 때문에 최대한 이미지를 사용하여 비주얼적으로 감각적이고 매력있게 표현하는 것이 구매전환율을 높이는 데에 도움이 됩니다.

A+ 콘텐츠를 만들 때 준비해야 하는 사항은 다음과 같습니다.

- 먼저 제품의 핵심 특장점을 정리해본다.
- 아마존에서 제공하는 모듈을 확인해보고 어떤 모듈을 활용하여 표현할 것인지 기획한다.
- 사용할 모듈을 정하고 이미지 사이즈를 확인한 뒤 디자인 작업을 시작한다.

당연하게도 제품의 핵심 특장점을 먼저 정리해야 합니다. 어떤 이야기로 그것을 풀어낼지는 그다음 문제입니다. 우선 한글로 작성할 때 그냥 줄글로 적기보다는 '소제목-내용'의 형태로 정리합니다. 빠진 특장점이 없는지도 확인하기 쉽고, 번역하여 A+ 콘텐츠를 구성할 때도 모듈에 담기가 수월합니다.

A+ 콘텐츠를 작성할 때 반드시 확인해야 하는 것들은 다음과 같습니다.

- 브랜드 로고. 브랜드 로고는 A+ 콘텐츠에 꼭 필요한 요소입니다.
- 화질. A+ 콘텐츠에 사용되는 모든 이미지는 고해상도이어야 합니다.
- 중복 사진. 고객은 동일한 각도의 제품을 보고 싶지 않습니다. 새로운 관점을 제시하십시오.
- 아마존 로고. 자신의 로고만을 사용하고 아마존 로고처럼 보이지 않도록 하십시오.
- 업체 정보. 회사 정보나 연락처를 정보에 공유하는 것은 금지되어 있습니다.
- A+ 콘텐츠에는 인기 있는, 만족도 보장 또는 환불과 같은 유인 문구가 금지됩니다.
- 귀하의 리스팅에는 아마존 내부 또는 외부의 다른 페이지로 연결되는 링크가 포함됩니다.
- 불쾌감을 주는 콘텐츠. 콘텐츠를 작성할 때는 다양한 배경의 고객을 고려하여 중립을 유지하십시오.
- 선정적인 콘텐츠. 콘텐츠를 유익하게 유지하고 고객이 리뷰를 통해 제품의 품질을 칭찬하게 하십시오.
- 콘텐츠에 긍정적인 리뷰 내용을 포함하는 경우, 아마존 고객은 리뷰 자체를 읽기 때문에 리뷰를 리스팅에 포함시킨 것에 벌칙을 부과합니다.

A+ 콘텐츠를 만들고 제출하고 나면 아마존에서 검토한 후에 승인하는 과정을 거치게 됩니다. 이때 앞에서 나열한 금지사항을 A+ 콘텐츠에 포함시키면 반려될 가능성이 높습니다. 언급한 부분들은 A+ 콘텐츠를 작성할 때 반드시 지키기 바랍니다.

구매전환율을 높이는 A+ 콘텐츠 만들기

A+ 콘텐츠 작성을 위한 주의사항을 점검하고 A+ 콘텐츠에 담을 핵심 특장점을 정리했다면, A+ 콘텐츠 작성을 위한 모듈을 확인해봅시다.

어떤 모듈을 사용해서 어떤 내용을 해당 모듈에 담을지 결정해야 합니다. 모듈마다 이미지 사이즈도 다르고 넣을 수 있는 글자 수도 다르기 때문에 우선 사용할 모듈을 사전에

정한 다음 모듈에 담을 내용을 번역하여 정리하는 것을 추천합니다.

이제 A+ 콘텐츠에서 활용할 수 있는 모듈에는 어떤 것이 있는지 살펴보겠습니다.

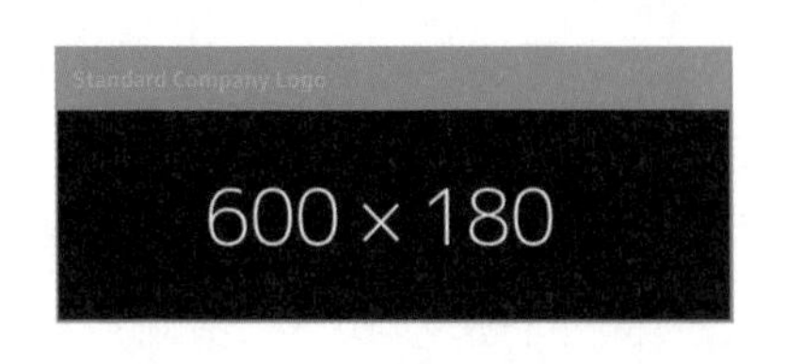

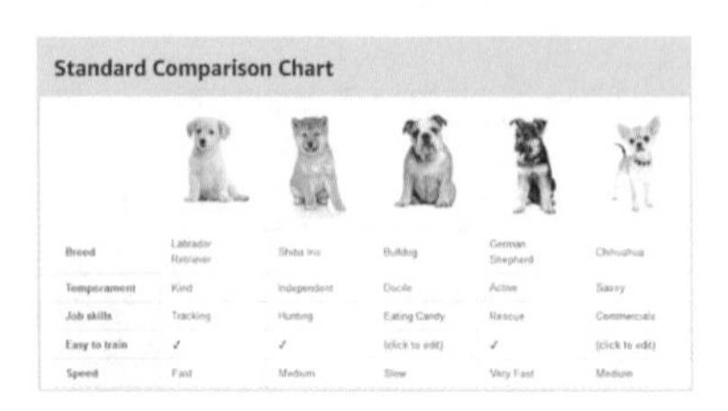

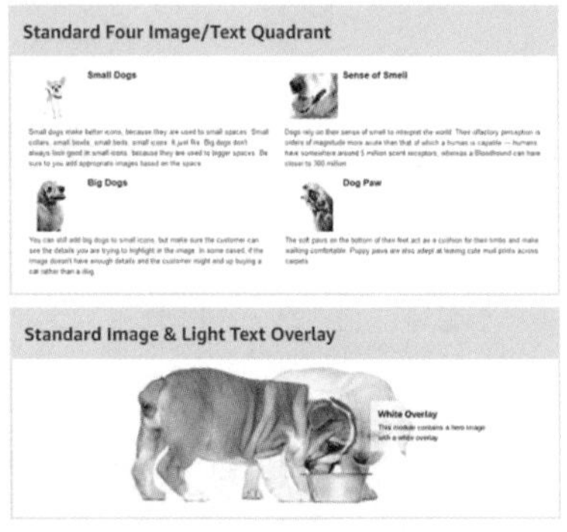

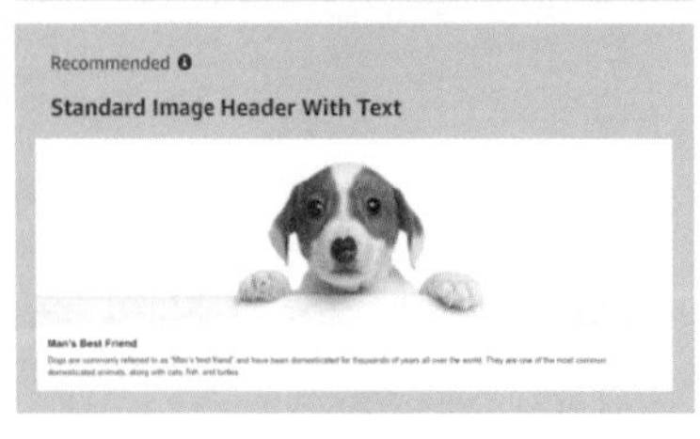

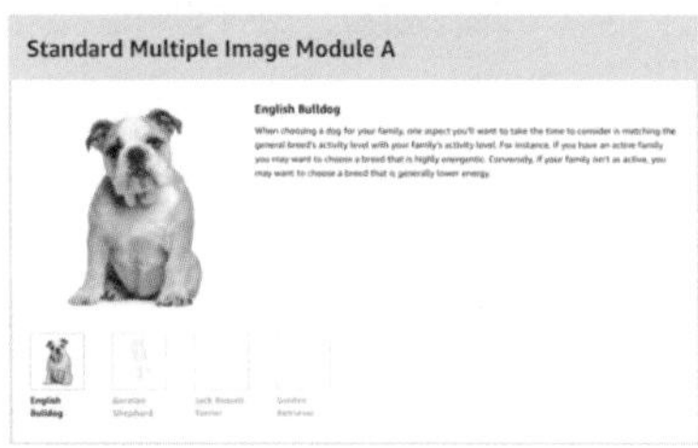

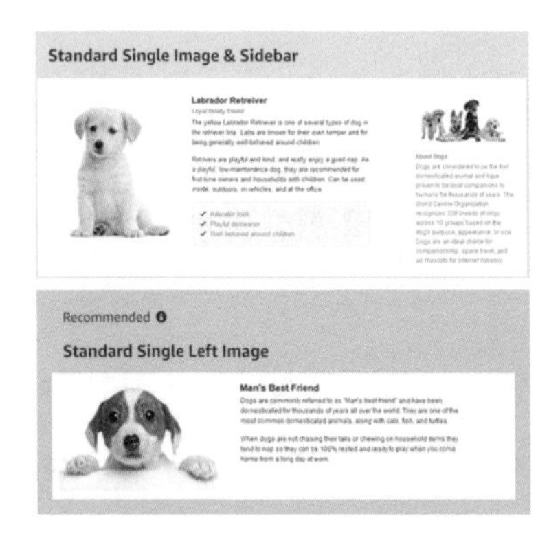

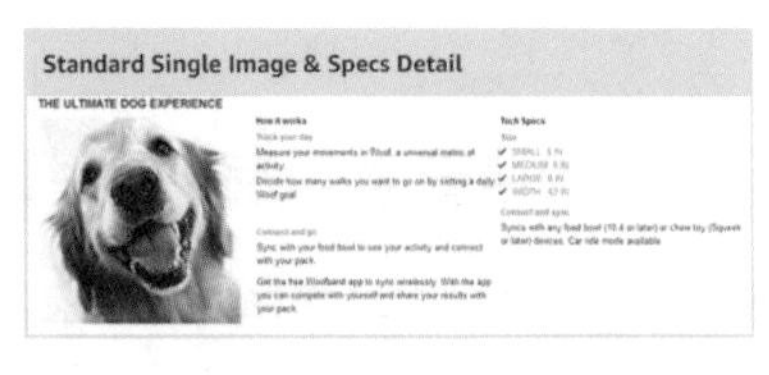

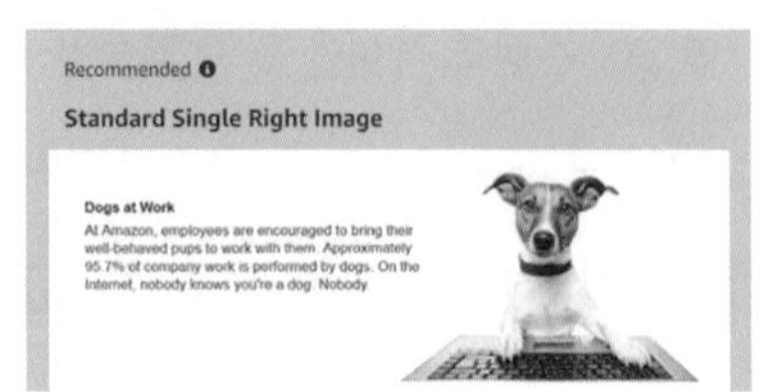

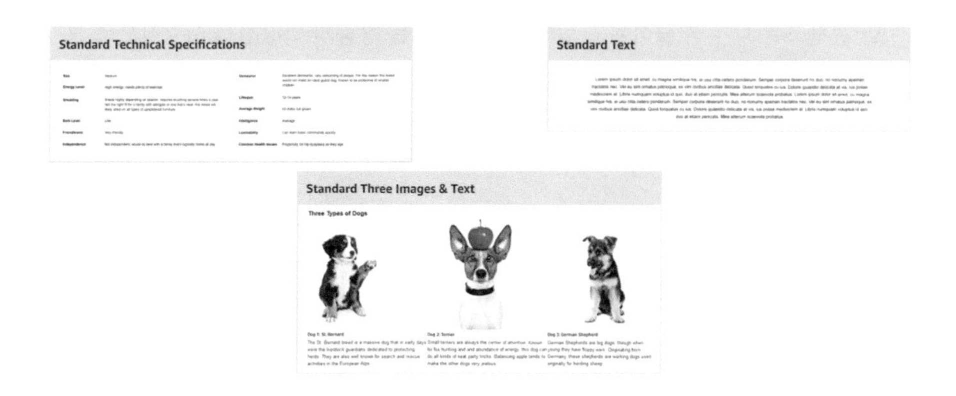

정말 다양한 형태의 모듈이 많죠? 이중에서 초록색 박스로 된 Recommended 모듈이 보편적으로 가장 많이 사용되는 모듈입니다. 모듈 내에 텍스트를 입력하게 되어 있지만 텍스트가 이미 포함된 이미지를 만들어 텍스트 없이 이미지만 가지고 표현하는 경우도 굉장히 많습니다.

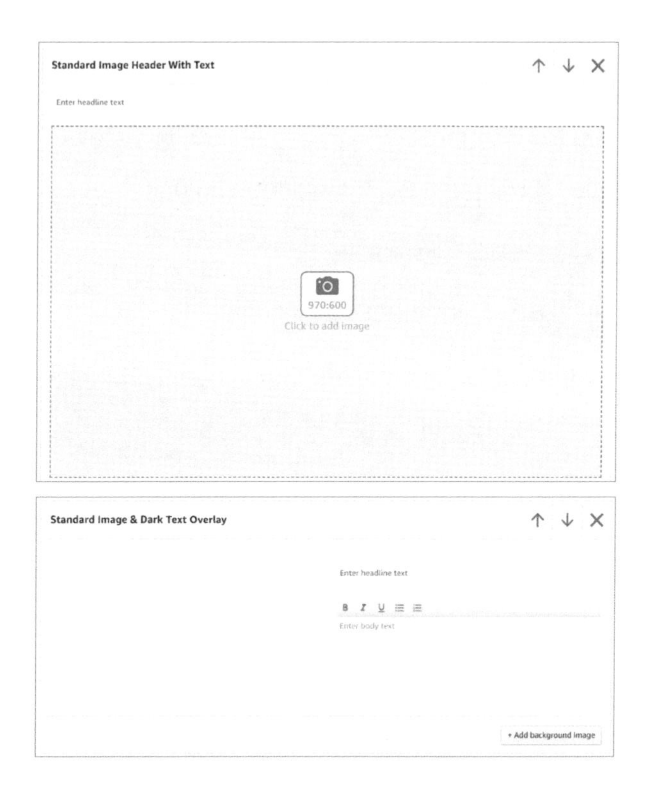

A+ 콘텐츠는 너무 서술적이고 설명적인 것보다는 상품의 특장점을 시각적으로 보기 쉽게 만드는 것이 더 효과적이기 때문에 제품을 사용했을 때 어떨지를 비주얼적으로 보여주는 콘셉트 컷이나 제품을 더 돋보이게 해줄 수 있는 배경과 함께 촬영한 컷 등을 많이 담아 주는 것이 좋습니다.

원하는 모듈을 클릭해보면 화면과 같이 모듈에 맞는 이미지 사이즈를 확인할 수 있습니다. 모듈 이미지 비율에 맞춰 어떤 내용을 어떻게 넣을지를 기획하고 디자이너에게 작업지시서를 만들어주면 좋습니다.

마스터의 시크릿 노트

이번 챕터에서는 구매전환율을 높여주는 A+ 콘텐츠를 어떻게 하면 잘 활용할 수 있을지 자세히 알아봤습니다. 이 내용들을 본인의 리스팅에 적용할 수 있을지 충분히 고민해보고, 전달하고자 하는 핵심 메시지를 정리하는 시간을 꼭 가져보시기 바랍니다.

1. 상품의 콘셉트를 한마디로 표현한다면 무엇일까요? 예 4T 두께의 강철판이 조립식 가구처럼 결합되어 100년을 써도 튼튼한 초강력 푸시업바, GD EXPUSH
2. 상품의 핵심 소구점 5가지를 적어보세요.
3. 경쟁 상품 대비 내 상품의 차별점은 무엇인가요?
4. A+ 콘텐츠 모듈을 보고 각 소구점에 대해 어떤 모듈을 사용하여 어떻게 표현할 것인지 상상하며 레이아웃을 잡아보세요.

프리미엄 A+ 콘텐츠 활용하기

이번 챕터에서는 프리미엄 A+ 콘텐츠에 대해 소개하겠습니다.

앞선 챕터에서 프리미엄 A+ 콘텐츠를 사용한 사례를 소개하면서 프리미엄 A+ 콘텐츠는 브랜드 셀러 중 일정 조건을 충족시킨 경우 사용할 수 있도록 기능이 오픈된다고 설명했습니다. 프리미엄 A+ 콘텐츠는 일반 A+ 콘텐츠에 비해 더 다양하고 많은 모듈을 활용해 상세페이지를 꾸밀 수 있는 기능입니다.

프리미엄 A+ 콘텐츠의 주요 기능

동영상 삽입

일반 리스팅 이미지에도 동영상을 추가할 수 있지만 이미지 가장 마지막에 영상이 배치된다는 단점이 있습니다. 프리미엄 A+ 콘텐츠를 활용하면 상세페이지 내에 동영상을 삽입하여, 실제 제품을 사용하는 모습이나 주요 기능을 강조하여 역동적인 콘텐츠를 제공할 수 있습니다.

와이드형 이미지

기본 A+ 콘텐츠에 비해 프리미엄 A+ 콘텐츠는 더 넓은 너비의 이미지를 지원합니다. 따라서 시각적으로 더 주목도가 높고 해상도가 높은 이미지로 상세페이지를 구성할 수 있습니다.

반응형 모듈

제품 이미지에 마우스를 올리거나 화살표를 클릭하여, 제품의 세부 정보를 확대할 수 있는 반응형 모듈을 사용할 수 있습니다. 반응형 모듈을 사용하면 제품 이미지의 특정 위치에 스팟을 추가하여 마우스를 올리거나 클릭하는 방식으로 추가적인 정보를 제공할 수 있습니다.

슬라이드형 모듈

프리미엄 A+ 콘텐츠에서 활용할 수 있는 모듈의 숫자는 총 7개입니다. 따라서 7개의 모듈 안에서 전달하고자 하는 내용을 잘 담아내야 합니다. 기본 A+ 콘텐츠에서 활용 가능한 모듈보다 개수가 늘어났지만 그래도 부족할 수 있는데요. 이때 좌우로 이미지를 넘기며 제품 정보를 더 확인할 수 있는 슬라이스형 모듈을 활용하면 상세페이지를 너무 길게 늘어뜨려 피로도를 높이지 않고도 더 많은 정보를 전달할 수 있습니다.

프리미엄 Q&A 모듈

프리미엄 A+ 콘텐츠에서 가장 유용한 모듈 중 하나가 바로 Q&A 모듈입니다. Q&A 모듈은 고객들이 자주 묻는 질문과 답변을 표시할 수 있는 기능입니다. 고객들이 궁금해하는 사항에 대해 사전에 답을 제공함으로써 고객들이 구매를 결정하는 데 있어 발생할 수 있는 다양한 궁금증을 미리 해소시킬 수 있습니다.

프리미엄 A+ 콘텐츠 이용 조건

프리미엄 A+ 콘텐츠는 원래 벤더 셀러만이 이용할 수 있는 기능으로 상품당 일정 비용을 지불하고 이용할 수 있는 기능이었습니다. 그러나 현재 아마존에서는 일정 기간 동안 특정 자격을 충족하는 브랜드 셀러들에게 무료로 이용할 수 있는 기회를 제공하고 있습니다. 무료 프로모션 기간이 언제까지 진행될지는 모르지만, 조건을 충족시킬 수 있다면 반드시 이용하는 것이 좋습니다.

모든 제품에 브랜드 스토리 게시

프리미엄 A+ 콘텐츠를 이용하기 위해서는 우선 브랜드가 소유한 모든 제품의 A+ 콘텐츠에 브랜드 스토리가 게시되어야 합니다.

기본 A+ 콘텐츠 외에 브랜드 스토리 콘텐츠를 별도로 게시할 수 있습니다. 보유하고 있는 브랜드 제품 A+ 콘텐츠에 모두 브랜드 스토리가 노출되도록 추가해주세요.

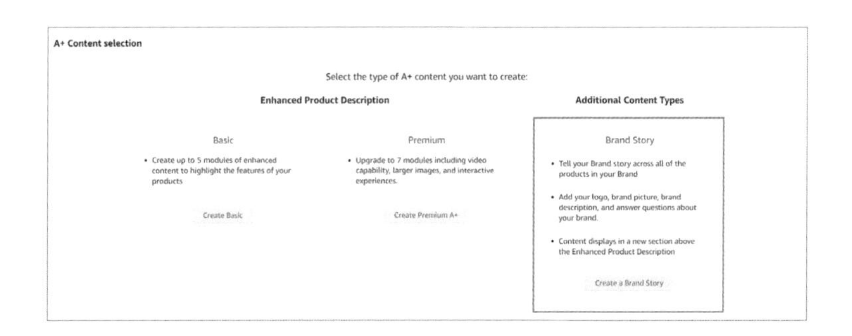

지난 1년간 최소 15개 A+ 콘텐츠 승인

최근 12개월 동안 최소 15개의 A+ 콘텐츠를 제출하고 승인되어야 합니다. 따라서 프리미엄 A+ 콘텐츠 기능을 사용하기 위해서는 최소 15개의 ASIN이 상품으로 등록되어야 합니다. 최소한의 정보로 리스팅을 하더라도 15개 이상의 A+ 콘텐츠가 등록 및 승인되어야 프리미엄 A+ 콘텐츠 기능 사용을 요청할 수 있습니다.

프리미엄 A+ 콘텐츠 만들기

그럼 프리미엄 A+ 콘텐츠를 제작하기에 앞서 프리미엄 A+ 콘텐츠의 모듈을 살펴보겠습니다. 기본 A+ 콘텐츠에 비해 모듈의 종류가 다양한 것을 확인할 수 있습니다. 몇 가지 대표적인 모듈을 살펴보겠습니다.

Hotspot 모듈은 이미지 위에 마우스를 올리거나 클릭하여 추가적인 정보를 얻을 수 있는 반응형 모듈입니다. Carousel 모듈은 모듈 하나에 여러 개의 이미지를 넣을 수 있어, 좌우 화살표를 클릭하면서 추가적인 정보를 제공하는 슬라이스형 모듈입니다. Full Video와 Image Carousel은 모두 영상을 활용할 수 있는 모듈로써 특히 Image Carousel의 경우 좌우 화살표를 클릭하여 여러 개의 영상을 제공할 수 있습니다.

기본 A+ 콘텐츠와 같이 모듈 샘플을 통해 이미지 사이즈를 확인한 뒤에 디자인 작업을 시작하시면 됩니다. 또한 프리미엄 A+ 콘텐츠는 모바일 버전 이미지를 별도로 만들어야 합니다. 모바일 버전은 데스크탑 버전과 이미지 비율이 다르니 이 부분을 염두에 두고 디자인 작업을 요청하시면 됩니다.

Premium Background Image with Text
LOYAL FAMILY FRIENDS
HOW TO CHOOSE THE RIGHT DOG FOR YOUR FAMILY

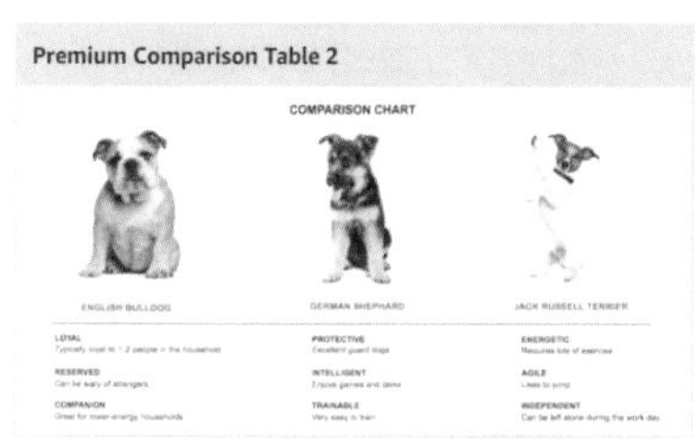
Premium Comparison Table 2
COMPARISON CHART

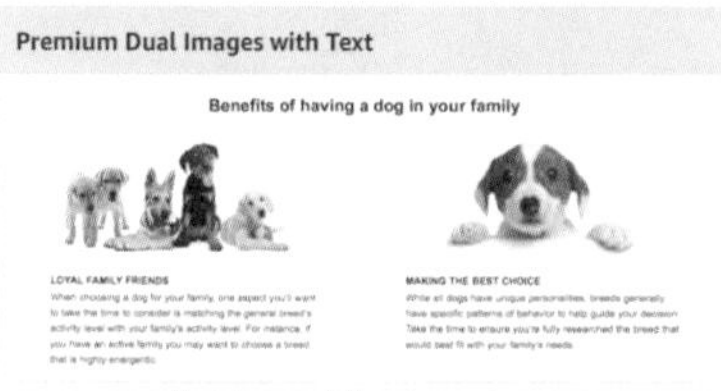
Premium Dual Images with Text
Benefits of having a dog in your family
LOYAL FAMILY FRIENDS
MAKING THE BEST CHOICE

Premium Full Image

Premium Hotspots 1

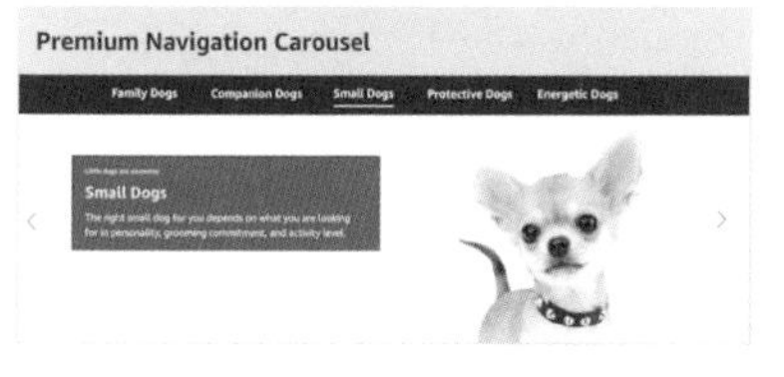
Premium Navigation Carousel
Family Dogs
Companion Dogs
Small Dogs
Protective Dogs
Energetic Dogs
Small Dogs

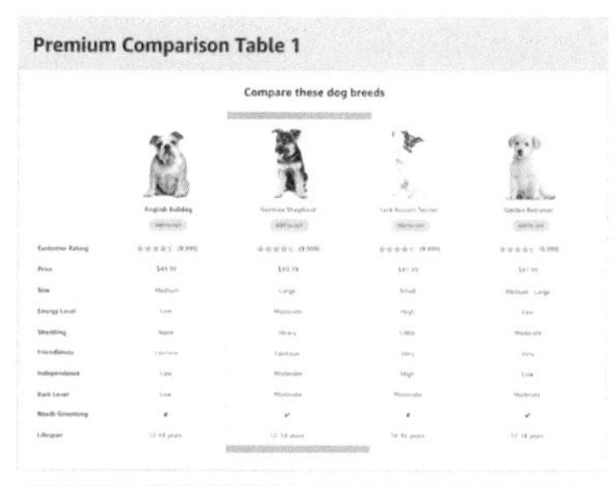
Premium Comparison Table 1
Compare these dog breeds

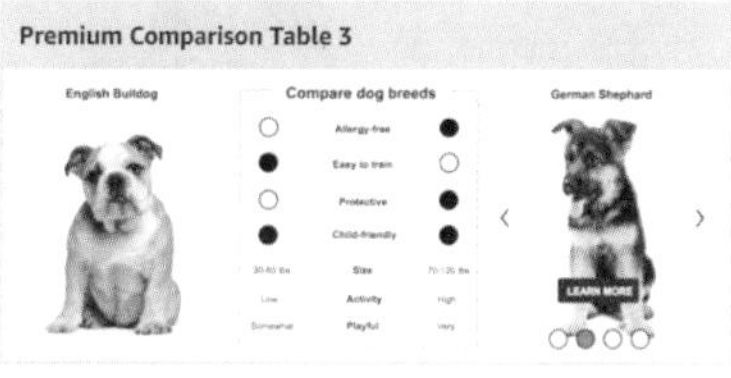
Premium Comparison Table 3
English Bulldog
Compare dog breeds
German Shephard
LEARN MORE

Premium Four Images & Text
Collect all the dogs, gift them to your friends and neighbors!
ENGLISH BULLDOG
GERMAN SHEPHARD
JACK RUSSELL TERRIER
GOLDEN RETRIEVER

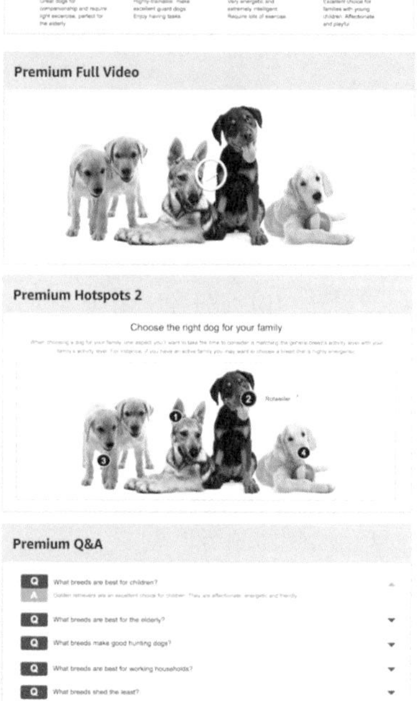
Premium Full Video
Premium Hotspots 2
Choose the right dog for your family
Premium Q&A

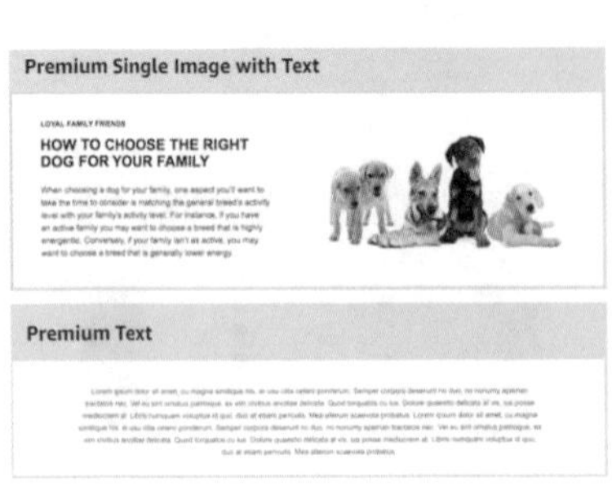

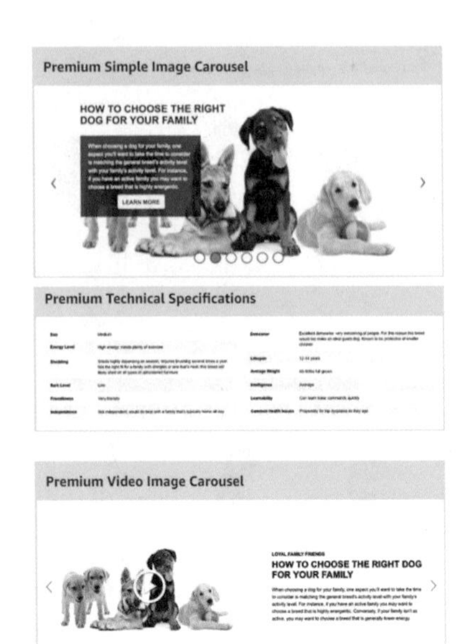

Full Image를 활용하여 브랜드 이미지를 최대한 크고 임팩트 있게 시작하자

A+ 콘텐츠는 상품의 자세한 정보를 전달하는 기능도 있지만, 제품이 좀 더 가치 있어 보이게 하고 브랜드의 신뢰감을 형성하는데 큰 역할을 합니다. 따라서 처음은 브랜드 이미지와 가치를 한 번에 느낄 수 있도록 임팩트 있는 이미지로 시작하는 것이 좋습니다.

그리고 여러 모듈을 사용하더라도 모듈 사이에 틈새가 생기는 것이 아니라, 하나의 이미지처럼 연결되기 때문에 Full Image 모듈 여러 개를 활용하여 다음 화면처럼 하나의 큰 이미지처럼 보이도록 작업할 수도 있습니다. 이 부분을 염두에 두고 프리미엄 A+ 콘텐츠를 기획하시면 좋습니다.

Carousel 모듈을 활용하여 하나의 모듈에 최대한 많은 정보를 담자

앞서 Carousel 모듈을 설명드렸는데요. 이 모듈은 상세페이지를 구성할 때 매우 유용합니다. 옆으로 넘기면서 더 다양한 정보를 확인할 수 있기 때문에 7개의 제한된 모듈으로도 담고자 하는 내용을 충분히 다양하게 구성할 수 있습니다.

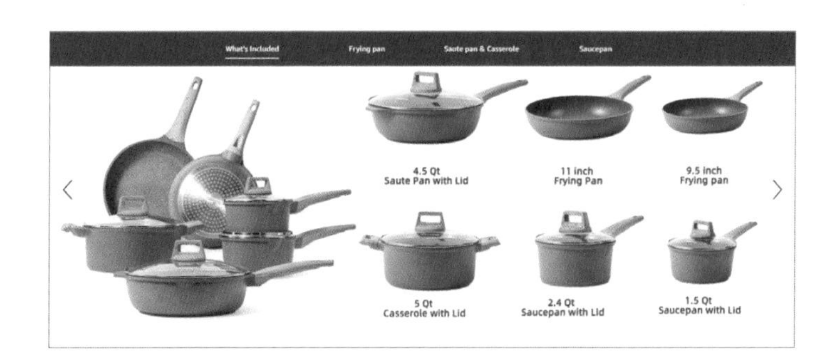

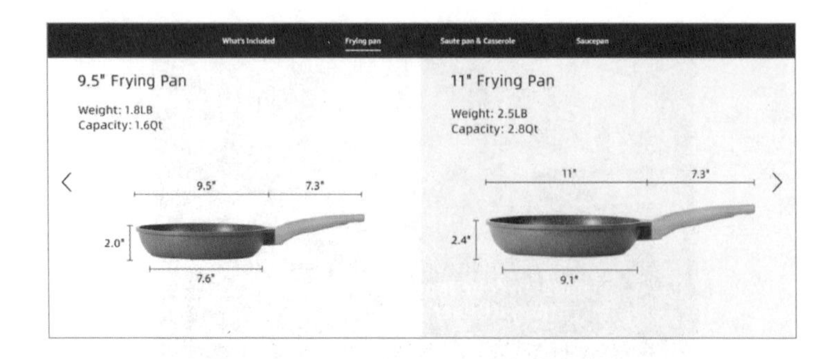

위와 같이 다양한 냄비 구성품에 대한 사이즈 정보를 Carousel 모듈을 활용하여 구성하면 제한된 모듈 안에서 꼭 필요한 여러 정보들을 쉽게 표현할 수 있습니다.

동영상이 필수인 시대, 동영상 모듈을 활용하자

프리미엄 A+ 콘텐츠에서 동영상 모듈은 꼭 활용해보기 바랍니다. 특히 제품의 사용 전후가 확실한 제품이나 사용하는 모습이 중요한 제품의 경우 동영상 모듈을 사용하면 구매 전환율 상승에 큰 역할을 할 수 있습니다.

국내 셀러의 경우 주타겟인 미국인이 사용하는 영상을 제작하기가 쉽지 않을 수 있는데요. 앞서 소개드렸던 파이버에서 영상 제작 업체를 찾아보면 생각보다 비싸지 않은 비용으로 외국인이 사용하는 영상을 제작할 수 있습니다.

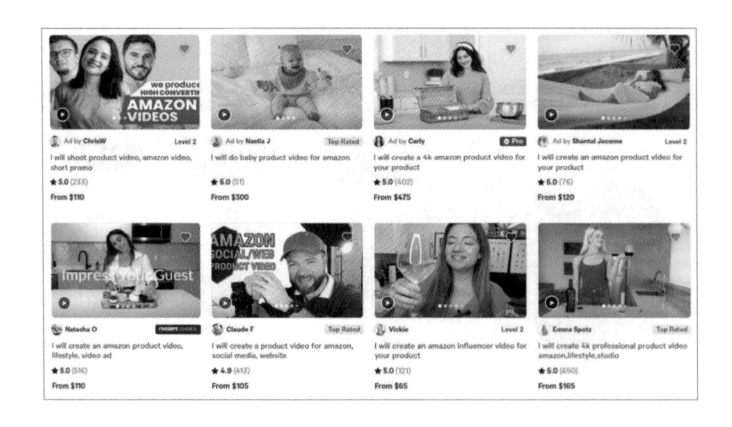

파이버에서 Amazon video라고 검색하면 이렇게 다양한 크리에이터를 확인할 수 있고 비용도 그리 비싸지 않은 것을 확인할 수 있습니다.

프리미엄 A+ 콘텐츠에 업로드할 수 있는 비디오 파일의 스펙은 다음과 같습니다.

비디오 파일 타입 : mp4

비디오 해상도 : 최소 960:540px, 가급적이면 1920:1080px로 작업하는 것이 좋음

비디오 크기 : 최대 200MB

비디오 길이 : 최대 180초

썸네일 이미지 사이즈 : 최소 1464px(W), 600px(H), 비디오 크기에 맞추면 됨

마스터의 시크릿 노트

이번 챕터에서는 프리미엄 A+ 콘텐츠에 대해 알아봤습니다. 아직 상품군이 많지 않을 경우 이 기능을 사용할 수는 없지만 15개 이상의 상품을 업로드한 상황이라면 반드시 프리미엄 A+ 콘텐츠 기능을 활용하는 것을 추천드립니다.

제가 활용해본 결과 프리미엄 A+ 콘텐츠를 활용한 이후 2~3개월에 걸쳐 랭킹이 점점 좋아지는 것을 확인했습니다. 브랜드를 구축하고 싶은 셀러라면 프리미엄 A+ 콘텐츠를 반드시 활용해보시기 바랍니다.

24

쉽게 따라 해보는 상품 리스팅

지금까지 신규 상품을 리스팅하기 위해 준비해야 할 사항들에 대해 알아봤습니다. 이번 챕터에서는 실제 상품 리스팅은 어떻게 하면 되는지 항목별로 하나씩 살펴보고, 실제 리스팅 화면을 보고 따라해보며 배워보겠습니다.

상품을 리스팅하는 방법에는 크게 2가지가 있습니다. 만약 리스팅할 상품의 종류가 많을 경우에는 카테고리에 맞는 플랫 파일Flat File을 활용하여 한 번에 대량으로 업로드하는 방법과 소량의 상품을 리스팅할 경우 제품별로 하나씩 신규로 리스팅하는 방법입니다.

플랫 파일 업로드는 리스팅의 상세한 구성요소들을 항목으로 갖춘 엑셀 파일에 직접 각 항목에 해당되는 내용들을 입력하여 상품을 리스팅하는 방법입니다. 플랫 파일 업로드는 카테고리마다 항목이 조금씩 다르고 초보 셀러가 다루기에 굉장히 어렵고 복잡하기 때문에 이 책에서는 다루지 않겠습니다.

그럼 지금부터 상품을 하나씩 개별적으로 신규 리스팅하는 방법에 대해 차근차근 알아보겠습니다.

바코드 번호 검색

신규 리스팅을 위해 먼저 Catalog 메뉴의 Add Products를 누르면 아래와 같은 화면이 뜹니다. 상품을 리스팅하기 위해 바코드 번호가 필요하다고 언급했는데요. 상품을 등록하기 위해서는 먼저 ❶ 바코드 번호를 검색하여 신규 등록이 가능한지부터 확인해야 합니다.

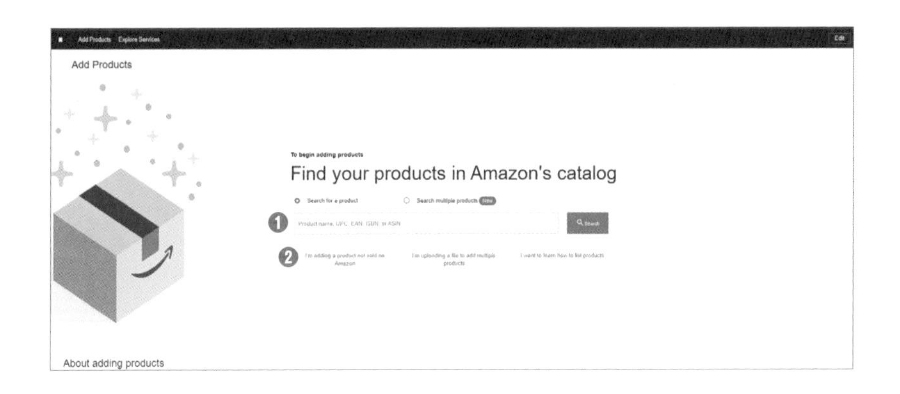

이미 아마존에서 판매 중인 상품을 리스팅하려고 한다면, ASIN 번호를 기재하고 Search 버튼을 클릭하여 바로 리스팅을 진행하면 됩니다. 하지만 아마존에서 판매되지 않는 상품을 새로 리스팅하려고 한다면 바코드 번호를 검색해도 등록된 상품이 검색되지 않을 것입니다. 그러면 좌측 하단에 있는 ❷ I'm adding a product not sold on Amazon을 클릭하여 본격적인 신규 리스팅을 시작합니다.

카테고리 선택

다음 화면에서 ❶ 상품명을 간단하게 기입하면 ❷ Product Type이 자동으로 분류되어 상품 카테고리가 설정됩니다. 만약 자신의 상품에 해당하는 카테고리가 나오지 않는다면 Select other 버튼을 클릭하여 직접 선택하면 됩니다.

판매하려는 상품의 카테고리가 무엇인지 정확히 모르겠다면 자신의 상품과 최대한 비슷한 경쟁 제품의 카테고리를 참고하여 선택하시면 됩니다.

상품 정보 입력

리스팅하려는 상품의 카테고리를 선택하셨다면 본격적으로 리스팅 정보를 입력하도록 여러 항목들이 나옵니다. 이 항목들은 카테고리에 따라 조금씩 달라질 수 있습니다.

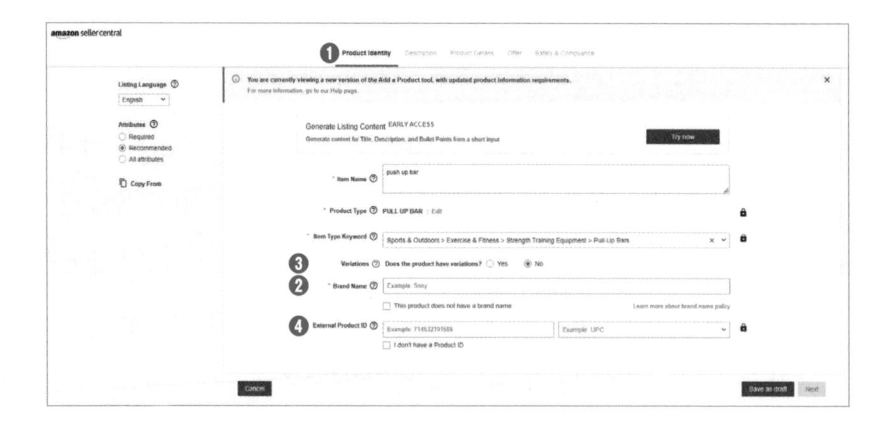

❶ Product Identity 탭에서는 명확한 상품명과 브랜드명을 입력합니다. ❷ Brand name에는 아마존 브랜드 레지스트리에 등록한 브랜드를 입력해줍니다. 리스팅을 하기에 앞서 상표출원을 먼저 하고 상표출원번호를 이용하여 브랜드 레지스트리를 먼저 진행하는 것을 추천합니다.

만약 ❸ Variation이 있다면 Yes에 체크해줍니다. 그러면 리스팅을 입력할 때 옵션 사항을 추가할 수 있습니다. ❹ External Product ID에는 바코드 번호를 입력합니다. 바코드 번호는 코리안넷에서 생성한 EAN 바코드 번호를 입력하고, 바코드 타입 또한 EAN을 선택합니다.

상품 설명 입력

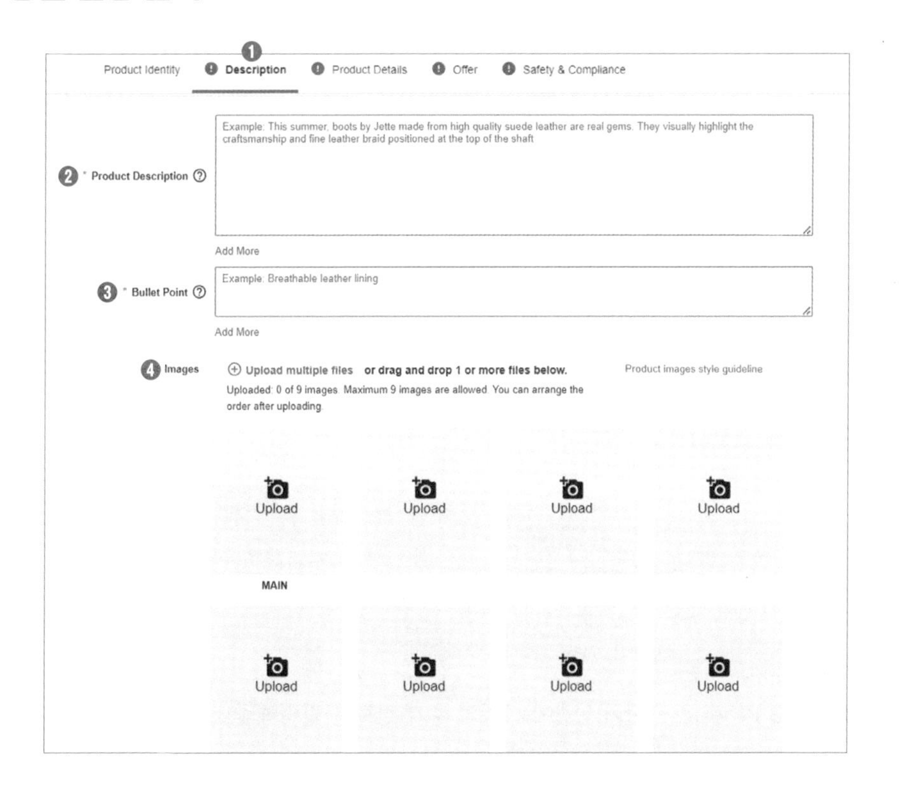

다음으로 ❶ Description 탭을 입력해줍니다. 화면에서 보시는 것처럼 아마존 리스팅에 입력할 ❷ 상품 설명과 ❸ 불렛 포인트를 입력해줍니다. 상품 설명 항목에는 불렛 포인트에 담지 못한 추가적인 정보를 기입하시면 좋습니다. 예를 들어 사이즈나 중량 정보, 제품의 소재와 같은 정보를 간단하게 기입해줍니다. 다음으로 불렛 포인트에는 리스팅 기획안을 만들 때 준비해놓았던 것들을 한 항목씩 입력합니다. 한 칸에 하나의 항목만 입력하고, 다음 항목을 입력할 때는 Add More 버튼을 눌러 항목을 추가하여 기입합니다.

다음으로 준비한 ❹ 이미지를 업로드합니다. 메인 이미지부터 차례대로 이미지가 노출되었으면 하는 순서대로 업로드하시면 됩니다.

상품 디테일 입력

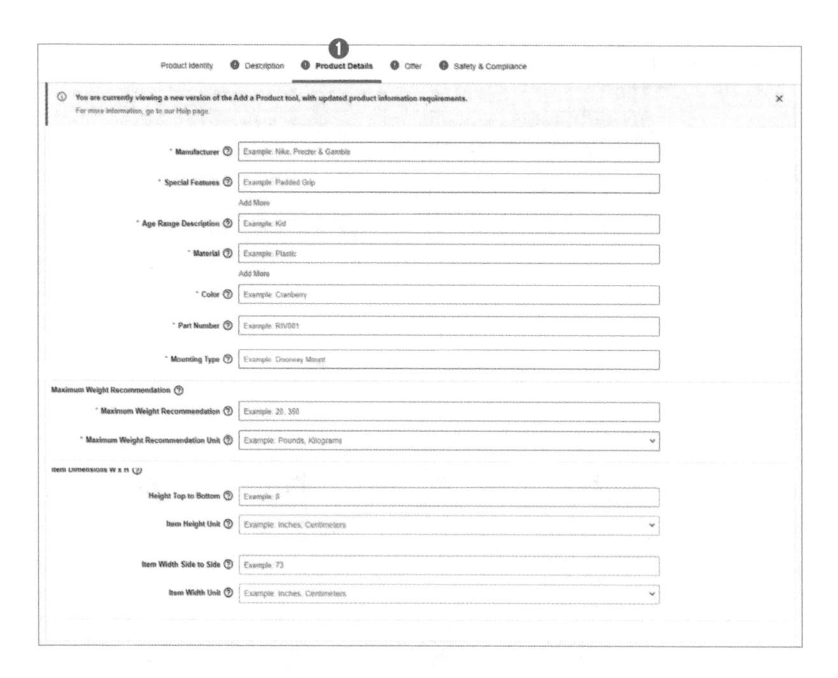

다음으로 ❶ Product Details 탭에 상품의 추가 정보를 입력해줍니다. 상품의 카테고리에 따라 기입하는 항목들이 달라집니다. 제가 예시로 등록하는 제품의 카테고리는 Push-up bar로 제조사 정보, 특별한 특징, 사용 연령, 소재, 색상 등과 같은 상품의 디테일한 정보를 기입하도록 구성되어 있습니다.

상품을 등록할 때 최대한 정보를 빠짐없이 기입하는 것이 검색 알고리즘 측면에서 도움이 됩니다. 모든 정보를 입력할 준비가 되어있지 않다면, 우선 필수 정보만 입력하고 추후에 입력 가능한 상품 정보들을 최대한 채워주는 것이 좋습니다.

가격 정보 입력

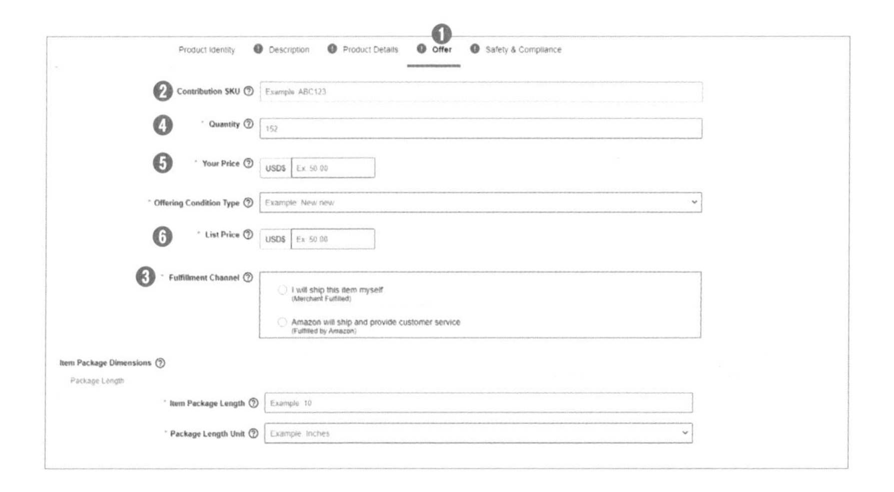

다음으로 ❶ Offer 탭의 정보들을 입력해줍니다. 가장 상단의 ❷ Contribution SKU는 아이템의 SKU ID를 뜻합니다. 미입력시에는 아마존에서 임의로 랜덤 SKU ID를 부여합니다. 하지만 상품의 SKU ID는 물류회사와 소통하거나 내부 직원들과 소통할 때 활용하는 경우가 많기 때문에 규칙을 세워 알기 쉽게 기재하는 것이 좋습니다

예를 들어 메탈 소재의 푸쉬업바의 손잡이 패드 색상이 블랙과 레드로 두 가지가 있는 경우 다음과 같이 SKU ID를 설정할 수 있습니다. 소재_품목_색상으로 구분하여 SKU ID를 보더라도 어떤 제품인지 알 수 있습니다. 혹은 내부적으로 이미 사용하는 모델명이나 제품번호 등이 있다면 이를 SKU ID로 설정해도 괜찮습니다.

메탈 푸쉬업바 블랙 : MT_P_BK

메탈 푸쉬업바 레드 : MT_P_RD

그리고 제품 수량과 가격 정보 등을 입력해야 합니다. 여기서 상품을 ❸ FBA 상품으로 리스팅할지 FBM 상품으로 리스팅할지 선택할 수 있습니다. 처음부터 FBA 상품으로 등록한다면 상품이 입고되기 전까지는 재고가 0인 상태로 등록이 됩니다. 만약 FBM 상품으로 등록할 경우 보유하고 있는 ❹ 재고 수량을 입력하시면 됩니다. 우선 FBM 상품으로 등록시킨 다음 추후에 FBA 상품으로 전환할 수도 있으니 우선 FBM 상품으로 등록하는 것도 괜찮습니다.

가격 정보는 2가지로 등록합니다. 하나는 ❺ Your Price고 다른 하나는 ❻ List Price입니다. List Price는 쉽게 말해 권장 소비자 가격이고, Your Price는 판매자가 아마존에서 판매할 가격입니다. 이따금 보면 List Price와 Your Price가 할인율과 함께 노출되는 경우가 있습니다. 2가지 가격 정보가 차이가 나는 경우 ❼ 할인이 되는 것처럼 노출시킬 수 있습니다.

다만 List Price가 노출되는 것은 아마존 정책에 따라 결정됩니다. 아마존 가이드에서 명시하는 정가의 기준은 다음과 같습니다.

- 아마존은 고객이 아마존에서 상품을 구매했거나 지난 90일 동안 비계절 상품(예: TV 및 헤드폰)에 대해 정가 이상으로 다른 소매업체에 제공한 경우에만 정가를 표시합니다.
- 권장 소비자 가격은 고객이 아마존에서 상품에 대해 지불한 90일 평균 가격을 사용하여 결정됩니다.

따라서 List Price에 권장 소비자 가격을 높게 입력하고 Your Price를 낮춰 입력한다고 해서 반드시 예시 화면처럼 할인된 가격으로 표시되지는 않습니다. 경험상 최근 90일 이내에 List Price로 판매된 이력이 있는 경우 할인율이 표기되었습니다. 또한 두 가격의 차이가 너무 심하더라도 할인율이 표기되지 않을 가능성이 높습니다. 두 가격의 차이는 25% 이내로 셋팅해놓는 것을 추천합니다.

이어서 ❽ 아이템 패키지의 부피 및 무게 정보를 입력하는 란이 나옵니다. 패키지를 포함한 아이템의 가로, 세로, 높이 정보와 무게 정보를 입력합니다.

앞서 아마존 FBA 수수료의 경우 제품의 부피와 중량에 따라 달라진다고 설명드렸는데요. 이 정보가 수수료의 기준이 될 수도 있으나 아마존 창고에 상품이 도착하면 아마존 시스템이 자동으로 부피와 중량을 측정하여 수수료를 부과하게 됩니다. 하지만 가끔 아마존 측정 정보가 실제 아이템의 부피 및 중량보다 높게 측정되는 경우가 있습니다. 따라서 실제 측정 정보와 아마존 측정 정보가 일치하는지 FBA 수수료를 체크하면서 가끔 확인해보는 것이 좋습니다.

안전 및 규정 준수 정보 입력

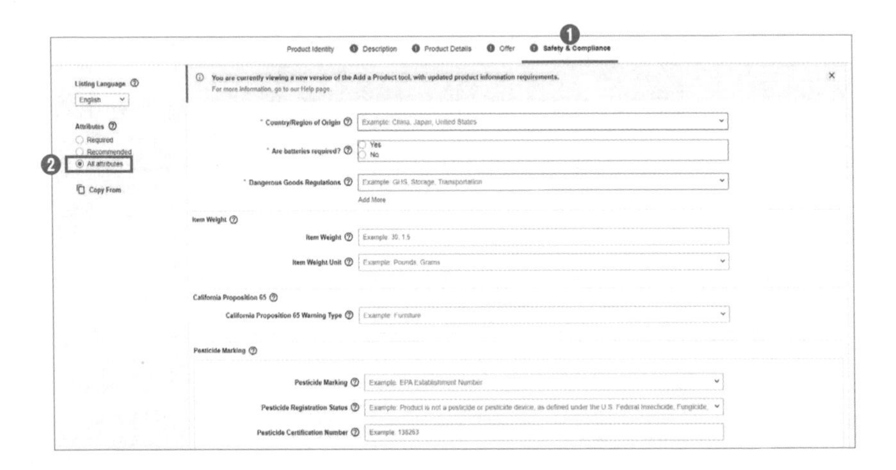

마지막으로 ❶ Safety & Compliance 정보를 입력합니다. 이번 탭은 제품의 원산지, 배터리의 유무, 위험물질 정보 등과 같이 안전과 사용상의 주의점 등과 같은 정보를 입력하시면 됩니다.

화면에서 보는 것처럼 좌측의 ❷ Attributes에서 All attributes에 체크를 하면 각 탭마다 입력해야 할 모든 정보들을 확인할 수 있습니다.

모든 정보를 다 입력하지 않더라도, 어떤 항목들이 있는지 전체적인 항목들을 살펴보고 가급적 기입할 수 있는 정보들을 세세하게 기입하시면 좋습니다. 때로는 고객들이 굉장히 디테일한 정보를 아마존에서 탐색하는 경우가 있습니다. 내 상품에 대한 구체적인 정보를 미리 입력해둔다면 검색 알고리즘에 걸릴 확률이 더 높아질 수 있습니다.

마스터의 시크릿 노트

이번 챕터에서는 실제 리스팅을 할 때 어떤 항목들을 기입해야 하고, 어떻게 리스팅을 해야 하는지 배워보았습니다. 항목들이 굉장히 많고 복잡해 보일 수도 있겠지만 필수 입력 사항들과 미리 준비해놓았던 상품명, 불렛 포인트, 상품 설명, 서치텀 정보만 우선 입력해놓아도 리스팅을 업로드할 수 있습니다.

리스팅 구성 요소들은 추후에도 수정 및 변경이 가능하므로 한번 리스팅했다고 끝이라고 생각하지 말고, 판매 추이를 보며 개선 및 보완할 수 있는 부분들은 지속적으로 보완해나가면 더욱 최적화된 리스팅을 만들 수 있습니다.

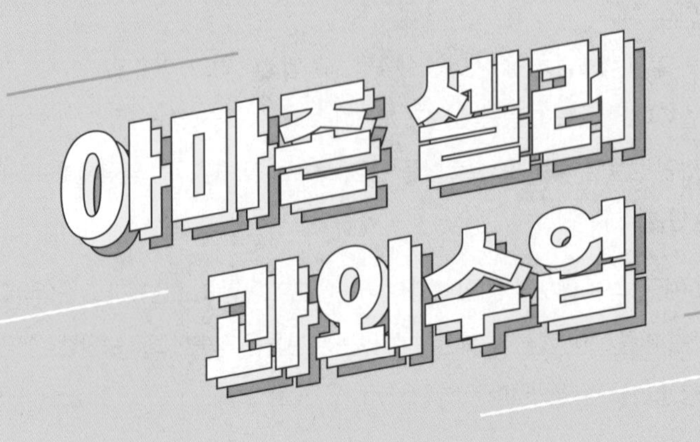

5장

효율적인 FBA 운영 방법

25

FBA 창고로 배송 준비 및 재고 관리 팁

아마존에 처음으로 상품을 리스팅하고 FBA 창고로 첫 상품을 배송할 때가 아마 아마존 셀링을 하면서 가장 두근거리고 설레는 순간이었던 것 같습니다. 처음 상품을 발송할 때는 라벨링하는 방법도 헷갈리고 혹여나 상품이 해외로 가다가 분실되면 어떻게 할지 걱정도 많으실 텐데요. 상품 발송 과정을 한 번만 경험해보시면 전혀 어려운 일이 아니니 걱정마시고 지금부터 알려드리는 것을 참고하여 차근차근 준비하기 바랍니다.

FBA Shipping Plan을 작성하기 전에 다음 3가지 사항을 미리 사전에 확인하는 것이 좋습니다. 각 항목에 대해서는 하나씩 자세하게 설명하도록 하겠습니다.

- 발송할 아이템, 수량, 카톤 박스 무게 확인
- 발송할 아이템 바코드 인쇄해놓기
- 아마존 창고까지 해외 배송비 확인

발송할 아이템, 수량, 카톤 박스 무게 확인

처음에는 너무 많은 수량을 한 번에 보내기보다는 소량을 발송하여 고객의 반응을 살펴보고 재고가 끊기지 않을 정도로 재고 계획을 잡는 것이 좋습니다.

아이템을 한 개만 리스팅했다면 해당 아이템만 발송하면 되겠지만, 여러 아이템을 한꺼번에 리스팅하는 경우도 있을 것 같습니다. 이럴 경우 한 박스에 여러 제품을 섞어서 발송해도 되는지 많은 셀러분들이 질문을 주시는데요. 우선 대답은 Yes입니다.

배송 계획을 세울 때 셀러가 원하는 아이템과 수량을 정하여 몇 개의 카톤 박스에 패킹할 것인지를 결정할 수 있습니다. 물론 한 카톤 박스가 50Ibs를 넘지 않도록 맞춰야 하는 것은 맞지만, 최대 무게에 맞춘다면 여러 제품을 섞어서 보내는 것은 얼마든지 가능합니다.

그래서 배송 계획을 작성하기 전에 리스팅이 여러 개라면 각 제품별로 무게를 정리해놓은 엑셀 시트를 만들어놓고, 수량을 기입했을 때 카톤 박스 무게가 자동으로 계산될 수 있도록 관리해주면 도움이 됩니다.

박스 넘버	SKU	FNSKU	상품명	수량	무게	무게(kg)	무게(lb)	FBA SHIPMNET ID
1				24	13896	21.5	47.5	FBA17HHYJWJHU000001
				20	5248			
2				24	13896	21.5	47.5	FBA17HHYJWJHU000002
				20	5248			
3				24	13896	21.5	47.5	FBA17HHYJWJHU000003
				20	5248			
4				24	13896	21.5	47.5	FBA17HHYJWJHU000004
				20	5248			
5				24	13896	21.5	47.5	FBA17HHYJWJHU000005
				20	5248			
6				24	13896	18.3	40.4	FBA17HHYJWJHU000006
				60	1020			
				60	1020			

보여드리는 엑셀 시트는 제가 아이템을 관리하는 엑셀 시트입니다. 배송 계획을 작성

할 때 발송한 제품과 수량에 대해 기록을 남기고 계획에 맞춰 실수 없이 물품을 준비할 수 있도록 합니다.

저의 경우에는 제품이 여러 개이기도 하고 제품별로 무게도 조금씩 다르기 때문에 무거운 제품과 가벼운 제품을 적절하게 섞어서 한 카톤 박스 무게가 50Ibs 이내가 되는 한도에서 최대한 많은 제품을 패킹합니다.

발송할 아이템 바코드 출력하기

앞서 설명드렸듯이 아마존에 상품을 입고시키기 위해서는 제품에 아마존에서 부여하는 FNSKU 바코드를 부착해야 합니다. 배송 계획을 작성할 때 발송할 아이템의 수량만큼 FNSKU 바코드를 출력할 수 있는데, 이렇게 출력할 경우 배송 계획에 기입한 수량에 딱 맞춰 라벨이 PDF 파일로 다운로드됩니다.

FNSKU 바코드는 셀러 센트럴 페이지의 Inventory 메뉴에서도 출력할 수 있습니다. Inventory 메뉴에서 출력하고자 하는 아이템 옆에 있는 ❶ 드롭다운 메뉴에서 ❷ Print Item Labels을 클릭합니다.

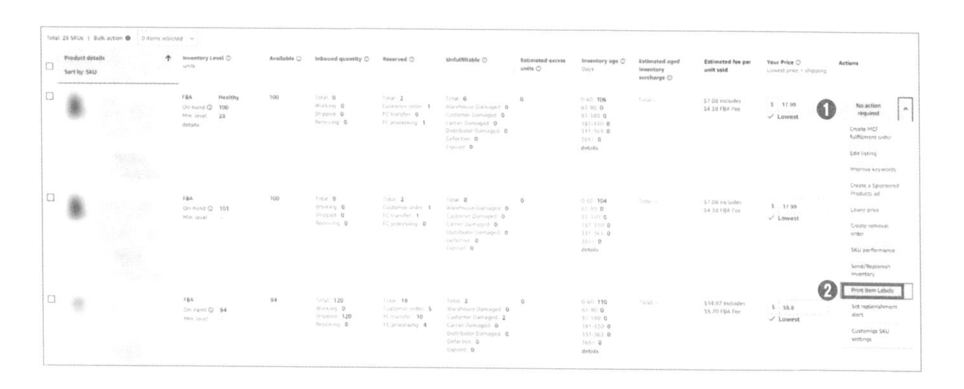

Print Item Labels를 클릭하면 다음 화면과 같은 페이지로 넘어가게 됩니다. ❸ Number of Labels to Print에 인쇄를 원하는 수량을 입력합니다.

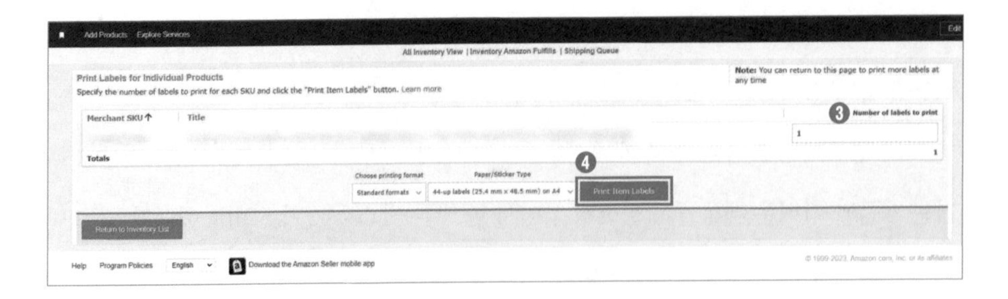

바코드 라벨은 가급적이면 레이저 프린터 또는 감열 프린터를 사용하여 출력하는 것이 좋습니다. 잉크는 습기에 취약하고 잘 지워질 수 있기 때문에 주의하셔야 합니다.

라벨지 사이즈는 일반적인 상품 사이즈의 경우 44-up labels를 선택하시면 되고요. 그 다음 ❹ Print Item Labels를 누르면 44개가 들어가는 라벨지에 맞춰 PDF 파일을 다운로드받을 수 있습니다. 이후 여러 장을 미리 출력해놓고 상품을 발송할 때마다 부착하면 라벨지의 낭비없이 필요한 수량만큼 사용할 수 있습니다.

만약 제조사에 라벨 부착을 요청하게 될 경우에도 마찬가지로 라벨 PDF 파일을 제조사에 넘겨 인쇄해서 부착해달라고 요청하면 됩니다. 제조사에서 44개짜리 라벨지가 없고 다른 사이즈의 라벨지를 사용한다면 FNSKU 바코드 하나만 다운로드하여 보내주시면 됩니다.

아마존 창고까지 배송비 확인

보통 첫 발송은 항공으로 발송하게 됩니다. UPS 또는 DHL을 이용하여 발송할 수도 있지만, 비용이 많이 발생하기 때문에 대게 배송대행사를 이용합니다. 대표적인 항공운송 배송대행사를 소개해드립니다.

하입로지스틱

최근 제가 이용하고 있는 업체인데요. 2023년 12월 기준으로 제가 이용했던 배송대행사 중에는 요율이 가장 좋았던 업체입니다. 아마존 셀링을 했던 대표님이 새롭게 오픈한 업체이기 때문에 아마존 창고까지의 핸들링 과정을 잘 알고 소통 또한 수월합니다. FBA 배송뿐만 아니라 FBM 배송의 경우도 발송이 가능합니다. 하입로지스틱을 통해 발송할 경우 Fedex로 물품을 발송하게 됩니다.

도어로

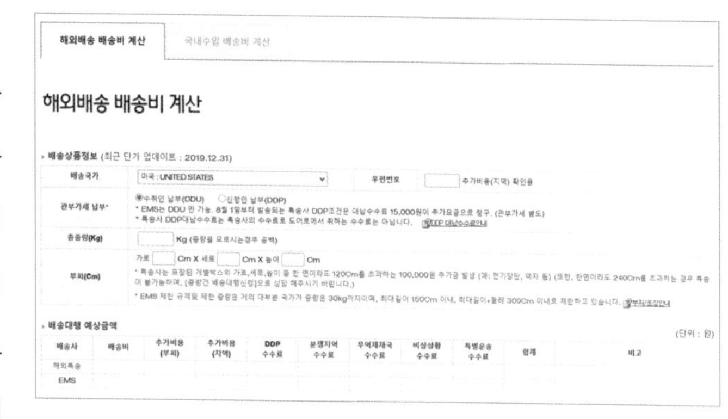

도어로는 FBA 배송뿐만 아니라 FBM 배송 및 기타 해외배송건에 대해서도 배송 대행이 가능합니다. 도어로 홈페이지에서 무게에 따른 배송비 요율을 확인할 수 있습니다.

화면에서 보시는 것처럼 총 중량 및 카톤 박스 부피를 입력하면 배송비를 확인할 수 있습니다. 다만 실제 배송비는 상품이 입고된 후 실제 중량과 부피를 측정하여 부과되기 때문에 약간의 차이는 발생할 수 있습니다. 도어로를 통해 발송할 경우 DHL로 물품을 발송하게 됩니다.

KW인터내셔널

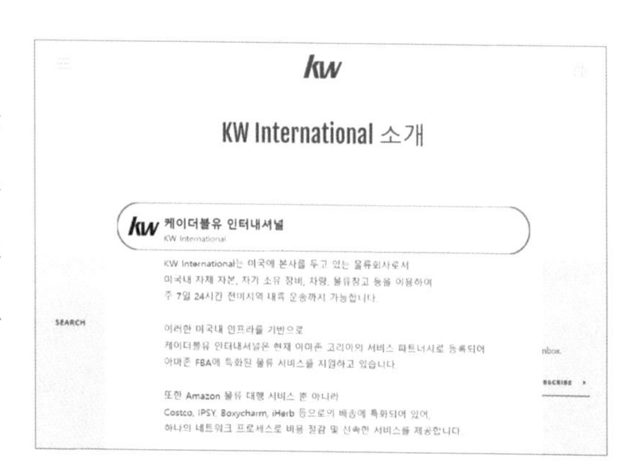

KW인터내셔널 역시 셀러들이 많이 이용하는 업체입니다. 항공특송 및 해상운송 모두 가능합니다. 홈페이지를 통해 문의하시면 친절하게 답변을 받을 수 있습니다.

FBABEE

앞서 소개해드린 업체는 모두 한국발 배송대행사입니다. 만약 중국에서 미국으로 직접 물품을 발송할 경우에는 우선 제조사에 배송비를 문의해보시고, 배송비가 과도한 것 같다면 중국에서 미국 FBA 창고까지 배송을 해주는 배송대행사를 알아보셔야 합니다.

중국에서 미국으로 배송을 대행해주는 업체들도 많이 있습니다. 그중에서 제가 활동하고 있는 아마존 셀러 커뮤니티의 멤버가 이용하는 배송대행사를 소개합니다. 해당 업체의 경우 Prep 서비스라고 해서 아마존에 상품을 발송하기 위한 준비과정까지 대행해주는 서비스도 제공합니다. 비용도 저렴하고 실제 해당 셀러께서 창고 실사까지 다녀왔다고 합니다.

그 외에도 여러 배송대행사들이 있으니 비교 견적을 받아보시고 커뮤니케이션이 원활하고 가격도 비교적 저렴한 업체를 통해 배송비와 배송 프로세스를 확인하시면 됩니다.

이렇게 지금까지 설명드린 3가지 사항을 확인해보시고 첫 FBA 물량을 준비한 뒤에 배송 계획을 작성합니다. FBA 창고에 물품이 제대로 입고되기 위해서는 내가 작성한 배송 계획과 동일한 아이템 및 수량을 잘 준비해야 하고 아이템 라벨이 제대로 붙어 있는지, 배송에 적합한 상태로 상품이 잘 준비되어 있는지, 카톤 박스 외부에 FBA Shipping Label이 잘 부착되어 있는지를 잘 확인해주셔야 합니다.

처음에는 이 과정들이 굉장히 복잡해 보이지만 몇 번 반복하다 보면 익숙해지는 과정이기 때문에 혹시라도 입고가 되지 않을까 걱정하지 않으셔도 됩니다.

FBA 재고 관리 및 배송 계획 작성 팁

아마존 셀링을 할 때 재고 관리는 무척이나 중요합니다. 잘 판매되던 제품도 재고가 부족해서 품절 상태가 되면 애써서 올려놓았던 랭킹이 순식간에 떨어지기도 하기 때문에 시장 반응을 확인했다면 재고 관리를 철저하게 잘 하셔야 합니다.

첫 물량을 항공으로 보낼 경우 개당 배송비가 높을 수밖에 없습니다. 따라서 시장테스트를 위한 첫 물량을 발송한 다음에는 항공운송과 해상운송을 병행하여 운영하는 것이 장기적인 관점에서 꼭 필요합니다.

항공운송과 해상운송을 병행하여 운영하자

좋은 마진 구조를 만들기 위해서는 추후에 모든 물량을 해상운송을 통해 보내는 것이 가장 좋습니다. 저의 경우 해상운송으로 대량 발송을 하기까지 꽤 많은 시간이 걸렸습니다. 하지만 진작에 해상운송을 겁내지 않고 시도해보았다면 하늘에 이토록 많은 운송비를 뿌리고 다니지 않았을 것입니다. 특히 제품의 무게가 무겁거나 부피가 큰 제품이라면 반드시 해상운송을 고려해보셔야 합니다.

다만 해상운송의 경우 재고 입고까지 시간이 매우 오래 걸립니다. 발송 이후 입고까지 2개월 정도 걸린다고 보고 계획을 세워야 합니다. 그만큼 오더량도 많아지기 때문에 최소 3개월 이상치의 물량 자금이 묶인다고 보시면 됩니다. 따라서 해상운송을 시작할 때에는 자금의 회전도 고려하여 적정한 물류 사이클을 각자의 사정에 맞춰 찾아가야 합니다.

해상운송만으로 적정 재고를 유지하기란 참 어렵습니다. 물량이 몰리는 연말에는 아마존 창고에서도 이동 시간이 지연되고 입고 스케줄도 번번히 취소되는 등 입고에 문제가 굉장히 많습니다. 따라서 해상운송과 항공운송을 병행하여 재고가 떨어지지 않도록 관리를 잘 해주시는 것이 중요합니다.

크리스마스 시즌이 다가오면 리스트 하단에 Arrives before Christmas 표시가 뜨는데 연말에는 선물 수요가 많기 때문에 이 표시가 뜨는 것이 매우 중요합니다. 미국은 지역이 워낙 넓기 때문에 재고가 충분해야 미국의 많은 지역에서 1~2day shipping이 가능합니다. 빠른 배송이 가능한 제품은 아마존에서도 랭킹이 상승될 확률이 높습니다. 배송이 빠르기 때문에 구매전환율도 올라가고 1~2day shipping과 Arrives before Christmas 표시가 뜨면 클릭률 또한 좋아지기 때문입니다.

재고는 아마존 랭킹에 큰 영향을 주는 요소이니 재고 관리는 반드시 철저하게 하시기 바랍니다.

발송지 주소를 서부로 변경하고 배송 계획을 작성하자

해상운송을 염두에 둔다면 발송지 주소를 서부로 변경해놓고 운영하는 것을 추천합니다. 그 이유는 해상운송의 경우 선박이 보통 서부로 도착하게 되는데, 동부의 창고가 배정될 경우 미국 내 내륙 운송 비용이 추가로 발생하기 때문입니다.

아마존에서 배송 계획을 작성하게 되면 아마존 알고리즘에 의해 창고가 랜덤으로 지정됩니다. 이때 여러 알고리즘이 있겠지만 보통 첫 제품의 경우는 발송지에서 가까운 창고로 배정이 됩니다. 보통 해상운송사의 창고가 서부에 위치하고 있기 때문에 해상운송사에서 안내해주는 주소지로 출고지 주소를 바꾸어 놓고 배송 계획을 작성하면 됩니다.

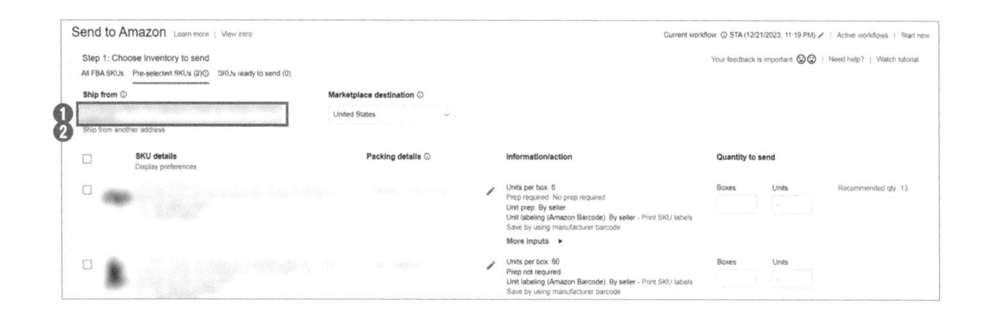

처음 배송 계획을 작성하게 되면 ❶ Ship from Address가 아마존 셀러 가입 시 작성해놓은 주소지로 설정되어 있습니다. 이때 화면과 같이 ❷ Ship from Another Address를 클릭하여 발송지 주소를 변경할 수 있습니다. 항공운송의 경우도 주소지를 가급적이면 서부로 변경해야 알고리즘에 의해 계속 서부의 창고를 배정받을 수 있습니다.

마스터의 시크릿 노트

저 같은 경우에는 처음에 발송지를 서부로 변경해야 한다는 사실을 모르고 동부의 어딘가로 주소지를 변경한 뒤에 아이템 서칭도 하고, 셀러 센트럴 페이지도 동부 주소지로 운영하다 보니 리스팅한 상품이 계속해서 동부 창고로 배정되고 있습니다.
그로 인해 해상운송을 통해 세이브되는 비용이 항공운송에 비해 많지 않아 운영에 약간의 차질이 발생했습니다. 이 책을 읽는 여러분은 이러한 문제를 겪지 않도록 발송지 주소를 사전에 서부로 변경하여 운영하시는 것을 추천합니다.

26

FBA 배송 계획 작성법

이번 챕터에서는 FBA Shipping Plan을 작성하는 방법에 대해 배워보겠습니다. FBA 창고로 상품을 발송하기 전에 준비해야 하는 사항들을 모두 체크했다면, 실제 상품을 보내기 위한 배송 계획을 세워야 합니다. 이 과정은 FBA 창고에 어떤 상품을 얼마나 발송할 것인지 아마존 시스템에 미리 입력하여 아마존에서 상품을 원활하게 수령하게 도와줍니다.

FBM 상품을 FBA 상품으로 전환하기

먼저 FBM으로 리스팅한 상품을 FBA 상품으로 전환하는 작업을 해야 합니다. 상품 등록

당시에 FBA 상품으로 등록했다면 바로 배송 계획을 세우면 됩니다. 하지만 만약 FBM 상품으로 등록했다면 우선 FBM 상품을 FBA 상품으로 전환하는 작업이 필요합니다.

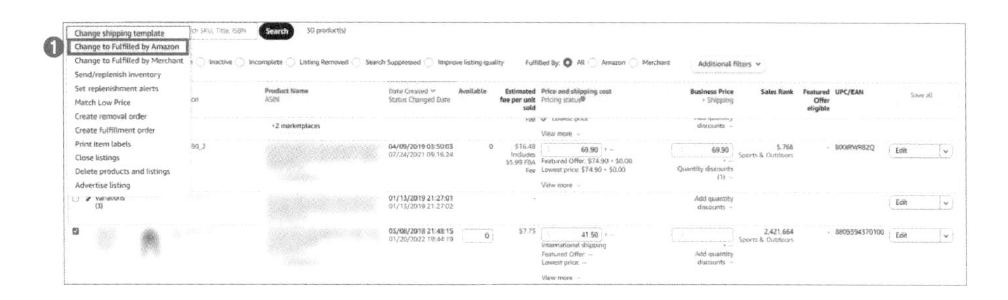

Inventory 메뉴에서 Manage Inventory 탭을 클릭하면 전체 재고를 확인할 수 있습니다. 여기서 FBM 상품 앞쪽의 체크박스에 체크를 하고 상단 드롭다운 메뉴를 클릭하면 ❶ Change to Fulfilled by Amazon 메뉴가 보입니다. 이것을 클릭하면 FBM 상품을 FBA 상품으로 전환하는 페이지로 넘어갑니다.

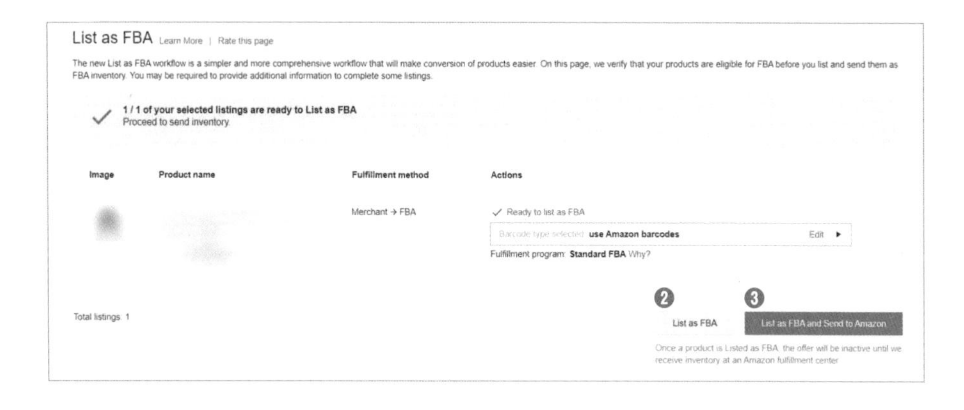

위 화면과 같이 FBA 상품으로 리스팅만 바꿀 것인지, FBA 상품으로 리스팅을 바꾸고 아마존 창고로 물건을 보낼 것인지를 선택할 수 있습니다. 만약 리스팅 타입만 FBA 배송으로 변경하려고 한다면 ❷ List as FBA 버튼을 클릭하고, 바로 배송 계획을 작성할 것이라면 ❸ List as FBA and Send to Amazon 버튼을 클릭하여 배송 계획을 작성합니다.

STEP 1 : 아마존 창고로 배송할 상품 선택

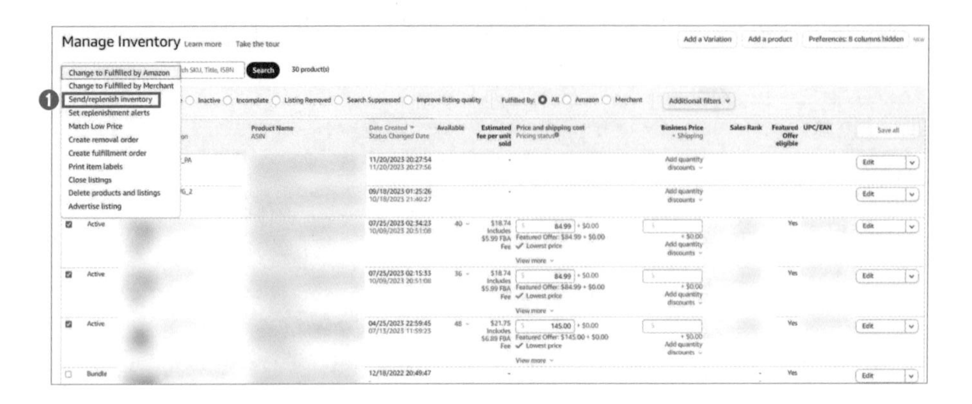

그럼 지금부터 배송 계획을 세우는 방법은 구체적으로 알아보겠습니다. 이미 FBA 상품으로 리스팅된 상태라면 Inventory 메뉴에서 Manage Inventory 페이지로 들어가 창고로 발송할 상품들을 선택한 다음 상단 드롭다운 메뉴에서 ❶ Send/Replenish Inventory를 클릭합니다. 그러면 다음 화면과 같이 선택한 상품에 대해 배송 계획을 세우는 페이지로 넘어가게 됩니다.

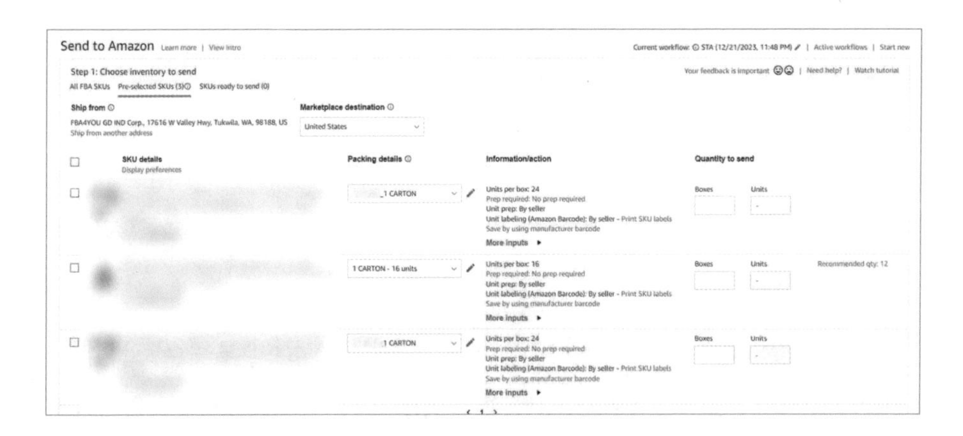

제품 수량 입력

한 박스에 1개의 SKU 상품만 담아 발송한다면 카톤 박스당 입수량, 무게, 박스 사이즈 정보로 패키지 템플릿을 등록할 수 있습니다. 이렇게 패키지 템플릿을 등록하면 카톤 박스 단위로 발송 시에 박스 수량만 입력하면 자동으로 단품 개수가 입력됩니다.

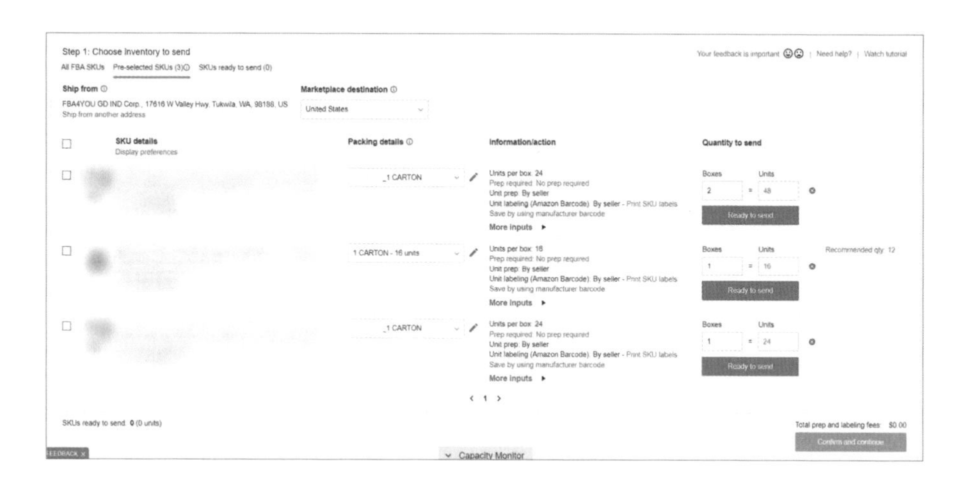

예를 들어 위 화면을 보면, 첫 번째 상품의 1 CARTON 수량은 24개 단위입니다. 따라서 박스 수량에 2를 입력하면 Units가 48개로 자동으로 산출됩니다.

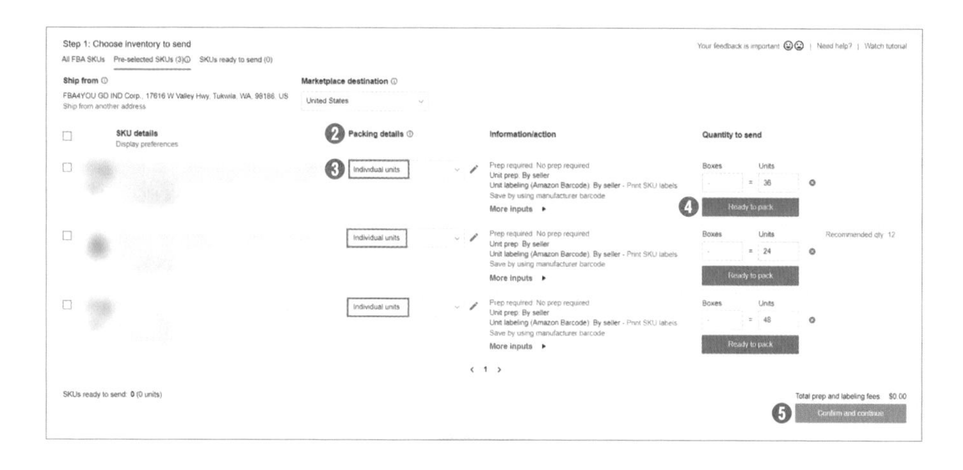

만약 여러 상품을 하나의 카톤 박스에 섞어서 발송하는 경우에는 ❷ Packing detail의 드롭다운 메뉴에서 ❸ Individual units를 선택한 다음 각 상품별로 수량을 직접 기입할 수 있습니다.

이렇게 발송할 상품과 수량을 설정한 다음 각 상품에 대해 ❹ Ready to pack 버튼을 누르면 ❺ Confirm and continue 버튼이 활성화됩니다.

패킹 정보 입력

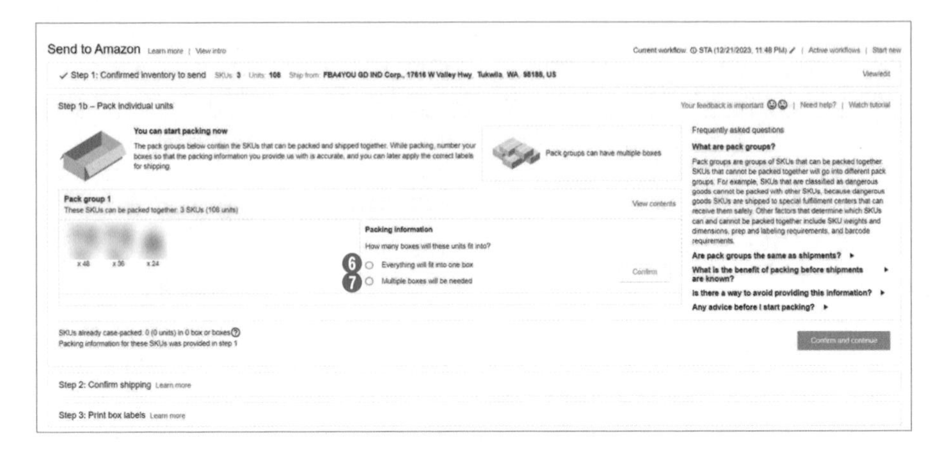

Confirm and continue 버튼을 클릭하면 다음 단계로 발송할 상품의 패킹 방식을 설정하는 창으로 넘어갑니다. 제품 수량 입력 단계에서 상품과 전체 수량을 기입했다면, 이 아이템을 어떻게 패킹할 것인지 계획을 세워야 합니다.

만약 발송할 모든 상품이 한 박스에 들어간다면 ❻ Everything will fit into one box에 체크하면 되고, 여러 박스에 패킹할 계획이라면 ❼ Multiple boxes will be need에 체크하면 됩니다.

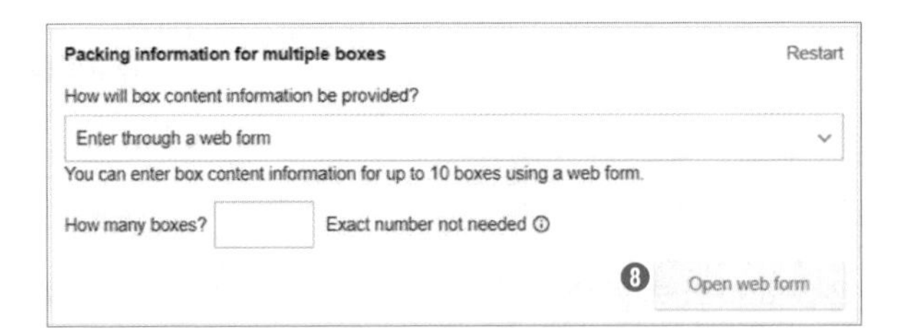

Multiple boxes will be need에 체크하면 박스 수량을 기입하는 화면이 나옵니다.

이때 10개의 카톤 박스 이내로 패킹이 가능하다면 해당 화면에서 박스 구성을 입력하고, 10개의 카톤 박스를 초과할 경우에는 엑셀 양식을 다운로드받아 입력하도록 되어 있습니다. 웹에 기입하는 양식이나 엑셀 양식이나 입력 정보는 동일하기 때문에 웹에 기입하는 것을 기준으로 설명 드리겠습니다.

예를 들어, 5개의 카톤 박스에 상품을 패킹한다고 가정하고 5를 기입한 다음 ❽ Open web form을 클릭해보겠습니다. 그러면 다음 화면과 같이 박스에 담을 상품 수량을 기입하는 창이 뜹니다.

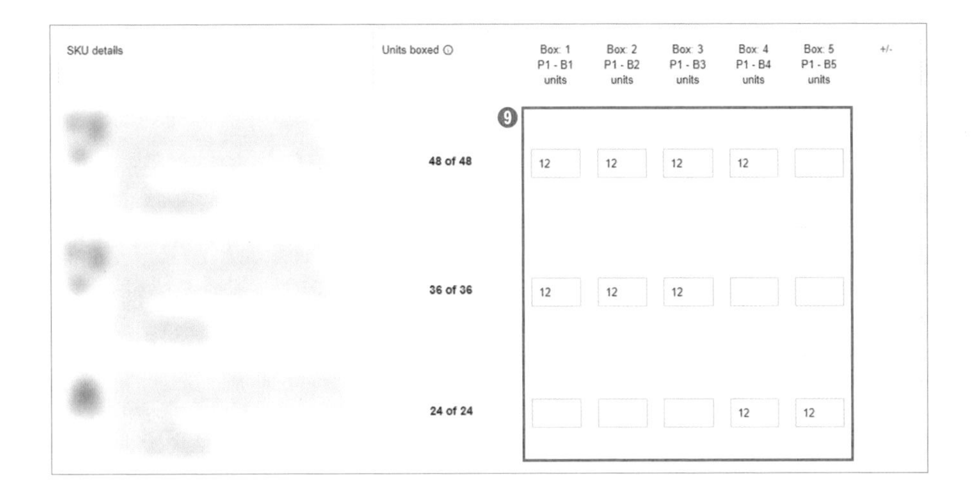

❾ 5개의 카톤 박스에 3종의 상품을 몇 개씩 어떤 구성으로 담을 것인지를 입력하면 됩니다. 각 상품별로 전체 수량은 제품 수량 입력 단계에서 입력한 수량과 일치해야 합니다. 수량이 일치하지 않을 경우에는 다음으로 넘어가지 않습니다. 실제 패킹하는 박스 넘버와 상품 종류, 수량이 일치하도록 포장해야 합니다.

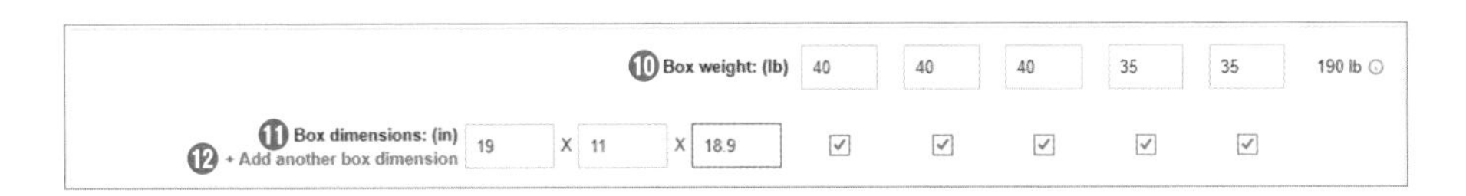

그리고 각 박스별 무게는 ⑩ 파운드 단위로, 박스 사이즈는 ⑪ 인치 단위로 입력합니다. 5개의 박스 사이즈가 모두 동일하다면 사이즈를 기입하고 체크박스에 모두 체크를 하면 되고, 만약 박스별로 사이즈가 다르다면 ⑫ +Add another box dimension 버튼을 클릭하고 사이즈가 다른 박스를 선택하여 추가로 사이즈를 입력하면 됩니다.

이렇게 패킹 정보를 모두 입력한 다음 Confirm 버튼을 클릭하면 배송 수단을 선택하는 창으로 넘어갑니다.

STEP 2 : 아마존 창고로 배송 수단 확인

배송 수단 입력 화면에서는 ❶ 예상 배송 일자Ship date, ❷ 배송 타입SPD 또는 LTL, ❸ 배송사Shipping carrier를 선택합니다. 배송사는 한국에서 상품을 발송하는 경우에는 Amazon partnered carrier를 선택할 수 없고, Non-Amazon partnered carrier만 선택할 수 있습니다.

미국 현지 창고에서 출발하여 아마존 창고에 입고하는 경우라면 SPD 또는 LTL 모두 가능합니다. SPDSmall Parcel Delivery는 개별 박스로 택배처럼 아마존 창고까지 배송하는 방식이고, LTLLess Than Truckload은 아마존이 보내준 트럭으로 발송하는 방식입니다. 수량이 적을 때는 SPD가 빠르고 비용도 저렴하지만, 수량이 많아질수록 LTL 방식으로 보내는 것이 훨씬 저렴해집니다.

배송 옵션 선택

먼저 예상 배송 일자를 입력합니다. 말 그대로 예상 배송 일자로 반드시 그 날짜에 배송되지 않아도 큰 문제는 없습니다. 너무 타이트하지 않게 대략적인 입고일을 선택합니다.

그리고 최근에 배송 옵션을 선택하는 부분이 새롭게 추가되었는데요. ❹ Recommended shipment option을 선택할 경우 Amazon partnered carrier를 사용하여 배송비가 조금 더 비싸지지만 입고가 좀 더 빠르게 잡히는 장점이 있습니다. 다음 화면에서 보시다시피 ❺ Standard shipment option을 선택할 경우 입고가 지연될 수 있다는 경고 문구와 함께 배송이 2개로 나뉜다는 것을 확인할 수 있습니다.

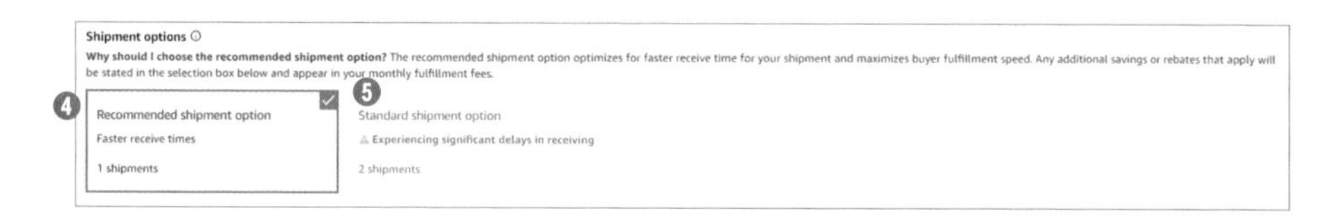

그렇다면 배송이 2개로 나뉜다는 것은 무엇을 의미할까요? 배송 계획을 작성하면 출고지에서 가까운 아마존 창고로 랜덤하게 자동으로 배송지가 결정됩니다. 그런데 하나의 배송 계획에서도 아마존 창고가 여럿으로 배정되는 경우가 있습니다.

SPD 방식을 선택했다면 배송지가 여러 군데라도 각각의 박스를 다른 배송지로 발송할 수 있지만, LTL 방식을 선택했다면 트럭을 이용해 한꺼번에 배송하기 때문에 배송지가 여러 군데로 나눠지면 난감한 상황이 발생합니다. 셀러 입장에서는 하나의 배송지로 상품을 발송하는 것이 입고도 빠르게 잡히고 배송도 번거롭지 않습니다.

따라서 Recommended shipment option를 선택하여 하나의 창고로 배정받고 입고도 빠른 방향으로 진행하겠습니다.

배송사 선택

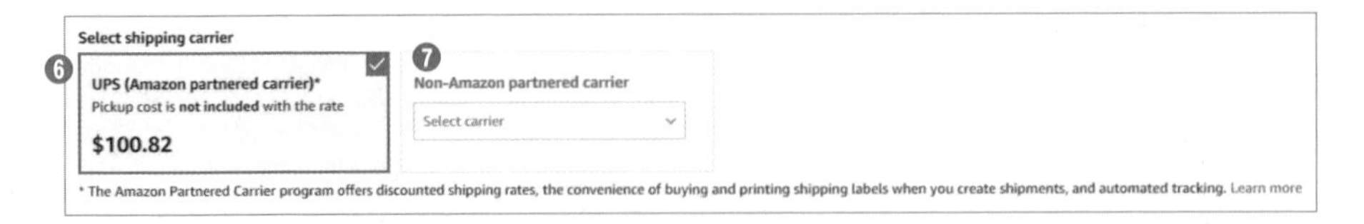

배송 옵션까지 결정했다면 배송사를 결정할 단계입니다. 미국 내에서 배송을 할 때는 ❻ Amazon partnered carrier를 선택하는 것이 트래킹도 쉽고 비용도 저렴합니다. 하지만 앞서 말씀드렸듯이 한국에서 발송할 때는 ❼ Non-Amazon partnered carrier를 선택하고 배송업체를 입력해야 합니다. 배송대행사를 이용한다면 대행사에서 이용하는 특송사를 선택합니다. 예를 들어, 도어로를 이용하면 DHL을 선택합니다.

STEP 3 : 박스 라벨 인쇄

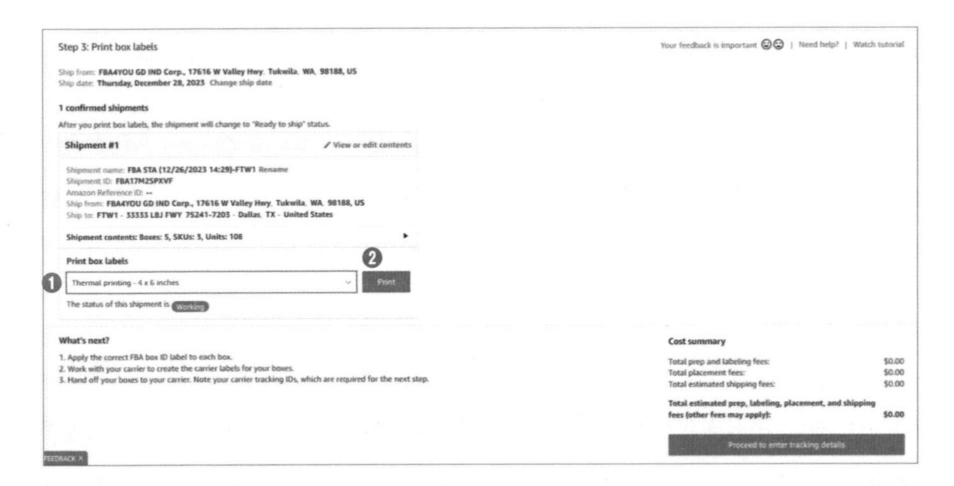

이제 아마존 창고로 배송할 박스의 라벨을 인쇄하면 끝입니다. ❶ 라벨지를 선택하고 ❷ Print 버튼을 클릭하면 박스에 붙이는 FBA 라벨을 출력할 수 있습니다. 감열 라벨지가 있다면 Thermal printing-4×6 inches를 선택하면 되고, A4 용지에 인쇄하여 부착할 수도 있습니다.

잉크젯 프린터로 라벨을 인쇄할 때는 습기에 취약하기 때문에 라벨지 위에 테이프로 커버하여 라벨지가 지워지거나 얼룩지지 않도록 합니다.

마스터의 시크릿 노트

이번 챕터에서는 내 상품을 아마존 창고에 입고시키기 위해 배송 계획을 작성하는 과정을 알아봤습니다. 이렇게 세운 배송 계획과 함께 발송한 상품은 FBA 창고에 도착하여 아마존에서 FBA 박스 라벨을 스캔하고 박스를 개봉하여 각 상품의 FNSKU 바코드에 맞춰 상품을 정상적으로 입고하게 됩니다. 처음에는 조금 복잡해보일 수도 있지만, 몇 번만 따라서 진행해보면 쉽게 상품 재고를 발송할 수 있습니다.

다음 챕터에서는 해상운송을 통해 상품을 입고시키는 프로세스와 LTL 방식으로 배송 계획을 작성하는 방법에 대해 알아보겠습니다.

해상운송 프로세스 및 LTL 배송 계획 작성법

이번 챕터에서는 해상운송을 하게 될 경우 어떤 프로세스를 통해 내 상품이 아마존 창고에 입고되는지 자세히 설명드리겠습니다.

보통 초기에는 물량이 적어 항공운송을 통해 발송하지만 물량이 점차 늘어나면 해상운송을 고려하게 됩니다. 저 역시 아마존 셀링 초기에는 항공운송으로 소량씩 발송을 했었는데요. 물량이 점점 늘어나면서 최근에는 재고가 급격히 떨어지는 경우가 아니면 거의 대부분의 재고를 해상운송으로 발송하고 있습니다.

해상운송으로 한국에서 발송할 경우 상품이 LA 항구에 도착하여 배송대행사 창고에 입고되기까지 약 3주 정도 그리고 배송대행사 창고에서 아마존 창고로 이동하는데 약 1~2주 정도가 소요됩니다. 아마존 창고에 도착해도 판매 가능한 재고로 잡히기까지는 시기에 따라 많은 시간이 걸리지요.

따라서 해상운송을 통해 재고를 입고시킬 때는 최소 2개월 이상의 물량을 갖고 운영한다고 생각해야 합니다. 이 말은 생산부터 물류 과정까지 고려했을 때 대략 3개월치 물량에 대한 자금 여유가 있어야 한다는 의미입니다.

이렇게 해상운송으로 운영하게 되면 자본금도 더 필요하고 재고 관리도 더욱 신경 써야 합니다. 하지만 물량이 늘어났는데도 항공운송으로 계속 재고를 보내는 것은 하늘 위에 돈을 뿌리는 것과 마찬가지입니다. 물량이 어느 정도 예상되고 꾸준한 매출이 일어나기 시작한다면 본격적으로 해상운송을 고려해보는 것을 적극 추천합니다.

해상운송 프로세스

해상으로 상품을 발송한다고 생각하면 항공운송보다 훨씬 복잡할 것 같고 물량도 많아지다 보니 작은 실수에도 문제가 커질 수 있어 신중해지고 조심스러워질 수밖에 없습니다. 하지만 해상운송의 비용적인 이점은 매우 큽니다. 경쟁이 치열한 아마존에서 가격 경쟁력을 확보하고 적절한 마진을 취하기 위해서는 해상운송을 고려하셔야 합니다.

저처럼 아까운 비용을 하늘에 뿌리지 않길 바라는 마음에 해상운송 프로세스에 대해 최대한 쉽고 자세하게 알려드리겠습니다.

배로 상품을 먼저 보내고, 창고 도착 이후에 배송 계획을 작성한다

원래 아마존 창고로 상품을 보낼 때는 미리 배송 계획을 작성한 다음, 작성된 배송 계획에 맞춰 상품을 패킹하고 FBA 박스 라벨을 정확히 부착하여 발송한다고 설명했습니다. 하지만 해상운송으로 상품을 보낼 때는 우선 배로 상품을 먼저 발송하고, 미국에 위치한 배송대행사의 창고에 상품이 입고된 다음 배송 계획을 작성하게 됩니다.

배송대행사마다 물품의 입출고 절차나 박스의 표기 사항 등에 차이가 있어 미리 배송 계획을 작성하는 것이 어렵기 때문입니다. 다만 해상운송을 통해 입고한 상품의 종류, 수량, 몇 번 카톤 박스에 어떤 상품이 들어있는지 등에 대한 정보를 배송대행사와 화주가 정확히 커뮤니케이션할 수 있으면 됩니다. 그러면 해상운송을 통해 발송한 상품을 미국 배송대행사의 창고에 보관하다가 재고 상황에 맞춰 한 번에 출고할 수도 있고, 여러 차례 나누어 출고를 요청할 수도 있습니다.

항공운송을 하다 해상운송을 시작하면 이 부분의 차이를 가장 크게 느끼시는 분들이 많은데요. 쉽게 생각하면 미국 배송대행사의 창고에 상품을 보관하면서 미국 내 운송을 통해 아마존 FBA 창고로 상품을 발송한다고 생각하시면 됩니다.

하나의 카톤 박스에는 한 종류의 상품만 50파운드 이하의 무게로 발송

앞서 항공운송으로 상품을 발송할 때는 여러 상품을 섞어서 발송할 수 있다고 설명드렸습니다. 하지만 해상운송을 통해 상품을 발송할 때는 가급적 하나의 카톤 박스에 하나의 SKU 상품만 담아 보내는 것을 추천합니다.

항공운송보다 복잡하고 부담이 큰 해상운송의 특성상 이렇게 해야 현지 창고와 커뮤니케이션도 수월하고, 재고를 입고시키는 과정도 빠르게 가능합니다.

배송 계획을 작성할 때, 물량이 하나의 팔레트 이상일 경우 LTL로 발송

앞선 챕터에서 박스 단위로 아마존 창고에 상품을 입고시키는 SPD에 대해 말씀드렸습니다. 하지만 우리가 해상운송을 이용하는 것은 물류비를 최소화하기 위함입니다. 해상운송으로 상품을 발송할 경우 물량도 늘어나기 때문에 트럭을 통해 팔레트 단위로 포장하여 입고시키는 LTL을 활용해야 물류비를 최소화시킬 수 있습니다.

다만 LTL로 상품을 발송하기 위해서는 하나의 팔레트 무게가 최소 150파운드 이상,

최대 15,000파운드 이하여야 합니다.

배송 계획을 작성할 때 SPD로 발송할지 LTL로 발송할지 선택하는데요. 이때 예상 운송비를 사전에 확인할 수 있습니다. 만약 LTL로 발송하는 것이 저렴하다면 LTL을 선택하여 입고시키는 것이 좋습니다. 물량이 적을 때는 SPD로 발송하는 것이 더 저렴한 경우가 있기 때문에 배송 계획을 작성하면서 확인하기 바랍니다.

LTL 배송 계획 작성 방법

Inventory 메뉴에서 Manage Inventory 페이지로 들어가 창고로 발송할 상품들을 선택한 다음 상단 드롭다운 메뉴에서 Send/Replenish Inventory를 클릭하여 배송 계획을 작성합니다. SPD 배송 계획을 작성할 때와 동일하게 발송할 SKU별로 발송할 수량을 입력하고 Confirm 버튼을 클릭합니다.

해상운송은 여러 상품을 한 박스에 섞어 발송하지 않고, 한 박스에 하나의 SKU 상품을 담아 보내기 때문에 카톤 박스 단위 패키지 템플릿을 미리 입력해놓고 박스 수량을 입력하면 자동으로 발송할 개별 상품 수량이 계산됩니다.

배송 옵션 선택

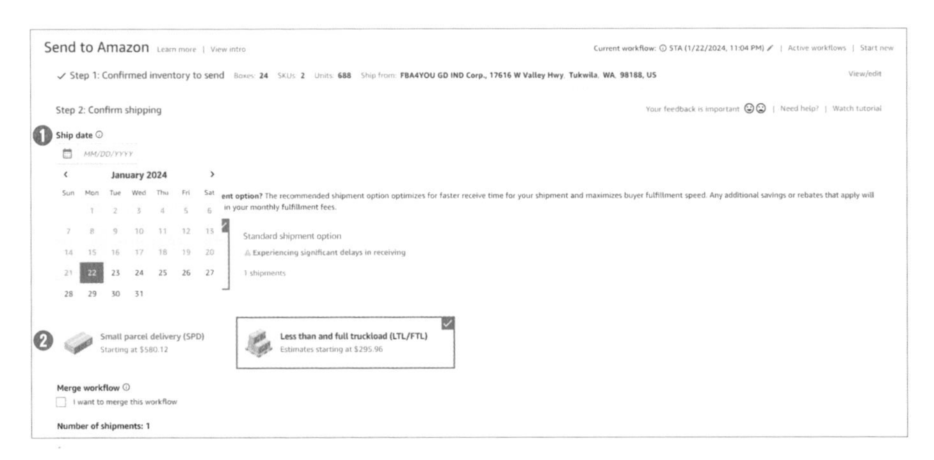

다음 단계로 넘어가면 ❶ 예상 배송 일자를 선택하고 ❷ SPD 또는 LTL으로 배송 타입을 선택하는 화면이 나옵니다. 예상 배송 일자는 배송대행사에 출고를 요청하고 배송대행사에서 출고를 진행할 대략적인 날짜를 선택하면 됩니다. 예상 일정보다 너무 늦거나 빠르면 문제가 될 수 있지만 앞뒤로 일주일 정도는 괜찮습니다.

보통 배송대행사에 출고를 요청하고 LTL의 경우 팔레트 준비, 아마존 FBA 창고에 트럭 입고 스케줄 등을 잡는 시간 등이 필요하므로 약 5~7일 이후로 예상 배송 일자를 선택합니다. 예상 배송 일자는 배송대행사에 따라 소요 시간이 다를 수 있으므로 배송대행사에 문의하여 일정을 선택하는 것이 가장 정확합니다.

예상 배송 일자를 선택한 다음에는 상품을 SPD로 보낼 것인지 LTL로 보낼 것인지 선택하게 됩니다. 화면에서 보시다시피 LTL이 SPD보다 두 배 정도 배송비가 저렴한 것을 알 수 있습니다. 물량이 많아질수록 배송비의 차이는 더 커집니다.

박스 라벨 인쇄

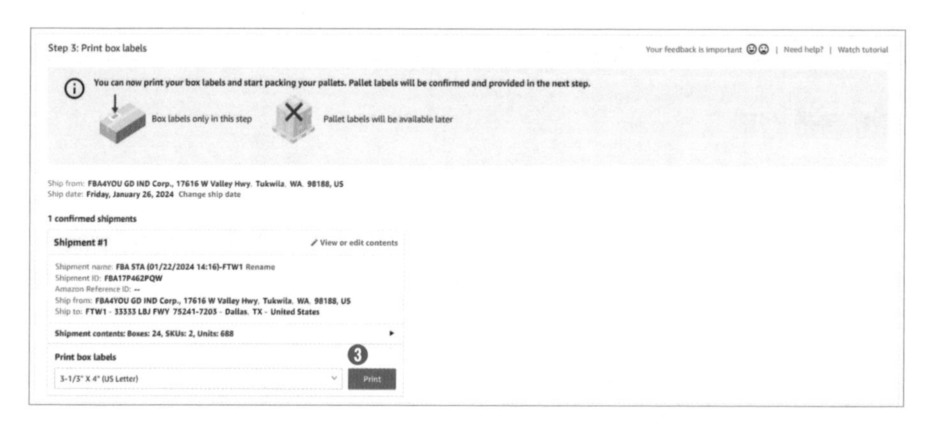

배송 타입으로 LTL을 선택했다면 SPD와 동일하게 FBA 박스 라벨을 출력하는 단계로 넘어갑니다. 한국에서 직접 미국 FBA 창고로 발송할 때, 이 단계에서 박스 라벨을 출력하여 박스에 부착했던 것을 기억하시나요? 하지만 해상운송으로 발송할 때는 FBA 박스 라벨이 부착되지 않은 상태로 미국 배송대행사 창고에 도착했기 때문에 해상운송의 경우 ❸ 박스 라벨을 다운로드한 뒤 배송대행사에 전달하면 됩니다.

박스 라벨을 다운로드하고 Continue to carrier and pallet information 버튼을 클릭하여 다음 단계로 넘어갑니다.

배송사 선택 및 팔레트 정보 입력

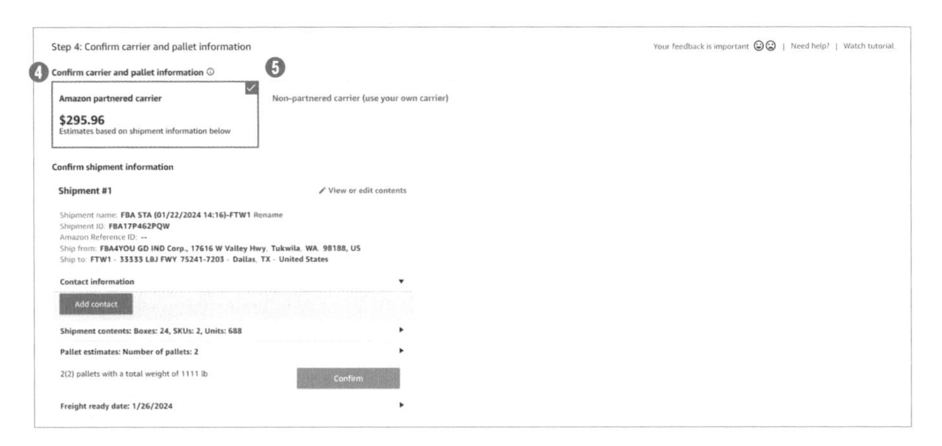

이번 단계에서는 LTL 배송사를 선택하고 팔레트의 정보를 입력합니다. ❹ Amazon partnered carrier는 아마존에서 보내준 트럭이 배송대행사 창고에서 상품을 픽업하여 FBA 창고로 입고시키는 방식이고, ❺ Non-partnered carrier는 배송대행사에서 이용하는 트럭을 통해 FBA 창고로 입고시키는 방식입니다. Amazon partnered carrier는 배송비가 추후 아마존 정산 시에 청구되고, Non-partnered carrier는 배송대행사에서 트럭으로 출고된 이후 비용이 청구됩니다.

배송대행사마다 다르겠지만 제가 현재 이용하고 있는 배송대행사는 Non-partnered carrier 방식을 권장합니다. Amazon partnered carrier의 경우 아마존에서 일방적으로 입고 스케줄을 미루거나 취소하는 경우가 발생하기 때문이라고 합니다.

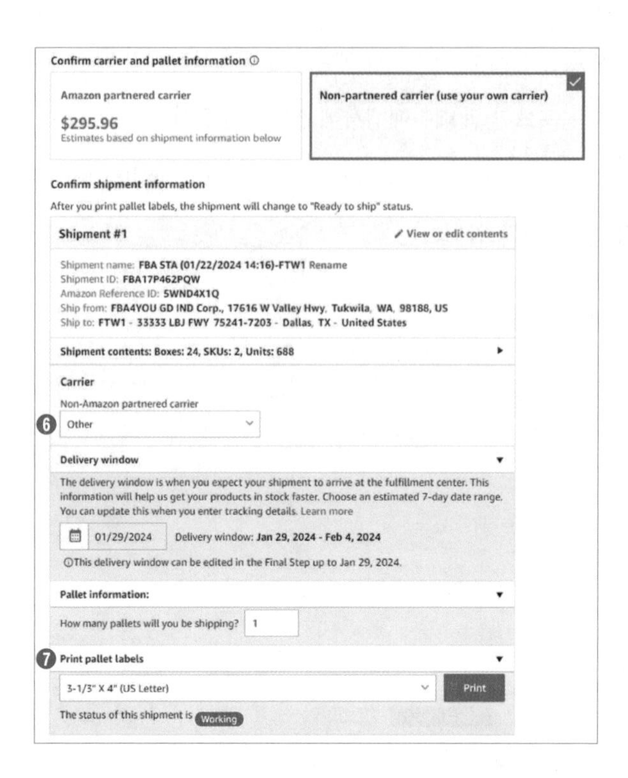

만약 Amazon partnered carrier를 선택한다면 Contact information에 배송대행사 정보를 입력하고, 차례대로 발송할 팔레트 수량과 사이즈, 무게 등의 정보를 입력합니다. Non-partnered carrier를 선택할 경우에는 화면과 같이 ❻ Carrier를 선택하고 예상 입고 일자를 선택한 뒤에 팔레트 수량만 입력하면 됩니다. Carrier에는 몇 가지 옵션이 있는데, 제가 이용하는 배송대행사는 Other를 선택하도록 안내하고 있어 기타 배송사를 선택했습니다. 이 부분은 배송대행사에 문의하여 배송사를 선택하면 됩니다.

이 단계까지 오면 ❼ Print pallet labels에서 팔레트 라벨을 출력할 수 있습니다. SPD로 발송할 때는 개별 박스에 부착할 FBA Shipment labels만 출력하면 되었는데, LTL로 발송할 때는 팔레트 라벨도 부착해야 합니다. 이 부분도 Print 버튼을 클릭하여 저장하고 배송대행사에 전달하면 아마존에 정상적으로 입고될 수 있도록 작업을 해줍니다.

배송 계획 확인

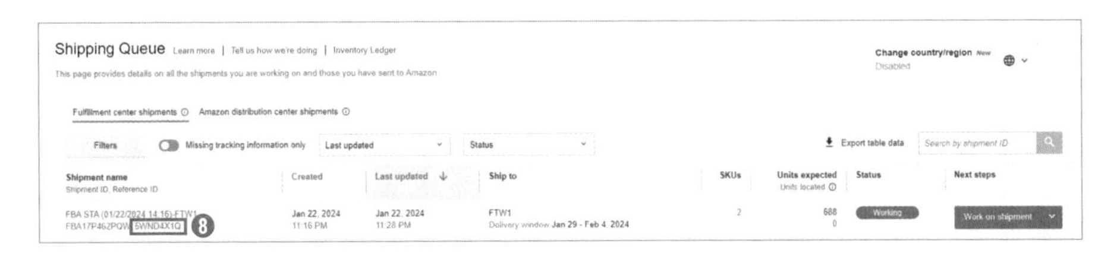

이렇게 작성된 배송 계획을 확인해보면 화면과 같이 ❽ Reference ID를 확인할 수 있습니다. 배송대행사가 요청하는 출고 요청 양식이나 가이드에 맞춰 FBA 라벨, 팔레트 라벨, Reference ID, 출고할 상품 정보를 전달하면 배송대행사에서 출고 작업을 진행하여 아마존 창고에 입고되게 됩니다.

박스 단위가 아닌 팔레트 단위로 입고되다 보니 입력해야 하는 정보가 추가되어 조금 복잡해 보일 것입니다. 하지만 지금까지 설명한 단계에 맞춰 천천히 따라하면 SPD로 발송하는 것과 똑같이 쉽고 간편하게 입고를 할 수 있습니다. 그리고 출고 이후 배송사에서 PO 넘버를 전달해주면 SPD로 발송하고 송장번호를 입력하듯이, PO 넘버를 입력하면 아마존 시스템에서 배송 트래킹을 할 수 있습니다.

마스터의 시크릿 노트

이번 챕터에서는 해상운송 프로세스와 LTL로 입고시키는 방법에 대해 전체적으로 자세히 알아봤습니다. 몇 번만 직접 해보면 크게 어려운 일도 아니었는데 아무래도 많은 물량을 한꺼번에 이동시키는 작업이고 배송 시간이 오래 걸리다 보니 실수를 하여 상품이 분실되거나 입고가 잡히지 않을까봐 한동안 SPD로 입고시켰던 것 같습니다.

지금까지 설명한 대로 잘 따라 하면 비용을 최소화하면서 안전하게 상품을 아마존 창고까지 입고시킬 수 있습니다. 이번 챕터에서 설명한 내용을 꼼꼼하게 숙지하셔서 아까운 배송비를 모두 아끼셨으면 좋겠습니다.

FBA 운영 시 생길 수 있는 문제와 해결 방법

아마존 셀러를 위한 FBA는 굉장히 편리한 시스템이기도 하지만 FBA 상품을 운영하다 보면 이따금씩 다양한 문제에 직면할 수밖에 없습니다. 초보 셀러에게는 머릿속이 하얘지는 아주 당혹스러운 문제도 종종 발생하죠. 이번 챕터에서는 FBA 운영을 하며 생길 수 있는 문제들에 대해 알아보고, 이런 문제가 발생했을 경우 어떻게 대처해야 하는지에 대해 자세히 알려드리겠습니다.

FBA를 운영하며 생길 수 있는 대표적인 문제는 다음과 같습니다.

- 실제 발송한 상품보다 적은 수량이 입고 처리되었다.
- 발송한 상품이 파손되거나 분실되었다.
- 배송 계획과 다른 제품을 보내거나 더 많은 제품을 보냈다.

이런 문제들이 발생했을 때 어떻게 해결해야 하며, 아마존 귀책사유로 발생한 손해는 어떻게 보상받을 수 있을까요?

결론부터 말씀드리면 정당하게 자료를 준비하여 아마존 프로세스에 따라 보상을 요청하면 보상을 받을 수 있습니다. 그렇다면 어떻게 대처하고 어떤 프로세스를 따라야 하는지 케이스별로 설명하겠습니다.

실제 발송한 상품보다 적은 수량이 입고되었다면?

FBA를 운영하다 보면 내가 보낸 상품 수량보다 적은 수량이 FBA 창고에 입고되는 경우가 있습니다. 그럴 때는 우선 내가 보낸 상품의 배송부터 조회해야 합니다.

먼저 배송 계획을 작성한 후 상품을 발송했다면, 다음 화면과 같이 ❶ Tracking Number를 입력하게 됩니다.

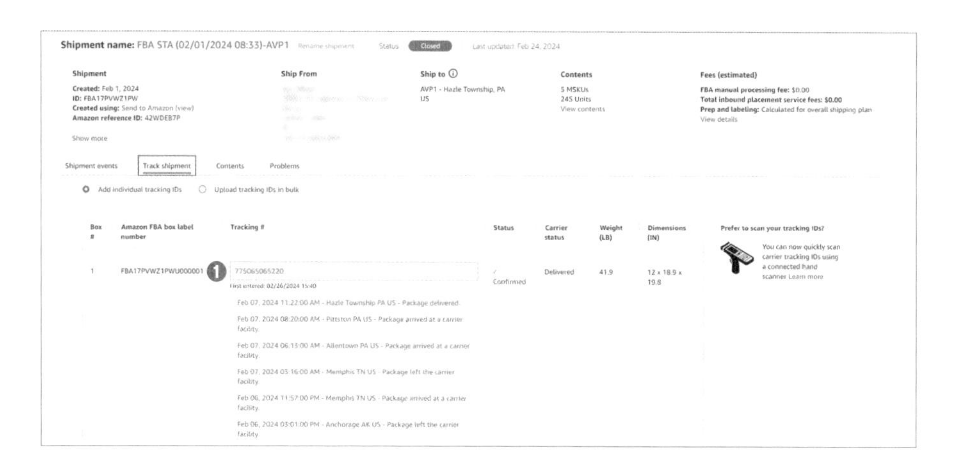

트레킹 넘버를 입력하고 상품이 FBA 창고에 도착하면 ❷ Shipment Contents에 상품 입고 현황이 잡히기 시작합니다. 여기서 알아야 하는 사실은 상품이 도착하고 재고가 잡히기까지 시간이 꽤 걸린다는 점입니다.

특히, 아마존 주요 쇼핑 시즌에는 항공운송으로 상품을 발송해도 입고가 전부 잡힐 때까지 길게는 2개월이 소요되곤 합니다. 따라서 주요 쇼핑 시즌을 앞두고 있다면 최소 2개월 전에는 쇼핑 시즌에 판매할 물량을 미리 준비하여 발송해야 합니다.

화면과 같이 Contents를 보면 ❸ 발송 수량Units expected과 입고 수량Units located을 확인할 수 있습니다. 상품이 도착한 후에 입고 수량이 정상적으로 잡히기까지는 한 달 정도 걸리는 경우가 대부분이기 때문에 우선은 기다려봅니다. 한 달을 기다렸는데도 입고가 잡히지 않거나 발송 수량보다 적은 상태로 해당 배송이 종료된다면, 이때 입고 수량에 대한 조사를 아마존에 요청할 수 있습니다.

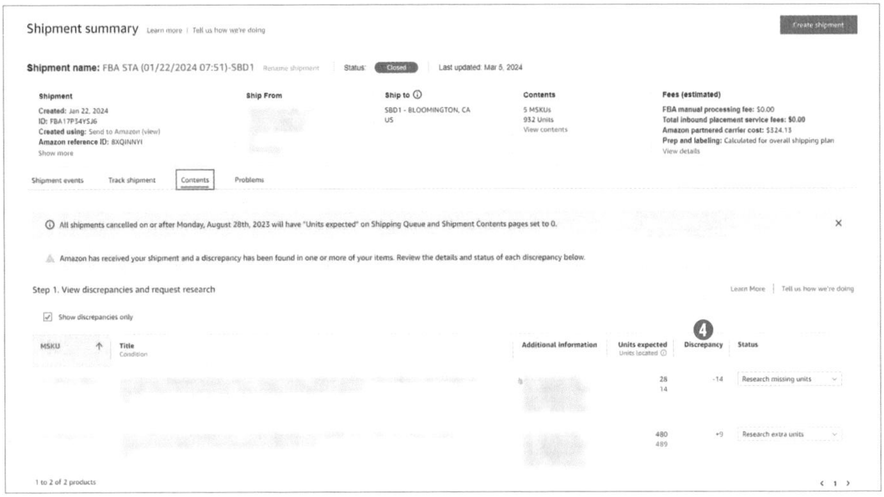

Shipment summary Learn more | Tell us how we're doing

Create shipment

Shipment name: FBA STA (01/22/2024 07:51)-SBD1 Rename shipment | Status: Closed | Last updated: Mar 5, 2024

Shipment
Created: Jan 22, 2024
ID: FBA17P34YSJ6
Created using: Send to Amazon (view)
Amazon reference ID: 8XQINNYI
Show more

Ship From

Ship to
SBD1 - BLOOMINGTON, CA
US

Contents
5 MSKUs
932 Units
View contents

Fees (estimated)
FBA manual processing fee: $0.00
Total inbound placement service fees: $0.00
Amazon partnered carrier cost: $324.13
Prep and labeling: Calculated for overall shipping plan
View details

Shipment events | Track shipment | Contents | Problems

All shipments cancelled on or after Monday, August 28th, 2023 will have "Units expected" on Shipping Queue and Shipment Contents pages set to 0.

Amazon has received your shipment and a discrepancy has been found in one or more of your items. Review the details and status of each discrepancy below.

Step 1. View discrepancies and request research

Learn More | Tell us how we're doing

Show discrepancies only

MSKU	Title Condition	Additional information	Units expected Units located	❹ Discrepancy	Status
			28 14	-14	Research missing units
			480 489	+9	Research extra units

1 to 2 of 2 products

화면에서 보는 것과 같이 ❹ 배송 계획의 발송 수량과 실제 입고 수량에 차이가 있다고 나옵니다. 때로는 발송 수량보다 입고 수량이 더 많이 잡히기도 합니다.

이런 경우는 여러 개의 배송 계획을 작성했는데, 다른 배송 계획의 재고를 해당 배송 계획으로 오인하여 입고를 잘못 잡거나 또는 단순 에러로 수량이 더 많이 잡히는 경우도 있습니다.

재고 조사 요청하기

배송이 종료되기 전까지는 입고 수량에 차이가 있어도 아마존에 재고 조사를 요청할 수 없습니다. 그 사이에 아마존 창고에서 이동 중일 수도 있기 때문에 모든 이동이 끝나고 나서야 미수령된 재고 수량에 대한 조사를 요청할 수 있습니다.

배송이 종료된 것을 확인하고 발송 수량과 입고 수량의 차이에 대해 재고 조사를 요청하면, 셀러는 다음과 같이 실제 발송 수량에 대한 증빙서류를 준비하여 제출해야 합니다.

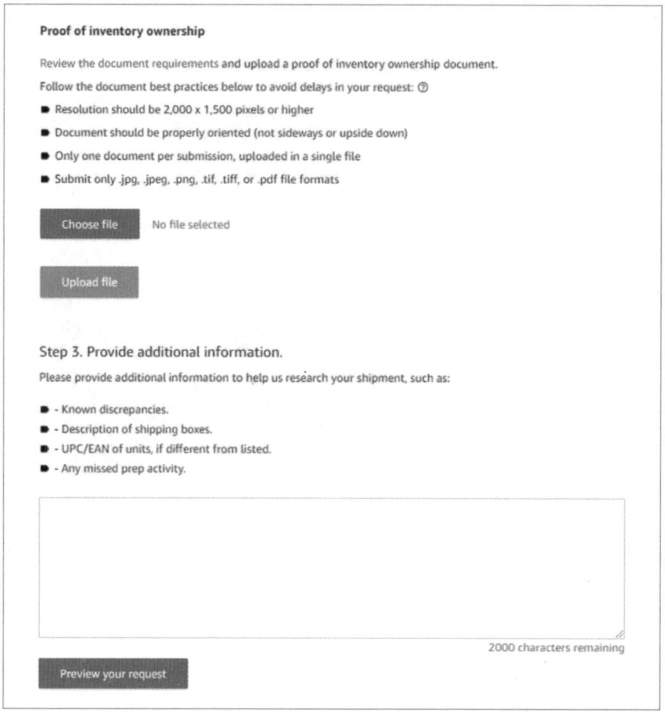

Proof of inventory ownership

Review the document requirements and upload a proof of inventory ownership document.

Follow the document best practices below to avoid delays in your request:

- Resolution should be 2,000 x 1,500 pixels or higher
- Document should be properly oriented (not sideways or upside down)
- Only one document per submission, uploaded in a single file
- Submit only .jpg, .jpeg, .png, .tif, .tiff, or .pdf file formats

Choose file No file selected

Upload file

Step 3. Provide additional information.

Please provide additional information to help us research your shipment, such as:

- - Known discrepancies.
- - Description of shipping boxes.
- - UPC/EAN of units, if different from listed.
- - Any missed prep activity.

2000 characters remaining

Preview your request

아마존에서 요구하는 증빙서류는 셀러의 재고 소유권을 증명하는 서류로 공급업체의 송장, 다른 판매자의 영수증 또는 제조업체의 경우 서명된 패킹리스트 등입니다. 증빙서류에는 다음의 내용이 포함되어야 합니다.

- 구매 일자
- 누락된 제품과 일치하는 제품명
- 수량
- 배송증명서

위 내용을 조금 더 자세히 설명하겠습니다. 만약 제조사가 아닌 유통사라면 제품을 구매한 인보이스와 패킹리스트(박스별로 어떤 품목과 수량을 패킹했는지, 박스 규격과 무게 정보가 기재된 서류)를 첨부해야 합니다. 인보이스는 해당 배송에 해당되는 제품과 수량, 단가 등의 정보가 기재된 영문 인보이스로 준비하면 됩니다. 만약 한국에서 특송으로 발송했다면 배송대행사에서 제공하는 인보이스를 업로드하면 됩니다.

제조사라면 별도로 제품을 구매한 인보이스가 없기 때문에 패킹리스트만 준비하면 됩니다. 가급적이면 해당 배송 계획과 100% 동일한 품목과 수량 정보를 기재하고, 반드시 하단에 수출자의 서명 및 직인을 넣는 것이 좋습니다.

이와 더불어 아마존 창고까지 배송이 완료되었다는 배송증명서를 첨부해야 합니다. 한국에서 미국까지 특송을 이용하여 발송했다면, 배송대행사에 증빙서류를 요청하여 받으면 됩니다.

만약 한국에서 미국까지 해상운송을 이용하여 대량으로 발송하고 배송대행사 창고에 보관했다가, 아마존 창고로 일부씩 보낸 경우라면 배송대행사 창고에서 아마존 창고까지 발송한 수단에 따라 배송증명서가 달라지게 됩니다.

아마존 파트너 커리어를 사용해 SPD 발송을 했다면, 아마존 파트너인 UPS에서 자동으로 트래킹 넘버가 나오고 배송 상태도 아마존 Shipment plan work flow에서 확인할 수 있습니다. 따라서 배송이 완료되었다는 것을 증명하는 화면을 캡쳐하여 배송증명서로 업로드하면 됩니다.

LTL로 발송했는데 아마존 파트너 커리어가 아닌 배송대행사에서 수배한 트럭을 이용했다면, 배송대행사에 요청하여 Proof of Delivery를 요청하면 됩니다. 그러면 아마존에서 수령한 수령자의 사인이 있는 배송증명서를 제공해주는데, 이 서류를 이용해 아마존에 클레임을 걸면 됩니다.

다음은 실제 배송증명서로 제출한 서류의 사본입니다.

PACKING LIST/WEIGHT LIST

SHIPPER / EXPORTER	NO. & DATE OF INVOICE
회사명	15th / JAN / 2024
	FBA SHIPMENT ID. FBA17P34YSJ6

Receiver: SBD1
Amazon.com
3388 S Cactus Ave
BLOOMINGTON, CA 92316-3819, UNITED STATES (US)

AIRWAY BILL Number:

1ZR844X40305714127	1ZR844X40327931664
1ZR844X40334174139	1ZR844X40347371277
1ZR844X40323041543	1ZR844X40302122281
1ZR844X40323792358	1ZR844X40322620697
1ZR844X40330142564	1ZR844X40311942502
1ZR844X40335648170	1ZR844X40349403710
1ZR844X40315305185	1ZR844X40308160327
1ZR844X40341149591	1ZR844X40346808333
1ZR844X40341857405	
1ZR844X40316344613	
1ZR844X40311367223	
1ZR844X40323121233	
1ZR844X40332842643	
1ZR844X40336407455	

Notify Party	
Same as consigne	
PORT OF LOADING	FINAL DESTINATION
INCHEON, KOREA	USA
SHIP VIA / CARRIER	SAILING ON OR ABOUT
UPS (Amazon Partner's Carrier)	
MARKS/NBR. OF PKGS	
22 BOXES	

BOX NO	DESCRIPTION of Goods	SKU ID	FNSKU	Q'TY(unit)		GROSS-WEIGHT(kg)	DIMENSION(cm)
1				16		21.7	55*33.5*25
2	발송한 제품명	SKU ID	아마존 FNSKU 바코드넘버	16		21.7	55*33.5*25
3				16		21.7	55*33.5*25
4				16		21.7	55*33.5*25
5				30		21.6	54.5*45.5*22
6				30		21.6	54.5*45.5*22
7				30		21.6	54.5*45.5*22
8				30		21.6	54.5*45.5*22
9				60		13.6	49*28*48
10				60		13.6	49*28*48
11				60		13.6	49*28*48
12				60		13.6	49*28*48
13				14		12.2	54.5*45.5*22
14				14		12.2	54.5*45.5*22
15				60		18.1	49*28*48
16				60		18.1	49*28*48
17				60		18.1	49*28*48
18				60		18.1	49*28*48
19				60		18.1	49*28*48
20				60		18.1	49*28*48
21				60		18.1	49*28*48
22				60		18.1	49*28*48
			TOTAL	932	EA	397	

SIGNED BY: 회사 직인 또는 서명

패킹리스트에는 가급적 배송 계획과 동일한 품목명, SKU ID, FKSKU와 수량까지 다 적고, 박스 정보와 트래킹 넘버, FBA shipment ID 정보까지 전부 적어주면 좋습니다. 그리고 마지막에는 회사명과 회사 직인 또는 서명을 넣어주는 것도 잊지 말아야 합니다.

그리고 해당 배송증명서는 아마존 파트너 커리어를 사용해 배송대행사로부터 아마존 창고까지 발송된 것이기 때문에, 아마존 시스템에서 다음과 같이 ❺ 패키지가 도착했다는 것을 확인할 수 있습니다. 배송 완료되었다는 사실을 캡쳐하여 함께 제출합니다.

FBA17P34YSJ6U000013

1ZR844X40332842643

Jan 26, 2024 10:30:00 AM - Riverside CA US - Package delivered. ❺
Jan 26, 2024 05:14:03 AM - Riverside CA US - Package is out for delivery.
Jan 26, 2024 05:09:00 AM - Riverside CA US - Package arrived at a carrier facility.
Jan 26, 2024 12:13:00 AM - Ontario CA US - Package left the carrier facility.
Jan 26, 2024 12:03:00 AM - Riverside CA US - Package arrived at a carrier facility.
Jan 25, 2024 03:13:00 PM - Ontario CA US - Package arrived at a carrier facility.
Jan 25, 2024 09:25:00 AM - Visalia CA US - Package left the carrier facility.
Jan 25, 2024 07:04:06 AM - Visalia CA US - Package arrived at a carrier facility.
Jan 25, 2024 05:34:00 AM - Visalia CA US - Package arrived at a carrier facility.
Jan 25, 2024 12:26:00 AM - West Sacramento CA US - Package left the carrier facility.

FBA17P34YSJ6U000014

1ZR844X40336407455

Jan 26, 2024 10:30:00 AM - Riverside CA US - Package delivered. ❺
Jan 26, 2024 06:29:04 AM - Riverside CA US - Package is out for delivery.
Jan 26, 2024 05:12:00 AM - Riverside CA US - Package arrived at a carrier facility.
Jan 26, 2024 04:02:00 AM - Cerritos CA US - Package left the carrier facility.
Jan 26, 2024 12:25:29 AM - Cerritos CA US - Package arrived at a carrier facility.
Jan 25, 2024 09:43:00 PM - Cerritos CA US - Package arrived at a carrier facility.
Jan 25, 2024 08:47:00 PM - Sylmar CA US - Package left the carrier facility.
Jan 25, 2024 07:12:10 PM - Sylmar CA US - Package arrived at a carrier facility.
Jan 25, 2024 12:13:00 PM - Sylmar CA US - Package arrived at a carrier facility.
Jan 25, 2024 03:15:00 AM - West Sacramento CA US - Package left the carrier facility.

Step 2. Upload documents
Additional documents required to research this shipment.
Proof of inventory ownership
Review the document requirements and upload a proof of inventory ownership document.
Follow the document best practices below to avoid delays in your request:
Resolution should be 2,000 x 1,500 pixels or higher
Document should be properly oriented (not sideways or upside down)
Only one document per submission, uploaded in a single file
Submit only .jpg, .jpeg, .png, .tif, .tiff, or .pdf file formats
Choose file
No file selected
❻
Upload file
Attached documents:
✓ POD_FBA17P34YSJ6U000013.jpg
✓ PACKING SLIP_22 BOXES_240120.pdf
✓ POD_FBA17P34YSJ6U000014.jpg
❼
Step 3. Provide additional information.
Please provide additional information to help us research your shipment, such as:
- Known discrepancies.
- Description of shipping boxes.
- UPC/EAN of units, if different from listed.
- Any missed prep activity.
2000 characters remaining
Preview your request

서류를 첨부하여 ❻ Upload file을 클릭한 다음 ❼ Provide additional information에서 카톤 박스의 사이즈, 카톤 박스에 패킹한 아이템, 소박스에 소분해서 담았다면 소박스 입수와 수량 등 패킹에 대한 자세한 정보를 기입합니다. 아마존에서 분실된 박스를 찾고, 그 안에 패킹된 상품을 재고로 잘 잡을 수 있도록 도움이 되는 정보를 기입합니다.

이렇게 추가적인 정보를 제출하면 케이스가 생성되고, 아마존에서 분실된 재고에 대한 조사를 시작하게 됩니다. 재고 조사를 요청하여 분실된 재고를 찾는 경우도 있고, 아마존 창고 내에서 분실되어 재고가 잡히지 않는 경우도 있습니다. 재고를 찾지 못한다면 아마존에서 해당 케이스에 대한 조사 결과를 알려주고 분실된 재고에 대해 셀러에게 보상을 해주게 됩니다.

아마존에서 제공하는 셀러 보상 정책은 다음과 같습니다.

아마존의 보상 가치 계산하기

> **중요사항:** 모든 FBA 적격 아이템의 단일 상품에 대한 최대 보상 금액은 $5,000입니다. 아이템 가치가 $5,000를 초과하는 경우 타사 보험에 가입할 것을 권장드립니다.

아이템 가격은 시간이 지나면서 변동되는 경향이 있고 셀러마다 책정하는 가격이 매우 다양하므로 아마존은 보상 금액 계산 시 여러 가격 지표를 비교하여 아이템의 예상 세일 가격을 판단합니다. 아마존이 비교 시 사용하는 가격 지표는 다음과 같습니다.

- 지난 18개월 동안 셀러가 아마존에서 판매한 아이템의 평균 가격
- 지난 18개월 동안 다른 셀러가 아마존에서 판매한 동일한 아이템의 평균 가격
- 아마존의 동일한 아이템에 설정한 현재 정가 또는 동일한 아이템에 대한 리스팅이 여러 개인 경우의 평균 정가
- 다른 아마존 셀러가 제공하는 동일한 아이템의 현재 정가

상단에 명시된 가격 지표를 사용해도 상품의 예상 세일 가격을 계산하는 데 필요한 정보가 충분하지 않은 경우, 아마존은 비교 가능한 제품의 가격에 기반하여 예상 세일 가격을 지정합니다. 아마존은 해당 가치를 결정하는 데 도움이 되는 추가 정보 또는 문서를 요청할 수 있습니다.

아마존이 아마존으로 보내는 배송 클레임에 대해 보상하기로 결정한 경우, 셀러에게 해당 아이템의 예상 수익금을 보상합니다.

> **주:** 예상 수익금이란 보상 받는 아이템의 예상 세일 가격에서 상품 판매 수수료 및 주문 처리 수수료를 뺀 금액을 의미합니다.

아마존이 주문 처리 센터 운영 클레임 또는 재고 처분 클레임에 대해 보상하기로 결정한 경우, 셀러에게 해당 아이템의 예상 수익금을 보상합니다. 단, 아이템이 분실 또는 손상되거나 아마존 주문 처리 네트워크에서 재고 처분된 당시에 판매 불가능한 상태였던 경우는 제외됩니다. 판매 불가 아이템의 경우, 아마존은 상품의 할인 판매 예상 수익금에 해당하는 가치만큼 셀러에게 보상합니다. 아마존은 할인된 가치를 결정하는 데 도움이 되는 추가 정보 또는 문서를 요청할 수 있습니다.

아마존이 고객 반품 클레임에 대해 보상하기로 결정한 경우, 보상 가치는 FBA 주문 고객에게 제공된 환불 또는 교환 아이템을 기준으로 합니다. 아마존이 FBA 주문 아이템을 환불하거나 교체한 경우에는 환불 금액 또는 원래 주문의 교환 아이템의 가격에서 적용되는 수수료를 뺀 금액으로 보상 가치를 계산합니다.

아마존의 상품 평가에 동의하지 않는 경우, 아마존에서 보상을 처리한 후 90일 이내에 셀러 센트럴의 아마존에 연락하기 페이지를 통해 클레임을 제출할 수 있습니다.

분실된 재고에 대한 보상 기준은 아마존에서 정상적으로 판매했을 때 얻을 수 있었던 '예상 수익'입니다. 할인 행사가 있을 수도 있고, 가격변동이 있을 수도 있기 때문에 지난 18개월 동안 해당 아이템을 판매한 평균가격을 기준으로 보상이 정해집니다. 만약 판매 이력이 없다면 다른 셀러가 판매한 가격을 기준으로 보상을 받게 됩니다.

다만 아마존에서 보상해주는 최대 환급 금액은 5,000달러로 고가의 아이템이라면 별도로 보상받을 수 있는 보험에 가입하는 것이 좋습니다.

아마존의 귀책사유로 재고가 분실되었다면 보상이 꽤 빠르게 이루어지는 편입니다. 다만 인보이스를 제출하더라도 가끔씩 특송사에서 배송을 완료했다는 확인서류를 요구하는 경우가 있습니다. 이때 배송대행사를 사용했다면 배송대행사에 배송완료 확인서를 요청하여 이 서류를 제출하면 됩니다.

보상 현황 확인하기

이렇게 재고 확인을 요청하고 보상 신청을 했다면, 아마존에서 제대로 보상을 해줬는지 어떻게 확인할 수 있을까요? 재고 조사를 신청하면 케이스가 생성되는데 해당 케이스에 대한 답변 및 보상 결과를 이메일로 알려줍니다.

다음과 같이 이메일이 오게 되는데 ❼ 보상 내역을 확인하는 링크를 클릭하여 보상 내역과 보상 금액을 확인할 수 있습니다.

Hello from Amazon Selling Partner Support,

Having read your email, I understand that you would like us to investigate missing units of Shipment ID: FBA15LJMW8XM

Because we are not able to locate the missing items, we have initiated a reimbursement request on your behalf. A credit, either in cash or in the form of replacement items with the same FNSKU, will post to your account in the next five (5) business days.

If we previously reimbursed you for lost inventory that is subsequently found or determine that any reimbursement was given in error, we may reverse the credit that was applied to your account.

❼ You can view the reimbursement amounts in your Reimbursements report (**https://sellercentral.amazon.com/gp/ssof/reports/search.html#orderAscending=&rec...**, sign-in required) by typing the following reimbursement ID in the Reimbursement ID field and clicking Generate Report.

REIMBURSEMENT ID: 5299538091

For the cash amount, see Amount per Unit, Amount Total, and Quantity Reimbursed [Cash] columns in the report. For inventory, see Quantity Reimbursed [Inventory] and Quantity Reimbursed [Total].

When we reimburse you, we give you the amount of money that you would have received if someone had purchased your item. We consider several factors when determining the reimbursement amount, including:

Your sales history
The average FBA selling price on Amazon
The sales history of the specific ASIN

또는 아마존 셀러 센트럴 페이지에서 Payments 탭의 ❽ Reimbursements에서도 보상 내역을 확인할 수 있습니다.

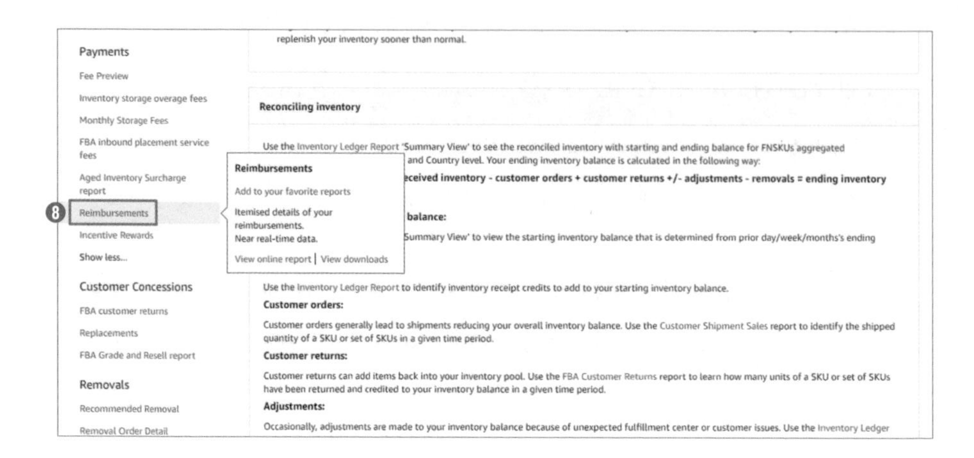

❾ Reimbursement ID를 검색하면 해당 건에 대한 보상 내역을 자세하게 살펴볼 수 있습니다. 보상된 금액은 정산 일정에 맞춰 정산이 됩니다.

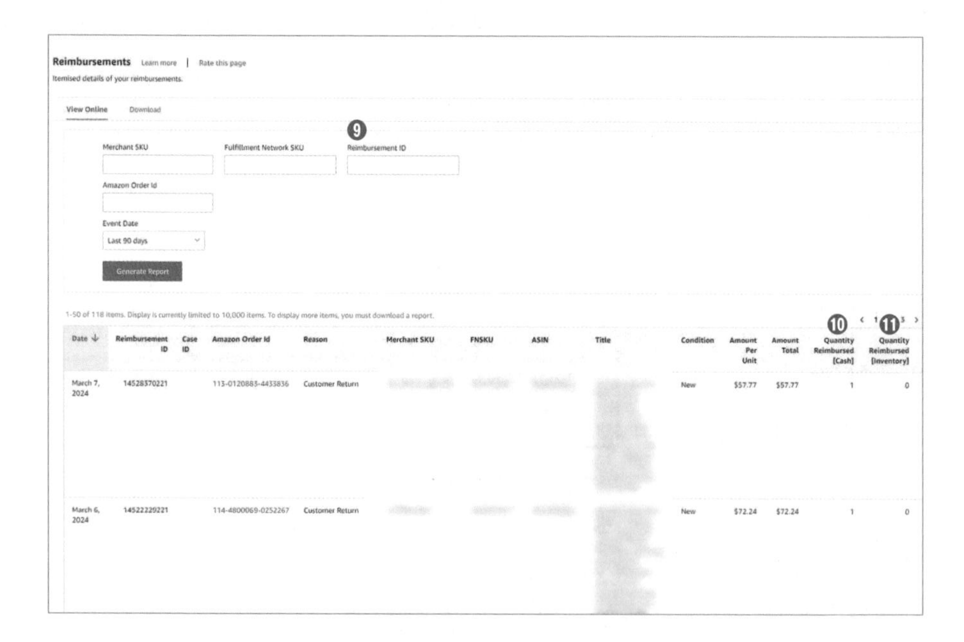

⑩ Quantity Reimbursed[Cash] 항목이 보상된 금액을 뜻합니다. 보상 리포트를 살펴보면 입고 과정에서 재고가 분실되어 보상받는 내역도 있고, 아마존 FBA 창고 내에서 여러 가지 사유로 파손되거나 분실된 내역에 대해 자동으로 보상이 되는 내역들도 확인할 수 있습니다.

그리고 고객이 반품했을 경우 ⑪ Quantity Reimbursed[Inventory] 항목에 수량이 표기되는데, 이는 아마존 FBA Inventory에 재고로 입고가 잡혔다는 것을 의미합니다.

보상 리포트에서는 이렇게 아마존 FBA 운영을 하면서 아마존의 귀책사유로 보상받거나, 반품 혹은 아마존에서 분실했던 재고를 찾아서 다시 잡히는 재고에 대한 보상 내역 등을 확인할 수 있습니다.

지금까지 배송 계획보다 적은 수량이 입고되었을 때의 대처 방법과 보상을 요청하는 방법에 대해 설명했습니다. 다음으로는 아마존 FBA 창고에서 이동 중에 분실이 되거나, 창고에서 파손된 재고의 경우 어떻게 보상을 받을 수 있는지에 대해 설명하겠습니다.

아마존 귀책사유로 분실 또는 파손된 재고에 대해 보상받는 방법

세계 최대의 온라인 마켓플레이스인 아마존의 FBA 창고에서는 매일같이 수많은 상품들의 입출고가 일어나고 있습니다. 따라서 아마존 창고 내에서 분실 또는 파손되는 재고가 발생할 수밖에 없습니다. 이런 경우에는 아마존 시스템에서 자동으로 보상을 해주는 것이 원칙입니다. 하지만 자동으로 보상을 해주지 않은 경우도 생각보다 많이 발생합니다.

이러한 분실 또는 파손된 재고에 대해서는 정당하게 보상을 요청하고 예상 수익만큼을 보상받을 수 있습니다.

예전에는 직접 아마존 재고 조정 보고서를 다운받아 보상을 요청할 수 있었지만, 최근에는 FBA Inventory report 메뉴가 많이 달라져서 직접 보고서를 다운받아 보상을 요청하는 것이 어려워졌습니다.

이럴 때 이용할 수 있는 서비스가 있어 소개합니다. 아마존 귀책사유로 분실 또는 파손된 재고를 찾아 대신 보상 신청을 해주거나, 보상 신청 프로세스를 매우 간단하게 수행할 수 있도록 서비스를 제공하고 보상 금액의 일부를 수수료로 받는 업체들이 있습니다. 그중 셀러보드Sellerboard라는 업체에서 제공하는 서비스에 대해 설명하겠습니다.

이러한 서비스를 제공하는 업체들이 굉장히 많으니 다양한 업체들을 찾아보고 적합한 곳을 선택하면 됩니다.

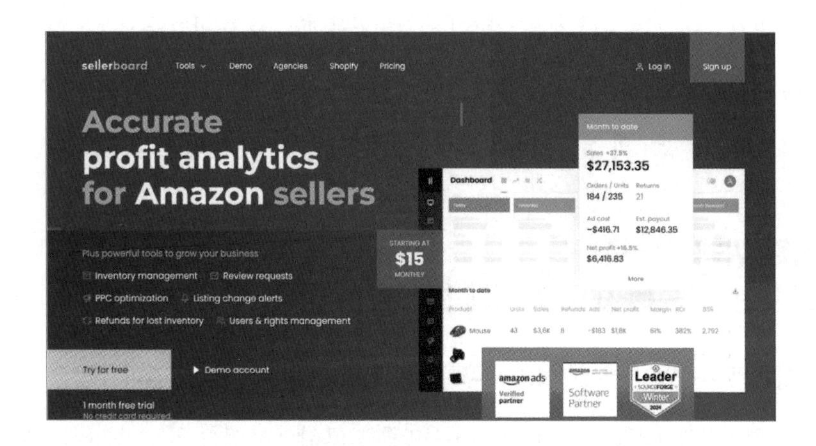

우선 셀러보드에 접속하여 아마존 셀러 계정의 이메일을 이용해 회원가입을 합니다. 회원가입을 마치면 자동으로 아마존 셀러 센트럴 페이지로 넘어가게 되고 셀러보드가 아마존 계정에 접근할 수 있도록 허가하는 페이지로 넘어가게 됩니다.

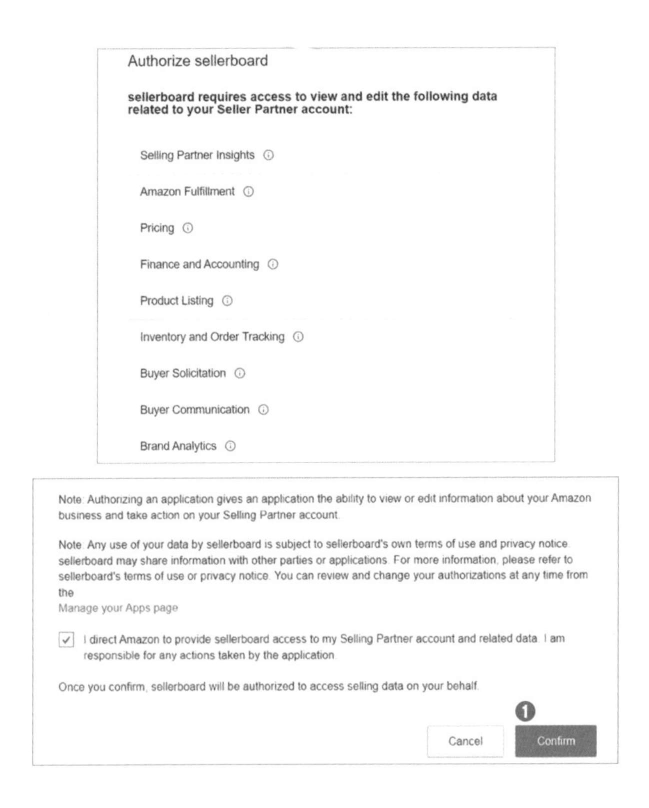

위와 같은 페이지에서 ❶ Confirm 버튼을 클릭하면 셀러보드와 아마존 계정이 연결되게 됩니다. 계정이 연결되면 다음과 같이 아마존 셀링의 전반적인 현황을 보기 좋게 확인할 수도 있고, 각 품목별 판매량, 매출, BSR 등의 핵심 정보들을 한눈에 확인할 수 있습니다.

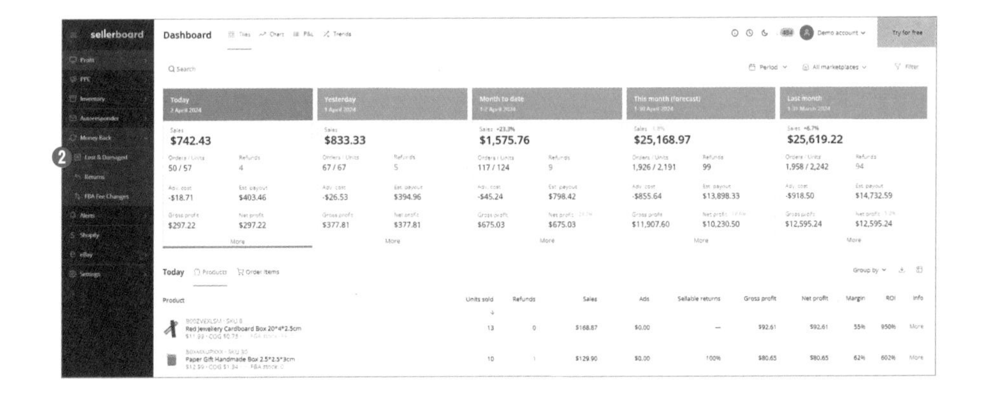

좌측 메뉴 바에서 ❷ Money back→Lost & Damaged를 클릭하면 다음과 같이 아마존 창고에서 분실되거나 파손된 재고에 대해 보상받을 수 있는 페이지가 나옵니다.

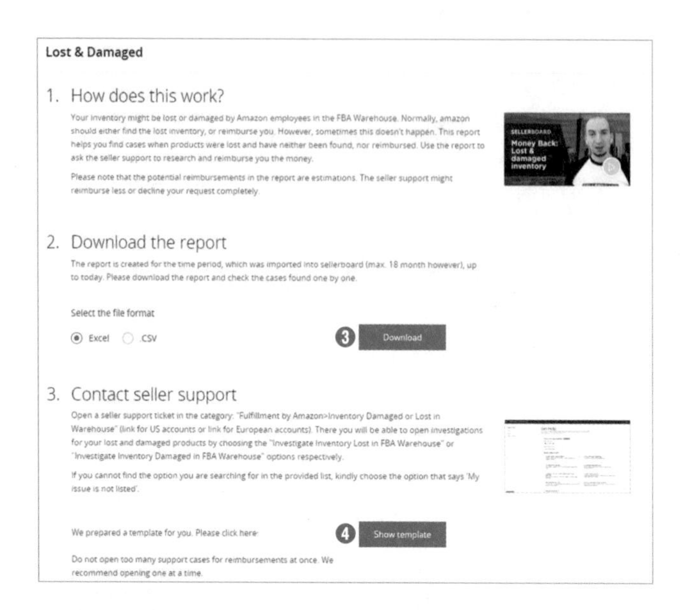

❸ Download 버튼을 클릭하면 자동으로 아마존 창고에서 분실 또는 파손된 재고가 정리된 엑셀 데이터가 다운로드됩니다. 그리고 ❹ Show template 버튼을 클릭하면 다음과 같이 아마존에서 케이스를 오픈하여 보상 신청을 할 때 기입해야 하는 내용의 ❺ 템플릿이 제공되는데 해당 내용을 복사해둡니다.

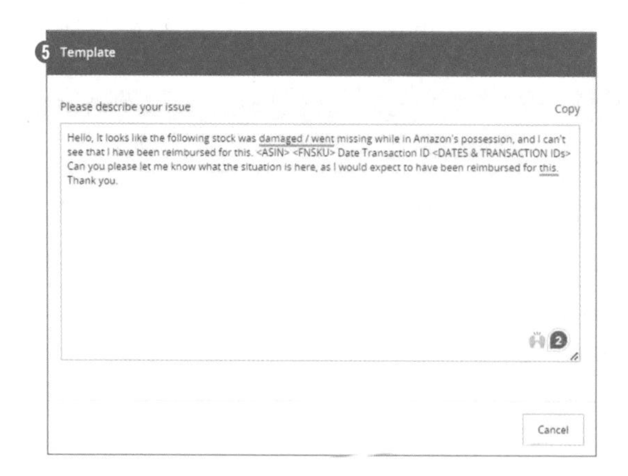

템플릿의 내용을 복사했다면 아마존 셀러 센트럴 페이지에 접속하여 Help 버튼을 클릭하고 케이스를 오픈합니다. 다음 화면에서 ❻ Inventory damaged in FBA warehouse에 체크한 다음 Next 버튼을 클릭하고 넘어갑니다.

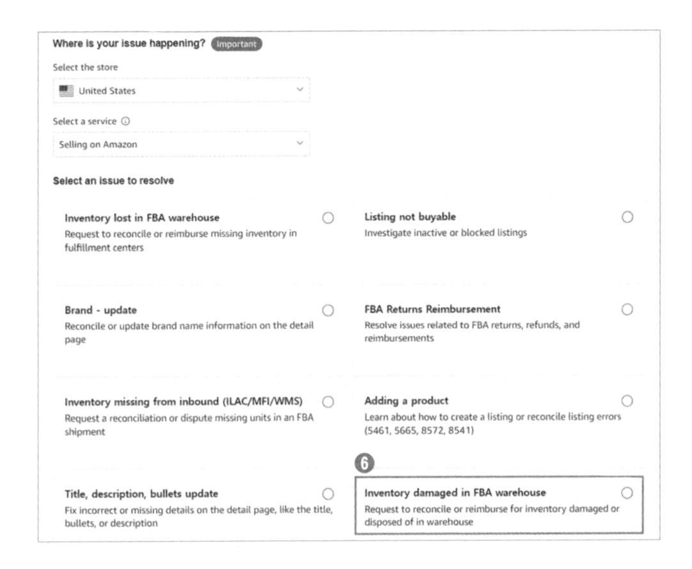

그러면 다음과 같이 ❼ Transaction ID를 입력하는 란이 있는데요. 다운받은 엑셀 파일에서 ❽ Transaction ID를 최대 25개까지 복사하여 넣어줍니다.

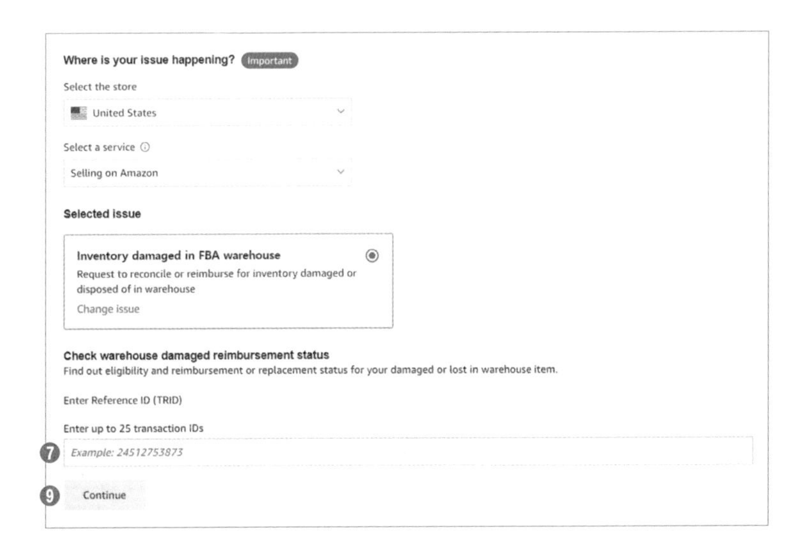

FNSKU / Product / Date / Transaction ID		Lost	Damaged	Found	Reimbursed	Missing	Estimated Sum	Status
		8	4	5	4	3	22.92	Missing items, refund possible
03.10.202 ❽	20024400787706		1					
03.10.2022	10892589221				1			
07.01.2023	20029647870632	1						
22.01.2023	20030031506219	1						
06.02.2023	20030515190822		1					
06.02.2023	11739162821				1			
21.03.2023	20032359963917			1				
11.04.2023	20032766018825			1				
21.04.2023	20032405847393	1						
06.05.2023	20032686999509	1						
10.06.2023	20033691241097		1					
11.06.2023	12611746651				1			
16.06.2023	20034182488370			1				
27.08.2023	20035012421180	1						
30.08.2023	20035056976739	1						
04.11.2023	20048760742307			1				

엑셀 파일에 나와있는 Transaction ID를 복사해서 붙여넣기를 하고 ❾ Continue 버튼을 클릭하면 아마존 시스템에서 자동으로 이미 환급된 건과 재고 조사가 필요한 건을 확인하게 됩니다.

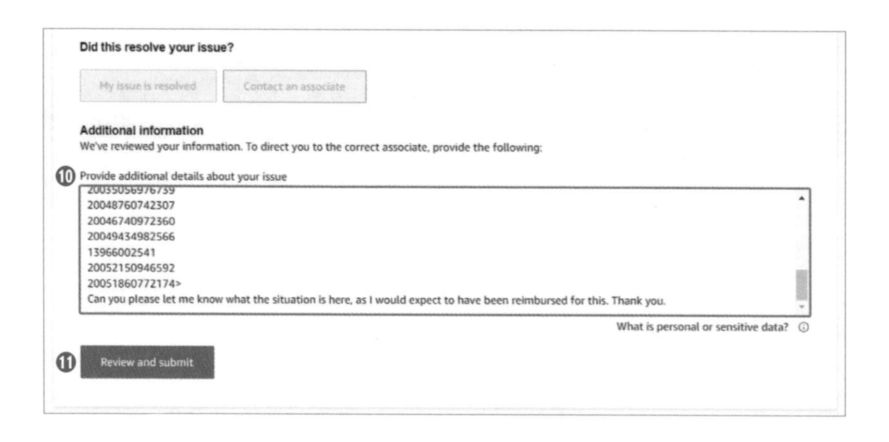
Did this resolve your issue?

My issue is resolved | Contact an associate

Additional information

We've reviewed your information. To direct you to the correct associate, provide the following:

❿ Provide additional details about your issue

20035056976739
20048760742307
20046740972360
20049434982566
13966002541
20052150946592
20051860772174>
Can you please let me know what the situation is here, as I would expect to have been reimbursed for this. Thank you.

What is personal or sensitive data?

⓫ Review and submit

그리고 셀러보드에서 복사해놓았던 ❿ 템플릿에 보상이 필요한 ASIN 정보, FNSKU, Transaction ID 정보 등을 넣고 ⓫ Review and submit 버튼을 클릭하면 케이스가 생성됩니다.

이렇게 외부업체의 서비스 등을 사용하면 매우 간단하게 아마존 귀책사유로 파손되거나 분실된 재고에 대해 보상을 받을 수 있습니다. 보상 신청을 한다고 전부 보상을 받는 것은 아니고, 이미 보상이 이루어진 경우도 데이터에 잡힐 수 있기 때문에 그런 항목을 제외하고 보상이 필요한 항목에 대해서만 보상을 해주겠다는 메일을 받을 수 있습니다.

FBA 시스템은 셀러가 직접 물건을 배송하지 않는다는 큰 장점이 있지만, 그로 인해 재고관리와 배송과정을 아마존에 전적으로 의지할 수밖에 없습니다. 따라서 성공하는 셀러가 되기 위해서는 항상 입고와 재고에 신경을 써야 합니다. 요즘에는 이렇게 편리한 외부 연동 프로그램들이 많기 때문에 적절한 도구를 활용하면 아마존 FBA를 운영하며 생길 수 있는 손실에 대해 어느 정도 보상을 받으며 운영할 수 있습니다.

작성한 배송 계획과 다른 상품을 보냈거나 배송계획보다 더 많은 수량을 보냈다면?

배송 계획과 다른 상품을 보냈거나 실수로 입고해야 할 창고가 아닌 다른 창고로 상품을 발송하는 경우 또는 배송 계획보다 더 많은 수량을 재고로 보내는 경우가 있을 수 있습니다.

계획되었던 재고와 다른 상품 혹은 더 많은 수량이 입고되면 작성한 FBA 배송 계획에서 계획과 다른 재고가 잡혔다는 알람이 뜹니다. 이때 해당 재고를 입고 처리하겠다고 하면 아마존에서 재고 계획과 차이가 발생한 상품도 입고 처리를 해줍니다.

다만 애초 계획한 재고와 다른 상품 및 수량이 입고된 것이기 때문에 해당 재고의 입고 처리를 위한 수수료를 지불해야 합니다.

가장 유의해야 할 부분은 FNSKU 라벨을 잘못 부착한 경우입니다. 아마존에서는 FNSKU 바코드를 기준으로 상품을 인지하기 때문에 만약 A라는 제품을 발송했어야 하는데 실수로 B 제품에 A 제품 FNSKU 라벨을 부착하여 아마존 창고에 입고되었다면, 고객이 A 제품을 주문했을 때 B 제품을 받게 됩니다. 그러면 고객 클레임이 들어올 수 있고,

리스팅 설명과 다른 상품을 받아 고객이 가품으로 의심하여 클레임을 건다면 심각한 계정 문제가 발생할 수 있습니다. 따라서 FNSKU 라벨은 상품 발송 전에 철저한 검수를 통해 실수가 없도록 해야 합니다.

마스터의 시크릿 노트

이번 챕터에서는 FBA 운영을 하면서 당면할 수 있는 문제 상황과 어떻게 문제 상황에 대처해야 하는지에 대해 알아봤습니다. 해외 배송 상품은 물건이 떠나고 나면 문제가 발생했을 때 대처하는 데 한계가 있을 수밖에 없습니다. 따라서 작은 실수로 인해 크게 손해가 발생하는 경우가 있습니다.

이를 사전에 방지하기 위해서는 두 번 세 번 반복적으로 재고 발송 전에 수없이 체크사항을 확인하는 방법밖에 없습니다. 특히 아마존 FBA가 셀러 입장에서 편리한 시스템이기는 하나, 아마존은 대행 서비스를 제공할 뿐 모든 책임은 셀러가 져야 한다는 점을 잊지 마시고 문제 상황은 미연에 최대한 방지하는 것이 중요합니다.

또한 아마존 귀책사유로 문제가 발생했을 때는 적극적으로 대응하여 응당한 보상을 받아내는 것도 셀러의 역량입니다. 당연히 아마존에서는 모든 귀책사유를 알아서 보상해주지 않습니다. 이점을 반드시 기억하고 문제가 발생했을 때 손해보는 일 없이 현명하게 FBA 운영을 하기 바랍니다.

6장

판매를 촉진하는 아마존 셀링 마케팅 기법

29

아마존 내부 마케팅 툴 소개

아마존에는 셀러가 활용할 수 있는 다양한 마케팅 툴이 존재합니다. 대부분의 미국 고객들은 물건을 구매하기 위해 구글보다는 아마존에서 먼저 해당 상품을 검색하고 정보를 얻습니다. 그렇기 때문에 처음부터 외부에서 트래픽을 끌어오는 마케팅을 고려하기보다는 우선 아마존에서 제공하는 마케팅 툴을 최대한 활용하는 것이 효과적일 수 있습니다.

물론 상품 카테고리나 전략에 따라 다른 방식의 접근도 있을 수 있겠지만, 대부분의 아마존 셀러들은 기본적으로 아마존에서 제공하는 마케팅 툴만을 활용하고도 충분히 매출을 일으키고 있습니다. 특히 런칭 초기에 시간과 자금, 인력 모두가 부족한 상황에서 아마존 내부 마케팅 툴을 활용하는 것은 매우 효과적이고 효율적인 방법이 될 것입니다.

이번 챕터에서는 아마존에서 제공하는 마케팅 툴에 대해 간략하게 소개하고, 뒤이어 매출을 견인할 수 있는 핵심적인 마케팅 방법에 대해 하나씩 세부적으로 배워보는 시간을 갖도록 하겠습니다.

아마존에서 제공하는 마케팅 툴은 크게 키워드 광고, 리뷰 요청, 할인 행사 이렇게 3가지로 구분해볼 수 있습니다. 셀러는 원하는 마케팅 목표에 따라 적절한 마케팅 툴을 선택하여 활용할 수 있습니다. 아마존에서 제공하는 내부 마케팅 툴은 셀러 센트럴 페이지 Advertising 메뉴에서 확인할 수 있습니다.

아마존 마케팅의 기본 PPC 광고와 리뷰 요청

아마존의 주요 마케팅 툴인 PPC 광고와 리뷰를 요청하는 프로그램에 대해서는 뒤이은 챕터에서 별도로 자세하게 다룰 예정입니다. 따라서 이번 챕터에서는 PPC 광고와 리뷰 요청 프로그램을 살펴보는 수준에서 언급하고 할인 행사를 중심으로 설명드리겠습니다.

Campaign manager

캠페인 매니저에서는 PPC 광고를 집행하고 관리할 수 있습니다. PPC 광고란 아마존에서 제공하는 키워드 광고 툴로, 흔히 아시는 CPC 광고와 동일합니다. 노출하고자 하는 키워드와 경쟁 상품에 상품 광고를 집행할 수 있습니다.

A+ Content

A+ 콘텐츠는 앞서 설명했듯이 상품의 상세페이지를 꾸밀 수 있는 기능입니다. 브랜드 레지스트리가 되어 있어야 활용할 수 있는 기능이며, A+ 콘텐츠를 잘 활용하면 구매전환율을 높일 수 있습니다.

Vine

바인 리뷰어 프로그램은 리뷰를 받을 수 있는 방법 중 하나로 브랜드 레지스트리가 되어 있는 경우에 활용할 수 있는 유용한 기능입니다. 바인 리뷰어를 쉽게 설명하면 아마존에서 활용하는 파워블로거나 오피니언 리더라 생각하면 됩니다. 바인 리뷰어는 실제 고객들에게 도움이 되는 양질의 리뷰를 많이 남겼을 때 선정됩니다.

바인 리뷰어 프로그램은 바인 리뷰어에게 상품을 무료로 제공해주고 리뷰를 받을 수 있는 프로그램입니다. 바인 리뷰어 프로그램은 리뷰가 30개 미만인 상품에 대해 신청할 수 있습니다.

구매전환율을 높여 주는 할인 행사

구매전환율을 높이기 위해서는 할인 행사만한 마케팅도 없습니다. 저의 경험상 아마존 고객들, 특히 미국 고객들은 가격에 대한 민감도가 한국에 비해 조금 더 높은 편인 것 같습니다. 그래서 딜을 잘 활용하면 구매전환율을 높이고, 랭킹을 상승시키는 데에 도움이 됩니다.

딜에는 4가지 형태가 있습니다. Lightening Deal, 7-Day Deals, Best Deal, Deal of the Day입니다. Lightening Deal과 7-Day Deals의 경우 기준 조건을 충족시키는 아이템이 자동으로 선정되며, 셀러가 직접 신청하여 딜을 집행할 수 있습니다. Best Deal과 Deal of the Day는 아마존 코리아 매니저를 통해 신청할 수 있습니다.

Lightning Deal

먼저 라이트닝 딜은 아마존 투데이 딜 페이지에 제품이 노출되고 일반적으로 4~12시간 동안(아마존에서 결정) 할인된 가격으로 판매가 됩니다.

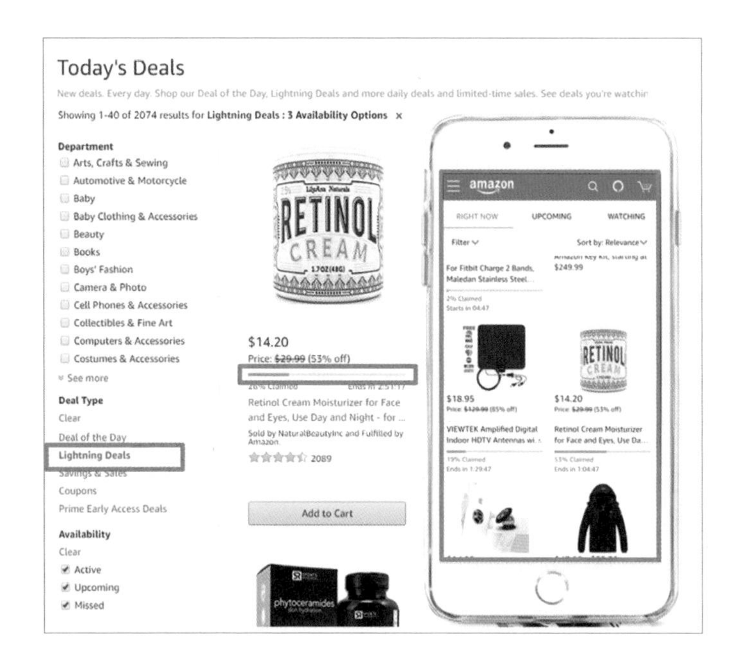

라이트닝 딜은 모든 제품을 진행할 수는 없고 진행 가능한 상품이 자동으로 추천됩니다. 한정된 시간 동안 노출되며, 재고가 소진되면 딜은 종료됩니다. 라이트닝 딜을 오픈하는 데만 150~300달러가 듭니다. 홀리데이 시즌이나 중요한 쇼핑 시즌에는 300달러 정도를 지불해야 합니다.

7-Day Deals

7일 딜은 라이트닝 딜과 비슷하게 시간 제한이 있는 형태로 7일 동안 진행이 가능합니다. 7일 딜 역시 유료 프로모션입니다.

라이트닝 딜은 150달러 정도의 비용이 발생하는데 7일 딜은 300달러의 비용이 발생한다고 알려져 있습니다. 단 하루 진행하는 라이트닝 딜에 비해 7일 딜이 상대적으로 저렴하다고 할 수 있습니다. 7일 딜의 경우 투데이 딜에 노출 기간이 길어지고 할인폭도 크기 때문에 장기보관 재고나 초과 재고를 처분할 때 이용하기 좋습니다.

Best Deals

베스트 딜은 아마존의 인기 페이지인 아마존 딜 페이지에 며칠간 상품을 노출하며 판매하는 시간 한정 할인 프로모션입니다. 베스트 딜은 아마존코리아에 별도로 신청서를 작성하여 신청해야 합니다.

노출 위치 : Today's Deals 탭→Savings & Sale에서 확인 가능

진행 기간 : 최대 2주 혹은 재고 소진 시까지(2주 이내에 재고 소진 시)

참가 조건 : 리뷰 점수 최소 3.5 이상 혹은 리뷰가 없는 제품

Deal of the Day

딜 오브 더 데이는 아마존의 인기 페이지인 아마존 딜 페이지에 24시간 동안 상품을 노출하며 판매하는 시간 한정 할인 프로모션입니다. 딜 오브 더 데이는 아마존코리아 매니저를 통해 별도로 신청해야 합니다.

노출 위치 : Today's Deals 탭 최상단 혹은 좌측 Deal of the Day 섹션을 클릭하여 확인 가능

진행 기간 : 24시간 혹은 재고 소진 시까지(24시간 이내에 재고 소진 시)

참가 조건 : 리뷰 점수 최소 4.0 이상 혹은 리뷰가 없는 제품

타겟 고객들을 대상으로 하는 마케팅

마케팅 효과를 극대화하기 위해서는 타겟팅을 잘해야 합니다. 나의 상품에 관심이 없는 고객보다는 내 상품에 관심이 있는, 구매력이 있는, 가격 등에 민감한 타겟 고객을 선정할 수 있다면 좀 더 나은 마케팅 효과를 얻을 수 있을 것입니다.

Coupons

쿠폰은 아마존에서 발행할 수 있는 디지털 쿠폰입니다. 쿠폰은 해당 상품 리스팅에 노출

되기도 하고, 아마존 딜 페이지를 보면 쿠폰만 모아서 노출하기도 합니다.

쿠폰 페이지에 들어가면 다음 화면처럼 쿠폰이 적용되는 제품들을 볼 수 있습니다. Clip Coupon 버튼을 눌러 쿠폰을 저장한 후, 쿠폰이 적용될 상품을 장바구니에 담아 결제하면 자동으로 쿠폰이 적용됩니다.

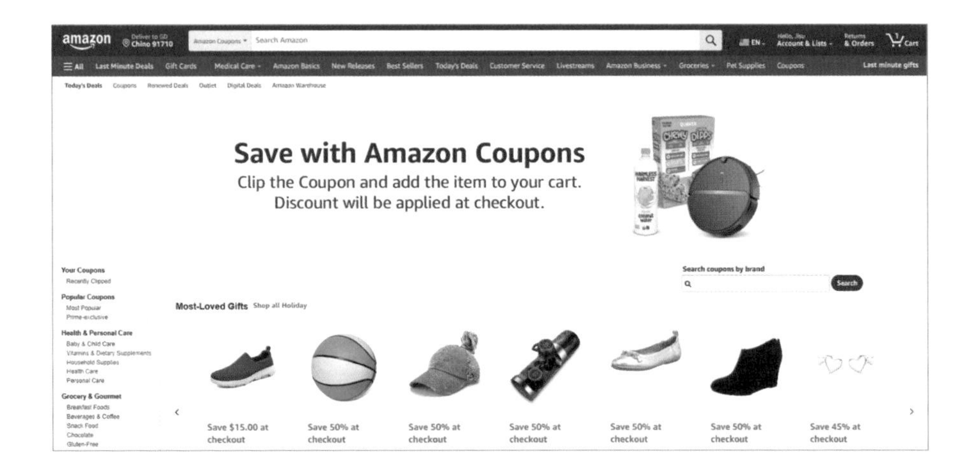

쿠폰을 활용하면 쿠폰 페이지에 별도로 노출되기 때문에 노출도가 향상되고, 리스팅 하단에도 쿠폰이 노출되어 즉시 할인을 받을 수 있으므로 구매전환율을 높이는 데에도 도움이 됩니다.

Prime Exclusive Discount

프라임 독점 할인은 아마존 프라임 회원들에게만 제공하는 할인 행사입니다. 아마존에는 중요한 쇼핑 시즌이 몇 개 있는데, 7월 프라임데이, 11월 블랙프라이데이, 사이버먼데이, 12월 크리스마스 시즌입니다. 이러한 주요 쇼핑 시즌에 아마존 프라임 회원만을 대상으로 독점 할인을 제공하는 행사입니다. 이 할인 행사는 프라임 회원들만 제품을 클릭했을 때, 할인된 가격을 볼 수 있는 특권이 있습니다.

프라임 독점 할인은 주요 쇼핑 시즌뿐만 아니라 평상시에도 프라임 회원만을 대상으로 행사를 진행할 수 있습니다. 앞서 이야기했듯이 아마존 프라임 회원들은 충성도가 높고 구매액 또한 일반 고객에 비해 2배 이상의 구매력을 보이는 고객들입니다. 이들을 대상으로 특별한 할인 행사를 진행하기 때문에 별도의 비용은 들지 않으나 일반 회원 구매가에 비교해 최소한 10% 이상의 할인 혜택을 제공해야 합니다.

평균적으로 일반 고객들은 구매전환율이 13%인 반면, 아마존 프라임 회원들은 구매전환율이 무려 74%나 된다고 합니다. 구매전환율이 높은 프라임 회원들만을 위한 독점 할인이므로 구매전환율을 높이는 데에 매우 효과적인 할인 행사입니다.

저 또한 2023년 프라임데이에 프라임 독점 할인을 진행한 적이 있습니다. 위 매출이 프라임 독점 할인을 진행했을 때입니다. 미국에서만 하루에 10,000달러가 넘는 매출이 발생했습니다. 물론 하루동안 랭킹이 굉장히 상승했고요. 주요 쇼핑 시즌에는 경쟁도 치열해지고 경쟁자들도 너도나도 높은 할인율로 행사를 많이 하기 때문에 마진 범위를 벗어나지만 않는다면 가급적 행사에 참여하는 것을 추천합니다.

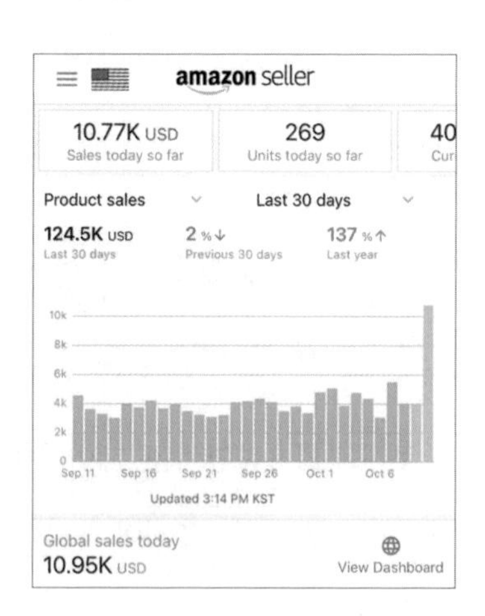

런칭 초기에 리뷰도 많지 않은 상태에서 시간을 보내는 것보다 적당한 프로모션을 통해 판매를 촉진시키는 것이 좋습니다. 그래야 실제 리뷰도 쌓이고 제품을 사용하고 경험해야 우리 브랜드도 조금씩 알려지게 됩니다.

다만 아쉬운 점은 할인 행사 때에는 구매전환율이 굉장히 높아지고 매출과 랭킹 상승에도 도움이 되지만, 할인 행사가 끝난 뒤에는 언제 그랬냐는 식으로 랭킹이 다시 제자리로 돌아오고 구매전환율도 원상태가 되었습니다. 또한 주의할 점은 할인 행사를 너무 자주 할 경우 할인 행사 없이는 구매전환이 잘 일어나지 않게 되거나, 할인 행사 전에 구매했던 고객이 환불이나 반품을 신청하여 할인 행사 기간에 할인된 가격으로 재구매하는 일이 생기기도 합니다.

매출을 올리기 위한 다양한 프로모션

Promotion 탭에는 앞에서 소개한 딜, 쿠폰, 프라임 독점 할인과 같은 할인 행사 외에도 진행할 수 있는 각종 마케팅 툴이 있습니다. 대표적으로 Social Media Promo Code, Percentage Off, Buy One Get One이 있습니다.

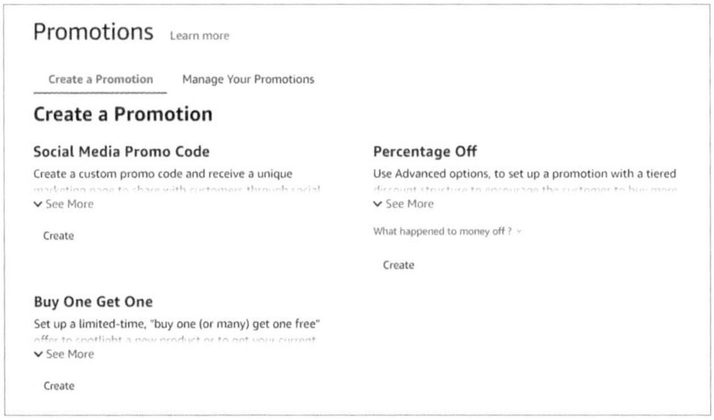

Promotions Learn more

Create a Promotion | Manage Your Promotions

Create a Promotion

Social Media Promo Code
Create a custom promo code and receive a unique
See More
Create

Percentage Off
Use Advanced options, to set up a promotion with a tiered
See More
What happened to money off ?
Create

Buy One Get One
Set up a limited-time, "buy one (or many) get one free"
See More
Create

Social Media Promo Code

소셜미디어 프로모 코드는 소셜미디어로 공유할 수 있는 프로모션 코드를 생성하는 기능입니다. 프로모션 코드는 특히 아마존 내부가 아닌 외부 트래픽을 끌어오는 외부 마케팅에서 활용하기 좋은 마케팅 툴입니다.

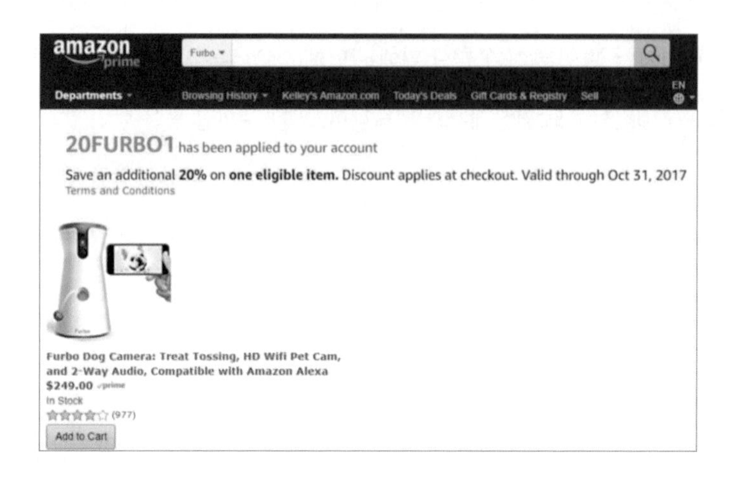

화면과 같이 프로모션 코드를 생성하면 프로모션 코드를 적용할 수 있는 링크 및 페이지가 생성됩니다. 해당 링크를 클릭하면 프로모션 코드가 자동 적용되어 할인된 가격으로 구매할 수 있게 됩니다. 프로모션 코드는 유효기간을 설정해야 하는데 최소 4시간에서 최대 30일까지 기간을 설정할 수 있습니다.

최근 아마존 알고리즘은 외부 마케팅을 통해 유입시킨 트래픽과 구매전환도 알고리즘에 긍정적인 영향을 주도록 바뀌었습니다. 따라서 인플루언서를 활용한 마케팅이나 콘텐츠를 활용한 퍼포먼스 마케팅을 통해 아마존으로 트래픽을 유입시키는 프로모션 코드를 적극 활용하는 것이 구매전환율을 높이는데 큰 도움이 됩니다. 또한 프로모션 코드를 활용하면 몇 명이 프로모션 코드를 사용했고 얼마의 매출이 프로모션 코드로 발생했는지 추적할 수 있기 때문에 마케팅 효과를 측정하기에도 좋습니다.

Percentage Off

퍼센트 할인은 여러 개의 수량을 구매할 경우 추가적인 할인 혜택을 제공하는 할인 행사입니다. 이 방법은 신규 상품을 런칭했을 때 판매를 촉진하고 매출 볼륨을 키워 랭킹을 상승시키고자 할 때 유용합니다. 재구매가 있는 제품이나 여러 개를 구매하여 사용할 수 있는 상품의 경우 활용하면 좋습니다.

위 화면에서 보는 것처럼 ❶ 최소 구매 수량은 1개부터 시작할 수 있습니다. 설정한 구매 수량만큼 고객이 구매할 경우 ❷ 몇 퍼센트를 할인해줄 것인지 설정할 수 있습니다.

Buy One Get One

Buy One Get One, 말 그대로 1+1 프로모션입니다. 한국에서도 종종 사용되는 프로모션으로 보통 악성 재고를 빠르게 처리하고자 할 때 사용합니다. 사실 1+1이 매력적일지 50% 할인 쿠폰이 고객들에게 더 매력적으로 다가올지는 고민해봐야 합니다.

1개를 구매했을 때 1개를 무료로 증정할 수도 있고, 2+1 또는 3+1 등으로 설정할 수도 있습니다. 프로모션을 통해 객당 판매량을 늘릴 수 있는 마케팅 툴입니다.

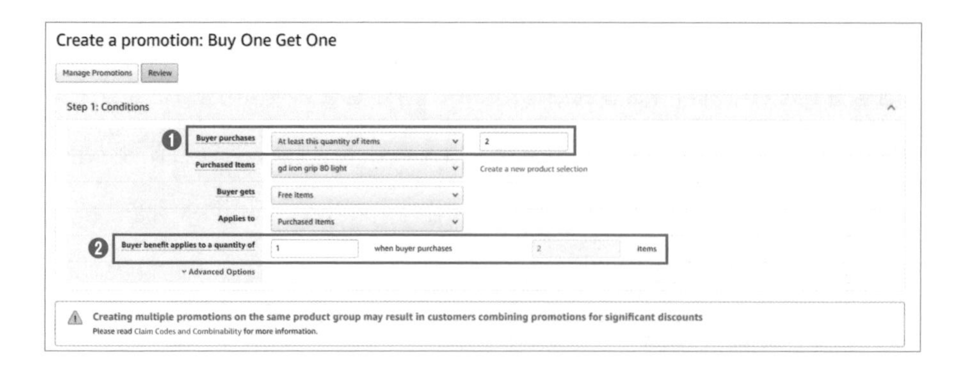

❶ Buyer purchases 부분에 최소 몇 개를 구매하면 증정할 것인지 숫자를 입력하면 됩니다. 그리고 ❷ Buyer benefit applies to a quantity of 란에 무료 증정 아이템을 몇 개 증정할 것인지 입력합니다.

마스터의 시크릿 노트

지금까지 아마존에서 자체적으로 제공하는 마케팅 툴에 대해 대략적으로 알아봤습니다. 기본적으로 아마존에서 PPC 광고를 하면서 적절한 할인 행사를 활용하면 클릭률과 구매전환율에 도움이 될 수 있습니다. 특히 리뷰가 없어 고객이 구매를 망설일 때 할인은 처음 보는 제품일지라도 구매를 시도하게끔 하는 좋은 자극제가 됩니다.

단, 주의해야 할 점은 여러 할인 행사를 동시에 진행할 경우 중복으로 할인이 적용되어 자신도 모르는 사이에 손해를 볼 수 있습니다. 예를 들어, 쿠폰 기간이 아직 끝나지 않았는데 프라임 독점 할인이나 딜을 생성하여 쿠폰과 중복 적용되는 경우가 있습니다. 따라서 할인 행사를 할 때는 현재 진행 중인 다른 할인 행사가 있는지를 반드시 확인해보고 한 번에 하나의 할인 행사를 진행하여 손해를 보지 않도록 신경써야 합니다.

PPC 광고 자동 타겟팅 설정 노하우

지금부터는 아마존 셀링에서 매우 중요하고 필수적인 마케팅 방법인 PPC 광고에 대해 좀 더 자세히 알아보는 시간을 가져보도록 하겠습니다.

우리가 PPC 광고를 하는 목적은 무엇일까요? 아마존 셀링 초기에 리스팅을 하면 당연히 판매 이력이 없는 상태이기 때문에 아마존 알고리즘은 이 상품을 고객들이 구매할 것인가에 대해 판단할 수 없습니다. 그렇기 때문에 내 상품은 낮은 랭킹에서 시작하게 되고, 연관 키워드를 검색해도 이미 잘 판매 중인 상품들이 상위에 노출될 수밖에 없습니다.

따라서 초기에는 PPC 광고를 활용해 내 상품과 연관된 키워드를 검색한 고객들에게 내 상품을 노출시키고 클릭을 유도하여 구매를 하게끔 해야 합니다.

결국, PPC 광고는 내 상품을 상위 페이지에 노출시키고, 클릭률과 구매전환율을 높임으로써 해당 키워드에서 내 상품의 랭킹을 올리는 것이 목적입니다. PPC 광고를 최대한 잘 활용하기 위해서는 내 상품을 연관된 키워드에 노출시키는 것과 함께 클릭률과 구매전환율도 함께 신경써서 광고를 집행해야 합니다.

PPC 광고의 종류

PPC 광고는 크게 4가지 형태가 있습니다. Sponsored Products, Sponsored Brands, Sponsored Display, Sponsored TV 이렇게 4가지인데요. 스폰서 브랜드 광고는 브랜드 레지스트리가 되어 있는 셀러만 활용할 수 있는 기능으로 스폰서 브랜드 광고에 대해서는 뒤에서 자세히 말씀드리겠습니다. 스폰서 디스플레이 광고는 벤더 셀러만 활용할 수 있기 때문에 보통 일반 셀러들이 가장 많이 활용하는 PPC 광고의 형태는 스폰서 프로덕트 광고입니다.

최근에 스폰서 TV 광고가 추가되었지만 셀러들이 많이 활용하는 광고는 아닙니다. 또한 매우 많은 광고 예산을 필요로 하기 때문에 스폰서 TV에 대해서는 굳이 설명하지 않겠습니다.

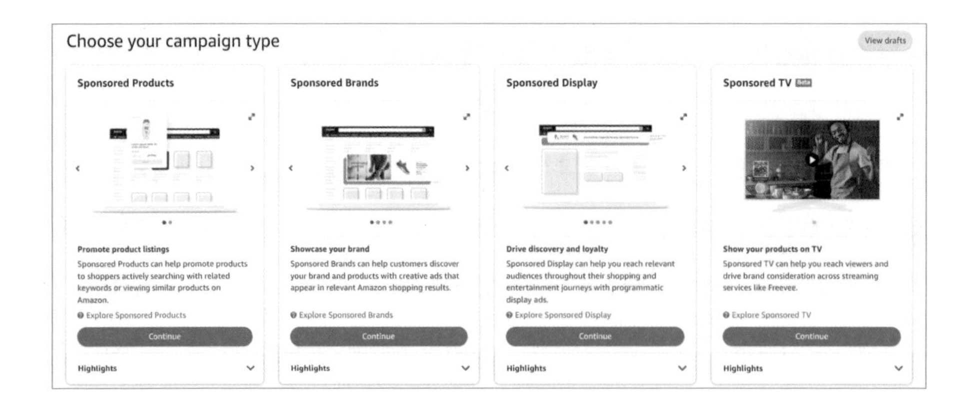

아래 화면과 같이 키워드를 검색했을 때 ❶ Sponsored라고 표시되어 검색 결과 상위에 노출되는 상품들이 PPC 광고를 통해 노출되는 스폰서 프로덕트 광고입니다.

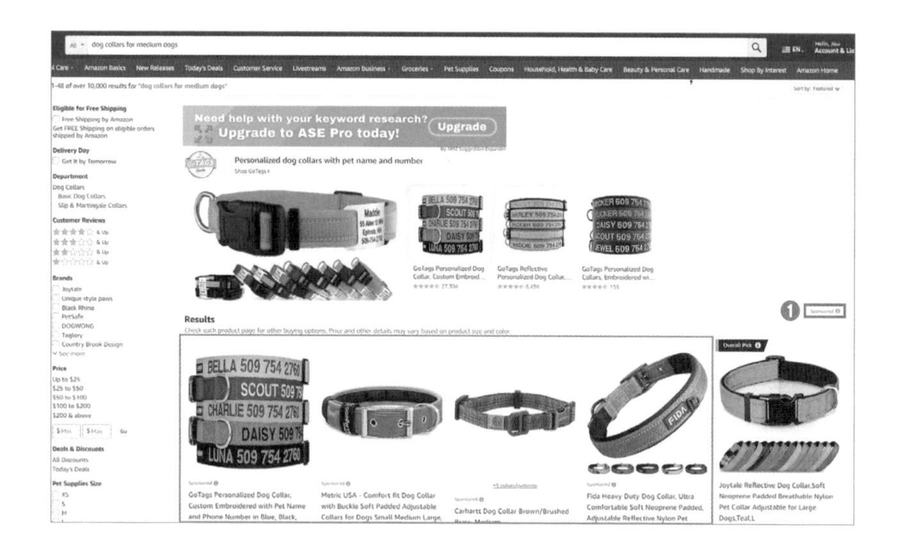

검색 결과뿐만 아니라 경쟁 상품을 클릭해서 들어갔을 때도 PPC 광고가 노출됩니다. 다음 화면에서 보는 것처럼 경쟁 상품 페이지에도 ❷ Sponsored라고 노출되는 것을 확인할 수 있습니다.

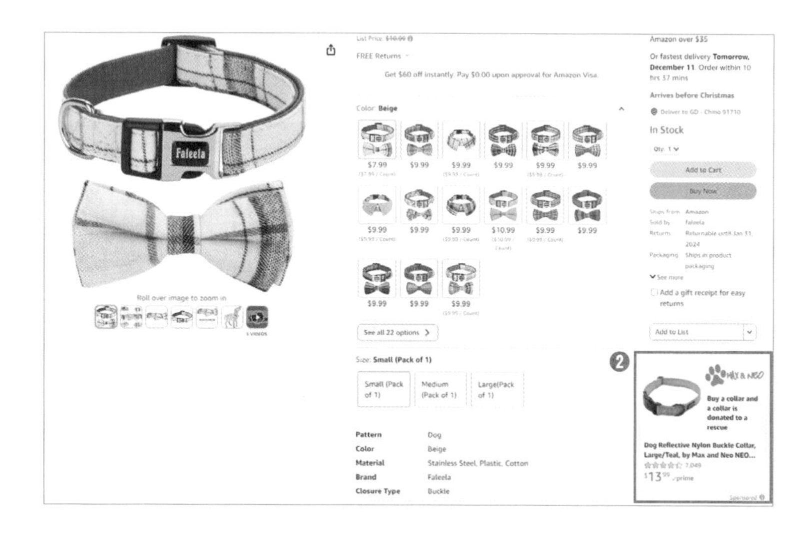

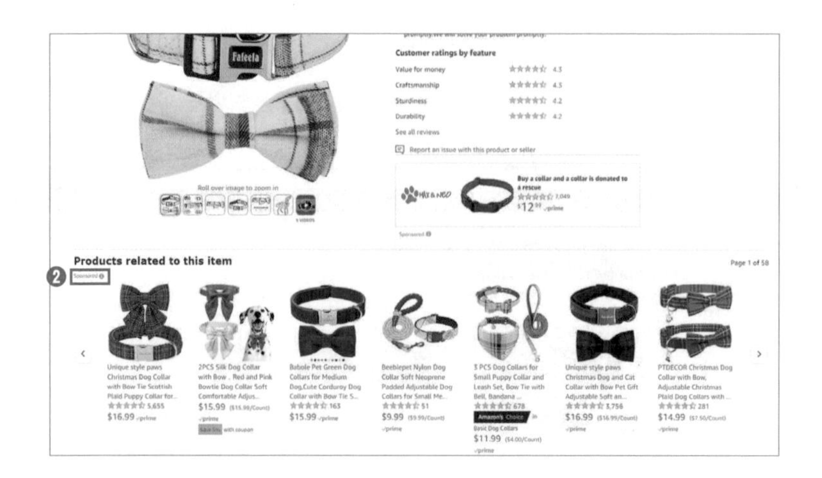

스폰서 프로덕트 광고는 광고를 만드는 방식에 따라 2가지로 구분할 수 있습니다. 하나는 스폰서 프로덕트 광고를 만들 때 광고의 타겟을 자동으로 선정하는 자동 타겟팅 광고와 셀러가 직접 키워드와 경쟁 상품을 설정하는 수동 타켓팅 광고입니다.

아마존 알고리즘이 추천하는 자동 타겟팅 광고

자동 타겟팅Automatic Targeting 광고는 아마존 알고리즘이 광고하려는 상품과 연관되었다고 판단하는 키워드와 경쟁 상품을 선정하여 내 상품을 자동으로 노출시켜주는 방식입니다.

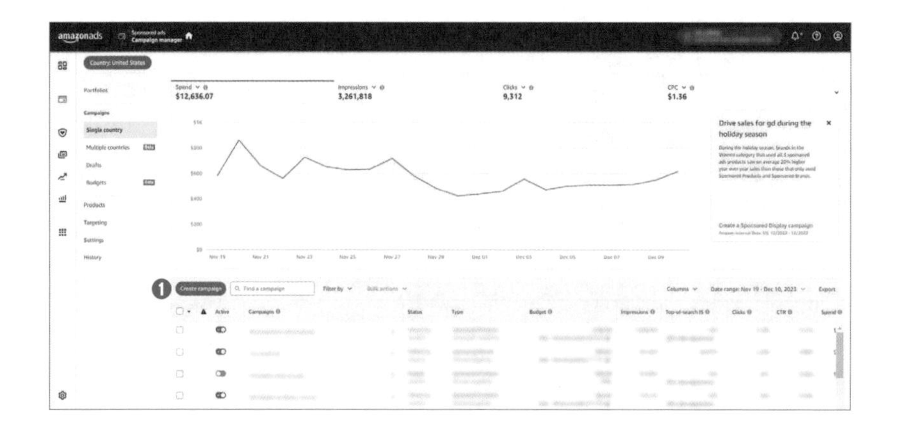

셀러 센트럴 페이지에서 Menu→Advertising→Campaign manager로 들어가면 광고 캠페인을 관리할 수 있는 페이지로 넘어가게 됩니다. 여기서 파란색 ❶ Create Campaign 버튼을 클릭하면 광고를 만들 수 있는 페이지로 넘어가게 됩니다. 광고 타입을 선택하는 화면에서 Sponsored Products를 선택하고 Continue 버튼을 클릭하면 광고를 생성할 수 있습니다.

자동 타겟팅 광고 설정

광고를 생성하는 페이지로 넘어오면 ❷ Ad group을 세팅하고 광고를 할 ❸ 상품을 선택하는 화면을 볼 수 있습니다. 여기서 광고를 진행할 상품을 먼저 선택합니다.

하나의 캠페인에서 Ad group을 여러 가지로 나눌 수 있습니다. Ad group은 판매하는 상품의 카테고리가 다양하다면 카테고리별로 유사한 상품끼리 묶어서 그룹을 나눌 수도 있고, 판매 가격대로 나누거나 셀러의 광고 전략에 따라 그룹을 나눌 수도 있습니다.

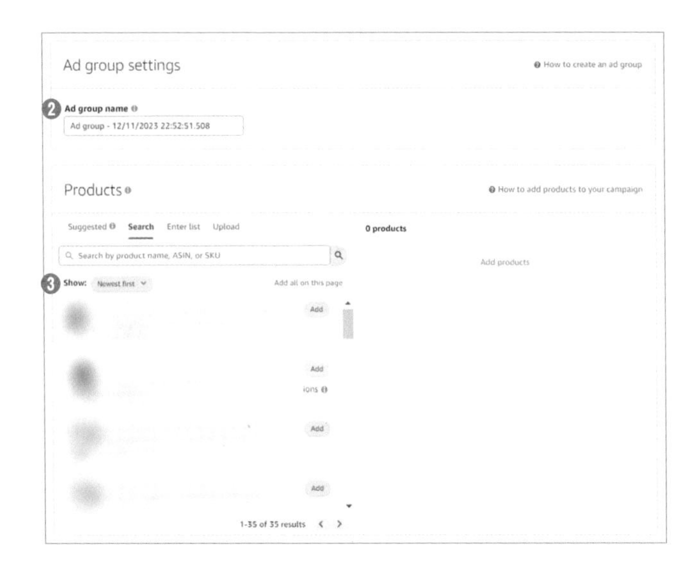

스크롤을 조금 내리면 타겟팅 방법을 선택할 수 있습니다. 이때 ❹ Automatic targeting을 할 것인지 Manual tageting을 할 것인지 선택하게 됩니다.

자동 타겟팅 광고는 연관 키워드 또는 경쟁 상품을 아마존 알고리즘이 자동으로 선정하여 광고를 노출하는 방식입니다. ❺ Default bid 값은 광고 타겟에 대한 기본 입찰가로 초기에는 0.75달러로 세팅되어 있습니다.

광고 비딩값은 조정할 수 있으며 비딩값이 높을수록 경쟁이 심한 키워드와 경쟁 상품에 광고가 노출될 확률이 높아지지만, 비딩값이 높기 때문에 클릭당 과금이 높아져서 예산 소진으로 광고가 빠르게 종료될 수 있는 위험이 있으니 주의하시기 바랍니다.

광고 비딩값 조정

자동 타겟팅 광고의 비딩값 설정 방식은 크게 2가지로 설정할 수 있습니다. 하나는 어떤 타켓팅 그룹이든 상관없이 기본 비딩값으로 통일하는 ❻ Set default bid이고 다른 하나는 타겟팅 그룹에 따라 비딩값을 조정하는 ❼ Set bids by targeting group입니다.

만약 Set bids by targeting group을 선택할 경우 화면과 같이 키워드 또는 경쟁 상품의 매칭도에 따라 비딩값을 다르게 설정할 수 있습니다. 매치 타입은 Close match, Loose match, Substitutes, Complements 총 4가지 타입이 있습니다.

- **Close match** : 광고 대상 제품과 밀접하게 관련된 검색어 그룹.
- **Loose match** : 광고 대상 제품과 상대적으로 관련성이 덜한 검색어 그룹. 예를 들어, Dog Carrier를 판매하는데 Cat Carrier, Dog Bed, Dog House 등에도 상품이 노출될 수 있음.
- **Substitutes** : 광고 대상 제품 및 키워드와 대체 가능한 상품. 유사한 용도 또는 기능을 갖는 대체품을 포함.
- **Complements** : 광고 대상 제품과 보완적이며 함께 사용될 수 있는 상품. 예를 들어, 스포츠 양말을 판매한다면 스포츠용 신발, 운동 용품 등에도 내 상품이 노출될 수 있습니다.

위 4가지 방식을 통해 그룹별로 비딩값을 조절하여 예산을 배분할 수 있습니다. 보통 가장 연관성이 높은 키워드 그룹인 Close match에 예산을 많이 배정하고 Loose match는 기본 비딩값보다 낮추는 방식으로 진행합니다.

다만 자동 타겟팅 광고는 내가 알고 있는 키워드 외에도 다양한 고객의 니즈와 인지하지 못한 키워드 그리고 다양한 경로를 통해 제품이 노출되고 구매가 일어날 수 있도록 하기 위함입니다. 따라서 초기에는 어떤 매치 타입에서 구매가 일어날지 잘 모르겠다면 우선 Set bids by targeting group 옵션을 선택한 다음, 비딩값을 모두 동일하게 두고 광고를 운영해보기 바랍니다. 이후 각 매치 타입별로 광고 효율을 비교해보시고 비딩값을 조절해도 됩니다.

네거티브 키워드 및 프로덕트 설정

광고 비딩값 조정 하단으로 ❽ Negative keywords와 ❾ Negative Product를 설정할 수 있는 항목이 나옵니다.

아마존 알고리즘에 의해 자동으로 선정된 연관 검색어나 경쟁 상품에 내가 판매하는 제품을 노출시키다보면 내 제품과 무관한 키워드나 상품에 내가 집행하는 광고가 노출되어 불필요한 클릭이 발생하는 경우가 생길 수 있습니다. 이렇게 비효율을 야기하는 키워드나 상품을 네거티브 키워드나 네거티브 프로덕트로 설정할 수 있습니다.

처음에는 광고를 집행할 때 불필요한 키워드나 상품을 잘 알 수 없기 때문에 우선은 공란으로 비워놓고 넘어갑니다. 추후에 해당 키워드나 상품을 인지하게 되면 그때 수정하도록 합니다.

캠페인 비딩 전략 설정

다음으로는 캠페인 비딩 전략을 설정할 수 있는 항목입니다.

이 항목에서는 광고 캠페인의 비딩 전략을 선택할 수 있습니다. 비딩이란 입찰 가격을 의미합니다. 키워드 광고를 집행할 때는 동일한 키워드를 대상으로 경쟁 셀러도 똑같이 광고를 집행할 수 있습니다. 이때 마치 경매를 하듯 비딩값(입찰 가격)이 더 높은 셀러가 해당 키워드를 점유하여 해당 키워드의 검색 결과에 광고를 노출하게 됩니다. 이 비딩값은 키워드 경쟁이 치열할수록 높아지며, 키워드마다 달라지게 됩니다. 또한 키워드 경쟁 상황에 따라 비딩값은 수시로 달라지게 됩니다.

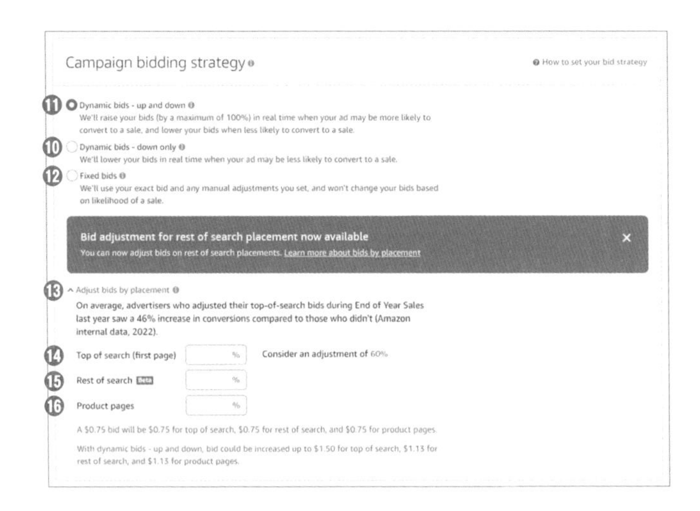

이때 고정된 비딩값으로 설정할 수도 있지만, 아마존 알고리즘이 경쟁자의 비딩값에 따라 비딩값을 조절할 수 있도록 세팅할 수도 있습니다. 이러한 방식이 Dynamic bids입니다. Dynamic bids로 비딩 전략을 선택하면 아마존이 경쟁 상황에 따라 입찰 전략에 맞춰 비딩값을 조절하게 됩니다. Dynamic bids 설정에는 2가지 전략이 있습니다.

⑩ Dynamic bids-down only 전략은 구매전환이 잘 일어나지 않을 것 같은 키워드의 경우 광고 비딩값을 낮추는 전략입니다. 조금 더 보수적으로 광고를 운영하고자 할 때나 광고 효율화가 목적일 때 이러한 비딩 전략을 선택하면 됩니다. 저의 경우 주로 down only 전략으로 비딩값을 설정합니다. 광고 예산을 충분하게 운영하기 힘들기 때문에 효율적으로 운영하기 위해서는 비딩값이 일정 수준 이상으로 올라가지 않도록 설정해두는 것이 전체적인 효율을 고려했을 때 더 좋습니다.

⑪ Dynamic bids-up and down 전략은 광고로 구매전환이 일어날 확률이 높다고

판단되는 키워드는 비딩값을 높이고, 구매전환이 잘 일어나지 않는다고 판단될 경우 비딩값을 낮추는 전략입니다. 말 그대로 업/다운을 모두 하는 것이죠. 이 전략은 광고를 좀 더 공격적으로 집행하여 노출도를 높이고자 할 때 주로 사용합니다.

이 전략은 비딩값을 높이는 전략까지 포함하기 때문에 경쟁자들이 경쟁적으로 비딩값을 높일 경우 내 광고의 비딩값과 함께 클릭당 광고비도 높아지므로 과도한 광고비가 지출될 수 있습니다. Dynamic bids-up and down으로 설정할 경우 최대 100%까지 비딩값이 높아질 수 있습니다. 만약 기본 비딩값을 0.75달러로 설정했다면 100%가 증가한 1.5달러까지 비딩값이 높아질 수 있습니다.

⑫ Fixed bids는 셀러가 설정한 비딩값으로만 광고를 집행합니다. 구매전환과 관계없이 설정한 비딩값을 고정적으로 운영하게 됩니다.

⑬ Adjust bids by placement의 아래 화살표를 눌러보면 화면과 같이 추가적인 비딩값을 설정할 수 있습니다. ⑭ Top of search (first page)는 키워드 검색 결과의 첫 번째 페이지에 노출될 확률이 크다면 비딩값을 몇 퍼센트까지 높여서 입찰할 것인지를 설정하는 항목입니다. 기본 비딩값을 0.75달러로 설정하고 Top of search를 20%로 설정한다면 첫 페이지에 노출될 확률이 높을 때 비딩값을 0.9달러까지 높인다는 이야기입니다. 만약 Dynamic bids-up and down으로 설정하고 Top of search도 20%로 높여 놓는다면 비딩값은 최대 1.8달러까지 높아질 수 있습니다. 마찬가지로 ⑮ Rest of search는 키워드 검색 결과의 첫 페이지를 제외한 2~4페이지의 노출될 확률이 클 경우 비딩값을 설정하는 항목입니다.

⑯ Product page는 상품 페이지에 광고가 노출될 확률로, 여기도 동일한 원리로 비딩값의 증액 범위를 퍼센트로 설정할 수 있습니다. 이렇게 자동 타겟팅 광고는 아마존 알고리즘에 의해 자동으로 선택된 키워드에 노출이 될 수 있고, 경쟁 상황에 따라 비딩값도 자동으로 조절되게끔 설정할 수 있습니다.

캠페인 이름 지정

마지막으로 캠페인의 이름을 지정하고 일 예산을 설정하면 광고 캠페인의 세팅이 끝납니다. ⑰ 캠페인 네임은 캠페인 생성 시간으로 자동 입력되는데, 이렇게 캠페인 네임을 설정할 경우 여러 캠페인이 생성되면 각 광고 캠페인을 구분하기 힘들어집니다. 따라서 자동 타케팅 광고의 경우 'SP_본인이 알아볼 수 있는 캠페인 특징(상품 카테고리 또는 특정 기간 등)_AUTO'와 같이 이 캠페인이 어떤 캠페인인지 본인이 알아보고 구분할 수 있도록 명칭을 바꿔주시는 것이 좋습니다.

⑱ 보통 기간이 정해진 캠페인이라면 종료 날짜를 지정하지만, 상시로 집행하는 광고의 경우 종료 날짜를 따로 지정하지 않습니다. 만약 광고 효율이 나지 않아 광고를 종료하고 싶다면 Active 상태에서 Pause 상태로 일시 정지를 해놓으면 광고가 더 이상 집행되지 않습니다.

마스터의 시크릿 노트

여기까지 아마존 PPC 광고 중 자동 타겟팅 광고에 대해 알아봤습니다. 우선 자동 타겟팅 광고로 PPC 광고에 대한 전체적인 개념과 어떤 방식으로 PPC 광고가 돌아가는지를 익혀봤습니다. 자동 타겟팅 광고에 대해 어느 정도 이해했다면 다음 챕터에서는 셀러가 키워드와 경쟁 상품을 직접 설정하는 수동 타켓팅 광고에 대해 알아보겠습니다.

31

PPC 광고 수동 타겟팅 설정 노하우

이번 챕터에서는 스폰서 프로덕트 광고의 유형 중 셀러가 키워드와 경쟁 상품을 직접 설정하는 수동 타겟팅Manual Targeting 광고에 대해 설명하겠습니다.

앞서 설명했던 자동 타겟팅 광고는 아마존 알고리즘이 광고하려는 상품과 연관되었다고 판단하는 키워드와 경쟁 상품을 자동으로 추천해주는 방식이었습니다. 셀러는 매치타입에 따라 비딩값을 조정해주면 되었습니다. 연관 키워드와 경쟁 상품을 아직 제대로 파악하지 못한 초보 셀러에게 편리한 방식입니다. 하지만 자동 타겟팅 방식은 내 상품에 적합하지 않은 키워드와 경쟁 상품이 포함될 수밖에 없습니다. 따라서 아마존 셀링을 하면서 내 상품과 연관된 키워드와 경쟁 상품에 대한 정보가 축적되면 광고의 효율성을 높이기 위해 수동 타겟팅 광고를 고민해봐야 합니다.

셀러가 직접 설정하는 수동 타겟팅 광고

수동 타겟팅 광고는 노출시키려는 키워드나 경쟁 상품을 셀러가 직접 설정하는 방법입니다. 수동 타겟팅은 자동 타겟팅과 달리 내가 검색을 통해 노출하고자 하는 키워드나 경쟁 상품을 찾아 일일이 하나씩 설정해야 합니다.

수동 타겟팅 광고에도 2가지 종류가 있습니다. Keyword targeting과 Product targeting인데요. 키워드 타겟팅은 광고를 노출할 키워드를 설정하여 광고를 집행하는 것이고, 제품 타겟팅은 광고를 노출시킬 경쟁 상품을 타겟으로 삼아 집행하는 광고입니다.

키워드 타겟팅 광고 설정

키워드 타겟팅을 선택할 경우 다음 화면과 같이 키워드를 직접 설정할 수 있는 메뉴가 나옵니다. 광고를 집행할 제품을 선택하면 아마존에서 연관된 키워드를 추천해주기도 합니다. 이때 아마존에서 추천한 키워드를 살펴보고 원하는 키워드를 설정할 수도 있고, 원하는 키워드를 직접 입력하여 타겟팅을 할 수도 있습니다.

키워드를 직접 입력하고자 할 때는 ❶ Enter list 탭을 클릭하고 직접 입력하면 됩니다.

화면에서 보는 것처럼 추천된 키워드 옆으로 Match type과 Sugg. bid가 표시됩니다. ❷ Match type은 광고 대상 키워드와의 매칭도를 의미하고, ❸ Sugg. bid는 추천 비딩 값입니다. 보시다시피 키워드에 따라 비딩값이 다르죠? 또한 키워드 매치 타입에 따라서도 비딩값이 다른 것을 확인할 수 있습니다.

키워드 매치 타입

도대체 키워드 매치 타입은 무엇일까요? 복잡해 보일 수도 있지만 최대한 쉽게 설명하겠습니다. 키워드 매치 타입에는 Broad, Phrase, Exact 3가지가 있는데요. 각각의 키워드 매치 타입은 어떠한 특징을 갖고 있고, 광고 전략에 따라 키워드 매치 타입을 어떻게 설정해야 하는지 하나씩 알아보겠습니다.

Keyword match type	keyword	광고 노출 키워드	광고 미노출 키워드
Broad	Dog carrier	Dog carrier small Soft dog carrier Dog carrier with wheels Dog sling carrier Carrier large dog	Cat carrier Dog seat
Phrase	Dog carrier	Dog carrier small Soft dog carrier Dog carrier with wheels	Cat carrier Dog seat Dog sling carrier Carrier large dog
Exact	Dog carrier	Dog carrier	Cat carrier Dog seat Dog sling carrier Carrier large dog Dog carrier small Soft dog carrier Dog carrier with wheels

브로드 매치는 설정한 키워드가 포함되기만 하면 광고를 노출시키는 방식입니다. 예를 들어 Dog Carrier를 키워드로 설정했다면 Dog와 Carrier가 동시에 들어가 있는 키워드에 광고를 노출시키는 것이죠. 따라서 Dog carrier small, Soft dog carrier처럼 키워드 앞뒤로 수식어가 붙어도 노출이 되며, Dog sling carrier와 같이 단어 사이에 어떤 단어가 들어가도 광고가 노출됩니다. 단어의 순서가 바뀐 검색어의 경우에도 마찬가지입니다. 단, 키워드 중 하나라도 빠질 경우에는 광고가 노출되지 않습니다. 예를 들어 Cat carrier의 경우 Dog라는 키워드가 빠져있기 때문에 광고가 노출되지 않습니다.

프레이즈 매치는 설정한 키워드를 하나의 구문으로 삼아 광고를 노출시키는 방식입니다. 즉, Dog와 Carrier를 따로 보는 것이 아니라 Dog carrier를 하나의 키워드로 보고 광고를 노출합니다. 그래서 Dog carrier small, Soft dog carrier와 같이 Dog Carrier가 순서대로 붙어 있는 경우에만 광고가 노출이 됩니다. 하지만 단어의 순서가 바뀌거나 단어 사이에 다른 단어가 끼어 있다면 광고는 노출되지 않습니다.

이그젝트 매치는 정확히 해당 키워드를 검색한 고객에게만 광고를 노출시키는 방식입니다. Dog Carrier라고 정확히 검색했을 경우에만 광고가 노출되고, 앞뒤로 다른 수식어가 붙거나 단어의 순서가 바뀌면 광고는 노출되지 않습니다. 이그젝트 매치 방식은 키워드 집중도를 높일 수는 있지만 광범위하고 다양한 검색 결과에 광고를 노출시키지 못한다는 단점이 있습니다.

키워드 매치 타입 전략

보통 키워드 매치 타입은 광고 전략에 따라 다르겠지만, 이그젝트나 프레이즈 매치 타입을 중심으로 선택하는 것을 추천합니다. 저의 경우에는 최근 수동 타겟팅 광고를 집행할 때 프레이즈도 아예 빼고 이그젝트 매치로만 광고를 세팅하기도 합니다.

수동 타겟팅 광고의 명확한 목적은 연관 키워드를 검색했을 때 내 상품의 노출도를 높이고 클릭률과 구매전환율을 높여 해당 키워드에서 오가닉 랭킹을 높이는 것입니다. 따라서 검색 볼륨이 높은 정확한 키워드에서 내 상품이 자주 노출되고 판매가 일어날 수 있도록 해야 합니다.

프레이즈 매치도 해당 키워드 구문을 포함한 다양한 키워드에 노출시키기 때문에 연관성이 높은 수준인 것은 맞지만, 수동 타겟팅 광고에서 많은 키워드를 타겟팅하는 것은 효율이 떨어질 가능성이 높습니다. 보통 수동 타겟팅 광고는 검색량이 많고 경쟁이 치열한 메인 키워드나 서브 키워드(누구나 알만한 키워드)를 타겟으로 하기 때문에 비딩값 또한 높아질 수밖에 없습니다. 광고 예산이 충분하지 않다면 예산이 금방 소진되어 일부 시간대에만 노출이 되고 노출이 중단될 수 있습니다. 따라서 오가닉 랭킹을 추적하면서 상위 노출로 반드시 잡아야 하는 명확한 키워드를 중심으로 수동 타겟팅 광고를 세팅하는 것이 장기적으로 관리나 효율 측면에서 더 좋습니다.

광고 캠페인 비딩 전략

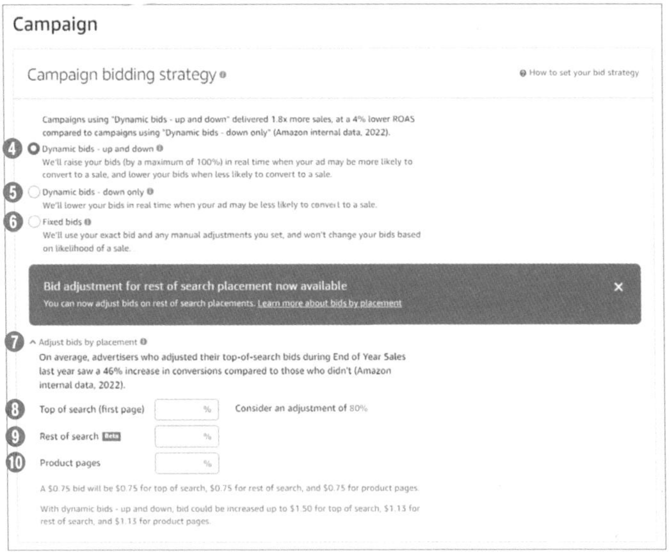

Campaign

Campaign bidding strategy

How to set your bid strategy

Campaigns using "Dynamic bids - up and down" delivered 1.8x more sales, at a 4% lower ROAS compared to campaigns using "Dynamic bids - down only" (Amazon internal data, 2022).

❹ Dynamic bids - up and down
We'll raise your bids (by a maximum of 100%) in real time when your ad may be more likely to convert to a sale, and lower your bids when less likely to convert to a sale.

❺ Dynamic bids - down only
We'll lower your bids in real time when your ad may be less likely to convert to a sale.

❻ Fixed bids
We'll use your exact bid and any manual adjustments you set, and won't change your bids based on likelihood of a sale.

Bid adjustment for rest of search placement now available
You can now adjust bids on rest of search placements. Learn more about bids by placement

❼ Adjust bids by placement
On average, advertisers who adjusted their top-of-search bids during End of Year Sales last year saw a 46% increase in conversions compared to those who didn't (Amazon internal data, 2022).

❽ Top of search (first page) % Consider an adjustment of 80%
❾ Rest of search Beta %
❿ Product pages %

A $0.75 bid will be $0.75 for top of search, $0.75 for rest of search, and $0.75 for product pages.

With dynamic bids - up and down, bid could be increased up to $1.50 for top of search, $1.13 for rest of search, and $1.13 for product pages.

수동 타겟팅 광고 역시 광고 전략에 맞춰 비딩값을 설정할 수 있습니다. ❹ Dynamic bids-up and down으로 비딩값을 설정하면 세팅된 비딩값을 자동 조절하여 구매전환이 일어날 확률이 높은 키워드의 비딩값을 더 높이게 됩니다.

저의 경우 아마존의 주요 쇼핑시즌처럼 경쟁 셀러들이 모두 광고비를 올려서 내가 집행하는 광고의 노출 확률이 떨어지는 시기에는 up and down을 설정하기도 합니다. 단, 이때는 광고 예산을 평소보다 충분하게 확보하여 광고가 중단되는 것을 예방합니다. 반면 평상시에는 자동 타겟팅 광고와 동일하게 수동 타겟팅 광고 역시 ❺ Dynamic bids - down only으로 설정하여 운영하는 편입니다.

❻ Fixed bids는 사용하지 않는 편입니다. 비딩값은 수시로 변하기 때문에 직접 변화하는 비딩값을 체크해가며 수동으로 바꾸는 것이 매우 어렵습니다. 그래서 아마존 알고리즘이 자동으로 비딩값을 조정하게끔 두는 편입니다.

그럼 ❼ Adjust bids by placement 항목에 대해 설명하겠습니다. 해당 항목은 광고가 노출되는 위치에 따라 비딩값을 자동으로 조정하게끔 설정하는 항목입니다.

❽ Top of search(first page)는 검색 결과의 첫 번째 페이지에 광고가 노출될 확률이 높을 경우 비딩값을 몇 퍼센트까지 높일 것인지 설정하는 항목입니다. 아마존 고객의 70%는 첫 페이지에서 구매를 결정합니다. 그만큼 첫 페이지에 광고가 노출되는 것이 중요한데요. 해당 항목에 50%를 입력하면 기본적으로 설정된 비딩값에서 50%까지 인상된 비딩값으로 광고를 노출하게 됩니다.

❾ Rest of search에서는 검색 결과의 첫 페이지를 제외한 2~4페이지에 노출되는 경우 비딩값을 설정할 수 있습니다. 많은 아마존 고객들이 첫 페이지에서 구매를 결정하지만, 꼼꼼하게 여러 제품을 찾아보고 비교하는 고객들도 많다는 것을 알아야 합니다. 제가 판매하는 제품은 경쟁 상품에 비해 품질과 기능은 월등하지만 단가가 매우 비싼 편입니다. 그래서 첫 페이지에서 구매가 결정되기보다는 오히려 Rest of search 위치에서 노출되었을 때 구매전환율이 더 높은 편입니다. 이곳은 첫 페이지보다 비딩값이 훨씬 낮기 때문에 적은 예산으로도 노출과 구매전환이 일어날 확률이 높습니다.

❿ Product page는 경쟁 상품의 리스팅 페이지에 노출되는 광고입니다. 경쟁 상품의 리스팅 페이지에 광고를 노출시킬 경우 비딩값을 설정할 수 있습니다.

광고 게재 위치에 따른 비딩값 조정은 광고를 집행해보면서 결정하기 바랍니다. 초기에는 3가지 타입의 게재 위치 중 어디에 노출되었을 때 광고의 효율이 좋은지 알 수 없습니다. 따라서 자동 타겟팅 광고든 수동 타겟팅 광고든 우선 Dynamic bids-down only 전략으로 전체적인 비딩값 전략을 설정하고, 광고를 집행한 이후 3가지 타입의 게재 위치 중 ROAS가 좋은 위치에서 비딩값을 20~30% 정도 상향시키는 전략으로 가는 것을 추천합니다.

제품 타겟팅 광고 설정

PPC 광고는 경쟁 상품을 타겟팅하여 광고를 할 수도 있습니다. 제품 타겟팅 광고는 광고를 노출시키고자 하는 경쟁 상품을 수동으로 설정하는 광고입니다. 제품 타겟팅 광고의 경우 다음 화면과 같이 ❶ Categories 탭에서 추천 카테고리에 있는 경쟁 상품 전부를 대상으로 광고를 노출시킬 수도 있습니다.

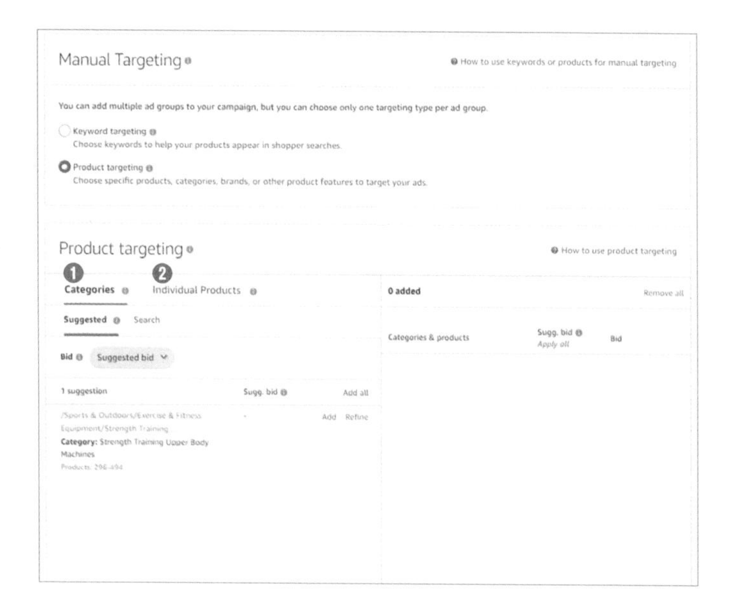

❷ Individual Products 탭을 선택할 경우 경쟁 상품을 직접 선택할 수도 있습니다. 추천으로 제안되는 경쟁 상품들을 선택해도 되고, 직접 검색을 통해 타겟팅을 하거나 경쟁 상품이 다수일 경우 대량으로 상품 리스트를 업로드할 수도 있습니다.

제품 타겟팅 광고는 특정 경쟁 상품에 내 광고를 집중적으로 노출시키는 전략을 쓸 때 유용합니다. 경쟁 상품보다 가격이 저렴하거나 경쟁 상품의 단점을 보완하여 상품을 런칭했다면 고객들이 광고를 보고 내 상품을 구매할 확률이 높아질 수도 있습니다.

또한 경쟁 상품으로 고객이 이탈하는 것을 방지하기 위한 전략으로도 활용할 수 있습니다. 예를 들어, 제품의 가격대가 다양할 경우 상대적으로 비싸고 좋은 제품을 클릭하여 들어왔다가 더 저렴한 제품으로 고객이 이탈할 수 있습니다. 이때 자사의 조금 더 저렴한 상품을 광고로 보여줌으로써 경쟁 상품 대신 자사 상품으로 유입시키는 전략으로 제품 타겟팅 광고를 활용할 수 있습니다.

지금까지 스폰서 프로덕트 광고에 대해 알아봤습니다. PPC 광고만 잘 활용해도 아마존에서 내 상품을 충분히 노출시키고 구매로 연결될 수 있게끔 할 수 있습니다. 초기에는 광고비가 조금 많이 지출되더라도 최대한 내 상품을 연관 키워드와 경쟁 상품에 많이 노출시키고, 고객들이 내 상품으로 유입될 수 있게끔 투자할 수 있어야 합니다.

브랜드 인지도 향상을 위한 브랜드 광고

스폰서 브랜드 광고는 브랜드 레지스트리가 되어있는 셀러만 활용할 수 있는 기능입니다. 스폰서 브랜드 광고를 활용하면 단순히 개별 상품이 아닌 등록된 브랜드에 포함된 여러 제품들을 묶어 동시에 광고할 수 있습니다. 개별적인 상품보다 여러 상품을 한꺼번에 인지시킬 수 있고, 광고의 형태도 고객들에게 브랜드를 인지시킬 수 있는 형태로 운영할 수 있기 때문에 브랜드 인지도를 높이는 데에도 도움이 됩니다.

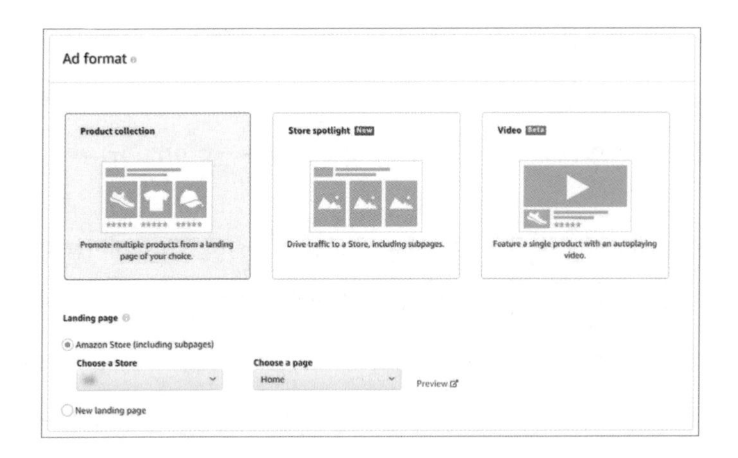

스폰서 브랜드 광고 목표 설정

최근 스폰서 브랜드 광고의 목표를 설정하는 탭이 새롭게 생겼습니다. 다음 화면과 같이 브랜드 광고 캠페인의 목표가 특정 상품 페이지로의 유입인지, 아니면 특정 키워드에서 브랜드의 노출 빈도를 높이는 것인지에 따라 목표를 설정할 수 있습니다.

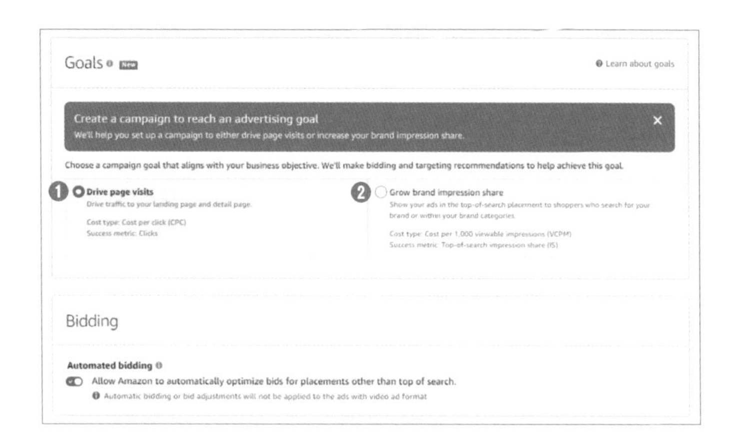

❶ Drive page visits의 목표는 많은 클릭을 유도하여 고객들이 우리 브랜드를 탐색하고 제품의 세부 정보를 확인하도록 하기 위함입니다. 따라서 스폰서 프로덕트 광고와 같이 클릭당 광고비가 과금되며 클릭과 구매전환을 추적하여 광고 효과를 측정합니다.

❷ Grow brand impression share의 목표는 브랜드와 관련된 키워드 검색 결과의 첫 페이지 노출 점유율을 극대화하는 것입니다. 따라서 입찰 역시 1,000뷰당 입찰 제안을 받아 노출 극대화를 목표로 광고 캠페인을 운영하게 됩니다.

스폰서 브랜드 광고의 종류

스폰서 브랜드 광고의 포맷은 Product collection, Store spotlight, Video 이렇게 3가지가 있습니다.

다음 화면과 같이 키워드 검색 결과에서 브랜드 로고와 함께 상품들을 보여주는 형식의 광고가 프로덕트 컬렉션 광고입니다.

프로덕트 컬렉션 광고를 생성하면 클릭했을 때 연결되는 페이지로 브랜드 홈페이지의 특정 페이지를 연결할 수도 있고, 특정 상품 페이지로도 연결시킬 수 있습니다. 광고를 설정하는 화면에서 광고를 하고자 하는 상품을 최대 3개까지 선택할 수 있고, 선택한 상품들의 노출 순서를 바꿀 수 있습니다.

스토어 스포트라이트 광고는 브랜드 스토어로 트래픽을 유도하기 위한 광고입니다. 스토어 광고를 하기 위해서는 스토어에 최소 4개 이상의 페이지가 생성되어 있어야 하며, 각 페이지에는 최소 1개 또는 그 이상의 고유한 상품이 업로드되어 있어야 합니다.

마지막으로 최근 브랜드 셀러들이 많이 활용하고 있는 광고 형태가 바로 비디오 광고입니다. 영상은 이미지에 비해 시각적으로 풍부하게 상품을 보여줄 수 있고, 눈길을 쉽게 잡아둡니다. 키워드 검색 시 비슷해 보이는 제품 사진만 쭉 나오다 영상 광고가 나오면 아무래도 눈길이 갈 수밖에 없겠죠? 특히 쿠폰이나 가격 할인이 함께 한다면 브랜드를 알리면서 구매전환까지 높일 수 있는 효과적인 수단입니다. 비디오 광고 기능은 최근에 나온 광고의 형태로 흐름상 앞으로 영상을 활용한 방법들이 더 다양하게 개발되지 않을까 싶습니다.

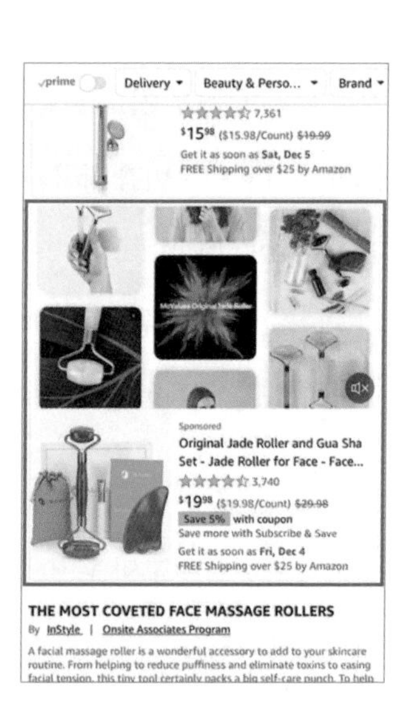

마스터의 시크릿 노트

지금까지 우리는 아마존에서 제공하는 마케팅 툴 중 강력하고 필수적인 수단인 PPC 광고의 모든 영역에 대해 배워봤습니다. 아직 생소하고 어렵게 느껴질 수 있을 것 같습니다. 그렇다면 도대체 어떤 광고부터 해보고, 최적화를 해나가야 하는지 궁금증도 많이 생길 것 같습니다.
그래서 지난 7년간 직접 삽질하며 PPC 광고를 돌려본 경험과 다양한 셀러들의 경험을 바탕으로 PPC 광고를 집행하고 최적화해나가는 방법을 설명하겠습니다.

PPC 광고 100% 활용 전략

지금까지 PPC 광고의 종류와 자동 타겟팅과 수동 타겟팅으로 광고를 설정하는 방법을 알아봤습니다. 연관 검색어와 경쟁 상품을 분석하고 비딩값을 결정하는 것도 중요하지만 PPC 광고를 어떻게 운용하느냐에 따라 광고의 효율은 크게 달라질 수 있습니다.

이번 챕터에서는 제가 지금까지 PPC 광고를 집행하면서 얻은 경험을 바탕으로 PPC 광고를 좀 더 효율적으로 운용할 수 있는 PPC 광고 활용 전략에 대해 설명하겠습니다.

먼저 PPC 광고를 집행하기 전에 리스팅 점검은 필수입니다. 리스팅 자체가 최적화되지 않은 상태에서 PPC 광고를 열심히 집행해봐야 밑 빠진 독에 물 붓기입니다. 처음 리스팅을 했을 때 조금 마음에 들지 않은 상태로 리스팅이 되었다면, PPC 광고를 집행하기 전에 리스팅을 점검하고 개선해야 합니다. 상품이 팔릴 준비가 되어있는지 객관적으로 체크해보고 광고를 시작하기 바랍니다.

자동 타겟팅 광고로 먼저 시작하자!

자신의 상품이 검색되는 키워드를 명확히 알고 있는 경우도 있겠으나, 대부분의 초보 셀러는 현지인도 아니고 아직 아마존 플랫폼과 내 상품의 경쟁시장에 대한 이해가 부족하기 때문에 수동 타겟팅 광고로 효과 좋은 키워드를 설정하기가 굉장히 어렵습니다. 그러므로 먼저 자동 타겟팅 광고로 시작하는 것을 추천합니다. 상품명과 불렛 포인트, 상품 설명 등에 키워드 최적화가 잘 되어 있다면 자동 타겟팅을 선택했을 때 아마존 알고리즘이 적합한 연관 키워드에 상품을 노출해줍니다.

Enter a search term　Filter by　Columns　Date range - Oct 1, 2020 - Nov 30, 2020　Export

Actions	Customer search term	Added as	Keywords	Spend	Orders	Sales	ACOS	ROAS	Conversion rate
	Total: 509			$3,241.29	570	$16,652.99	19.46%	5.14	12.1
Actions		Keyword		$449.64	24	$993.41	45.26%	2.21	
Actions		Keyword		$168.64	7	$244.50	69.03%	1.45	
Actions		Keyword		$141.03	28	$1,502.43	10.83%	9.24	
Actions		Keyword		$135.28	18	$870.16	15.55%	6.43	
Actions		Keyword		$133.51	11	$457.10	29.16%	3.43	
Actions		Keyword		$109.54	9	$469.12	23.35%	4.28	
Actions		Keyword		$106.14	4	$178.89	59.40%	1.68	
Actions		Keyword		$91.53	18	$786.29	11.64%	8.59	
Actions		Keyword		$72.27	16	$687.58	10.51%	9.51	
Actions		Keyword		$51.85	1	$69.90	74.18%	1.35	
Actions		Keyword		$46.35	4	$137.78	33.64%	2.97	

위 화면처럼 자동 타겟팅 광고를 며칠 집행하면 고객들이 어떤 키워드를 통해 유입되었고, 해당 키워드에서 몇 번 노출이 되고 클릭이 되었으며 구매전환율은 얼마나 되는지 모든 데이터를 확인할 수 있습니다. 여기서 내 상품과 연관된 폭넓은 키워드들과 경쟁 상품들을 확인할 수 있으며 수동 타겟팅 광고의 힌트를 얻을 수 있습니다.

자동 타켓팅 광고는 상품을 찾는 고객들에게 내 상품을 노출시킬 기회를 좀 더 다양하게 제공합니다. 우리가 쉽게 찾을 수 있는 메인 키워드나 서브 키워드는 검색량은 많으나 그만큼 경쟁도 심하고 광고 입찰가도 높습니다. 따라서 광고 초기에는 간을 보는 느낌으로 자동 타겟팅 광고를 통해 수동 타겟팅 광고를 위한 힌트를 찾아보고, 잘 모르는 서브 키워드에서도 상품을 노출시킬 수 있는 수단으로 활용하면 좋습니다.

다만 런칭 초기에 공격적으로 마케팅을 하고 싶다면 Dynamic bids-up & down 입찰 전략을 사용하여 구매전환이 높을 것이라 예상될 때 입찰가를 높이는 방법을 선택해도 좋습니다. 또한 Top of search에 노출될 확률이 높을 때도 입찰가를 높여보는 것이 좋습니다. 다만 이럴 경우 클릭당 과금비용이 굉장히 높아지고 그만큼 예산이 빨리 소진되어 광고가 일찍 종료될 수 있으니 데이터가 충분히 수집되고 구매전환도 잘 일어나는 것을 확인했을 때 공격적으로 운용하는 것을 추천합니다.

경쟁 상품의 광고가 멈췄을 때를 공략하자!

자동 타겟팅 광고는 2가지 전략으로 나누어 생각할 수 있습니다. 첫 번째는 앞서 설명한 것처럼 내 상품과 연관성이 높은 키워드 및 경쟁 상품을 자동으로 타겟팅하여 내 상품을 노출시키면서, 광고 효율이 높은 키워드를 발굴하는 것이 기본적인 자동 타겟팅 전략입니다. 두 번째는 아주 낮은 키워드 비딩값으로 경쟁 상품의 광고가 멈췄을 때를 공략하거나 경쟁이 심하지 않은 히든 키워드를 공략하는 Auto-saver 전략입니다.

오토 세이버 전략은 적은 광고 예산으로 높은 광고 효율을 올릴 수 있는 전략이니 별도로 한번 운영해보는 것을 추천합니다.

오토 세이버 전략의 기본 세팅은 다음과 같습니다. 광고 캠페인 유형은 스폰서 프로덕트의 자동 타겟팅 광고입니다. 캠페인 비딩 전략은 Dynamic bids-down only로 설정하고, 비딩 타겟은 Set default bid로 설정하거나 Group으로 나눠도 상관없습니다. 그룹으로 나눌 경우 키워드나 매치 타입에 따라 광고 효율을 확인할 수 있습니다. 기본 비딩값은 0.05달러에서 0.4달러 범위로, 광고 예산은 하루에 1,000달러 정도로 설정합니다.

일 예산을 많이 잡았기 때문에 너무 많은 광고비가 소진되는 것은 아닌가 하고 걱정할 수도 있습니다. 하지만 비딩값을 아주 적은 금액으로 설정했기 때문에 클릭당 과금은 최대 0.4달러입니다. 또한 비딩 전략 역시 Dynamic bids-down only로 설정했기 때문에 비딩값은 최대치를 초과하지 않습니다. 다만 비딩값이 낮기 때문에 경쟁이 치열한 메인 키워드에서 노출될 확률은 떨어지며, 노출 횟수 역시 기본적인 자동 타겟팅 광고에 비해 떨어질 수밖에 없습니다.

대신 오토 세이버 전략으로 광고 캠페인을 세팅해놓으면 경쟁 상품의 광고가 멈췄을 때 내 광고가 집행될 수 있고, 내가 알고 있는 메인 키워드 이외에 검색량은 적지만 다양한 연관 키워드에서 내 제품을 노출시키고 구매전환까지 이끌어낼 수 있습니다.

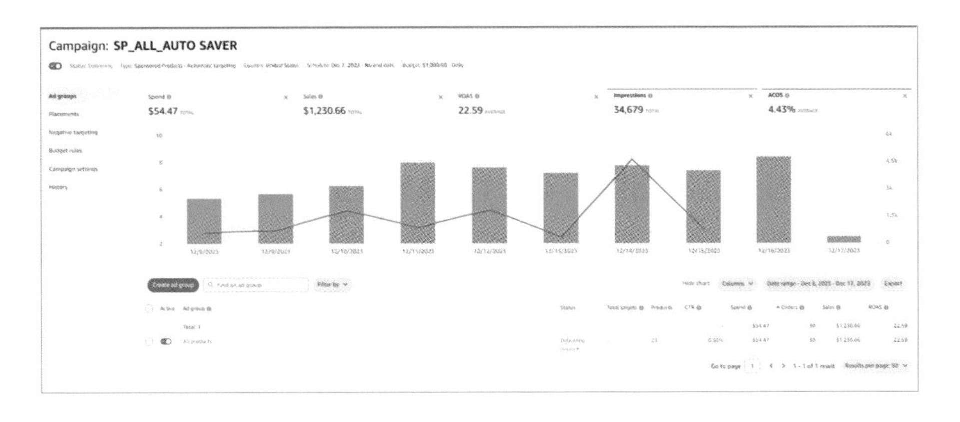

실제 제가 집행한 광고 캠페인을 통해 광고 효율을 살펴보겠습니다. 저는 모든 제품에 대해 자동 타겟팅 광고를 만들었고 일 예산은 1,000달러로 매우 높게 설정했습니다. 해당 광고 캠페인을 살펴보면 약 9일간의 캠페인 기간 동안 고작 54.47달러의 광고비를 소진하여 무려 1,230.66달러의 매출을 올린 것을 확인할 수 있습니다. 광고 효율을 나타내는 지표인 ROAS는 22.59, ACOS는 4.43% 밖에 안되는 초고효율을 보여주고 있습니다.

저는 비딩 타겟을 그룹별로 나누어서 비딩값 전략을 조금씩 달리했습니다. Close match연관성이 높은 키워드의 비딩값을 가장 높게 설정했고, 나머지 매치 타입은 최저 비딩값으로 설정하여 광고가 자동으로 집행되게끔 설정해놓았습니다. Close match의 비딩값이 가장 높다고는 했지만 아마존에서 제안하는 기본 비딩값보다는 훨씬 낮은 금액이기 때문에 매우 효율적으로 광고를 운영할 수 있었습니다.

오토 세이버 광고를 집행하면 어떤 키워드에서 광고가 집행되었는지 결과를 반드시 확인하기 바랍니다. 간혹 우리 브랜드명이나 상품명을 검색했을 때도 광고가 노출되는 경우가 발생합니다. 이는 검색량이 적어 비딩값은 낮지만 키워드 연관성이 높아서 발생하는 일입니다. 우리 브랜드명이나 상품명을 검색하면 광고가 아니더라도 우리 제품이 자연스럽게 노출되는데 굳이 광고를 집행할 필요는 없습니다. 브랜드명과 상품명을 검색해도 우리 제품이 노출되지 않는 경우가 아니라면 브랜드명과 상품명은 네거티브 키워드로 설정하여 불필요한 광고비가 지출되지 않도록 관리해주는 것이 좋습니다.

수동 타겟팅 광고는 서브 키워드 1등을 목표로 하자!

검색량이 매우 높은 메인 키워드에서 내 상품이 첫 페이지에 노출된다면 더할 나위 없이 좋겠죠. 하지만 메인 키워드의 첫 페이지에 노출되고, 광고를 통해 고객들이 유입된다는 이야기는 그만큼 어마어마한 광고비 지출을 감안해야 한다는 것을 의미하기도 합니다. 하지만 대부분의 초보 셀러들은 많은 광고비를 감당할 여유가 없을 것입니다. 또한 리뷰와 같이 제품에 대한 믿을만한 레퍼런스가 충분히 쌓이지 않은 상태에서 클릭만 많이 일어나고 구매전환이 적을 경우에는 랭킹 상승에 도움이 되지 않을 수 있습니다.

따라서 처음에는 검색량이 조금 적더라도 메인 키워드보다는 서브 키워드에서 광고를 집행하며 차차 랭킹을 높여가는 전략을 취하는 것이 좋습니다. 수동 타겟팅 키워드 설정은 브로드 매치보다는 주로 이그젝트와 프레이즈 매치 정도만 설정하는 것이 좋고, 너무 많은 키워드보다는 서브 키워드 몇 가지에 예산이 집중되도록 하는 것이 좋습니다.

경쟁 상품에 집중 타겟팅을 하는 방법도 있습니다. 자동 타겟팅을 충분히 돌려보며 경쟁 상품을 통해 고객이 유입된다면 구매전환이 일어난 상품들을 확인해보고, 경쟁 상품을 타겟팅하여 수동 타겟팅 광고를 집행하는 것도 방법입니다.

PPC 광고는 할인 행사와 함께 하자!

말씀드렸듯이 미국 고객들은 가격에 굉장히 민감합니다. 그래서인지 아마존에는 굉장히 저렴하게 판매되는 상품들이 많이 있습니다.

PPC 광고 효율을 높이기 위해서는 구매전환율이 높아져야 하는데, 할인 쿠폰이나 딜 같은 할인 행사를 PPC 광고와 함께 운영한다면 광고의 효율도 자연스럽게 높아지게 됩니다. 런칭 초기에는 조금 손해를 보더라도 마케팅 비용이라 생각하고 프로모션을 적절하게 활용하는 것이 좋습니다. 그래야 고객들이 구매 버튼을 클릭하는 장벽을 낮춰주고, 매출을 많이 일으켜야 리뷰도 빨리 받을 수 있습니다.

광고는 점차 효율화되도록 관리하자!

처음에는 너무 ACOS에 연연하지 않아야 합니다. ACOS는 광고로 발생하는 매출 대비 광고비가 차지하는 비중입니다. 초기에는 리뷰도 없기 때문에 ACOS가 높을 수밖에 없습니다. 하지만 바인 프로그램 등을 활용하여 점차 리뷰도 쌓이고, 광고를 통해 매출이 점차 발생하기 시작하면 광고비 비중도 자연스럽게 줄어들게 됩니다. 하지만 일정 기간은 매출 없이 광고비를 지출할 수밖에 없다는 점을 반드시 고려해야 합니다.

그래도 광고비가 너무 오랜 기간 지출만 되고 매출이 전혀 발생하지 않는다면 검색 결과에 대한 클릭률과 구매전환율을 확인해보고, 노출 키워드나 리스팅에 문제가 없는지 점검해봐야 합니다. 내 상품이 노출되고 있는 키워드나 경쟁 상품 중 엉뚱한 키워드나 경쟁 상품은 없는지 키워드를 검색해보면서 유효하지 않은 타겟들은 네거티브 타겟팅에 포함시켜 광고가 노출되지 않도록 설정합니다.

만약 클릭률이 낮게 나온다면 메인 이미지에 문제가 있을 가능성이 높습니다. 메인 이미지를 개선해보거나 쿠폰과 같은 할인 행사를 붙이면 클릭률과 구매전환율을 모두 개선할 수 있습니다. 혹은 클릭률은 높은데 구매전환이 일어나지 않는다면 상품의 서브 이미지들과 불렛 포인트, 상품 설명을 다시 한 번 확인해보기 바랍니다.

그리고 TACOS도 함께 확인해보는 것이 좋습니다. TACOS는 총매출 대비 광고비의 비중입니다. 보통 셀러 센트럴의 광고 페이지에서는 ACOS을 확인할 수 있습니다. ACOS와 함께 TACOS를 확인해야 하는 이유는 광고가 아닌 자연 검색으로 발생하는 매출의 비중을 확인하기 위해서입니다.

광고 페이지에서 확인된 ACOS가 30%라고 할지라도 TACOS가 10%라면 이는 매우 좋은 신호입니다. 광고로 인한 매출보다 자연 검색으로 인해 발생하는 매출의 비중이 높다는 의미이기 때문입니다. TACOS는 월별로 트래킹하며 검토해보는 것이 좋습니다.

마스터의 시크릿 노트

지금까지 설명한 방법들을 사용하면서 광고를 운영하고 최적화하는 과정을 끊임없이 반복해야 합니다. 광고를 실제로 돌려보면 ACOS가 낮아지다가도 특정 쇼핑 시즌에는 광고 단가가 높아지면서 효율이 나빠지기도 합니다.

최근에는 알고리즘에 약간 변화가 있었는지 잘 판매되고 있던 상품이 갑자기 랭킹에서 밀려나거나 랭킹이 좋지 않던 제품이 단숨에 높은 랭킹으로 올라오는 등 많은 변화들이 생기고 있습니다. 아마존은 마치 유기체처럼 끊임없이 변화하기 때문에 각자의 상황에 맞게끔 작은 시도들을 끊임없이 해가며 나만의 데이터를 쌓아가는 것이 중요합니다.

아마존 셀링의 핵심,
리뷰를 쌓는 법

아마존 셀링에서 중요한 포인트 중 하나가 바로 리뷰입니다. 우리도 생각해보면 쇼핑을 할 때 구매하려는 상품을 미리 사용해본 고객들의 피드백을 주의 깊게 살펴보고 구매를 결정하는 경우가 많습니다. 아마존도 마찬가지입니다. 런칭 초기 리뷰가 전혀 없는 상태에서는 구매전환을 일으키기가 참으로 어렵습니다.

과거에는 리뷰를 받을 수 있는 외부적인 방법들이 있었습니다. 일부 페이스북 그룹에서 돈을 받고 유료 체험단을 운영하는 것처럼 아마존 체험단 그룹을 운영하기도 했습니다. 그룹 멤버들에게 할인 프로모션 코드를 뿌려 제품을 거의 무상으로 제공해주고 아마존 리뷰를 받는 우회적인 방법을 사용한 것이죠. 하지만 지금은 실제 구매가 아닌 대가성 리뷰의 경우 아마존 알고리즘이 놀라울 정도로 잡아내고, 심지어 지인에게 링크를 보내주고 구매를 부탁해도 아마존 알고리즘이 잡아내고 있습니다. 따라서 이러한 우회적인 리뷰 작업은 현재 대부분 막혀있으며, 적발되었을 경우 아마존에서 계정을 정지해버리는 등 강력한 조치를 취하고 있습니다.

그렇다면 어떻게 리뷰를 빠르게 받을 수 있을까요? 앞에서 이야기한 것처럼 아마존 내부에서 제공하는 리뷰 마케팅 툴을 활용하는 것이 현재로서는 최선의 방법입니다.

바인 프로그램: 리뷰를 받는 가장 강력한 방법

현재 아마존에서 제공하는 리뷰 프로그램 중 가장 유용하면서도 강력한 기능이 바로 바인 프로그램입니다. 바인 프로그램은 앞서 몇 차례 언급했듯이 일반 셀러는 이용할 수 없고 브랜드 레지스트리가 되어 있는 셀러만 활용할 수 있는 기능입니다.

아마존에서는 고객들 중 양질의 리뷰를 남기고 다른 고객들의 구매 결정에도 도움을 줄 수 있는 일부 고객들을 초청하여 바인 멤버Vine Member라는 제도를 운영합니다. 아마존 바인 멤버가 되면 상품을 무료로 제공받아 상품에 대해 상세한 리뷰를 남겨줍니다. 지속적으로 도움이 되는 리뷰를 작성하고, 특정 카테고리에 대해 전문성과 명성을 쌓은 고객들이 아마존 바인 프로그램에 초대될 가능성이 높습니다. 일종의 오피니언 리더 역할을 하는 것이죠.

바인 프로그램은 총 30개의 리뷰를 쌓을 때까지 바인 멤버들에게 제품을 추천합니다. 자연적으로 30개의 리뷰를 받기 위해서는 1,000개 이상의 제품을 판매해야 겨우 쌓을 수 있는 숫자입니다. 그런데 바인 프로그램을 활용하면 빠른 시일 내에 양질의 리뷰를 쌓을 수 있는 장점이 있습니다.

바인 프로그램에 등록하기 위해서는 몇 가지 요구 조건을 충족해야 합니다.

- 아마존 브랜드 레지스트리에 브랜드 등록을 해야 합니다.
- 상품 상세페이지의 리뷰가 30개 미만이어야 합니다.
- 구매 가능한 FBA 오퍼가 '새 상품' 상태여야 합니다.
- 성인용품이 아니어야 합니다.
- 등록 시점에서 이미 출시되어 있어야 합니다.
- 판매 가능한 재고가 있어야 합니다.
- 이미지와 설명이 있어야 합니다.

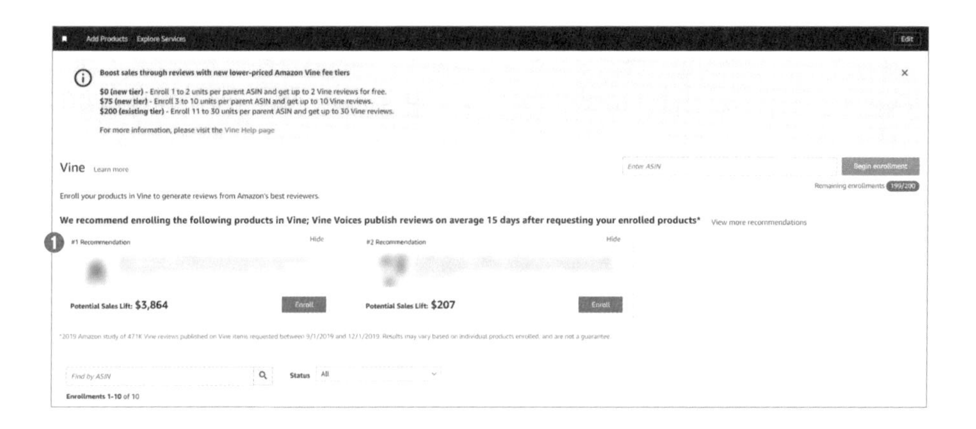

바인 프로그램을 클릭하여 들어갔을 때 보이는 화면인데요. ❶ 상단에는 아마존 바인 프로그램을 신청할 수 있는 제품을 자동으로 추천해주기도 합니다. 그리고 아래쪽에는 신청 현황을 살펴볼 수 있고, 바인 프로그램을 통해 남겨진 리뷰의 개수와 자세한 리뷰를 확인할 수 있습니다.

그리고 이 바인 리뷰는 제품을 클릭하여 보면 ❷ VINE VOICE라는 표시와 함께 노출됩니다.

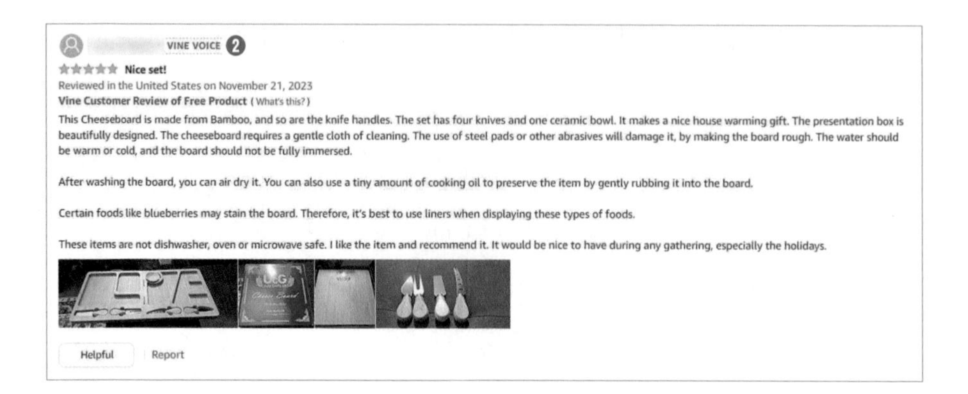

화면과 같이 정말 자세하고 정성스러운 리뷰를 남겨주는 편입니다. 대체로 좋은 리뷰를 남겨주는 편이지만, 이는 리뷰어의 재량입니다. 별점은 실제 바인 리뷰어들의 만족도에 따라 달라질 수 있고 경험상 대체로 긍정적으로 남겨주는 것 같습니다. 그러나 제품의 퀄리티가 그렇게 좋지 않다면 아무리 공짜로 받은 물건이라도 바인 리뷰어 역시 솔직하게 느낀 그대로 리뷰를 남기는 편입니다.

바인 프로그램 비용

바인 프로그램이 처음 나왔을 때는 무료로 운영되었으나, 지금은 유료로 전환되어 200달러의 이용료를 내고 이용하는 서비스로 바뀌었습니다. 그리고 2023년 10월 이후로는 비용 체계가 바인 리뷰의 개수에 따라 비용이 달라지는 방식으로 변경되었습니다. 바인 리뷰 1~2개까지는 무료지만, 3~10개의 리뷰는 75달러, 11~30개까지는 200달러의 비용을 받고 있습니다.

- **$0 (new tier)** - Enroll 1 to 2 units per parent ASIN and get up to 2 Vine reviews for free.
- **$75 (new tier)** - Enroll 3 to 10 units per parent ASIN and get up to 10 Vine reviews.
- **$200 (existing tier)** - Enroll 11 to 30 units per parent ASIN and get up to 30 Vine reviews.

아마존에서는 리뷰를 받는 것이 워낙 어렵기 때문에 신제품의 경우 최대한 바인 프로그램을 활용하라고 권하고 싶습니다. 만약 색상별로 베리에이션이 있는 제품이라면 각각 단품으로 바인 프로그램을 신청하고 리뷰가 달린 후에 베리에이션으로 묶는 방법을 활용하면 단기간에 최대한 많은 리뷰를 모을 수 있습니다.

물론 각각의 단품에 대해 200달러씩 비용을 부담하기 때문에 조금 부담스러울 수 있습니다. 하지만 이러한 방법으로 각각 30개씩 리뷰를 받은 두 개의 ASIN을 하나의 묶음으로 베리에이션을 합치게 되면 60개의 리뷰를 받을 수 있습니다.

바인 프로그램 등록하는 법

셀러 센트럴 페이지의 Advertising 메뉴에서 Vine을 클릭하여 추천하는 제품을 등록하거나, ASIN을 검색하여 등록 가능여부를 확인하고 등록을 할 수도 있습니다. 등록 버튼을 누르면 위 화면과 같이 ❸ 신청할 리뷰 숫자를 최대 30개까지 기입할 수 있습니다.

바인 프로그램은 효율이 좋은 마케팅 툴이므로 재고가 충분하게 있다면 가급적 30개까지 리뷰를 신청하는 것을 추천합니다. 수량을 기입한 후 Enroll 버튼을 누르면 다음 이미지와 같은 메시지를 확인할 수 있습니다.

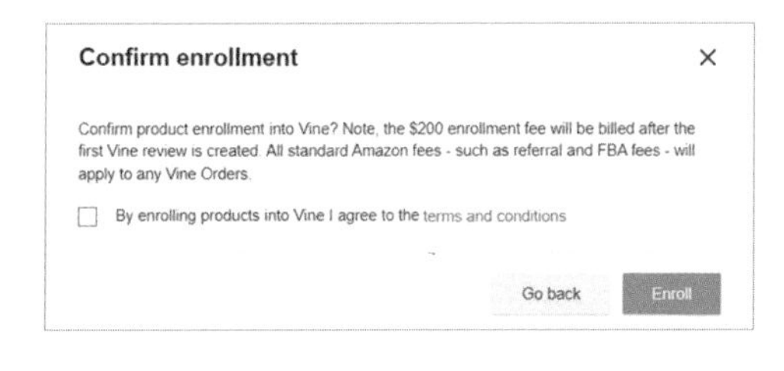

신청 수량에 따라 청구되는 비용이 다르다는 확인 메시지가 뜹니다. 바인 프로그램을 신청하면 아마존 창고의 재고를 이용하여 발송하기 때문에 바

인 리뷰어에게 발송하는 건에 대해서도 동일한 FBA 수수료가 적용된다는 문구도 확인할 수 있습니다.

체크 박스에 확인을 하고 Enroll 버튼을 누르면 신청이 끝납니다. 비용은 즉시 결제되는 것은 아니고, 첫 번째 바인 리뷰가 올라올 때 결제가 되니 참고 바랍니다.

리뷰가 빨리 달리게 하는 팁

바인 프로그램과 같이 아마존에서 자체적으로 제공하는 기능 이외에도 고객들이 리뷰를 좀 더 적극적으로 많이 달고 싶게 만드는 소소한 팁들을 소개합니다.

작은 배려를 위한 인서트 카드

출처 : fiverr.com

첫 번째는 구매에 대한 감사의 인사를 전할 수 있는 조그마한 인서트 카드를 만들어 패키지에 함께 동봉하는 것입니다. 작은 인서트 카드를 통해 소소한 감동도 제공하고, 고객들이 리뷰를 남기도록 독려할 수 있습니다.

저의 경우 주로 FBA를 통해 판매하기 때문에 배송 단계에서 인서트 카드를 넣지 못합니다. 그래서 별도의 인서트 카드 대신 상품 패키지의 사용설명서 하단에 감사의 메시지와 함께 리뷰를 독려하는 메시지를 포함시켰습니다. FBM 셀러라면 간단하게 작은 인서트 카드를 넣을 수 있지만, FBA 셀러의 경우 제품 제조과정에서 패키지 안에 넣어주거나, 저처럼 제품 하단에 메시지를 만들어 기재하는 것도 방법입니다.

인서트 카드에는 우리 브랜드가 고객에게 제공하고자 하는 핵심 철학이나 메시지, 제품이 전달하고자 하는 가치 등을 함께 표현해줘도 좋습니다.

인서트 카드는 정해진 양식이 따로 있는 것이 아닙니다. 다만 아마존에서 금지하고 있는 내용을 인서트 카드에 담으면 문제가 생길 수 있으니 아래와 같은 사항들은 절대 인서트 카드에 넣지 마시기 바랍니다.

- **긍정적인 리뷰를 요청하거나 리뷰에 대한 대가를 제공한다는 내용**
  솔직한 리뷰를 독려하는 것은 아마존에서도 장려하는 사항입니다. 하지만 구매자에게 리뷰를 남겨줄 경우 인센티브와 같은 대가를 지불한다거나 긍정적인 리뷰를 작성해줄 것을 요청하는 것은 금지되어 있습니다.
- **홈페이지, 자사몰 등 아마존 이외의 세일즈 채널로 유입을 유도하는 내용**
  아마존 이외의 세일즈 채널로 유도하거나 바이어에게 직접 연락을 유도하는 행위는 금지합니다. 이 같은 정보들은 인서트 카드 이외에 리스팅에 기재하는 것도 금지하고 있습니다.

다음은 인서트 카드에 넣어도 좋은 내용들입니다.

- **제품 사용설명서와 같이 제품에 대한 이해를 돕는 내용**
  인서트 카드를 단지 구매에 대한 감사나 리뷰 독려로만 활용하지 않아도 됩니다. 앞면은 인서트 카드로 뒷면은 사용설명서로 활용해도 됩니다.
- **페이스북, 인스타그램 같은 소셜미디어**
  브랜드와 고객이 소통할 수 있는 소셜미디어 채널은 인서트 카드에 들어가도 괜찮습니다. 구매를 유도하는 것이 아닌 고객과 브랜드가 커뮤니케이션을 원활하게 할 수 있으면 고객만족도는 높아지고 브랜드에 긍정적인 영향을 미칠 수 있습니다.
- **품질 보증에 대한 내용**
  품질에 대한 보증 기간이나 보증 내용이 있다면 포함시켜도 좋습니다. 적절한 품질 보증 프로그램이 있다면 고객으로부터 신뢰를 얻을 수 있습니다.

다음에 소개할 내용은 인서트 카드 샘플 문구입니다. 내용을 참고하여 자신의 브랜드와 상품에 맞게 인서트 카드 문구를 작성해보기 바랍니다. 참고로 미국인은 유머를 참으로 좋아합니다. 평범한 인서트 카드도 좋겠지만 받는 사람이 한번 피식 웃을 수 있는 유머

코드를 문구에 넣는다면 고객들에게 훨씬 더 임팩트를 줄 수 있습니다.

Thank you for your purchase!
Thank you so much for choosing (Brand name or Product name), the best (Category name) on Amazon. 고객이 선택한 제품이 어떤 가치를 제공하는지 언어로 표현해주면 좋습니다.
Our top priority has been and will always be the customer satisfaction and trust in us.

만족한다면 리뷰를 요청하는 내용을 적어줍니다. 긍정적인 리뷰를 요청해서는 안 되고, 자연스러운 리뷰를 요청하는 문구를 넣어주세요.

Are you 100% satisfied? (Or Are you happy with our product?)
We'd love to hear your feedback. Please leave your review on Amazon and share your experience with other customers.
1. Go to Amazon account and sign in.
2. Click Orders
3. Find your product and click "write a product review"

부정적인 리뷰를 방지하기 위해 불만족 시 대처 방법에 대해 안내합니다. 고객이 불만족스러운 부분이 있거나 문제가 있다면 리뷰가 아닌 이메일이나 메시지를 통해 직접 컨택할 수 있도록 해주세요. 적절한 대응을 통해 부정적인 리뷰를 방지할 수 있습니다.

Do you have any problem with the product? (Or Are you unhappy with our product?)
If you have any issues with the product, please email us at support@company.com or message on Amazon message center. We will promptly work with you to resolve the issue, provide a replacement or facilitate a return.

인서트 카드가 우습게 보일 수도 있겠지만, 작은 센스나 글귀 하나로 고객에게 가치를 느끼게 해주고 즐거움을 제공할 수 있습니다. 브랜드 가치를 제공해줄 수 있는 인서트 카드를 패키지 안에 포함시키는 것을 고민해보기 바랍니다.

긍정 리뷰를 유도하는 쿠폰 제공

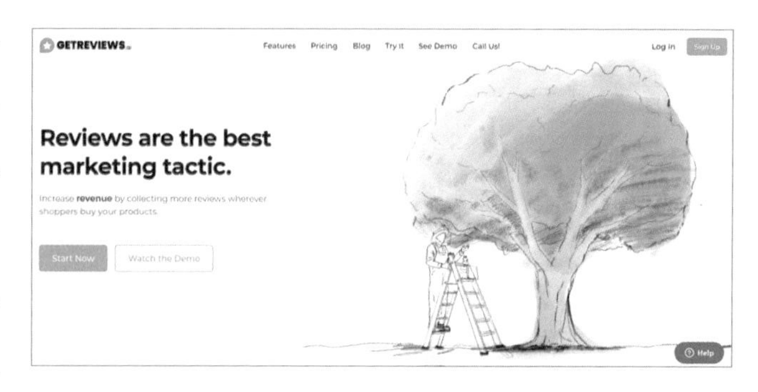

인서트 카드에 대가를 제공하고 긍정 리뷰를 요청하는 내용을 넣을 경우 아마존 정책 위반이라고 설명드렸습니다. 하지만 인서트 카드만으로는 리뷰를 받기가 쉽지 않습니다. 이때 아마존 정책 위반의 소지를 낮추면서 고객의 리뷰를 촉진시킬 수 있도록 도와주는 플랫폼이 있습니다.

Get Reviews AI라는 플랫폼을 활용하면 작은 선물이나 쿠폰을 유인책을 사용하여 리뷰를 촉진시킬 수 있습니다. 인서트 카드에 Get Free Gift라는 문구를 기재하고 이 플랫폼에서 생성한 QR 코드를 삽입하면, 고객이 리뷰를 남겼을 때 아마존 기프트 카드나 프로모 코드, 사은품 등을 받을 수 있도록 설정할 수 있습니다. 해당 플랫폼을 통해 리뷰를 받게되면 고객은 선물을 수령할 주소와 연락처, 이메일 주소 등을 입력하게 되어 있습니다. 셀러 입장에서는 고객 정보를 수집하고 추후 신제품 소식이나 브랜드와 관련된 다양한 소식들을 전할 수 있기 때문에 마케팅 활동에도 활용할 수 있습니다.

가격은 월 단위로 받을 수 있는 리뷰 수에 따라 달라집니다. 최소 19달러부터 최대 399달러까지 옵션이 있는데, 상품 수가 많지 않다면 저렴한 옵션으로 테스트 삼아 진행을 해봐도 괜찮을 것 같습니다.

자동 리뷰 요청 메일 발송

다음으로는 자동으로 리뷰 요청 메일을 발송하는 방법이 있습니다. 고객이 주문하고 상품을 받은 뒤 일정 기간이 지나면 리뷰 요청을 할 수 있습니다. 주문 내역을 확인해보면 리뷰를 요청하는 버튼을 찾을 수 있습니다. 이 버튼을 클릭하여 리뷰 요청을 합니다.

❶ Request a Review 버튼을 누르면 다음과 같이 안내문구가 나옵니다.

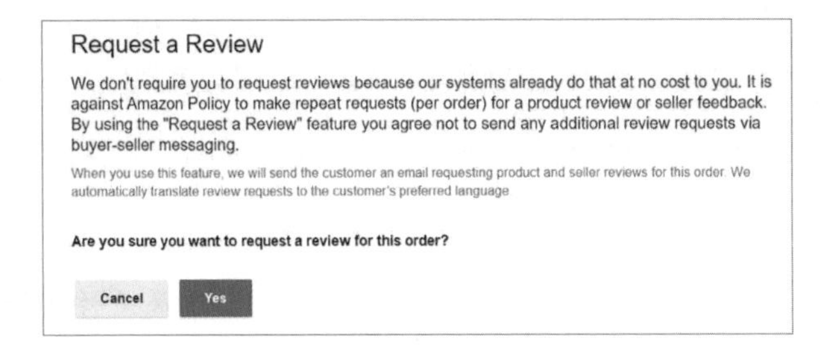

상품 배송이 완료되고 5~30일 정도 지나면 리뷰를 남길 수 있습니다. 그리고 시일에 맞춰 아마존에서 리뷰 요청 메일을 발송하는데, 그 이후에 셀러가 한 번 더 리뷰 요청을 할 수 있습니다. 그래서 위 화면과 같이 아마존에서 자동으로 리뷰 요청을 하지만 리뷰 요청을 반복하여 할 것인지 묻는 문구를 볼 수 있습니다.

아마존에서는 반복하여 리뷰를 요청하는 행위를 지양해야 합니다. 리뷰 요청을 남발할 경우 고객 입장에서는 스팸 메일처럼 느껴지기도 하기 때문입니다. 고객에게 리뷰 작성을 환기할 수 있도록 아마존에서 자동으로 발송하는 리뷰 요청 메일 외에 1회 정도만 추가로 발송하는 것을 추천합니다.

리뷰를 요청하면 고객은 화면과 같은 이메일을 받게 됩니다. 별점만 클릭할 수도 있고 구체적인 리뷰를 적을 수도 있습니다.

그런데 이러한 리뷰 요청은 주문 건마다 리뷰 요청 버튼을 눌러줘야 합니다. 주문이 적을 때는 괜찮지만 주문이 늘어날수록 굉장히 번거롭다 못해 불가능한 일이 됩니다. 그래서 리뷰 요청을 굉장히 쉽게 할 수 있도록 하는 툴들이 있습니다.

정글 스카우트를 활용한 리뷰 요청

만약 아마존 마케팅 툴 중에 정글 스카우트를 사용하고 있다면 정글 스카우트의 리뷰 요청 기능을 사용하시면 됩니다. 꼭 정글 스카우트가 아니더라도 구글에서 'Amazon request a review chrome extension'이라고 검색하시면 다른 무료 또는 유료 툴들이 있습니다. 이 툴들을 활용하면 주문 건마다 일일이 클릭하지 않아도 한 번에 여러 주문 건에 대해 리뷰를 요청할 수 있습니다.

그럼 정글 스카우트를 기준으로 사용 방법에 대해 설명드리겠습니다. 우선 정글 스카우트 크롬 확장 프로그램을 설치하고, 크롬으로 아마존 셀러 센트럴 페이지에 접속합니다. 그다음 Manage Orders에 들어가서 주문 건들을 확인한 뒤에 주소창 우측에 위치한 크롬 확장 프로그램 중 정글 스카우트를 활성화합니다. 그러면 다음 화면과 같이 크롬 정글 스카우트 프로그램의 접근 권한을 묻는 메시지를 확인할 수 있습니다. ❷ Allow를 클릭하면 정글 스카우트가 활성화됩니다.

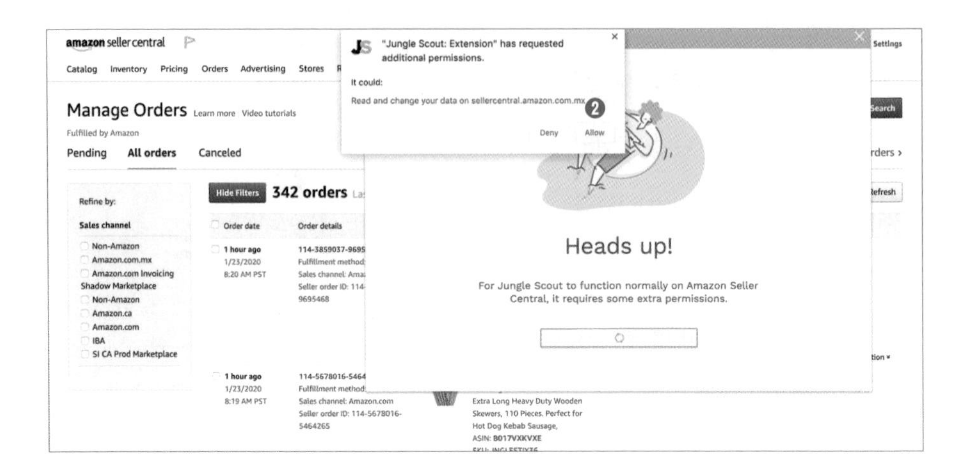

그리고 Order List를 새로고침하면 다음 화면과 같이 정글 스카우트 프로그램이 활성화되어 리뷰 요청 버튼을 한 번에 누를 수 있도록 되어 있는 것을 확인할 수 있습니다. 리뷰 요청을 하고자 하는 주문 리스트를 띄우고 가장 상단의 ❸ Request a Review On This Page 버튼을 누르면 한 번에 리뷰 요청을 할 수 있습니다.

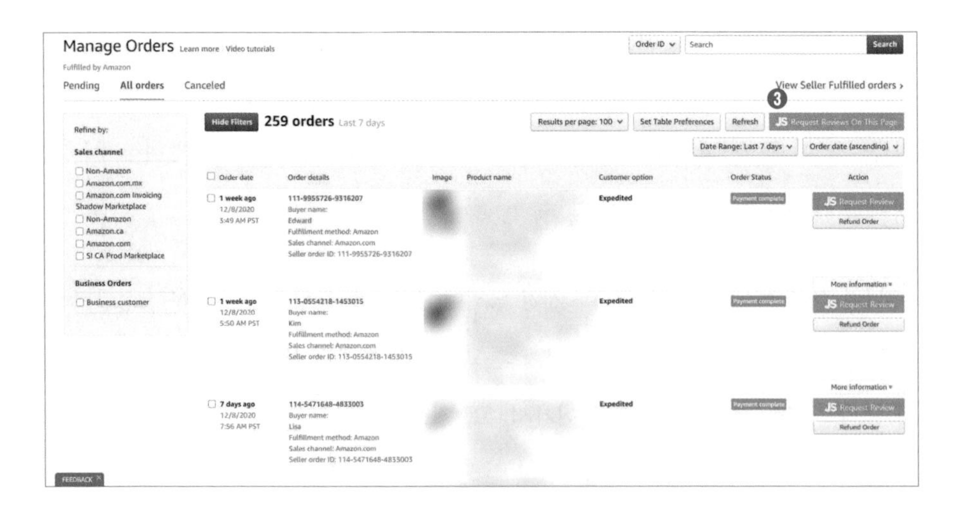

주문 건이 아직 발송되지 않았거나 리뷰 요청을 할 수 없는 상황의 주문 건의 경우 자동으로 리뷰 요청이 되지 않고, 리뷰 요청하기 버튼이 활성화된 주문 건에 한해서만 자동으로 리뷰 요청이 이루어집니다.

이렇게 리뷰 요청 프로그램을 활용하면 고객들에게 리뷰 요청을 더 빠르게 할 수 있고, 리뷰를 받을 확률도 리뷰 요청을 하지 않을 때보다 높아지게 됩니다.

런칭 초기 할인 행사로 판매량을 높이자

마지막으로 너무나 당연한 이야기지만 리뷰를 많이 확보하기 위해서는 판매를 많이 해야 합니다. 하지만 많은 초보 셀러들이 런칭 초기 제품에 대한 고객의 반응을 알 수 없고, 광고비나 프로모션 비용이 부담스러워 마케팅에 소극적일 수밖에 없습니다.

저 또한 아마존 셀링을 시작했던 초창기에는 광고비로 지출하는 일 예산이 20달러도 되지 않을 정도로 아주 소심하게 광고를 돌렸습니다. 마진을 많이 남겨야 한다는 강박관념 때문에 할인 행사나 프로모션에 굉장히 소극적인 편이었습니다. 하지만 아마존에서 셀링을 지속적으로 하다 보니 신제품 런칭 초기에 조금 더 공격적이고 다양한 시도를 하는 것이 빨리 아마존에 자리를 잡을 수 있는 가장 쉽고 빠른 방법임을 깨닫게 되었습니다.

상품이 많이 판매될수록 리뷰가 잘 달릴 수밖에 없습니다. 따라서 런칭 초기 자연스럽게 리뷰가 쌓일 수 있도록 쿠폰, 딜, 프로모션 코드 등을 활용하여 구매에 대한 허들을 낮춰주는 것이 반드시 필요합니다.

처음 런칭하는 제품에 좀 더 자신감을 갖고 투자하기 바랍니다. 상품 소싱을 위해 충분히 고민했고 리스팅을 정성스럽게 만들어 런칭했다면 분명 고객들의 반응이 있을 것입니다. 판매를 해보고 고객 반응을 얻어야 런칭한 제품에 대한 가능성을 빠르게 파악할 수 있습니다. 혹시라도 제품에 대한 반응이 좋지 않다면 그로부터 교훈을 얻어 재빠르게 다음 제품을 찾아 대응할 수 있어야 합니다.

초기에는 눈앞에 보이는 적자로 인해 마음이 아플 수 있겠지만 이 비용을 통해 아마존에 대해 남들보다 더 빠르게 더 많이 이해할 수 있다는 생각으로 초기 런칭과 함께 적극적으로 마케팅을 하길 바랍니다. 그러면 생각보다 쉽게 판매로 이어지고 그것이 긍정적으로 연쇄 반응하여 랭킹 상승과 함께 자연스러운 리뷰 확보에도 도움이 됩니다.

마스터의 시크릿 노트

지금까지 아마존 셀링에서 중요한 요소 중 하나인 리뷰를 받는 방법에 대해 알아봤습니다. 어떤 이에게 고객 리뷰는 단순히 구매전환율을 조금 높여주는 요소일 수도 있겠으나, 누군가는 리뷰에서 사업적으로 큰 힌트를 얻을 수도 있습니다. 부정적인 리뷰도 꼼꼼하게 읽어보면 개선점을 발견하거나 후속 제품에 대한 인사이트를 얻을 수도 있습니다.

장기적인 관점에서 리뷰를 바라보고 항상 고객 관점에서 우리 브랜드, 내 제품을 바라보는 사고를 습관화한다면 여러분은 분명 아마존 비즈니스를 성공적으로 이끌어 나갈 수 있을 것입니다.

할인 행사 똑똑하게 활용하기

적절한 할인 행사는 구매전환율을 높이고, 많은 재고를 빠르게 소진시킴으로써 리뷰를 얻는 데도 긍정적인 영향을 미칩니다. 너무 자주는 아니더라도 트래픽이 몰리는 주요 쇼핑 시즌에 맞춰 적절하게 할인 행사를 활용하면 판매 촉진과 랭킹 상승에 도움이 됩니다.

이번 챕터에서는 아마존에서 자체적으로 제공하는 다양한 할인 프로모션에 대해 설명하고, 구체적으로 활용하는 방법에 대해 알아보겠습니다.

먼저 할인 행사를 잘 활용하기 위해서는 미국의 주요 쇼핑 시즌에 대해 이해하는 것이 중요합니다. 쇼핑 시즌에는 아마존 트래픽 또한 굉장히 많이 올라가고 평소에 비해 매출이 큰 폭으로 상승합니다. 또한 이러한 쇼핑 시즌을 잘 이해한다면 해당 시즌에 맞는 아이템을 런칭하여 쇼핑 시즌에 매출을 크게 올릴 수 있도록 제품 포트폴리오를 운영할 수도 있습니다.

미국의 주요 쇼핑 시즌

쇼핑 시즌	설명	고객이 주로 찾는 제품
1월 1일 "새해 첫날"	새해가 되면 건강한 생활 방식을 위한 계획을 세우고 친구와 가족의 복을 기원합니다.	새해 계획과 관련된 상품 스포츠, 도서, 건강, 유기농 식품 및 전자 제품
음력 1월 1일 "구정"	특히 아시아 국가에서 음력 새해를 축하합니다. 가족과 친구끼리 선물과 현금을 주고받는 풍습이 있습니다.	아시아 전통 의상, 빨간색과 금색 상자, 조화, 전통 장식품
2월 14일 "밸런타인데이"	사랑과 우정을 기념하는 낭만적인 날입니다.	카드, 초콜릿, 성인용 장난감, 꽃, 하트 모양의 쿠키, 양초
3월 17일 "성 패트릭데이"	아일랜드를 테마로 한 파티, 음식과 음료로 이 날을 축하합니다. 많은 사람들이 녹색 의상을 입고 녹색 음식을 먹습니다.	티셔츠, 모자, 파티 용품, 아일랜드 상징물, 파티 선물, 액세서리, 아일랜드 테마의 녹색 아이템
3월 22일~4월 25일 중 하루 "부활절"	성 금요일, 부활절 일요일, 부활절 월요일은 수백만 명의 미국인들이 기념하는 종교 행사입니다. 부활절은 봄의 시작과도 관련이 있습니다.	플라스틱 달걀, 토끼 테마의 아이템, 완구, 작은 선물, 장식품, 종교 상품, 부활절 관련 용품
5월 두 번째 일요일 "어머니의 날"	많은 사람들이 어머니 또는 어머니와 같은 어르신들에게 카드나 선물을 드립니다.	화장품, 꽃, 귀금속, 의류, 핸드백, 도서, 카드, 초콜릿, 미용 용품, 가정 용품 등 여성 제품
6월 세 번째 일요일 "아버지의 날"	아버지에게 존경을 표현하고 부성애, 아버지와의 유대감, 아버지가 사회에 미치는 영향력을 기리는 날입니다.	넥타이, 도서, 양말, 향수, 면도기, 주택 개조 용품, 스포츠 및 아웃도어 장비 등 남성 제품
7월 4일 "미국 독립 기념일"	미국이 독립을 선언할 날을 기념하는 애국적인 공휴일로 피크닉, 바비큐, 야외 게임 등을 즐깁니다.	피크닉 용품, 수영 장비, 야외 스포츠 용품, 아웃도어 제품, 성조기, 축제 용품
7월 중 하루 "프라임데이"	프라임데이는 프라임 회원을 위한 아마존 판매 이벤트로 아마존 카테고리의 모든 품목에 큰 할인율이 적용됩니다.	전체 카테고리(특히 고가 아이템), 고수요/대량 아이템, 할인가 및 프로모션 제공이 필수
10월 31일 "할로윈데이"	할로윈은 여러 국가에서 기념하는 축제입니다. 할로윈에는 어린이에게 사탕을 주고 변장 파티에 참석합니다.	각종 의상, 메이크업, 액세서리(가면/가발), 공포 영화 및 가짜 피, 공포 느낌의 렌즈 등
11월 네 번째 목요일 "추수감사절"	추수감사절은 북미 전역에서 기념하는 공휴일입니다. 가족들이 모여 함께 식사를 하며 칠면조 요리 등을 먹습니다.	오리털 재킷, 장갑, 스카프, 털모자, 스키 용품, 칠면조 조리 용품 등

추수감사절 다음 날 "블랙프라이데이"	블랙프라이데이는 추수감사절 다음 날입니다. 1952년부터 시작된 행사이며 크리스마스 쇼핑 시즌을 알리는 날입니다.	전체 카테고리(특히 고가 아이템), 고수요/대량 아이템, 할인가 및 프로모션 제공이 필수
추수감사절 다음 주 월요일 "사이버먼데이"	블랙프라이데이 후 이어지는 첫 월요일. 사이버먼데이는 온라인 쇼핑과 관련된 행사입니다.	전체 카테고리(특히 전자 제품), 고수요/대량 아이템, 할인가 및 프로모션 제공이 필수
12월 25일 "크리스마스 시즌"	크리스마스는 종교와 상관없이 세계적인 공휴일로 자리 잡았습니다. 선물을 교환하고 식사를 하고 가족과 친구를 방문합니다.	선물과 관련된 모든 카테고리, 크리스마스 상품, 카드, 양초, 달력, 조명 등
12월 31일 "새해 전야"	신년 전야는 사람들의 교류가 활발하게 이루어지는 주요 공휴일 중 하나입니다. 많은 사람들이 집에서 파티를 하거나 모임을 갖습니다.	파티 액세서리, 장식, 불꽃놀이, 음료수, 카드, 달력 등

아마존에서 트래픽이 급증하는 쇼핑 시즌은 주로 하반기에 몰려 있습니다. 7월 아마존 프라임데이를 시작으로 할로윈, 추수감사절, 사이버먼데이, 크리스마스까지 거의 하반기 내내 아마존 트래픽이 급증하는 시기라고 볼 수 있습니다. 2020년에는 코로나 여파까지 더해져 오프라인 판매가 줄면서 아마존 쇼핑액은 더욱 급증했습니다. 쇼핑 수요가 너무 많이 몰리다보니 원래 7월로 예정되어 있었던 아마존 프라임데이도 10월로 미뤄질 정도였습니다.

특히, 12월은 매출이 급등하는 시기입니다. 그만큼 셀러 간의 경쟁도 치열해지는 시기이기도 하죠. 카테고리에 따라 다르지만 적게는 3배, 많게는 10배까지 매출이 증가하는 시기입니다. 주요 쇼핑 시즌에 맞춰 할인 행사를 진행하면 트래픽도 극대화할 수 있고, 구매전환율도 높아지기 때문에 랭킹 상승에도 도움이 될 수 있습니다.

이러한 쇼핑 시즌 때 활용할 수 있는 할인 프로모션에는 크게 4가지 유형이 있습니다. Deals, Coupon, Prime Exclusive Discounts, Promotions 이렇게 4가지인데요. 모두 셀러 센트럴 페이지의 Advertising 메뉴에서 관리할 수 있습니다. 그럼 하나씩 알아보도록 하겠습니다.

Deals : 높은 할인율로 단기에 매출을 높일 수 있는 방법

딜은 아마존에서 진행할 수 있는 대표적인 할인 행사입니다. 딜을 진행하는 제품은 아마존 내의 딜 페이지에 별도로 노출되고, 상품에도 ❶ 딜 표시가 되기 때문에 고객들은 해당 상품이 딜 진행 중임을 쉽게 알 수 있습니다.

딜 페이지에 들어가면 위 화면과 같이 지난 딜을 확인하고 관리할 수 있으며, ❷ Create a new deal 버튼을 클릭하여 새로운 딜을 생성할 수도 있습니다.

Create a new deal 버튼을 클릭하면 다음 화면과 같이 ❸ 딜 종류에 따라 ❹ 딜 진행 조건을 충족시키는 제품들을 보여줍니다.

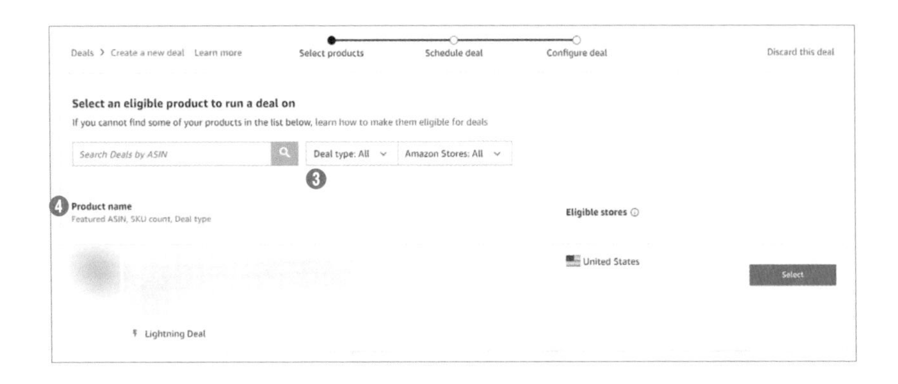

딜은 한 번 진행하는데 150~300달러 정도의 비용이 지불됩니다. 평소에는 보통 150달러, 쇼핑 시즌에는 300달러 정도의 비용이 소요된다고 생각하면 됩니다. 할인율 또한 최소 15~20% 정도를 생각해야 합니다. 비용도 소요되고 할인율도 높기 때문에 마진이 적게 남거나 오히려 적자가 될 수도 있겠지만, 딜을 활용하면 짧은 시간 내에 트래픽을 높이고 구매전환이 잘 될 수 있도록 유도하여 랭킹을 상승시키는데 도움이 됩니다.

하지만 딜을 진행하는 행사 기간 및 시간을 셀러가 직접 설정할 수 없고 아마존 알고리즘이 추천하는 일정과 시간대를 따를 수밖에 없습니다. 투데이 딜 페이지에 노출되는 제품이 한정적이기 때문에 이따금 트래픽이 거의 없는 새벽 시간에 딜이 배정될 수도 있습니다. 아마존이 일정을 배정하는 기준은 제품의 할인폭이나 평소 해당 제품에 대한 고객 트래픽, 평점 등에 영향을 받는 것으로 알려져 있습니다.

주로 사이버먼데이, 블랙프라이데이 시즌에 딜을 많이 활용하며 크리스마스 시즌에도 딜을 많이 활용합니다. 브랜드 등록이 되어 있다면 딜을 통해 유입되는 트래픽을 이용해 다른 제품과의 시너지까지 함께 고려하는 것이 좋습니다. 다른 제품에도 쿠폰을 달아놓는다든지 번들 상품을 등록하여 교차 구매가 가능하게끔 하는 방법 등을 통해 딜에서 유입되는 트래픽을 200% 활용할 수 있도록 방법을 고안해야 합니다. 딜 기간 동안에는 PPC 광고 등을 최대한 집행하고 비딩값 역시 조금 더 공격적으로 세팅하여 충분히 많은 고객들에게 진행 중인 딜이 노출될 수 있도록 합니다.

Coupon : 작은 할인율로 클릭과 전환율, 동시에 잡아보자!

쿠폰을 활용하면 쿠폰만 모아놓는 페이지에 노출이 될 수 있고, 아마존에서 아이템을 검색했을 때 가격 정보 하단에 쿠폰이 노출됩니다. 화면과 같이 검색 결과에 ❶ 쿠폰 정보가 노출됩니다.

쿠폰을 통해 상시 할인 혜택을 제공하면 클릭률과 구매전환율에 도움이 됩니다. 검색 결과에도 쿠폰 적용 여부가 노출되기 때문에 혜택이 없는 제품보다 클릭할 확률이 높아질 수 있습니다. 구매 단계에서도 쿠폰에 체크만 하면 바로 할인 혜택을 적용받을 수 있기 때문에 구매전환율을 높이는 데도 도움이 됩니다.

적은 비율이라도 상시 할인 쿠폰을 적용해놓으면 좋습니다. 단, 쿠폰의 경우 쿠폰 1개당 0.6달러의 비용이 소요되며, 할인율은 최소 5%부터 적용이 가능합니다.

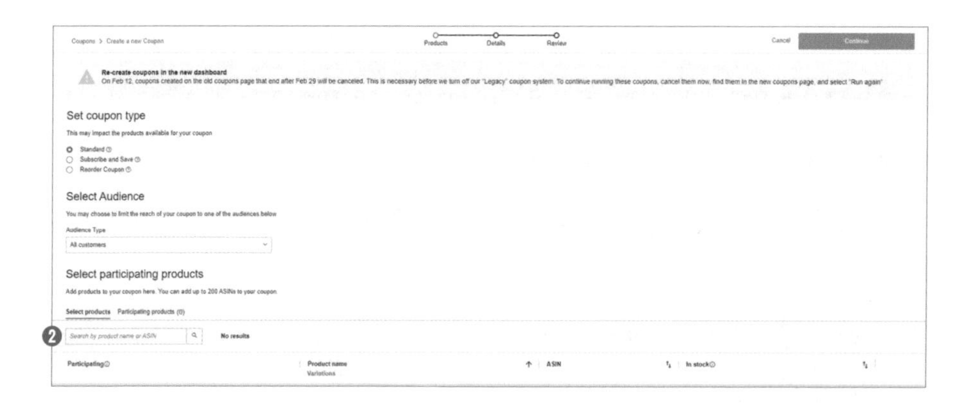

쿠폰 생성 페이지를 클릭하면 ❷ 쿠폰을 생성할 상품을 검색하여 간단하게 쿠폰을 생성할 수 있습니다. 쿠폰 생성 조건은 따로 없고 리스팅된 상품이라면 모두 적용이 가능합니다. 할인율은 5~80%까지 설정할 수 있으며, 한 쿠폰에 여러 상품을 설정할 수도 있습니다. 쿠폰 유효기간은 최대 90일까지로 쿠폰 예산이 소진되거나 유효기간이 지나면 쿠폰은 만료됩니다.

Prime Exclusive Discounts : 구매력이 높은 프라임 회원들을 위한 할인 행사!

프라임 독점 할인은 아마존 유료회원인 프라임 회원만을 대상으로 진행하는 할인 행사입니다. 이 행사는 FBA 상품만 진행할 수 있고, 평점 3점 이상의 상품만 진행이 가능합니다. 할인폭은 일반 회원이 구매할 수 있는 가격 대비 최소 10% 이상 저렴한 가격으로 할인 행사를 진행해야 합니다. 단, 프라임데이에 할인 행사를 진행할 경우에는 최소한 20% 이상 할인을 진행해야 합니다.

프라임 독점 할인은 투데이 딜 탭에서 Limited time deal로 표시되고, See all을 클릭하면 더 많은 딜을 볼 수 있도록 연결됩니다. 프라임데이에는 투데이 딜 탭에서 Prime Day Deal로 표시되고, 검색 시에도 필터링하여 검색할 수 있습니다.

프라임 독점 할인의 경우 앞선 챕터에서 설명했듯이 행사의 효과가 굉장히 좋은 편입니다. 구매력이 높은 프라임 회원을 대상으로 행사를 진행하고, 프라임데이 같은 피크 시즌에는 20% 이상 높은 할인율이 적용되기 때문입니다.

저의 경험상 프라임데이에 프라임 독점 행사를 진행했을 때 평상시보다 3~4배 정도의 높은 매출이 일어났습니다. 행사가 진행되면서 구매전환율이 급격히 상승하며 랭킹도 순식간에 10,000등 정도가 올라가기도 했습니다.

프라임 독점 할인을 진행하기 위해서는 아이템이 일정 기준을 충족시켜야 합니다.

<프라임 독점 할인 자격 기준>

· 할인을 제공하는 모든 상품은 해당 국가의 모든 지역에서 프라임 배송에 적합해야 합니다.
· 할인을 제공하는 모든 상품이 새 상품 상태여야 합니다.
· 할인을 제공하는 모든 상품이 평점 3점 이상이거나 평점이 없어야 합니다. 이 기준은 프라임데이, 블랙프라이데이 등의 특별 이벤트 할인의 경우 변경될 수 있습니다.
· 할인은 일반 회원 비프로모션 가격(가격 또는 할인 가격 중 더 낮은 가격)의 10% 이상이어야 합니다. 이 기준은 프라임데이, 블랙프라이데이 등의 특별한 이벤트 할인의 경우 변경될 수 있습니다.
· 제한된 상품 또는 불쾌감이나 당혹감을 주거나 부적절한 상품이 아니어야 합니다.

<프라임데이 프라임 독점 할인 자격 기준>

· 프라임 독점 할인은 모든 일반 자격 기준을 충족해야 합니다.
· 프라임데이 프라임 독점 할인 자격을 갖추려면 셀러 피드백 평점이 4점 이상이어야 합니다. 구매자로부터 피드백 평점을 받은 적이 없는 셀러도 프라임데이 독점 할인 자격이 있습니다.
· 상품의 평점이 3.5점 이상이거나 평점이 없어야 합니다.
· 할인은 일반 회원 비프로모션 가격(가격 또는 할인 가격 중 더 낮은 금액)에서 최소 20% 이상이어야 합니다.
· 프라임 독점 할인 가격은 지난 30일간 ASIN의 최저 가격보다 5% 저렴하게 책정해야 합니다. 지난 30일간의 최저 가격은 모든 판매자의 모든 딜, 프로모션 및 할인 가격을 포함하여 해당 ASIN에 대한 최저 주문 가격입니다.

프라임 독점 할인은 쇼핑 시즌 외에도 행사를 진행할 수 있으며, 할인 행사 시작 및 종료 시점을 정한 뒤 제공되는 양식에 맞춰 SKU와 할인율을 입력하여 신청하면 됩니다.

화면과 같이 할인 행사 ❶ 명칭과 ❷ 시작 날짜 ❸ 종료 날짜를 입력한 다음 ❹ Save and Add Product 버튼을 클릭하면 할인 상품을 선택하는 화면으로 넘어갑니다.

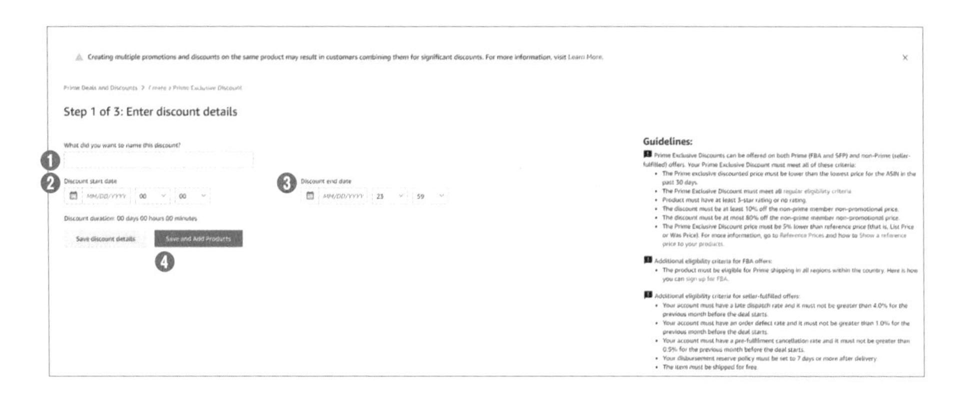

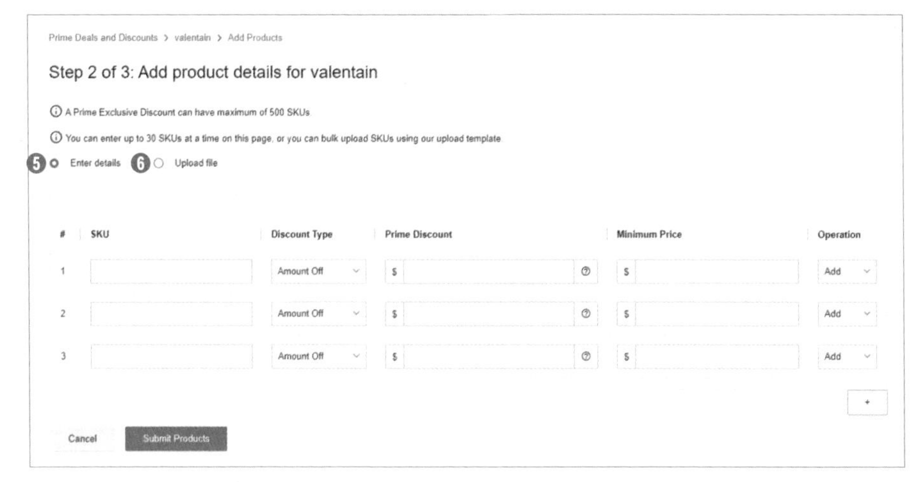

행사 상품의 종류가 많지 않다면 웹에서 하나씩 입력해도 좋지만, 상품 종류가 많아지면 엑셀 파일에 행사 내용을 입력하여 업로드할 수도 있습니다.

만약 상품 종류가 많을 경우 ❺ Enter details가 아닌 ❻ Upload file을 선택하고, 엑셀 양식을 다운로드받아 엑셀 파일에 상품의 SKU, 할인 금액, 최소 할인 금액 등의 정보를 입력하여 업로드해주면 됩니다.

A	B	C	D	E
sku	**Discount Type** **(Pick from Dropdown)**	**Prime Discount** **(Numerical value)**	**Lowest Possible Price** **(Floor Price)**	**Action Type** **(a)dd, (e)dit, or (d)elete** **(Pick from Dropdown)**
Please enter your SKU	*Please select the cell and then select one of three options from dropdown. Options are : Amount Off or Percentage Off or Fixed Price.*	*Only numeric value and decimal sign. Do not add "GBP", "$", "%", or any other character. Discount is calculated against your price in 'Manage Your Inventory'.* **For Amount off - Enter the amount (dont include currency symbol)* **For % off - Enter the percentage (don't include % sign)* **For Fixed Price - Enter the fixed price you want to set (dont include currency symbol)*	*Only numeric value and decimal sign. This is the minimum price you will allow for Prime Exclusive Discount. The Prime Exclusive Discount will be suppressed if the discounted price falls below this price.*	*Please select the action would would like to take on the Discount for the sku. Use the drop down that appears when you click the cell. Select "a" to add a discount, "e" to edit a discount, or "d" to delete a discount.*

- **SKU** : 할인을 진행할 SKU ID를 입력합니다. Inventory에서 확인할 수 있습니다.
- **Discount Type** : 할인 유형을 선택합니다. 특정 금액을 할인할 것인지, 할인율로 할인할 것인지, 정해진 금액으로 할인 행사를 진행할 것인지를 드롭다운 메뉴에서 선택합니다. 보통 할인율로 행사를 진행합니다.
- **Prime Discount** : 할인 유형을 정했다면 할인율 또는 할인 금액을 입력합니다. 여기에는 통화 단위나 퍼센트 등을 입력해서는 안 되고, 오직 숫자만 입력해야 합니다. 만약 Amount off를 선택했다면 할인하고자 하는 금액을 입력하면 되고, For % off를 선택했다면 할인율을 입력합니다. For Fixed Price를 선택했다면 판매할 행사 가격을 입력하면 됩니다.
- **Lowest Possible Price** : 최저 할인가를 설정하는 항목입니다. 만약 같은 상품을 여러 명의 셀러가 판매하여 최저 가격이 계속해서 변경되는 경우나, 쿠폰이나 기타 할인 행사가 겹쳐 할인이 중복 적용되는 경우가 있습니다. 그렇게 되면 할인 가격이 초기에 세팅한 가격보다 더 낮아질 수 있는데, 이때 허용 가능한 최저 할인가가 얼마인지 설정하는 항목입니다. 만약 설정한 가격보다 더 내려가게 될 경우 할인 행사는 자동으로 멈추게 됩니다.
- **Action Type** : 이 항목은 필수 입력 항목이 아닙니다. a를 선택할 경우 기존에 진행하고 있던 행사가 있다면 여기에 더하여 행사 가격이 정해지는 것이고, e를 선택할 경우 기존 할인 행사가 아닌 프라임 할인 가격으로 수정되어 진행되는 것입니다. d를 선택할 경우에는 할인 정보가 삭제됩니다. 선택하지 않으면 자동으로 a 값으로 선택되게 됩니다. 보통은 a를 선택합니다.

엑셀 파일에 항목을 기입하여 업로드하면 입력된 값이 반영되어 신청한 상품들의 행사 진행 가능 여부를 확인할 수 있는 페이지로 넘어갑니다. 만약 FBA 창고에 없는 상품을 신청했다면 자동으로 행사 진행이 불가한 상품으로 뜨고 해당 상품을 제외시켜야 행사 진행이 가능합니다.

Promotions : 외부 트래픽 유입 프로모션을 활용하자!

이번에 소개하는 것은 이전보다 유용해진 프로모션입니다. Promotion 탭에는 Social Media Promo Code, Percentage Off, Buy One Get One[BOGO]의 세 가지 마케팅 방법이 있습니다. 퍼센트 오프와 BOGO 프로모션에 대해서는 앞에서 자세히 설명했기 때문에 이번 챕터에서는 생략하겠습니다.

프로모션에서 가장 많이 활용하는 것이 소셜 프로모 코드 발급을 통해 외부 트래픽을 유입시키는 방법입니다. 프로모 코드는 일정 기간 동안 특정한 할인 코드를 발급하여 구매자가 해당 프로모 코드를 결제 단계에서 입력하면 할인을 받을 수 있는 방법입니다.

프로모 코드를 생성하면 구매자가 프로모 코드를 직접 입력하지 않더라도 프로모 코드가 자동으로 적용되는 임시 구매 링크가 생성됩니다. 이 링크를 활용하여 고객들은 쉽게 할인 혜택을 받을 수 있고, 셀러는 다양한 외부 마케팅을 통해 아마존으로 신규 고객을 유입시키고 구매전환을 유도할 수 있습니다.

특히 과거에는 외부 트래픽을 유입시키는 마케팅이 아마존 랭킹에 긍정적인 영향을 주지 않았지만, 최근에는 외부 트래픽을 유도하여 구매전환이 일어난 경우에도 아마존 랭킹에 긍정적인 영향을 미친다고 알려져 있습니다. 또한 아마존에서 새로 생성된 기능들을 살펴봤을 때도 셀러가 직접 외부 트래픽을 아마존으로 가져오는 활동을 할 경우, 아마존에서 페이백을 해주는 등 적극적으로 외부 트래픽을 셀러가 끌어오도록 아마존에서 독려하는 것 같습니다.

따라서 인플루언서와 함께 협업 마케팅을 진행하여 프로모 코드로 구매전환을 일으키는 활동은 브랜드 인지도를 높이고 아마존 매출도 늘릴 수 있다는 점에서 아주 활용도가 높은 마케팅 방법이 됩니다. 또한 딜이나 쿠폰과 달리 프로모 코드 사용은 비용이 무료라는 점도 장점입니다. 그렇다면 소셜 프로모 코드는 어떻게 활용할 수 있을까요?

<소셜 프로모 코드 활용 예시>

- 아마존 라이브 방송 중에 사용할 수 있는 소셜 프로모 코드를 발급하여 고객들과의 관계를 구축하고 구매전환율을 높인다.
- 페이스북이나 인스타그램 타겟 광고에 소셜 프로모 코드를 삽입하여 광고를 통해 고객들이 유입될 수 있도록 한다.
- 인플루언서와 유튜브 및 인스타그램 콘텐츠를 만들고, 해당 인플루언서 팔로워들을 위한 프로모 코드를 발급하여 구매할 수 있도록 한다.

첫 번째 방법은 제가 실제로 시도해봤던 방법입니다. 아마존 라이브 방송을 통해 방송 시작 30분 전부터 방송이 끝난 당일 자정까지 사용할 수 있는 프로모 코드를 발급했습니다. 방송 중에도 프로모 코드 발급을 홍보했고, 라이브 방송 사전 홍보기간에도 프로모 코드를 적극 홍보했습니다. 소셜 프로모 코드는 이런 방식으로 특정 타겟을 대상으로 이벤트를 기획하여 활용하기 좋습니다.

두 번째 방법은 가장 많이 활용하는 방법으로 외부 SNS 채널과 연계하여 마케팅을 하는 방법입니다. 페이스북, 인스타그램 콘텐츠 광고에도 프로모 코드를 활용할 수 있습니다. 최근에는 페이스북이나 인스타그램 외에도 동영상 공유 플랫폼인 틱톡을 마케팅 채널로 활용하는 경우가 점점 늘어나는 추세입니다.

예를 들어 아마존에서 굉장히 잘 판매되는 한국 제품 중에 이태리 타올이 있습니다. 꽤 오래전부터 미국에서 입소문을 타기 시작한 아이템인데요. 최근 리뷰를 보면 틱톡을 보고 구매를 하게 되었다는 리뷰가 눈에 띄게 늘고 있습니다.

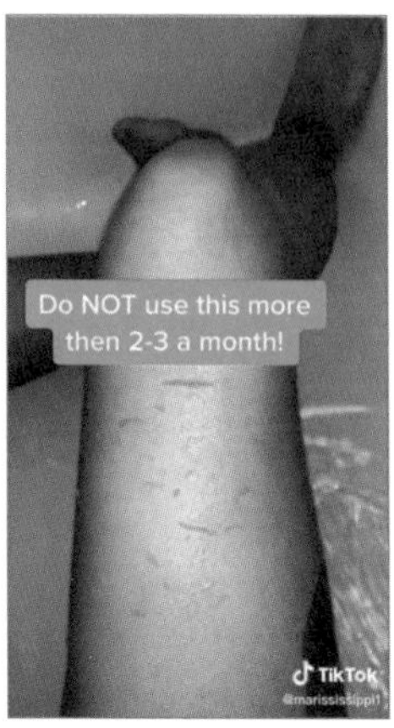

오른쪽 이미지처럼 눈에 띄게 피부의 각질이 벗겨지는 영상을 보고 많은 미국인들이 호기심을 갖게 된 것이죠. 이렇게 SNS 마케팅과 결합하여 소셜 프로모 코드를 활용하면 상품을 쉽게 알릴 수도 있고 구매전환까지 유도할 수 있습니다.

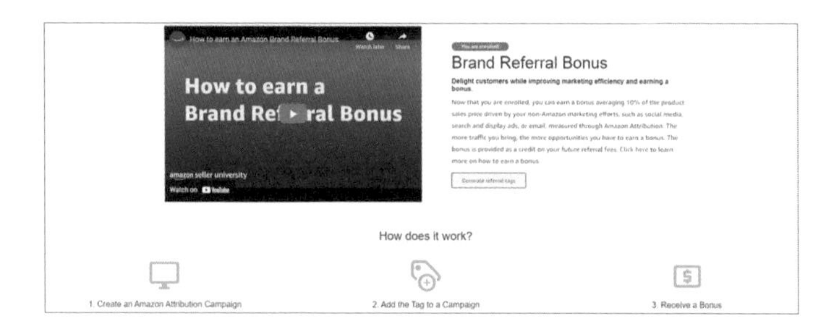

여기에 프로모 코드를 활용한 외부 마케팅 꿀팁 하나를 알려드립니다. 프로모 코드를 생성한 후 프로모 코드 랜딩 페이지 링크를 활용하여 브랜드 리퍼럴 보너스Brand Referral Bonus 캠페인을 생성하면, 해당 링크를 통해 일어난 매출의 10%를 아마존으로부터 페이백을 받을 수 있습니다.

외부 유입 마케팅을 할 때는 반드시 브랜드 리퍼럴 보너스 프로그램도 활용하여 페이백을 받기 바랍니다. 만약 프로모 코드로 10% 할인을 한다고 가정하면 매출의 10%를 돌려받을 수 있기 때문에 할인에 대한 부담을 덜고 프로모션을 진행할 수 있습니다.

소셜 프로모 코드 생성 방법

소셜 프로모 코드 생성을 클릭하면 다음과 같은 페이지로 넘어가게 됩니다. 소셜 프로모 코드를 생성하기 위해서는 상품의 SKU ID를 입력하거나 ASIN을 입력하는 방식이 아닌 원하는 상품구성을 별도로 생성해줘야 합니다. 프로모 코드 생성 전에 프로모션을 적용하고 싶은 ASIN에 대하여 ❶ Create a new product selection을 클릭하여 상품 선택사항을 생성합니다.

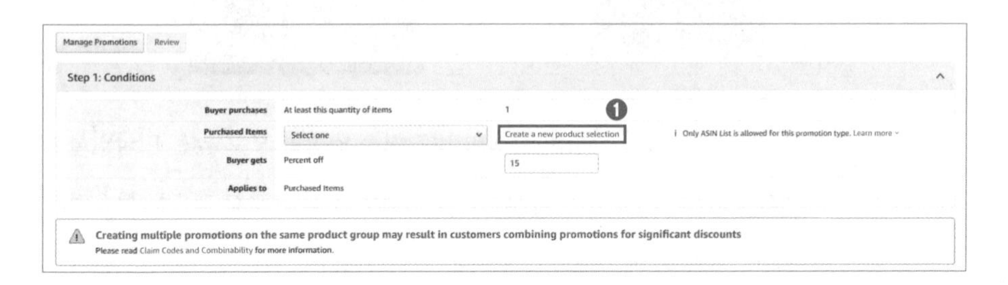

Create new product selection을 클릭하면 다음과 같이 ❷ 원하는 ASIN을 모아 상품 선택사항으로 묶을 수 있습니다.

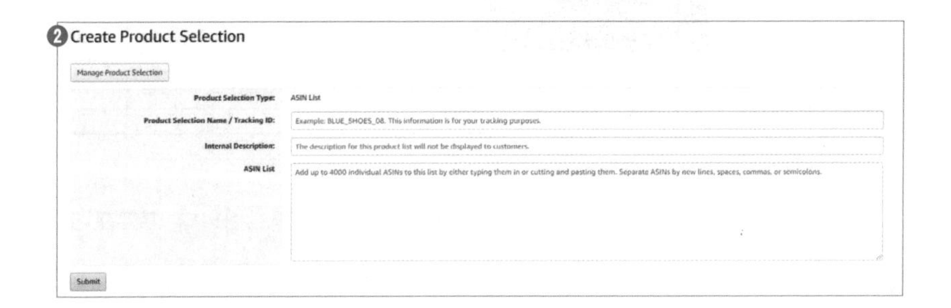

- **Product Selection Name** : 어떤 상품들을 모아서 하나의 선택사항으로 묶었는지 알아볼 수 있도록 상품 선택사항의 이름을 적어줍니다.
- **Internal Description** : 내부적으로 해당 상품 구성에 대해 설명해줄 수 있는 내용을 기재합니다. 고객에게 노출되는 내용이 아닌 내부 관리용입니다.
- **ASIN List** : 프로모 코드를 적용하고자 하는 ASIN을 입력해줍니다. 여러 개의 ASIN을 입력할 때는 엔터나 스페이스, 콤마를 활용하여 각 ASIN을 구분해줍니다.

Step 2: Scheduling

❹ Start Date 12/28/2020 1:00 PM PST

End Date 12/28/2020 11:59 PM PST

Internal Description Example: Mother's Day Free Shipping

❸ Tracking ID MPC-S Percentage Off 2020/12/28 17-5-17-938

이렇게 상품 선택사항을 만들어준 다음 다시 프로모 코드 생성 페이지로 넘어가서 원하는 ❸ ASIN이 담겨있는 상품 선택사항을 선택해줍니다. 그리고 ❹ 소셜 프로모 코드의 유효기간을 설정합니다. 유효기간은 최소 4시간부터 최대 30일까지 설정할 수 있습니다.

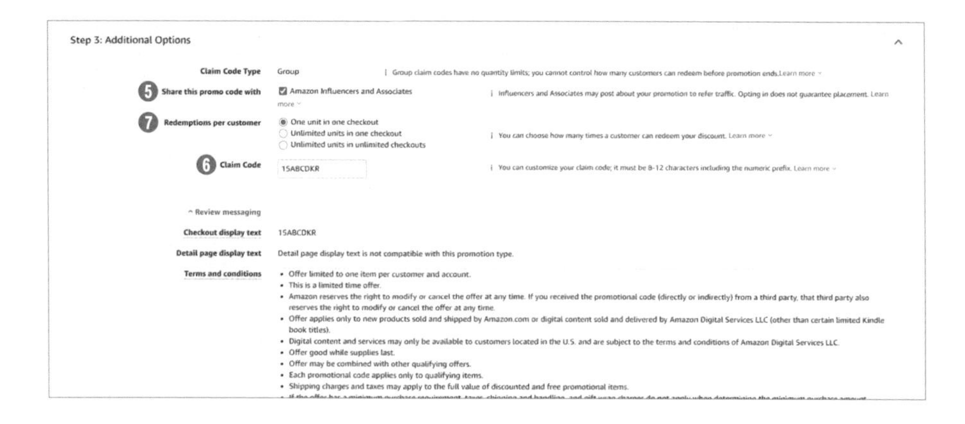

❺ Share this promo code with 항목 옆에 Amazon Influencer and Associates에 체크가 되어있다면 아마존 인플루언서 프로그램 및 아마존 어소시에이트 그룹에 프로모 코드를 공유하는 것입니다. 별도의 비용이 들지는 않지만 이러한 그룹에 프로모 코드가 소개될 경우 해당 코드가 공유되면서 많은 고객들이 할인 혜택을 받아 구매할 수 있다는 점은 참고해야 합니다. 또한 아마존의 모든 할인 행사는 중복으로 적용될 수 있다는 점도 반드시 기억해야 합니다.

❻ Claim Code는 프로모 코드입니다. 직접 원하는 코드를 입력할 수도 있고 아마존에서 임의로 생성하는 클레임 코드를 사용할 수도 있습니다.

다음으로 중요한 항목이 ❼ Redemptions per customer입니다. 이 항목에선 생성한 프로모 코드의 사용횟수를 정할 수 있습니다. One unit in one order를 선택하면 한 번에 한 개의 상품에 대해서만 프로모 코드가 적용되게 됩니다. Unlimited units in one order를 선택하면 한 번의 주문에서 여러 개의 상품을 구매해도 프로모 코드가 적용되어 할인된 가격에 구매할 수 있습니다. Unlimited units in unlimited orders를 선택하면 해당 프로모 코드로 여러 주문 건에서 여러 개의 상품을 무제한으로 구매할 수 있습니다. 보통은 해당 항목의 두 번째 옵션인 Unlimited units in one order를 선택하거나 제품 수량이 적을 때에는 One unit in one order를 선택합니다.

Brand Tailored Promotions : 고객을 유형별로 분석하여 접근하자!

마지막으로 소개하는 것은 최근 아마존에 도입된 브랜드 맞춤형 프로모션입니다. 브랜드 맞춤형 프로모션 역시 브랜드 셀러가 이용할 수 있는 프로모션입니다. 이 프로그램은 우리 브랜드 상품을 이미 구매했거나 잠재적으로 구매할 가능성이 있는 고객을 타겟으로 설정하여 프로모션을 제공하는 방식입니다.

고객 타겟은 다음과 같이 6가지로 구분되며, 잠재 고객 유형에 맞춰 프로모션을 최적화하여 제공할 수 있습니다.

- **브랜드 팔로어** : 아마존 스토어에서 우리 브랜드를 팔로우하고 있는 고객
- **반복 고객** : 지난 12개월 동안 우리 브랜드 제품을 2회 이상 주문한 고객
- **최근 고객** : 가장 최근에 우리 브랜드 제품을 구매한 고객
- **고액 지출 고객** : 지난 12개월 동안 우리 브랜드에 대해 가장 많은 지출을 한 고객
- **잠재 신규 고객** : 최근 우리 브랜드 및 제품을 클릭했거나 장바구니에 추가했지만 지난 12개월 동안 구매한 적이 없는 고객
- **장바구니 이탈자** : 우리 브랜드 제품 중 하나 이상을 장바구니에 추가했지만 지난 3개월 동안 구매한 적이 없는 고객

위와 같이 과거 구매 행동을 기반으로 타겟을 분류하여 맞춤 프로모션을 제공할 수 있습니다. 그리고 각 타겟 그룹별로 추가 매출을 일으키거나, 브랜드 충성도를 높이고, 이탈된 고객을 다시 브랜드로 유입시키는데 도움이 됩니다.

이러한 기능이 없을 때는 우리 브랜드와 상관 없이 아마존 전체 고객을 대상으로 프로모션을 진행하거나 아마존 프라임 회원을 대상으로 하는 프로모션만 진행할 수 있었습니다. 새롭게 도입된 브랜드 맞춤형 프로모션으로 브랜드 셀러는 아마존에서 브랜드 충성도를 높이고, 브랜드에 집중된 고객 관리를 할 수 있게 되었습니다.

저 역시 두 차례의 브랜드 맞춤형 프로모션을 진행해 보았는데요. 프로모션 비용이 프로모션을 통해 발생한 매출 대비 10%도 되지 않을 정도로 효율이 괜찮았습니다.

Start date End date	Discount	Redemptions	Sales Spends
11/08/2023 11/24/2023	10%	31	$1,526 $149
08/27/2023 09/09/2023	10%	18	$978 $76

첫 번째 프로모션은 장바구니 이탈자를 대상으로 10% 할인 프로모션 코드를 발송한 캠페인입니다. 약간의 프로모션으로도 구매전환이 발생하여 총 1,526달러의 매출을 올린 것을 확인할 수 있습니다. 반면 비용은 149달러밖에 발생하지 않았습니다.

고객이 상품을 구매하는 과정에서 이탈을 방지하고, 기존 고객들의 브랜드 충성도를 높이는 방향으로 브랜드 맞춤형 프로모션을 활용하면 비용 대비 높은 효율을 올릴 수 있습니다.

마스터의 시크릿 노트

여기까지 아마존에서 제공하는 다양한 할인 행사들을 활용한 마케팅 방법들과 각 프로모션을 생성하는 구체적인 방법에 대해 설명했습니다. 여러 마케팅 도구들은 각자의 상황에 맞춰 적절하게 사용하면 되는 것이고 전부 다 활용할 필요는 없습니다.

앞서 계속 강조했듯이 너무 많은 할인 행사를 한꺼번에 활용하면 중복 할인으로 과도한 마케팅 비용이 지출될 수도 있습니다. 또한 할인을 하지 않으면 팔리지 않는 제품으로 전락하기도 합니다. 할인 행사는 너무 자주 활용하기보다는 주요 쇼핑 시즌이나 브랜드를 알릴 수 있는 적절한 이벤트와 함께 활용하는 전략을 찾아보기 바랍니다.

35

아마존에서 브랜딩하기

우리가 신제품, 신규 브랜드를 해외에 직접 런칭한다고 생각해보면 아마 굉장히 막막하게 느껴질 것입니다. 국내 고객들을 대상으로 브랜드를 인지시키기도 어려운데, 해외 고객들을 대상으로 신제품과 브랜드를 알려야 한다니! 단순히 알리는 것에 그쳐서도 안됩니다. 자본과 인력이 부족한 상황에서 신제품과 브랜드를 알리는 것과 동시에 즉각적인 매출로 최대한 빨리 직결되어야 회사가 생존할 수 있습니다.

이러한 상황에서 글로벌 최대 전자상거래 플랫폼인 아마존은 매우 좋은 옵션이 될 수 있다고 생각합니다. 게다가 아마존에서는 브랜드 셀러들이 아마존 플랫폼을 활용하여 브랜드를 알릴 수 있는 다양한 기능들을 제공하고 있기 때문에 아마존에서 판매를 함과 동시에 우리 브랜드를 알리고 인식시킬 수 있습니다.

아마존에서 제안하는 다양한 브랜딩 전략

셀러 센트럴 페이지의 메뉴에서 Brand→Build Your Brand 탭을 클릭하면 브랜드 인지도를 높이기 위해 아마존에서 제안하는 다양한 사항들을 확인해볼 수 있습니다.

브랜드 인지도를 증대시키기 위한 도구, 고객들의 고려 사항에 우리 브랜드가 더 많이 포함될 수 있도록 하기 위한 도구, 구매전환율을 높이기 위한 도구, 브랜드 로열티를 증대

시키기 위한 도구, 브랜드를 하이재커로부터 지키기 위한 도구 등 아마존에서는 판매와 동시에 브랜드를 키우기 위해 활용할 수 있는 다양한 도구들을 제공하고 있습니다.

이러한 도구들만 잘 활용해도 아마존에서 단순히 판매만 하는 것이 아닌, 고객들이 우리 브랜드 상품을 구매하는 과정에 적절한 브랜딩 활동을 제공하고 브랜드에 대한 충성도를 높여갈 수 있습니다.

아마존에서 제공하는 다양한 브랜딩 도구 중에서 핵심적이고 초보 셀러에게도 도움이 될 수 있는 필수적인 도구들을 중심으로 설명하겠습니다.

매력적인 브랜드 스토어 만들기!

아마존에 브랜드를 등록한 셀러는 아마존 내에서도 마치 자사몰 홈페이지를 구축하는 것처럼 우리 브랜드만의 스토어를 만들 수 있습니다.

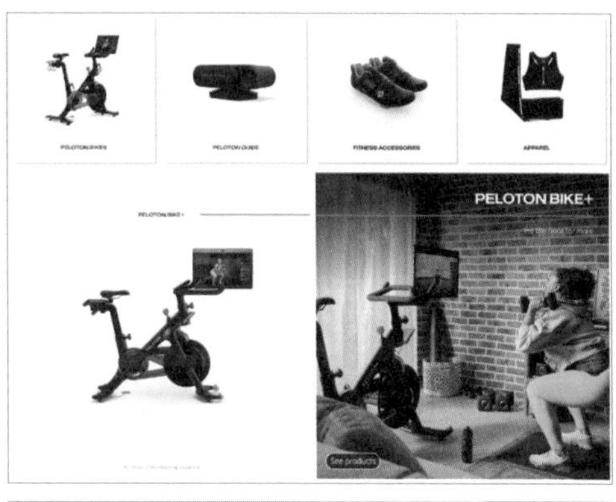

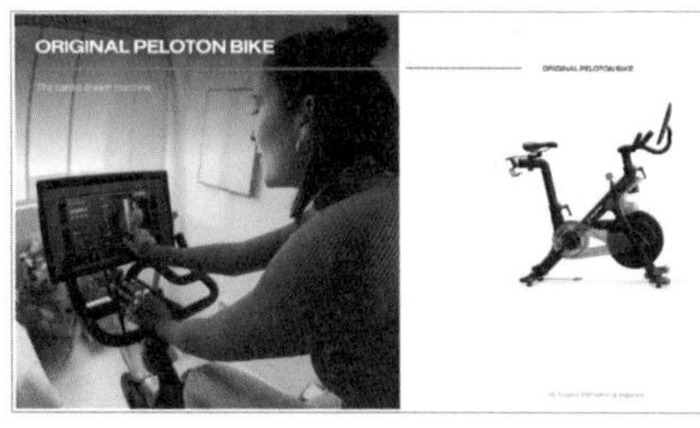

이미지와 같이 아마존 내에 브랜드 스토어를 구축할 수 있습니다. 초기에 상품 수가 적을 때라도 브랜드 스토리나 히스토리, 제품에 대한 자세한 정보, 브랜드가 추구하는 아이덴티티를 시각화하여 보여줄 수 있는 매력적인 브랜드 스토어를 구축해보기 바랍니다.

브랜드 스토어는 화면과 같이 브랜드 상품 리스팅에 ❶ Visit the Brand Store라고 표시되고, 클릭하고 들어갔을 때 브랜드 상품을 모아놓은 브랜드 스토어로 연결되어 우리 브랜드 상품과 브랜드 스토리를 볼 수 있게 됩니다.

이렇게 브랜드 스토어를 잘 구축해놓으면 고객이 구매를 고려했던 상품뿐만 아니라 브랜드 제품들을 추가로 접할 수 있는 기회를 제공하고, 잘 구축된 브랜드 스토어는 고객들에게 브랜드에 대한 신뢰를 높여줄 수 있습니다.

브랜드 비디오 콘텐츠 활용하기!

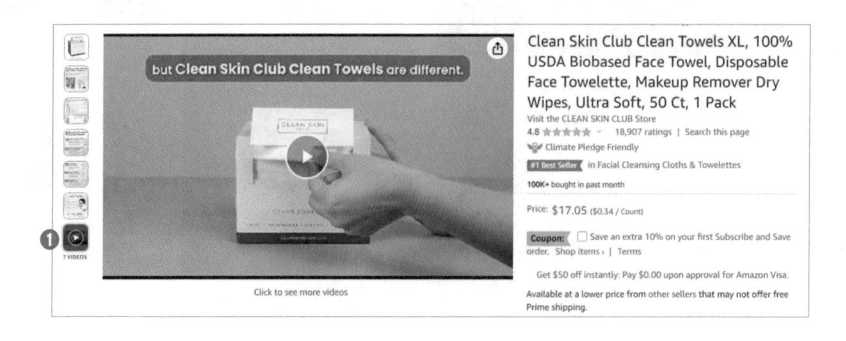

아마존 브랜드 셀러라면 비디오 콘텐츠를 활용할 수 있다고 이야기했는데요. 비디오 콘텐츠를 잘 활용하면 이미지와 텍스트로 전달하기 어려웠던 제품에 대한 자세한 사용 방법 등에 대해서도 쉽게 전달할 수 있고, 영상을 통해 브랜드가 제공하려고 하는 가치 등을 전달할 수도 있습니다.

아마존에서 업로드하는 비디오 콘텐츠는 ❶ 상품 리스팅 이미지의 가장 마지막에서 볼 수도 있고, A+ 콘텐츠를 만들었다면 A+ 콘텐츠에도 비디오 콘텐츠를 삽입할 수 있습니다. 아마존 스토어의 경우 재생 버튼을 누르지 않아도 자동으로 비디오 콘텐츠가 반복 재생되는 모듈이 있기 때문에 비디오 콘텐츠를 활용하기 좋습니다. 이렇듯 비디오 콘텐츠를 만들면 고객과의 다양한 접점에서 잘 활용할 수 있습니다.

아마존 광고 중에도 ❷ 비디오 광고가 있습니다. 일반 스폰서 프로덕트 광고에 비해 비디오 광고는 고객의 시선을 더 강렬하게 잡아둘 수 있기 때문에 통상적으로 스폰서 프로덕트 광고보다 클릭률이 높은 편입니다.

이미지와 같이 비디오 광고와 함께 스폰서 프로덕트 광고를 함께 운영하면 연관 검색어에서 우리 브랜드가 점유하는 공간이 많아지기 때문에 고객들에게 브랜드를 인지시키기가 더욱 수월해집니다.

아마존 포스트로 브랜드 팬 만들기!

아마존 포스트에 대해서는 앞선 챕터에서 간단하게 소개했는데요. 아마존 포스트는 광고비를 지출하지 않고도 아마존 알고리즘에 의해 연관 상품이나 키워드에 내 상품과 관련된 콘텐츠를 노출시킬 수 있는 아주 효과적인 브랜딩 도구입니다.

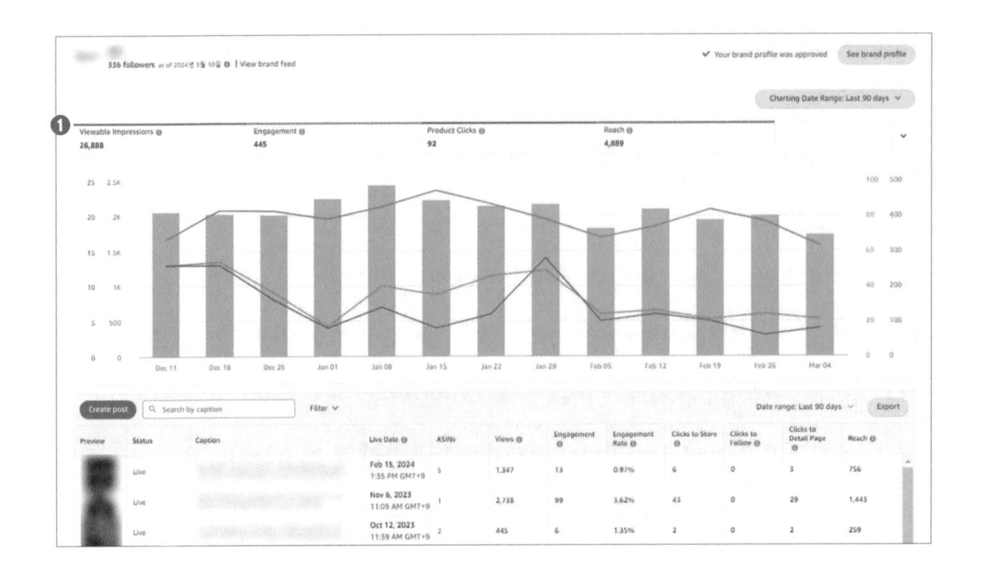

보여드리는 화면은 실제로 제가 아마존 포스트에 업로드한 콘텐츠들의 90일간 노출 및 클릭 데이터입니다. 별도로 광고를 집행하지 않았음에도 불구하고 아마존 포스트에 업로드한 콘텐츠를 통해 90일 동안 ❶ 약 26,000건의 노출이 발생했습니다. 당연히 아마존 포스트를 통해 우리 상품이나 스토어를 클릭한 건도 발생했을 것입니다.

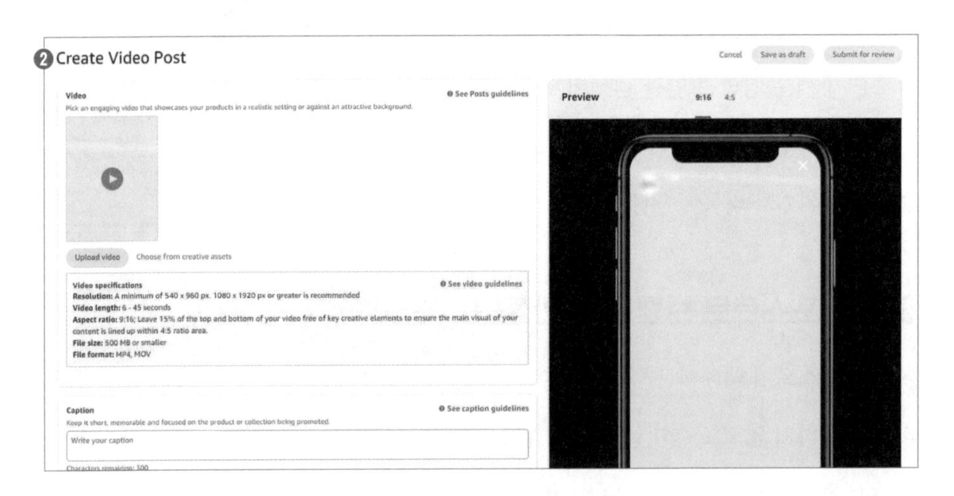

게다가 이전에는 아마존 포스트에 이미지와 텍스트만 업로드가 가능했지만, 최근에는

❷ 비디오 콘텐츠까지 업로드가 가능해져 우리 상품과 브랜드를 알리는데 더욱 활용도가 높아질 것 같습니다.

아마존 포스트는 무료로 브랜딩이 가능한 도구이기 때문에 꾸준히 콘텐츠를 업로드하는 것이 좋습니다. 아마존 포스트를 통해 고객들은 우리 브랜드에 대해 흥미를 갖게 되고 브랜드를 팔로우하는 우리 브랜드만의 팬들이 생기기도 합니다. 브랜드 팔로워가 늘어나면 팔로워를 대상으로 신제품 소식이나 브랜드의 새로운 소식을 알리는 기능으로도 활용할 수 있습니다.

고객 맞춤 족집게 브랜딩하기!

광고 전략의 목표가 판매하는 상품을 알리고 구매를 유도하는 것이라면 브랜딩 전략의 목표는 우리 브랜드에 관심을 보이는 고객을 팬으로 만들고 이탈하려는 고객을 붙잡아 브랜드 충성도를 높이는 것입니다. 이러한 브랜드 전략에 유용한 기능이 바로 앞서 설명드렸던 브랜드 맞춤형 프로모션입니다.

브랜드 맞춤형 프로모션은 우리 브랜드 고객을 과거 구매 행동을 기반으로 브랜드 팔로워, 반복 고객, 최근 고객, 고액 지출 고객, 잠재 신규 고객, 장바구니 이탈자 등 6가지 유형으로 세분화하여 특정 고객군을 타겟으로 프로모션을 진행할 수 있는 기능입니다.

저 역시 두 차례 브랜드 맞춤형 프로모션을 진행해보았는데요. 프로모션으로 발생한 매출 대비 비용이 10%도 되지 않을 정도로 효율이 괜찮았습니다. 1,526달러의 매출을 일으킨 프로모션은 장바구니에 상품을 담아두고 90일 동안 구매하지 않았던 고객을 대상으로 10% 할인 프로모션 코드를 발송했는데, 구매를 망설이던 고객들이 약간의 프로모션만으로도 바로 구매로 전환하는 모습을 보여줬습니다.

고객의 구매 여정에서 우리 브랜드의 충성도를 높이고 기존 고객들의 이탈을 낮추는 방향으로 브랜드 맞춤형 프로모션을 활용하면 좋을 것 같습니다.

이러한 기능이 없었을 때는 우리 브랜드와 상관 없이 아마존 전체 고객을 대상으로 하거나 아마존 프라임 멤버만을 대상으로 하는 프로모션만 진행할 수 있었습니다. 브랜드 맞춤형 프로모션이 도입됨으로써 브랜드 셀러는 아마존에서 우리 브랜드의 충성도를 높이고 좀더 브랜드에 집중된 고객 관리가 가능해졌습니다.

마스터의 시크릿 노트

이번 챕터에서는 아마존이 제공하고 있는 여러 가지 브랜딩 도구를 활용해 브랜드를 효과적으로 알리고 고객 충성도를 높여 고객들로부터 더욱 사랑받는 브랜드를 구축하는 방법에 대해 알아봤습니다.

단순히 제품을 많이 판매하는 것도 좋지만, 우리 브랜드의 팬을 만들고 고객이 우리 제품을 반복 구매하고 우리 브랜드의 다른 상품까지 구매할 수 있도록 다양한 장치를 만들어주는 것이 매우 중요합니다. 이러한 관점을 갖고 아마존 셀링을 하는 것과 브랜딩에 대한 생각이 없이 그저 제품만 판매하는 것은 차원이 다른 결과를 낳을 수 있다는 점을 꼭 기억하면 좋겠습니다.

7장

브랜드 셀러의
강력한 무기
브랜드 레지스트리

36

브랜드 레지스트리란 무엇인가?

이번 챕터에서는 아마존 브랜드 레지스트리에 대해 설명하겠습니다. 지금까지 브랜드 레지스트리에 대해 여러 차례 언급을 했는데요. PL 셀러라면 브랜드 레지스트리에 꼭 등록하기를 추천했고, 브랜드 레지스트리를 등록하면 아마존 셀링에 도움이 되는 다양한 기능을 활용할 수 있다고 이야기했습니다.

그럼 여기서는 브랜드 레지스트리란 도대체 무엇이고, PL 셀러가 활용했을 때 어떤 장점이 있는지에 대해 좀 더 자세히 알아보는 시간을 갖도록 하겠습니다.

아마존 브랜드 레지스트리란?

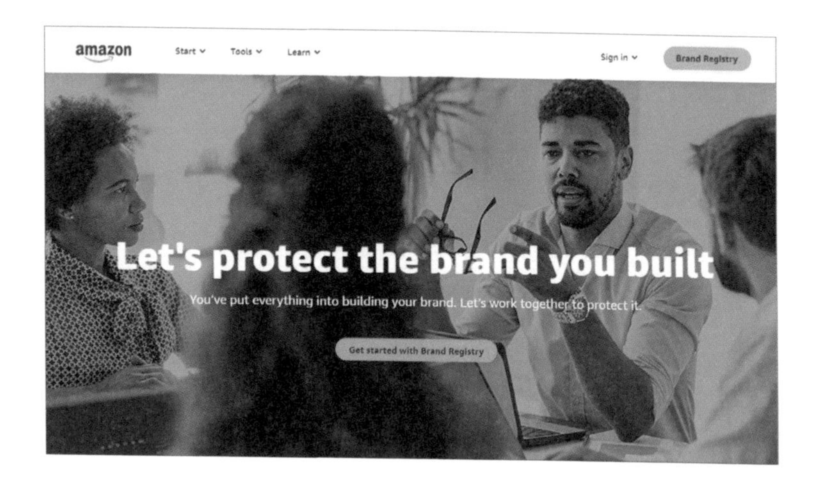

아마존 브랜드 레지스트리는 브랜드 소유자가 자신의 브랜드를 보호할 수 있도록 여러 도구를 제공하고, 더 다양하고 강력한 기능에 접근할 수 있도록 하는 프로그램입니다.

아마존 셀링을 하며 당면할 수 있는 가장 큰 문제 중 하나가 바로 가품 문제입니다. 아마존의 경우 다른 셀러가 리스팅해놓은 상품을 똑같이 제조하거나 소싱할 수 있다면 누구나 Sell on Amazon 버튼 하나만 클릭하여 판매가 가능합니다.

그렇다 보니 특정 제품이 조금만 잘 판매되고 높은 랭킹을 유지하면 가품을 제조하는 셀러들이 해당 제품 리스팅에 붙는 경우가 정말 많습니다. 이러한 셀러들을 하이재커 Hijacker라고 부르는데요. 하이재커가 붙게 되면 애써 쌓아놓은 고객과의 신뢰도 순식간에 무너질 수 있고, 미국 내에서 특허와 같은 지적재산권이 등록되어 있지 않다면 하이재커 셀러들을 특별히 제재할 방법도 없습니다.

내가 애써서 만든 제품에 하이재커가 붙게 되면 하나의 상품을 두 명의 셀러가 판매하는 꼴이 됩니다. 그렇게 되면 결국 하이재커와 바이 박스 경쟁을 해야 하고, 하이재커는 바이 박스를 점유하기 위해 가격을 낮추거나 쿠폰을 붙여 판매하게 됩니다. 이러한 하이재커 셀러들이 판매하는 상품은 당연히 품질이 형편없는 경우가 대부분입니다. 바이 박스를 빼앗기면 내 브랜드 제품을 구매한 고객이 하이재커가 판매하는 상품을 받게 되고, 이는 부정적 리뷰로 이어지거나 자칫하면 심각한 클레임을 받게 되는 경우도 생깁니다.

아마존에서도 이러한 문제가 궁극적으로 구매하는 고객들의 만족도를 떨어뜨리고, 아마존이라는 플랫폼 자체의 신뢰도에도 악영향을 끼칠 수 있다고 판단하여 브랜드 소유자의 권리를 보호해주기 위해 브랜드 레지스트리라는 프로그램을 만들게 됩니다. 또한 아마존에서는 브랜드 소유자가 고객들에게 더 좋은 쇼핑 경험을 제공할 수 있도록 하기 위해 다양한 기능들을 추가로 제공합니다.

브랜드 레지스트리의 장점

첫 번째는 브랜드에 대한 신뢰를 쌓을 수 있다는 점입니다.

브랜드 레지스트리에서 제공하는 여러 기능은 내 브랜드 제품에 대해 더 자세하고 다양한 정보를 고객들에게 제공할 수 있게 해줍니다. 앞선 챕터에서 정말 많이 언급했던 A+ 콘텐츠 기능을 활용하면 제품에 대한 자세한 정보를 전달할 수 있을 뿐만 아니라 브랜드가 전달하고자 하는 느낌과 이미지까지 고객들에게 보여줄 수 있습니다. 또한 브랜드 레지스트리에 등록할 경우 동영상을 리스팅 이미지에 추가할 수 있습니다. 많은 셀러들이 이미지만으로 제품에 대해 설명하기 어려웠던 부분들을 동영상을 통해 쉽게 전달하고 있습니다.

최근에는 아마존 포스트라고 해서 네이버 블로그처럼 브랜드나 상품에 대해 주기적으로 포스팅할 수 있는 기능도 생겼습니다. 브랜드 또는 상품과 관련된 포스트를 올리면 연관된 상품에 포스트 내용이 자연스럽게 노출되어 고객들은 해당 상품에 대해 더 자세한 정보를 습득할 수 있습니다.

두 번째는 가품으로부터 자신의 브랜드를 보호할 수 있습니다.

만약 브랜드 소유자가 자신의 제품을 판매하는 다른 셀러를 발견하면 브랜드 레지스트리 웹사이트에서 가품 신고를 할 수 있습니다. 물론 신고를 할 때 가품 여부를 확인할 수 있어야 하고, 그에 대해 아마존 측에 어필해야 하는 과정이 필요합니다. 그래도 가품이라는 점만 분명하게 확인되면 신고를 통해 하이재커의 리스팅을 삭제시킬 수 있습니다.

여기에 더하여 아마존에서 더 강력한 기능도 제공합니다. 바로 아마존 프로젝트 제로라는 프로그램인데요. 이 프로그램은 브랜드 레지스트리를 완료한 셀러 중 일부를 프로그램에 초대하여 자신의 브랜드 상품에 붙은 하이재커의 리스팅을 직접 삭제시킬 수 있도록 권한을 제공합니다. 가품 여부를 입증하지 않아도 프로젝트 제로 프로그램을 통해 브랜드 소유자가 하이재커의 리스팅을 삭제할 수 있기 때문에 브랜드 소유자에게는 굉장히 강력한 기능입니다.

브랜드 레지스트리를 위해 필요한 것

브랜드 레지스트리에 브랜드를 등록하기 위해서는 미국 특허청에 상표등록을 해야 합니다. 브랜드 레지스트리는 기본적으로 상표등록번호 또는 상표출원번호를 가지고 등록하게 되어있습니다. 미국에 상표권 등록이 되어있지 않더라도 아래 국가 중 한 곳이라도 상표권을 등록해놓은 상태라면 해당 국가의 상표등록번호로 브랜드 레지스트리 등록이 가능합니다.

미국, 브라질, 캐나다, 멕시코, 호주, 인도, 일본, 프랑스, 독일, 이탈리아, 튀르키예, 싱가포르, 스페인, 사우디아라비아, 영국, 이집트, 스웨덴, 폴란드, 베네룩스, EU, UAE

브랜드 레지스트리에 브랜드를 등록하기 위해서는 결국 해외 국가에 상표등록이 선행되어야 한다는 이야기인데, 상표출원부터 등록까지 길게는 1년의 시간이 소요될 수 있습니다. 그러면 상표가 등록될 때까지 브랜드 레지스트리에서 제공하는 기능들을 사용하지 못합니다. 따라서 보통은 상표출원 중인 상태에서 브랜드 레지스트리를 먼저 등록하고 브랜드 레지스트리 기능을 활용합니다.

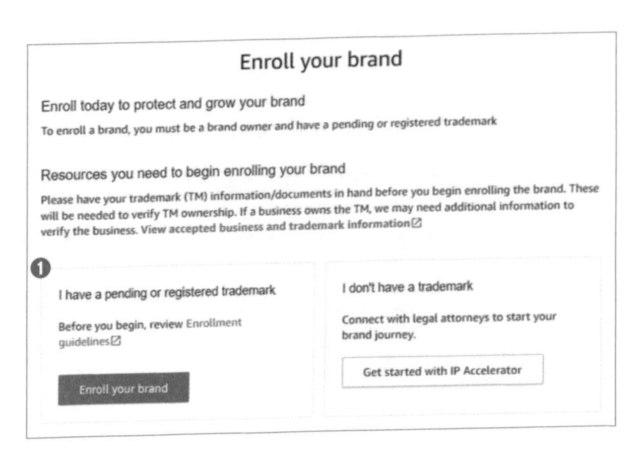

브랜드 레지스트리 웹사이트에 접속하여 셀러 센트럴 아이디로 로그인을 하고, 상단 메뉴바에서 Enroll a brand 버튼을 클릭하면 브랜드 등록을 할 수 있는 페이지로 넘어가게 됩니다. 화면에서 보는 것처럼 ❶ 상표출원 중이거나 등록된 상표만 있으면 브랜드 등록을 할 수 있습니다.

IP 엑셀러레이터 프로그램을 활용하는 법

상표출원은 국내 변리사를 통해 진행할 수도 있고, 아마존에서 제공하는 IP 엑셀러레이터IP Accelerator라는 프로그램을 활용할 수도 있습니다.

아마존 IP 엑셀러레이터는 아마존이 지정한 IP 전문 로펌을 통해 상표출원을 하고, 출원번호를 가지고 브랜드 레지스트리를 진행하여 브랜드 셀러만이 활용할 수 있는 여러 가지 기능을 먼저 사용할 수 있게 해주는 제도입니다.

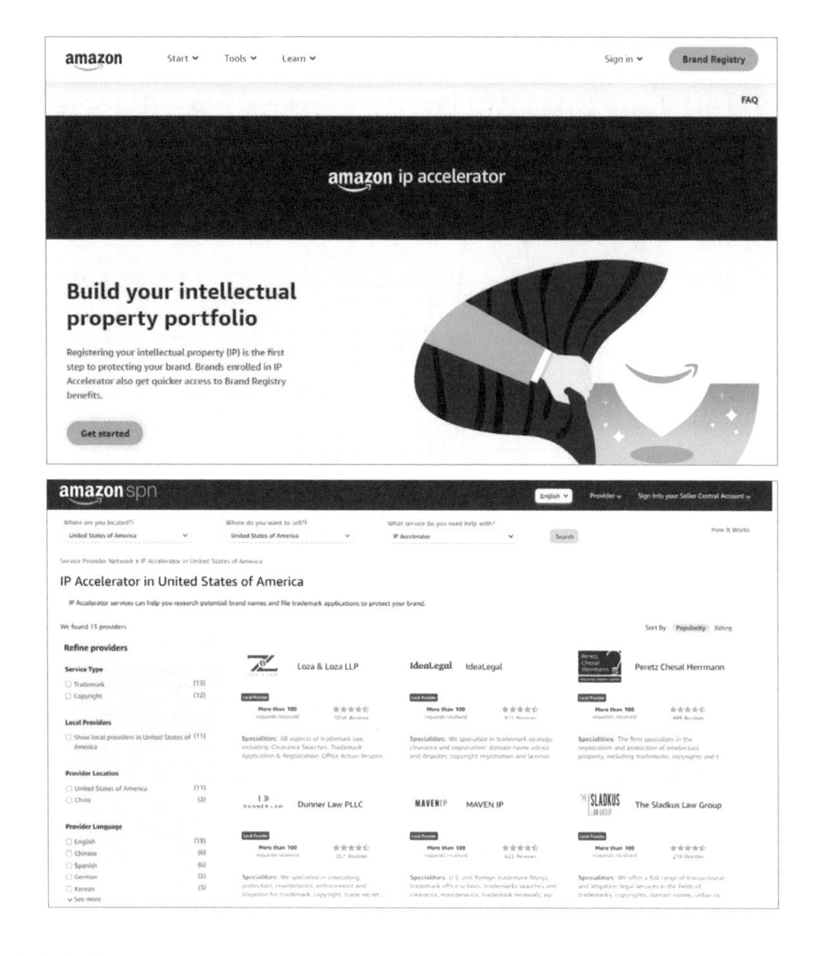

화면과 같이 아마존에서 미국 내 상표출원을 대행해주는 로펌 리스트를 제공해주며, 각 로펌들마다 리뷰도 확인할 수 있습니다.

IP 엑셀러레이터 프로그램을 사용한 셀러의 경험에 의하면 변호사 비용, 출원 비용 등을 모두 포함하여 총 비용이 대략 875달러 정도 들었고, 브랜드 레지스트리에 접근하기까지는 약 10일 정도가 소요되었다고 합니다. 상표출원 후 등록까지 기다렸다가 브랜드 레지스트리를 등록하는 것과 비교한다면 굉장히 빨리 브랜드 레지스트리 기능에 접근하게 된 것입니다.

코트라 지원을 받아 등록하는 법

초보 셀러 입장에서 최대한 간편하고 저렴한 비용으로 빠르게 브랜드 레지스트리 권한을 얻는 방법은 바로 코트라KOTRA에서 제공하는 '해외 상표출원 지원제도'를 활용하는 것입니다.

코트라 지원사업을 통해 상표를 출원할 경우 출원 비용의 50% 한도에서 최대 600달러까지 지원을 받을 수 있기 때문에 직접 상표출원을 하는 것보다 적은 비용으로 상표출원을 할 수 있습니다.

해외지식재산센터(IP-DESK)

› 이미 해외 각지에 투자진출을 실시한 우리기업들의 성공적인 정착 및 투자 확대를 위하여 해외지식재산센터(IP-DESK)를 통해 다양한 지원을 제공하고 있습니다.

▫ 지원내용

› **상표·디자인 출원 지원**

- 현지에서 상표·디자인 출원시 발생하는 비용·절차 지원

구분		IP-DESK 소재국가									
		중국	태국	베트남	미국	일본	독일	인도	인도네시아	홍콩	필리핀
지원건수		신청기업별 연간 8건 (국가제한 없음)									
지원비용	상표한도	$300	$550	$300	$600	$500	$1,000	$300	$300	$650	$300
	디자인한도	$300	$550	$600	$1,000	$500	$600	$200	$300	$650	$300
	지원비율	실제 출원비용의 최대 50% 지원									

저의 경험에 의하면 코트라에서 지정하는 로펌의 상표출원 비용 견적이 일반적인 해외 상표출원 비용보다 조금 비쌌던 것으로 기억합니다. 따라서 실질적으로 세이브되는 비용이 대략 300~400달러 정도였던 것 같습니다. 그래도 코트라를 통해 지원을 받아 진행할 경우 한국어로 소통이 가능하고 비용도 일부 절약할 수 있기 때문에 지원받는 방향을 고려해보는 것도 좋습니다.

간편하게 상표출원을 할 수 있는 플랫폼

최근에는 저렴하고 간편하게 상표를 출원할 수 있는 플랫폼도 많이 생기고 있습니다. 대표적으로 곰마크나 마크인포와 같은 플랫폼입니다. 다만 이러한 플랫폼은 출원 절차에 대한 최소한의 도움만 받을 수 있고, 등록 가능성에 대한 구체적인 조사와 같은 부분은 변리사와 직접 진행하는 것에 비해 자세한 상담이 어려울 수 있습니다. 하지만 특허정보검색서비스kipris에서 유사 상표를 검색할 수 있고, 상표권에 대한 이해도가 어느 정도 있다면 이러한 플랫폼을 통해 저렴하고 간단하게 해외 상표를 출원하는 것도 괜찮습니다.

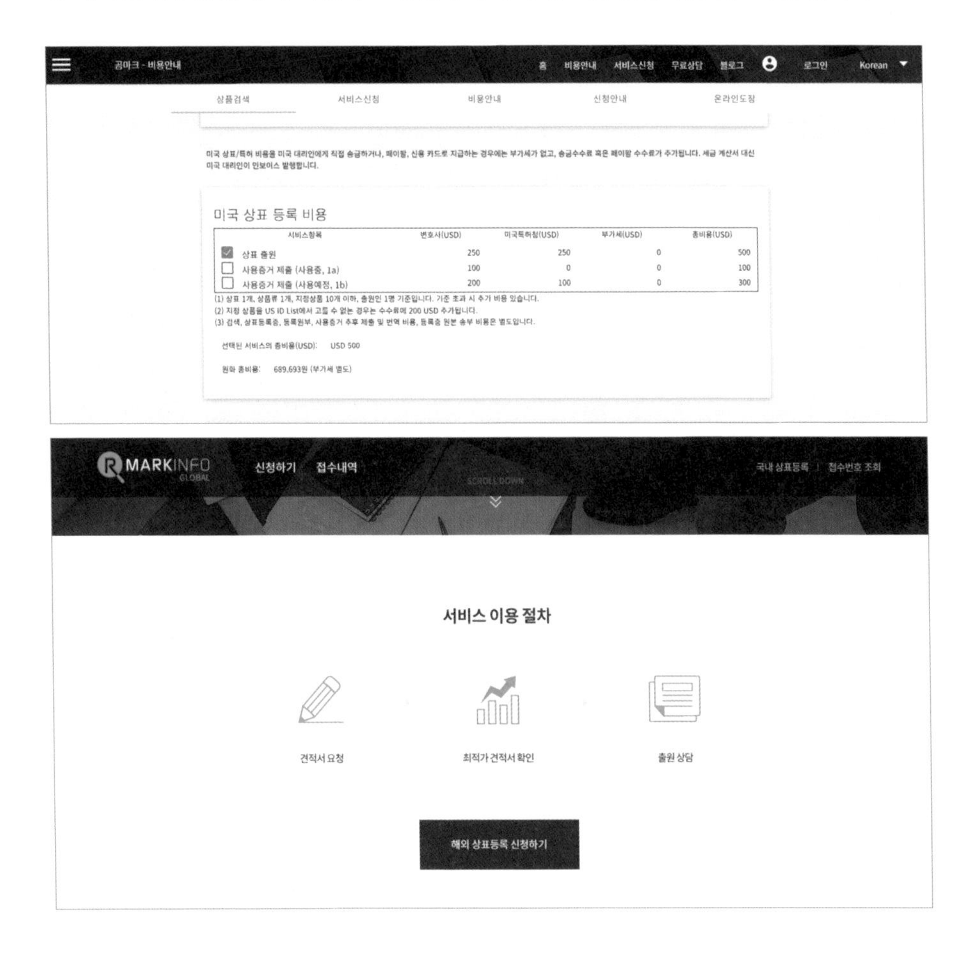

마스터의 시크릿 노트

앞서 IP 엑셀러레이터 프로그램에 대해 설명했는데요. 브랜드 레지스트리 기능을 빨리 활용하기 위해서는 이 프로그램을 이용하는 것을 강력하게 추천합니다. 사실 아마존 셀링을 하면서 상표를 등록하는 이유는 브랜드 레지스트리 기능을 활용하기 위함이 가장 큽니다. 그런데 상표 출원부터 등록까지 꽤나 오랜 시간이 걸리기 때문에, 그사이에는 브랜드 레지스트리의 좋은 기능들을 하나도 이용하지 못하게 됩니다.

이때 IP 엑셀러레이터 프로그램을 활용하면 상표출원번호만 있어도 아마존에서 브랜드 레지스트리 기능의 일부를 이용할 수 있도록 열어줍니다. 코트라의 지원금을 받거나 상표출원을 대행해주는 업체를 이용하는 것에 비해 비쌀 수는 있으나, 이 프로그램을 이용하면 최대한 빠르게 브랜드 레지스트리 기능을 활용할 수 있다는 장점이 있습니다.

37

브랜드 레지스트리의 강력한 기능

이번 챕터에서는 브랜드 레지스트리를 등록한 셀러가 활용할 수 있는 기능에 대해 자세히 알아보고, 어떻게 브랜드 레지스트리의 기능들을 활용하여 비즈니스의 확장에 도움을 줄 수 있는지 구체적으로 알아보는 시간을 갖도록 하겠습니다.

앞서 자주 소개하였던 A+ 콘텐츠의 기능은 생략하고 지금까지 많이 다루지 않았던 기능들을 중심으로 설명하겠습니다.

Amazon Post :
광고비 없는 광고, 꾸준한 포스트로 고객을 끌어모으자!

아마존 포스트는 제품과 브랜드에 대한 스토리, 새로운 소식 등을 별도로 업로드할 수 있는 기능입니다. 아마존 포스트에는 제품을 실제로 사용하는 라이프스타일 이미지나 제품 연출컷, 브랜드의 분위기를 나타낼 수 있는 이미지 등 리스팅에서 표현하지 못한 브랜드의 이미지 등을 다양하게 업로드할 수 있습니다.

내 상품을 클릭하여 들어왔을 때 브랜드에서 업로드한 연관 포스트를 볼 수도 있고, 경쟁 상품의 리스팅에서 스크롤을 내리다보면 연관된 포스트를 노출해주기도 합니다. 별도의 광고비 없이 업로드한 포스팅이 랜덤하게 노출되는 방식으로 고객들이 더 다양한 경로로 내 상품과 브랜드를 발견할 수 있도록 해주는 기능입니다.

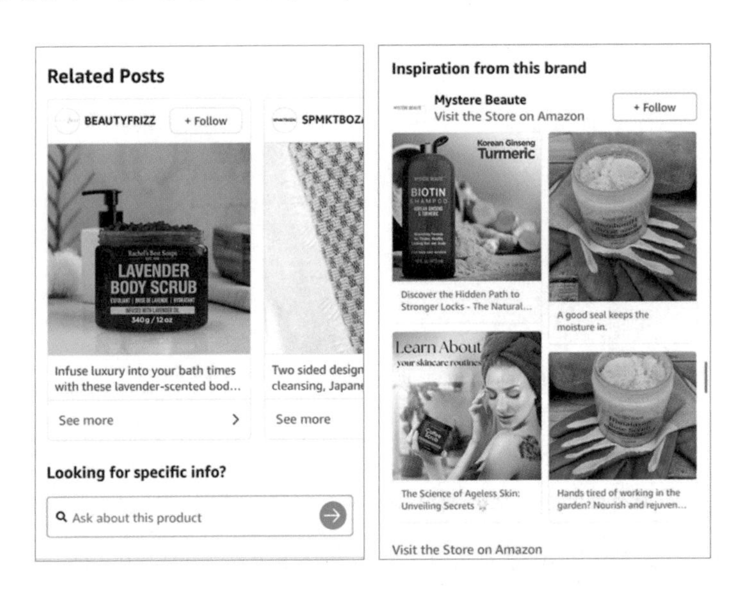

화면의 왼쪽처럼 관심 상품을 클릭하여 들어가면 관심 상품과 관련된 브랜드의 포스트를 노출시켜 줍니다. 또는 오른쪽처럼 브랜드 상품을 클릭하여 들어왔을 때, 해당 브랜드에서 업로드한 다양한 포스트들을 모아서 볼 수도 있습니다.

우리 브랜드를 팔로우하는 고객들이 생기면 팔로우하는 고객들을 대상으로 신제품 소식이나 할인 행사 등 브랜드에서 전달하고자 하는 소식을 메일링할 수도 있습니다. 아마존 포스트는 브랜드 팬을 모으고 광고 없이도 경쟁 상품에 우리 브랜드를 노출시킬 수 있는 좋은 방법입니다. 꾸준히 일주일에 1~2씩이라도 업로드해주는 것을 추천합니다.

Brand Analytics : 인사이트를 얻을 수 있는 브랜드 데이터!

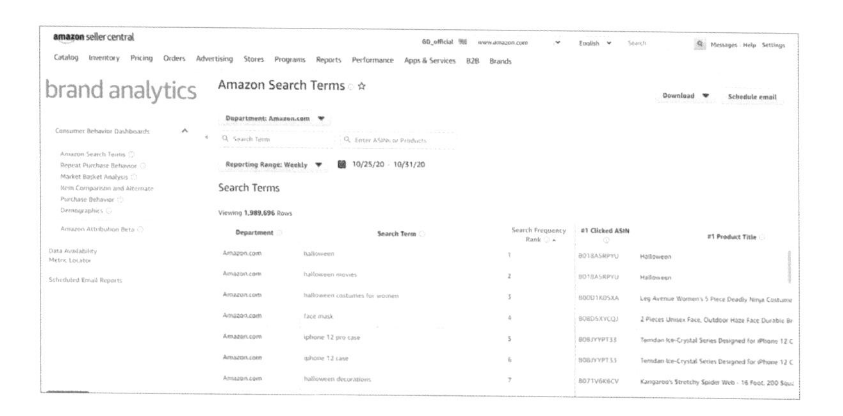

브랜드 애널리틱스는 아마존 브랜드 레지스트리를 등록할 경우 아마존에서 다양한 데이터를 확인할 수 있는 기능입니다. 브랜드 애널리틱스에서는 최근 아마존에서 가장 많이 검색되는 검색어를 확인할 수도 있고, 브랜드에 도움이 되는 다양한 마케팅 데이터를 확인할 수 있습니다.

가장 많이 검색되는 키워드를 통해 미국 고객들의 최근 관심사와 수요가 어떻게 되는지 확인할 수 있고, 연관된 카테고리 상품들의 트렌드도 확인할 수 있습니다. 또한 내 브랜드 상품 중 재구매 패턴이 어떻게 되는지, 내 상품과 가장 많이 함께 구매되는 상품이 어떤 것인지도 확인할 수 있습니다. 내 상품으로 유입되었다가 경쟁 상품으로 고객이 이탈되었을 경우에는 어떤 상품으로 이탈이 되었는지까지 확인할 수 있어 아마존 셀링에 많은 도움이 됩니다.

브랜드를 운영함에 있어 굉장히 중요한 마켓 인사이트를 볼 수 있는 여러 가지 데이터를 제공하기 때문에 데이터를 보고 리스팅을 보완하거나 번들 상품을 구성할 수도 있고, 경쟁 상품에 집중적으로 광고를 집행하는 등의 마케팅 액션이 가능합니다. 브랜드 통계를 잘 살펴보며 다음 상품을 어떻게 준비할 것인지, 판매 중인 상품을 어떻게 하면 더 부스팅시킬 수 있을지 인사이트를 얻길 바랍니다.

Virtual Bundle :
아마존 FBA 창고에 있는 상품을 묶음 구성으로 만들자!

다음은 아마존 가상 번들 기능입니다. 저도 자주 사용하는 유용한 기능으로 브랜드 셀러가 활용하기에 좋은 기능입니다. 이 기능은 쉽게 말해서 FBA 창고에 있는 여러 상품을 세트 구성으로 리스팅하여 판매할 수 있게끔 도와주는 기능입니다.

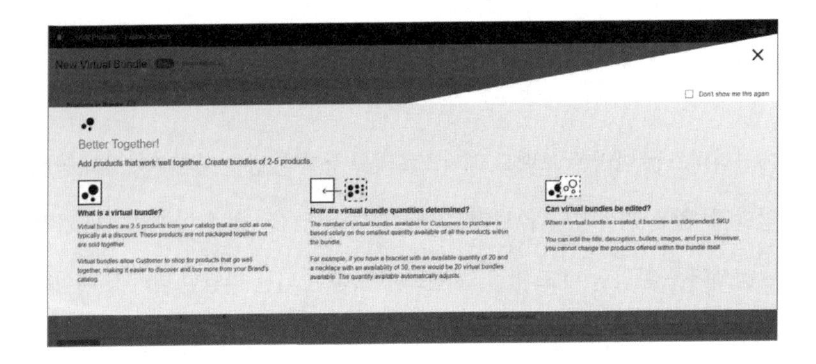

해당 기능을 활용하면 아마존 FBA 창고에 입고시킨 기존 상품들을 선택하여 세트 구성을 할 수 있습니다. 만약 A라는 상품을 런칭했는데 B라는 상품이 A 상품과 함께 사용할 수 있는 서브 상품이라면 A+B 상품을 가상의 세트 상품으로 만들어 별도의 리스팅을 등록하듯이 등록할 수 있는 것입니다.

원래 A+B 세트 구성을 아마존에서 판매하기 위해서는 두 상품을 묶음 상품으로 포장하여 별도의 신규 리스팅을 한 다음, 세트 구성의 상품을 별도로 입고시켜야 합니다. 하지만 가상 번들 기능을 활용하면 세트 상품을 별도로 입고시키지 않더라도 FBA 창고에 있는 상품으로도 세트 구성처럼 판매할 수 있습니다.

다만 가상 번들 상품이 판매될 경우 아마존 창고에서 이를 하나의 패키지에 담아 주문한 고객에게 발송하지만 각각의 상품에 대해 FBA 수수료가 부과됩니다. 고객 입장에서는 연관된 상품을 한 번에 주문하고 받아볼 수 있어 좋지만, 셀러 입장에서는 FBA 수수료가 추가로 발생하는 것입니다. 그렇다고 셀러 입장에서 손해가 나는 것은 아닙니다. 번들 구성을 통해 객단가를 높일 수도 있고, 실제 세트 상품을 구성하여 입고시키기 전에 가상 번들로 시장 테스트를 해볼 수도 있습니다.

번들 상품으로 판매된 주문은 각각의 상품이 판매된 것으로 체크됩니다. 하지만 번들 리스팅 판매 이력을 이메일로 따로 보내주기 때문에 번들 리스팅의 판매량도 트래킹이 가능합니다. 다만 가상 번들 상품에 대해서는 PPC 광고를 집행할 수 없다는 점을 참고하기 바랍니다.

Brand Referral Bonus :
매출의 10퍼센트를 보너스로 돌려받는 방법

브랜드 리퍼럴 보너스는 비교적 최근에 생긴 기능입니다. 최근 업그레이드된 아마존 알고리즘은 아마존 외부 트래픽을 끌어오는 경우에도 랭킹 상승에 도움이 된다고 설명했습니다. 이와 비슷한 맥락으로 외부 트래픽을 통해 아마존에서 매출이 발생할 경우 매출의 일정 비율을 페이백해주는 것이 브랜드 리퍼럴 보너스입니다.

예를 들어, SNS에서 광고를 집행하거나 인플루언서 마케팅을 하는 경우 브랜드 리퍼럴 보너스 기능을 활용해 별도의 링크를 만들고 해당 링크를 통해 판매가 이루어지면 판매가의 10퍼센트를 보너스로 지급받게 됩니다.

인플루언서와 협업을 진행하거나 공동구매와 같은 프로모션을 진행할 때 이용하면 아주 유용합니다. 브랜드 리퍼럴 보너스 페이지에서 특정 인플루언서에게 할당된 링크를 만들어 인플루언서가 제작한 콘텐츠 또는 프로필에 링크를 삽입하게 합니다. 그렇게 매출이 일어나면 해당 링크를 통해 발생한 클릭과 구매전환을 모두 트래킹할 수 있고, 아마존에서는 발생한 매출의 10퍼센트를 보너스로 지급합니다.

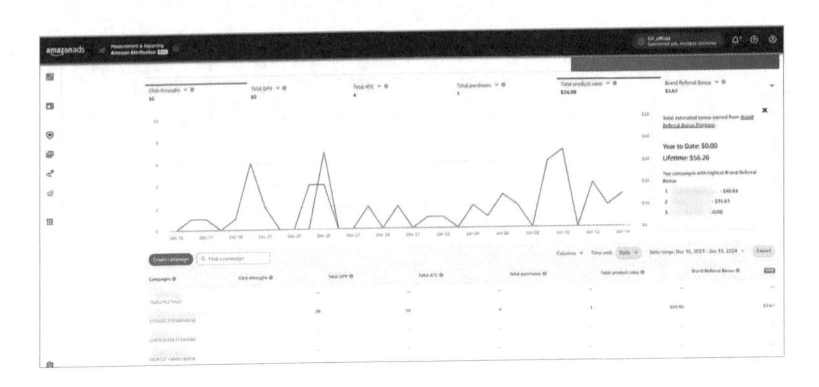

저의 경우 인플루언서와 협업까지는 아니지만 유튜브에 업로드한 제품 영상에 각각의 링크를 만들어 걸어두었습니다. 아직은 테스트 단계라 미미하긴 하지만 해당 링크를 통해 매출이 발생하여 보너스를 받을 수 있었습니다. 브랜드 리퍼럴 보너스 기능은 브랜드 셀러가 잘 활용하면 굉장히 유용한 기능이 될 것 같습니다.

Amazon Live : 이제 대세는 라이브 커머스

전 세계적으로 라이브 스트리밍 방송은 매우 가파르게 성장하고 있으며, 특히 코로나 이후 라이브 커머스의 시장이 빠르게 성장하고 있습니다. 이러한 트렌드에 맞춰 아마존에서 런칭한 프로그램이 아마존 라이브입니다.

아마존 라이브는 실시간 라이브 방송을 통해 아마존에서 판매 중인 상품을 소개하거나, 상품을 활용할 수 있는 다양한 콘텐츠를 제공하여 고객과 소통하는 라이브 스트리밍 서비스입니다. 한국의 홈쇼핑과 비슷하다고 생각하실 수 있겠지만, 홈쇼핑보다는 훨씬 캐주얼하고 휴대폰 하나만 있으면 바로 라이브 방송을 할 수 있기 때문에 정형화된 방송의 형식보다는 실제 살아있는 생생한 이야기를 전달하는 느낌이 더 강합니다.

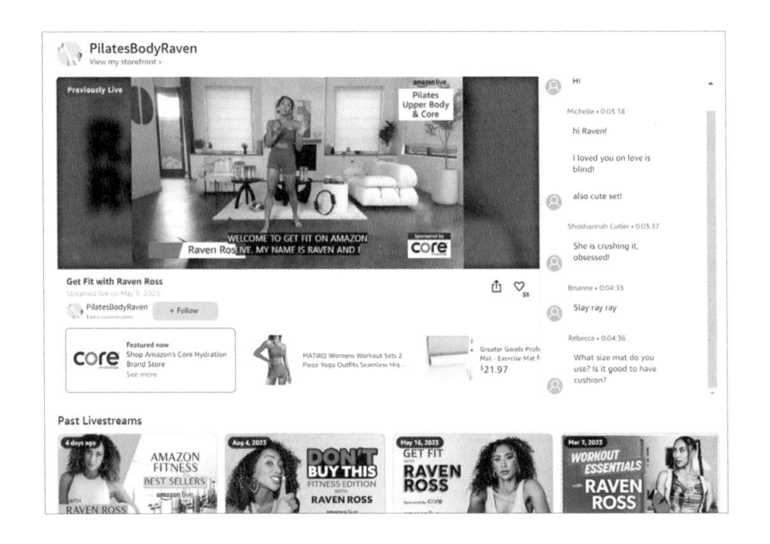

실제 운동용품 라이브 방송을 보면 고객들이 보고 따라할 수 있는 홈트레이닝 루틴만을 보여주는데, 방송 중간중간에 시청자들이 활용하면 좋을 운동기구들을 구매할 수 있도록 끼워넣기만 했습니다. 아마존에 접속하면 라이브 스트리밍 탭이 따로 있습니다. 여기서 현재 방송되고 있는 라이브 방송을 볼 수도 있고, 이미 방송했던 라이브 방송을 보며 방송에서 소개하는 상품들을 바로 구매할 수 있습니다.

아마존 라이브는 어플리케이션을 휴대폰에 설치하여 방송할 수 있으며, 당연히 브랜드 레지스트리를 등록한 브랜드 셀러만 이용할 수 있습니다. 단, 현재는 아이폰 iOS에서만 다운로드 및 실행이 되고 안드로이드 휴대폰은 지원하고 있지 않습니다.

아마존 라이브 어플리케이션을 실행하면 방송을 통해 판매된 실적을 확인할 수도 있고, 몇 명의 고객들이 방송을 보았는지도 확인할 수 있습니다. 라이브가 종료되어도 비디오가 아마존 라이브 페이지에 남아있기 때문에 스트리밍되었던 영상을 고객들이 시청할 수도 있습니다.

홈쇼핑에서 잘 판매되는 상품과 마찬가지로 라이브 방송에서도 효과를 볼만한 상품은 비포&에프터가 확실한 상품일 것 같습니다. 홈쇼핑처럼 정해진 포맷이 아니더라도 상품을 잘 소개해줄 수 있는 인플루언서를 활용하여 솔직하고 생생하게 고객과 소통할 수 있다면 브랜드 입장에서 유용하게 활용해볼 수 있는 기능입니다.

Project Zero : 말 그대로 하이재커 제로!

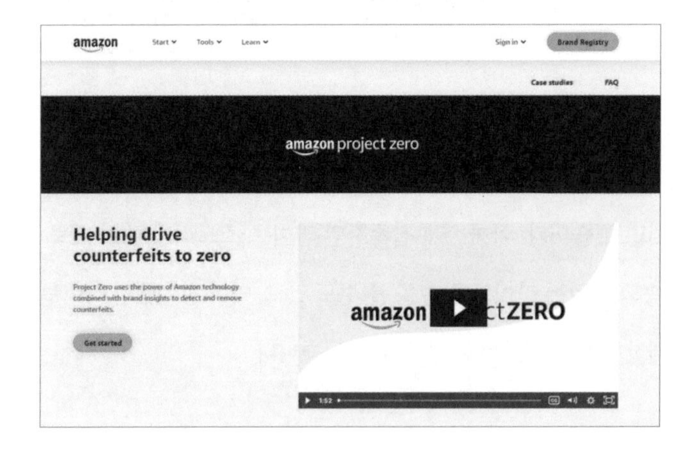

프로젝트 제로는 브랜드 레지스트리의 브랜드 보호 기능 중 가장 강력한 기능으로 볼 수 있는 프로그램입니다. 프로젝트 제로는 브랜드 셀러가 가품으로 의심되는 셀러의 오퍼를 직접 삭제할 수 있는 강력한 권한으로 프로젝트 제로 권한을 얻으면 가품을 증명하는 절차 없이도 하이재커의 리스트를 즉시 삭제하는 것이 가능합니다.

특히 자신의 브랜드를 보유한 PL 상품의 경우 본인이 직접 제조하거나 OEM 제조를 하기 때문에 자신의 브랜드 상품을 다른 셀러가 판매한다면 가품일 확률이 높을 것입니다. 따라서 프로젝트 제로는 브랜드 소유권자가 하이재커로 판단되는 리스트를 즉시 삭제할 수 있도록 해줍니다. 다만 프로젝트 제로로 보호받을 수 있는 권리는 상표권에 국한된 것이며, 디자인이나 특허권을 침해받았을 경우에는 이 기능을 활용할 수 없습니다.

브랜드 레지스트리를 등록한 셀러들 중 지난 6개월 동안 90% 이상의 가품 의심 신고 승인 기록을 가진 셀러만이 신청을 통해 프로젝트 제로 권한을 얻게 됩니다. 저의 경우에는 프로젝트 제로 런칭 초기여서 그런지 모르겠으나, 신고 이력이 없는 상태에서 신청하여 승인을 받고 활용하고 있습니다. 브랜드 셀러라면 가품을 방지할 수 있는 가장 강력한 기능이기 때문에 가능하다면 프로젝트 제로 권한을 획득하여 유용하게 활용하기 바랍니다.

Amazon Transparency : 가품은 얼씬도 못하는 정품 인증 코드!

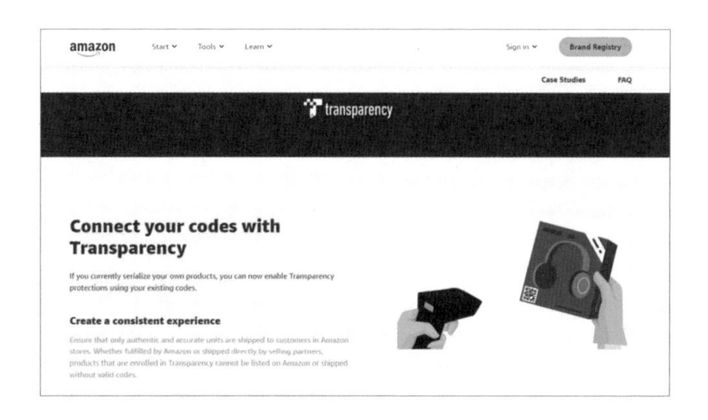

아마존 트랜스퍼런시 프로그램은 쉽게 말해 '정품 인증 QR 코드' 같은 제도라고 생각하면 됩니다. 트랜스퍼런시 프로그램에 내 브랜드를 등록하면 아마존에서 발급하는 고유의 트랜스퍼런시 바코드가 생성됩니다. 이 바코드 스티커가 부착된 상품은 정품임을 인증하며, 고객들은 트랜스퍼런시 어플로 스캔하여 정품 여부 및 제조 일자, 상품 정보 등을 확인할 수 있습니다.

아마존 트랜스퍼런시 프로그램을 통해 혹시 모를 가품의 등장으로부터 내 브랜드와 제품을 보호할 수 있고, 제품과 관련된 투명한 정보 공개로 고객과의 신뢰를 구축할 수 있습니다.

마스터의 시크릿 노트

지금까지 브랜드 레지스트리를 등록했을 때 활용할 수 있는 다양한 기능들에 대해 알아봤습니다. PL 셀러라면 브랜드 소유자만이 이용할 수 있는 다양한 기능을 활용하여 경쟁 상품과의 차별점과 경쟁력을 부여할 수 있기 때문에 반드시 브랜드 등록을 하는 것을 추천합니다.

아마존 비즈니스를 단순한 장사로 보기보다는 브랜드를 키우는 플랫폼으로 바라본다면 더 큰 기회를 잡을 수 있습니다. 사업을 사업답게 할 수 있도록 아마존에서는 많은 지원을 하고 있습니다. 이 점을 잘 활용하여 더 큰 관점에서 비즈니스를 바라보는 마인드셋을 가졌으면 좋겠습니다.

브랜드 애널리틱스 활용하기

앞선 챕터에서 아마존 브랜드 셀러가 활용할 수 있는 기능 중 하나로 아마존의 다양한 데이터를 확인할 수 있는 브랜드 애널리틱스가 있다고 말했습니다. 이번 챕터에서는 브랜드 애널리틱스의 기능과 활용 방법에 대해 좀 더 자세하게 설명하도록 하겠습니다.

브랜드 애널리틱스는 브랜드 셀러가 판매 및 고객 충성도를 높이기 위한 인사이트를 얻을 수 있도록 아마존에서 제공하는 브랜드 분석 도구입니다. 브랜드 애널리틱스는 크게 3가지 측면에서 데이터를 제공해줍니다.

1 고객 충성도 분석

2 검색 키워드 분석

3 소비자 행동 분석

고객 충성도 분석 : 우리의 고객은 누구인가?

가장 먼저 고객 충성도 분석 탭에서는 고객의 구매 행동 분석을 통해 우리 브랜드에 충성도가 높은 고객의 비중이 얼마나 되며 어떻게 변화하는지를 분석할 수 있도록 해줍니다.

아마존은 고객을 최신성Recency, 구매 빈도Frequency, 구매액Monetary 3가지 요인을 기반으로 1~5점 사이의 점수를 매겨 분류하고 있습니다. 예를 들어, 우리 브랜드 상품을 가장 최근에 구매했고, 가장 자주 구매했으며, 가장 많은 금액을 지출한 고객은 (R, F, M)=(5, 5, 5)의 점수를 받게 됩니다. 반면, 우리 브랜드 상품을 가장 오랫동안 구매하지 않았고, 자주 구매하지 않았으며, 가장 적은 금액을 지출한 고객은 (R, F, M)=(1, 1, 1)의 점수를 받게 되는 것입니다. 해당 데이터는 지난 12개월 동안의 주문 내역을 기반으로 매주 업데이트됩니다.

이렇게 매긴 점수를 기반으로 고객군을 탑 티어Top tier, 유망Promising, 위험At risk, 휴면Hibernating 4가지로 분류합니다. 각 고객군에 대한 설명은 다음과 같습니다.

- **탑 티어** : 가장 최근에 구매하고 지출이 가장 많은 우수 고객
- **유망** : 구매 빈도 또는 구매 금액이 평균 이상인 고객
- **위험** : 재구매 확률이 중간 정도이며 단골 고객으로 육성할 필요가 있는 반복 구매 고객
- **휴면** : 오랫동안 구매하지 않아 잃기 직전인 고객

이러한 고객 분석을 통해 특정 기간동안 각 고객군이 전체 구매 고객에서 얼마의 비중을 차지하며 어떻게 변화하고 있는지를 확인할 수 있습니다.

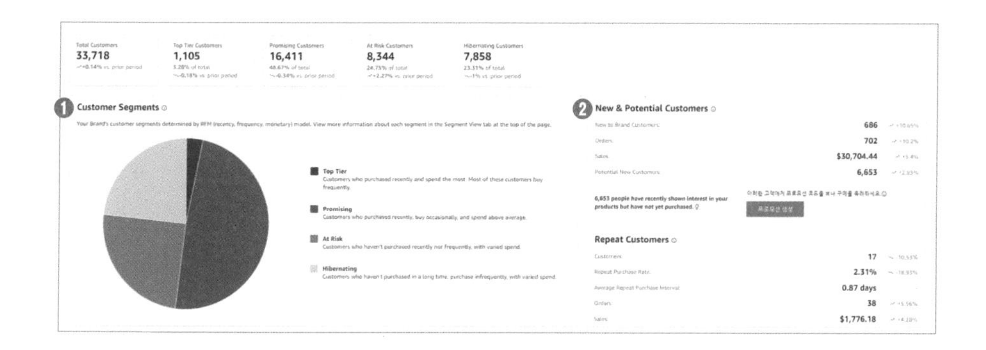

위 화면에서 보는 것처럼 ❶ 탑 티어, 유망, 위험, 휴면 고객의 비중을 그래프로 한눈에 볼 수 있습니다. 이를 통해 우리 브랜드의 고객 충성도의 상황은 어떠한지를 데이터로 확인할 수 있습니다. 또한 ❷ 신규 및 잠재 고객 데이터를 통해 특정 기간 동안 우리 브랜드를 처음 인지하고 구매한 고객의 숫자가 얼마나 되는지 그리고 지난 1년 동안 우리 브랜드 제품을 구매한 적은 없지만 최근 90일 동안 브랜드 스토어를 방문했거나 장바구니에 상품을 추가한 고객, 즉 잠재 고객의 숫자도 확인할 수 있습니다.

이러한 데이터를 바탕으로 앞서 설명드렸던 브랜드 맞춤형 프로모션과 연계하여 잠재 고객 대상 프로모션을 진행하거나, 각 고객군에 따라 적절한 프로모션을 통해 브랜드 충성도를 증가시키는 활동들을 진행할 수 있습니다.

검색 키워드 분석 : 우리 상품은 잘 노출되고 있는가?

브랜드 애널리틱스에서 고객 충성도 분석 다음으로 유용하게 활용할 수 있는 것이 바로 검색 분석Search Analytics입니다. 검색 분석에서는 Search Catalog Performance, Search Query Performance, Top Search Terms 총 3가지 데이터를 보여줍니다.

서치 카탈로그 퍼포먼스

서치 카탈로그 퍼포먼스에서는 전체 제품군에서 우리 브랜드 제품의 ASIN별로 노출수, 클릭수, 클릭률, 장바구니에 담긴 횟수, 구매전환수, 구매전환율 등의 데이터를 확인할 수 있습니다. 노출수는 광고 노출과 오가닉 노출을 모두 포함한 숫자이기 때문에 광고로 인한 노출과 자연적인 노출의 비중과 추세를 해당 데이터와 광고 캠페인 보고서를 비교해 보며 확인할 수 있습니다.

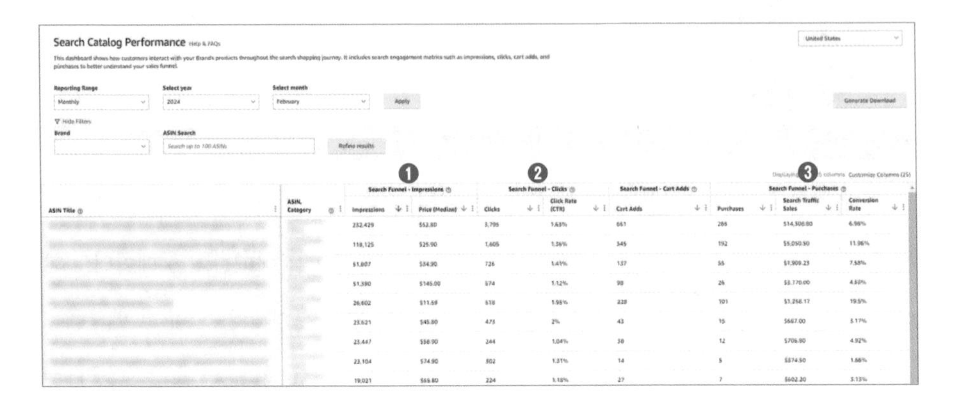

ASIN Title	ASIN, Category	Search Funnel - Impressions		Search Funnel - Clicks		Search Funnel - Cart Adds	Search Funnel - Purchases		
		Impressions	Price (Median)	Clicks	Click Rate (CTR)	Cart Adds	Purchases	Search Traffic Sales	Conversion Rate
		232,429	$52.80	3,795	1.63%	661	286	$14,306.80	6.98%
		118,125	$25.90	1,605	1.36%	345	192	$5,050.50	11.96%
		51,807	$34.90	726	1.41%	137	55	$1,909.23	7.58%
		51,390	$145.00	574	1.12%	98	26	$3,770.00	4.53%
		26,602	$11.69	518	1.95%	228	101	$1,258.17	19.5%
		23,621	$45.80	473	2%	43	15	$687.00	3.17%
		23,447	$58.90	244	1.04%	38	12	$706.80	4.92%
		23,104	$74.90	302	1.31%	14	5	$374.50	1.66%
		19,021	$65.80	224	1.18%	27	7	$602.20	3.13%

이 데이터를 통해 우리는 각 ASIN별로 ❶ 노출 퍼널, ❷ 클릭 퍼널, ❸ 구매 퍼널까지 이어지는 과정에 있어, 어떤 과정에서 고객 이탈이 많이 일어나고 전환이 떨어지는지를 분석할 수 있습니다. 만약 다른 ASIN에 비해 특정 ASIN의 구매전환율이 낮다면 경쟁 상품에 비해 가격은 적절한지 리스팅 내용이 충분히 설득적인지를 면밀하게 살펴볼 필요가 있습니다.

또는 전체 제품군에서 노출이 현저히 떨어지는 제품이 있을 수 있습니다. 광고를 집행하는 데도 불구하고 특정 제품의 노출이 눈에 띄게 떨어진다면 상품의 키워드 최적화가 잘되어 있는지 살펴보아야 합니다. 그리고 여러 제품을 합쳐서 광고를 집행하는 경우, 알고리즘에 의해 제품이 균등하게 노출되지 않을 수도 있습니다. 이런 상황이라면 제품의 노출 상태를 확인해보고 별도의 광고 캠페인을 추가하는 등의 방식으로 노출을 높이기 위한 의사결정을 해야 합니다.

서치 카탈로그 퍼포먼스는 이렇게 개별 ASIN에 대한 대표적인 성과 지표를 살펴보고 개선점을 도출하는데 도움이 됩니다.

서치 쿼리 퍼포먼스

서치 쿼리 퍼포먼스에서는 브랜드 또는 개별 상품과 연관된 키워드들의 아마존 검색량 및 중요도를 확인할 수 있습니다. 먼저 ❹ 브랜드와 관련된 키워드를 살펴보겠습니다.

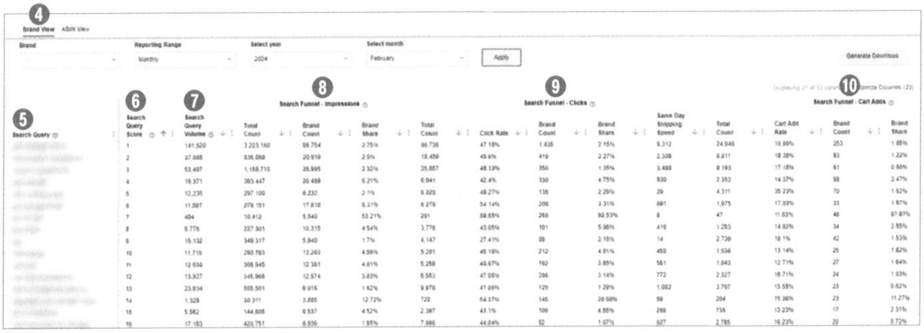

❹ Brand View ASIN View

Brand | Reporting Range: Monthly | Select year: 2024 | Select month: February | Apply | Generate Download

❺ Search Query	❻ Search Query Score	❼ Search Query Volume	❽ Search Funnel - Impressions: Total Count	Brand Count	Brand Share	❾ Search Funnel - Clicks: Total Count	Click Rate	Brand Count	Brand Share	Same Day Shipping Speed	❿ Search Funnel - Cart Adds: Total Count	Cart Add Rate	Brand Count	Brand Share
[illegible]	1	141,520	3,223,160	88,754	2.75%	96,736	47.18%	1,436	2.15%	8,312	24,846	16.99%	253	1.05%
[illegible]	2	37,065	836,098	20,916	2.5%	18,450	49.9%	419	2.27%	2,308	6,811	18.38%	93	1.22%
[illegible]	3	53,497	1,158,710	26,895	2.32%	25,887	48.33%	350	1.35%	3,450	9,193	17.18%	61	0.66%
[illegible]	4	18,371	383,447	20,489	5.21%	6,041	42.4%	330	4.75%	930	2,352	14.37%	58	2.47%
[illegible]	5	12,235	297,100	6,232	2.1%	6,329	49.27%	138	2.29%	29	4,311	35.23%	70	1.62%
[illegible]	6	11,597	279,151	17,618	6.31%	6,279	54.14%	208	3.31%	881	1,975	17.03%	33	1.67%
[illegible]	7	404	10,412	5,540	53.21%	201	68.65%	268	92.53%	8	47	11.83%	46	97.87%
[illegible]	8	8,776	227,301	10,315	4.54%	3,778	43.05%	191	5.06%	416	1,283	14.82%	34	2.85%
[illegible]	9	15,132	349,317	5,940	1.7%	4,147	27.41%	89	2.15%	14	2,739	18.1%	42	1.53%
[illegible]	10	11,716	280,783	13,203	4.56%	5,291	45.16%	212	4.01%	459	1,536	13.14%	25	1.62%
[illegible]	11	12,939	308,945	12,381	4.01%	5,259	40.67%	192	3.65%	561	1,643	12.71%	27	1.64%
[illegible]	12	13,927	345,968	12,574	3.63%	6,553	47.05%	206	3.14%	772	2,327	16.71%	24	1.03%
[illegible]	13	23,834	555,501	9,016	1.62%	9,976	41.86%	129	1.29%	1,082	3,707	15.55%	23	0.62%
[illegible]	14	1,329	30,311	3,866	12.72%	722	54.37%	145	20.08%	59	204	15.36%	23	11.27%
[illegible]	15	5,582	144,606	6,537	4.52%	2,387	43.1%	109	4.56%	269	735	13.23%	17	2.31%
[illegible]	16	17,183	429,751	6,939	1.65%	7,886	44.64%	82	1.97%	627	2,785	16.23%	20	0.72%

화면에서 보는 것처럼 ❺ 우리 브랜드 제품과 연관된 키워드들을 아마존 내부 데이터 기준으로 보여주며, 가장 앞 열의 ❻ Search Query Score가 높을수록 우리 브랜드 제품과 연관도가 높은 키워드라고 보면 됩니다. 결국 Search Query Score가 높으면서 ❼ Search Query Volume이 높은 키워드가 가장 중요한 키워드가 됩니다. 실제 아마존에서 검색량도 많고 브랜드 제품과의 연관성도 높은 키워드이기 때문입니다.

그밖에 분석 지표들을 살펴보면 키워드별로 ❽ 노출수, ❾ 클릭수, ❿ 장바구니에 담긴 숫자 등을 확인할 수 있습니다. 각 지표는 전체 숫자와 우리 브랜드가 차지하고 있는 비중을 확인할 수 있고, 각 단계별로 얼마나 전환이 이루어지는지도 알 수 있습니다.

이를 통해 우리 브랜드 상품들이 다양한 연관 검색 키워드에 있어 얼마나 노출되고 있고, 얼마나 많은 클릭을 받고 있는지를 확인할 수 있습니다. 그만큼 특정 키워드에서 브랜드가 얼마나 더 많은 잠재력을 갖고 있는지도 확인할 수 있습니다. 따라서 중요 키워드에 있어서 우리 브랜드의 비중이 낮다면 해당 키워드를 집중적으로 공략해 우리 브랜드 제품의 키워드 점유율을 높이고 광고를 통해 각 단계별 성과를 높일 수 있도록 해야 합니다.

Search Query Performance Help & FAQs

This dashboard lists the top queries that led customers to your brand's products. It includes overall query performance, such as impressions, clicks, cart adds, and purchases for each query, and your brand's share of that performance. The Brand view shows query performance across your brand(s). The ASIN view shows the top search queries for a specific ASIN.

⑪ Brand View ASIN View

ASIN | Reporting Range: Monthly | Select year: 2024 | Select month: February | Apply | Generate Download | United States

Displaying 19 of 33 columns Customize Columns

Search Query (Select a query to learn more)	Search Query Score	Search Query Volume	Search Funnel - Impressions: Total Count	ASIN Count	ASIN Share	Search Funnel - Clicks: Total Count	Click Rate	ASIN Count	ASIN Share	Search Funnel - Cart Adds: Total Count	Cart Add Rate	ASIN Count	ASIN Share
grip strength trainer	1	141,520	3,223,160	42,265	1.31%	66,736	47.16%	858	1.28%	24,040	16.99%	171	0.71%
forearm strengthener	2	53,497	1,159,710	15,580	1.34%	25,857	48.33%	186	0.72%	9,193	17.18%	30	0.33%
grip strength	3	16,371	393,447	10,924	2.78%	6,941	42.4%	194	2.79%	2,352	14.37%	30	1.28%
hand gripper strengthener	4	37,065	835,099	5,344	0.64%	18,459	49.8%	144	0.78%	6,811	18.38%	29	0.43%
grip trainer	5	8,776	227,301	5,042	2.22%	3,778	43.05%	117	3.1%	1,283	14.62%	21	1.64%
hand grip	6	12,930	308,945	6,641	2.15%	5,259	40.67%	104	1.98%	1,643	12.71%	16	0.97%
hand gripper	7	11,715	290,783	6,577	2.26%	5,291	45.16%	110	2.08%	1,539	13.14%	14	0.91%
hand strengthening devices	8	23,834	555,501	5,495	0.99%	9,976	41.86%	87	0.87%	3,707	15.55%	12	0.32%
hand grip strengthener	9	13,927	345,989	4,962	1.43%	6,553	47.05%	97	1.48%	2,327	16.71%	9	0.39%
grip strengthener	10	5,562	144,805	2,944	2.04%	2,397	43.1%	55	2.29%	738	13.23%	8	1.09%
[illegible]	11	79	2,712	78	2.88%	63	79.75%	24	38.1%	20	25.32%	14	70%

서치 쿼리 퍼포먼스에서 ⑪ ASIN별로 키워드를 살펴보면 특정 ASIN과 연관된 키워드, 키워드 중요도, 키워드 검색량, 노출수, 클릭수, 장바구니에 담긴 숫자, 구매 데이터를 확인할 수 있습니다.

브랜드가 아닌 특정 ASIN의 관련 키워드 분석 지표를 살펴볼 수 있기 때문에 ASIN별로 성과를 분석하여 부족한 부분에 대해 광고와 프로모션, 리스팅 점검 등을 통해 적극적으로 성과를 개선시켜나가야 합니다.

탑 서치 텀

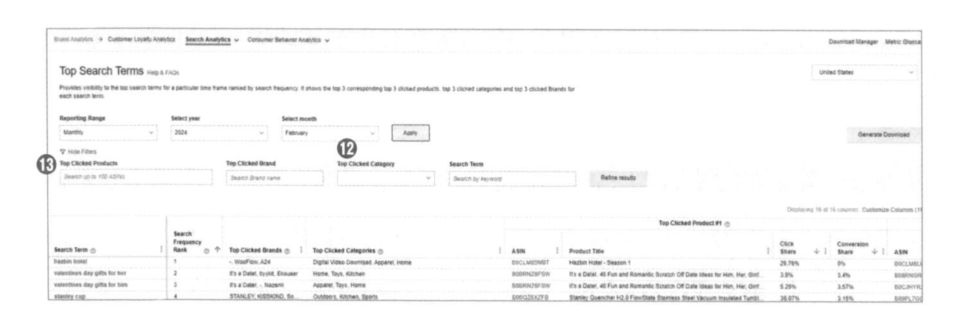
Brand Analytics → Customer Loyalty Analytics | Search Analytics | Consumer Behavior Analytics | Download Manager

Top Search Terms Help & FAQs

Provides visibility to the top search terms for a particular time frame ranked by search frequency. It shows the top 3 corresponding top 3 clicked products, top 3 clicked categories and top 3 clicked Brands for each search term.

Reporting Range: Monthly | Select year: 2024 | Select month: February | Apply | United States | Generate Download

Hide Filters

⑬ Top Clicked Products: Search up to 100 ASINs | Top Clicked Brand: Search Brand name | ⑫ Top Clicked Category | Search Term: Search by keyword | Refine results

Displaying 16 of 16 columns Customize Columns

Search Term	Search Frequency Rank	Top Clicked Brands	Top Clicked Categories	Top Clicked Product #1: ASIN	Product Title	Click Share	Conversion Share
hazbin hotel	1	-, WooFlow, A24	Digital Video Download, Apparel, Home	B0CLM03M8T	Hazbin Hotel - Season 1	29.76%	0%
valentines day gifts for her	2	It's a Date!, byykit, Ekouaer	Home, Toys, Kitchen	B08RNZ8FSW	It's a Date! 40 Fun and Romantic Scratch Off Date Ideas for Him, Her, Girl...	3.9%	3.4%
valentines day gifts for him	3	It's a Date!, -, Nazenti	Apparel, Toys, Home	B08RNZ6FSW	It's a Date!, 40 Fun and Romantic Scratch Off Date Ideas for Him, Her, Girl...	5.29%	3.57%
stanley cup	4	STANLEY, KISSKIND, So...	Outdoors, Kitchen, Sports	B0BQZ8XZFB	Stanley Quencher H2.0 FlowState Stainless Steel Vacuum Insulated Tumbl...	38.07%	3.15%

탑 서치 텀에서는 특정 기간 아마존에서 가장 검색 빈도가 높은 키워드와 해당 키워드로 구매율이 높았던 제품을 확인할 수 있습니다. 여기서는 우리 브랜드와 상관 없이 아마존 전체에서 검색량이 많은 키워드는 어떤 것인지 살펴보는 것이기 때문에 아마존에서의 구매 트렌드를 파악하고 어떤 제품이 잘 판매되는지를 조사할 때 사용합니다.

전체 카테고리를 살펴보는 것은 데이터가 너무 방대하기 때문에 ⓬ 특정 카테고리를 선택하여 가장 검색량이 많은 키워드에는 어떤 것이 있는지 확인해보는 것이 좋습니다. 혹은 ⓭ 특정 ASIN을 검색하여 해당 ASIN과 연관성이 있는 키워드와 키워드 검색 순위를 확인할 수도 있습니다.

소비자 행동 분석 : 우리 고객의 특징은 무엇인가?

소비자 행동 분석에서는 Repeat Purchase Behavior, Demographics, Market Basket Analysis 데이터를 살펴볼 수 있습니다.

반복 구매 행동Repeat Purchase Behavior에서는 브랜드 및 개별 ASIN에 대한 ❶ 재구매율, ❷ 재구매 고객수 등에 대한 데이터를 볼 수 있습니다. 이 데이터를 통해 우리 제품을 구매하는 고객들이 얼마나 충성도가 있는지를 확인할 수 있고, 동기 대비하여 재구매 고객이 얼마나 늘거나 줄었는지도 확인할 수 있습니다.

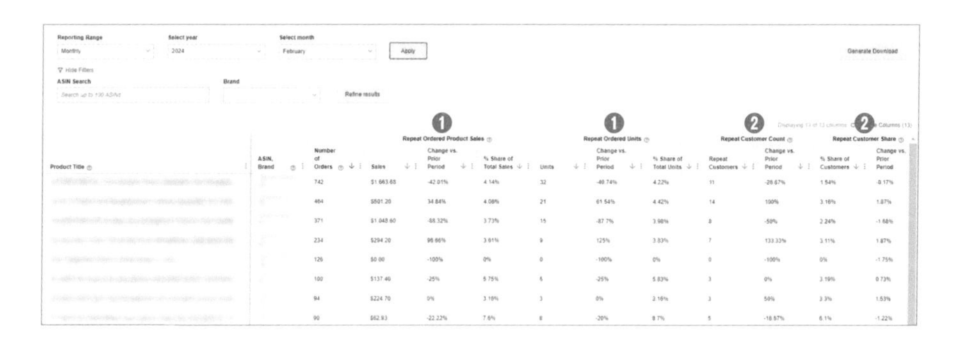

Product Title	ASIN, Brand	Number of Orders	Repeat Ordered Product Sales: Sales	Change vs. Prior Period	% Share of Total Sales	Repeat Ordered Units: Units	Change vs. Prior Period	% Share of Total Units	Repeat Customer Count: Repeat Customers	Change vs. Prior Period	Repeat Customer Share: % Share of Customers	Change vs. Prior Period
		742	$1,663.68	-42.01%	4.14%	32	-40.74%	4.22%	11	-26.67%	1.54%	-0.17%
		464	$501.20	34.84%	4.08%	21	61.54%	4.42%	14	100%	3.16%	1.87%
		371	$1,048.60	-88.32%	3.73%	15	-87.7%	3.98%	8	-50%	2.24%	-1.68%
		234	$294.20	96.66%	3.61%	9	125%	3.83%	7	133.33%	3.11%	1.87%
		126	$0.00	-100%	0%	0	-100%	0%	0	-100%	0%	-1.75%
		100	$137.40	-25%	5.75%	6	-25%	5.83%	3	0%	3.19%	0.73%
		94	$224.70	0%	3.16%	3	0%	3.16%	3	50%	3.3%	1.53%
		90	$62.93	-22.22%	7.6%	8	-20%	8.7%	5	-16.67%	6.1%	-1.22%

재구매율 데이터는 카테고리에 따라 중요도가 다를 수 있습니다. 제가 판매하는 제품의 경우 한번 구매하면 거의 재구매가 일어나지 않는 품목이기에 재구매율이 매우 낮은 편입니다. 반면 소모품 같은 제품은 한번 구매했을 때 만족도가 높다면 반복 구매가 일어날 확률이 높을 것입니다. 소모품과 같은 경우라면 재구매율의 변화를 항상 체크하고 개별 ASIN에 따라 재구매율이 특별히 낮은 제품은 없는지 살펴보는 것이 중요합니다.

인구 통계Demographics 항목은 우리 브랜드 제품을 구매한 고객들의 인구통계학적 특성에 대한 데이터를 제공합니다. 화면과 같이 ❸ 연령, ❹ 소득, 교육, 성별, 결혼 여부와 같은 데이터를 확인할 수 있습니다. 이 데이터를 바탕으로 우리 브랜드 제품을 주로 구매하는 타겟 고객을 좀 더 명확하게 정의내릴 수 있습니다. 또한 아마존에서 얻은 인구통계학적 데이터를 활용하여 브랜드 광고 콘텐츠를 만들 때 타겟에게 조금 더 공감가는 콘텐츠를 제작할 수도 있습니다.

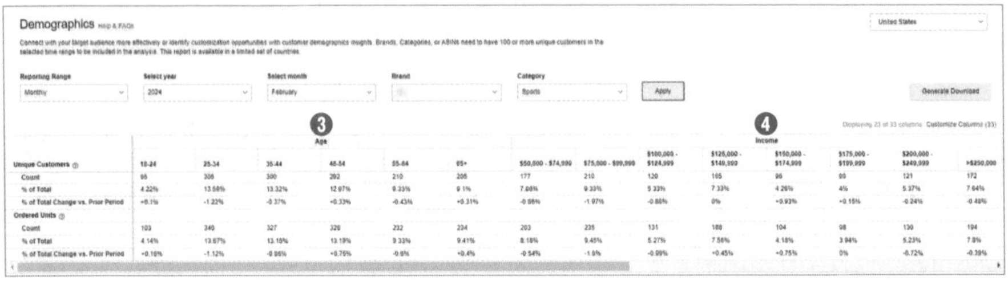

Demographics Help & FAQs

Connect with your target audience more effectively or identify customization opportunities with customer demographics insights. Brands, Categories, or ASINs need to have 100 or more unique customers in the selected time range to be included in the analysis. This report is available in a limited set of countries.

United States

Reporting Range: Monthly | Select year: 2024 | Select month: February | Brand: | Category: Sports | Apply | Generate Download

Displaying 23 of 33 columns Customize Columns (33)

	❸ Age					
Unique Customers	18-24	25-34	35-44	45-54	55-64	65+
Count	95	306	300	292	210	205
% of Total	4.22%	13.58%	13.32%	12.97%	9.33%	9.1%
% of Total Change vs. Prior Period	+0.1%	-1.22%	-0.37%	+0.33%	-0.43%	+0.31%
Ordered Units						
Count	103	340	327	328	232	234
% of Total	4.14%	13.67%	13.15%	13.19%	9.33%	9.41%
% of Total Change vs. Prior Period	+0.16%	-1.12%	-0.86%	+0.75%	-0.6%	+0.4%

	❹ Income							
Unique Customers	$50,000 - $74,999	$75,000 - $99,999	$100,000 - $124,999	$125,000 - $149,999	$150,000 - $174,999	$175,000 - $199,999	$200,000 - $249,999	>$250,000
Count	177	210	120	165	96	90	121	172
% of Total	7.86%	9.33%	5.33%	7.33%	4.26%	4%	5.37%	7.64%
% of Total Change vs. Prior Period	-0.98%	-1.97%	-0.88%	0%	+0.93%	+0.15%	-0.24%	-0.48%
Ordered Units								
Count	203	235	131	188	104	98	130	194
% of Total	8.16%	9.45%	5.27%	7.56%	4.18%	3.94%	5.23%	7.8%
% of Total Change vs. Prior Period	-0.54%	-1.9%	-0.99%	+0.45%	+0.75%	0%	-0.72%	-0.39%

장바구니 분석Market Basket Analysis에서는 우리 브랜드 제품과 함께 구매하는 상품이 어떤 것인지 확인할 수 있습니다. 고객이 우리 브랜드 제품을 구매하면서 다른 브랜드 제품을 함께 구매할 수도 있고, 우리 브랜드의 다른 제품을 함께 구매할 수도 있습니다.

이 데이터를 활용하면 우리 브랜드 제품과 연관된 신상품 아이디어를 얻을 수 있습니다. 만약 우리 브랜드 제품과 타사의 특정 제품을 고객들이 자주 함께 구매한다면, 우리 브랜드에서 해당 제품을 런칭하여 우리 브랜드 제품을 구매한 고객들에게 노출시키고 프로모션할 수 있을 것입니다.

마스터의 시크릿 노트

이번 챕터에서는 아마존 브랜드 애널리틱스의 다양한 기능을 자세히 살펴보았습니다. 외부 사이트에 비용을 지불하고 사용하는 유료 서비스는 매달 나가는 비용도 만만치 않고, 아마존에서 직접 제공하는 데이터가 아니기 때문에 업체마다 데이터가 조금씩 차이가 날 수밖에 없습니다. 그러나 아마존 브랜드 애널리틱스의 데이터는 아마존 내부 데이터를 기반으로 제공되는 데이터이기 때문에 신빙성이 높고, 무엇보다 브랜드 셀러라면 무료로 이용할 수 있는 기능입니다. 우리 브랜드를 키우고 우리 제품을 많이 판매하기 위해서라도 브랜드 셀러라면 적극적으로 브랜드 애널리틱스의 데이터를 분석하고 잘 활용하기 바랍니다.

39

미국 상표권의 이해

아마존 브랜드 레지스트리를 위해서는 상표권이 있어야 한다고 말씀드렸는데요. 이번 챕터에서는 미국 상표권과 상표등록 프로세스에 대해 자세히 알아보겠습니다.

종종 브랜드 레지스트리와 상표등록이 동일하다고 생각하는 경우도 있고, 브랜드 등록을 했다면 상표권을 갖고 있다고 착각하는 경우가 있습니다. 그러나 상표권과 아마존 브랜드 레지스트리는 완전히 다른 개념입니다.

상표권은 말 그대로 상표에 대한 권리로 국가별로 상표등록을 받아야 해당국에서 상표에 대한 권리를 보호받을 수 있습니다. 아마존 브랜드 레지스트리는 아마존 내에서 보호받을 수 있는 제도에 불과합니다. 앞서 브랜드 레지스트리에 등록할 때 미국 상표권이 없더라도 아마존에서 지정한 기타 국가의 상표권으로 브랜드 레지스트리를 등록할 수 있다고 말했습니다.

하지만 만약 미국에서 상표등록을 하지 않고 아마존 브랜드 레지스트리만 되어 있는 상태로 사업을 하다가 누군가가 내 상표를 사용하여 제품을 만들고 아마존이 아닌 다른 플랫폼이나 유통채널에서 유통을 하더라도 이를 막을 수 있는 법적 권리가 없습니다. 그 이유는 미국 내에 상표등록을 하지 않았기 때문이죠. 즉, 상표권은 아마존 브랜드 레지스트리보다 더 넓은 범위, 상위의 단계라고 이해하면 좋을 것 같습니다.

미국 상표권의 특징

이제 본격적으로 미국 상표출원을 하기 전에 알아야 할 미국 상표권의 주요 내용부터 알아보겠습니다.

미국은 선출원주의가 아닌 선사용주의

대게 상표권은 먼저 출원하는 사람이 권리자가 됩니다. 이를 선출원주의라고 하는데요. 한국에서는 사용되고 있지 않은 상표라도 등록하여 권리를 인정받을 수 있습니다. 중국 역시 선출원주의가 적용되기 때문에 실제 사용하고 있는 사람은 따로 있는데도 제3자가 상표를 선출원하여 상표의 실사용자에게 고액을 받고 판매하는 악성 브로커들이 굉장히 많습니다.

미국은 한국, 중국과는 다르게 선출원주의가 아닌 선사용주의를 적용하고 있습니다. 만약 실제로 상표를 사용하고 있지 않더라도 출원은 먼저 할 수 있지만, 등록 후 6개월 이내에 실제 사용하고 있음을 증명하는 서류를 제출해야 합니다. 사용하고 있지 않다면 증명 기간을 연장할 수 있지만, 연장 비용을 지불해야 합니다. 이에 따라 미국에서는 상표권 매매를 목적으로 상표등록을 할 수 없습니다. 단, 한국에서 상표를 등록했다면 한국 상표 등록권을 주장하는 방식으로 실제 사용 증거 없이 등록이 가능합니다.

선사용주의이기 때문에 상표출원을 할 때도 상표를 이미 사용 중인지, 아니면 사용할 예정인지를 선택해야 합니다. 사용 중Use in Commerce을 선택해서 출원한다면 사용 증거를 출원과 동시에 제출하게 되는데, 보통 출원하는 상표가 사용된 제품 사진, 영문 카탈로그, 영문 홈페이지, 아마존 상품 정보 등을 제출하면 됩니다. 상표등록 후에도 사용하고 있음을 지속적으로 증명해야 하는데, 5~6년 또는 10년마다 사용증명서(사용선서서)를 제출해야 합니다.

상표권 존속기간은 기본 10년 이후에 10년씩 갱신

최초로 상표가 등록되면 존속기간은 기본 10년입니다. 특허나 실용실안은 존속기간이 정해져 있고 기간이 끝나면 더 이상 연장할 수 없습니다. 하지만 상표권은 연차료를 지불한다면 계속하여 10년씩 갱신할 수 있습니다.

상표 출원 후 등록까지 소요기간은 7개월~1년 6개월

보통 미국에서 상표출원을 하면 상표등록까지 1년~1년 6개월까지 소요되는 것이 보통이었습니다. 하지만 최근에는 기간이 많이 단축되어 빠르면 7개월 이내에도 등록이 가능하다는 이야기가 있습니다. 다만 이는 심사과정에 따라 다르니 참고만 하면 될 것 같습니다.

외국인의 경우 반드시 미국 변호사를 통해 등록

출원인이 미국 거주자라면 개별적으로 상표를 검색하여 미국 특허청USPTO에 등록할 수 있지만, 외국인의 경우에는 반드시 미국 변호사를 통해서만 출원이 가능합니다. 보통은 미국 변호사를 직접 찾아서 등록하기보다는 커뮤니케이션 문제로 한국 대리인을 통해 등록하게 되죠. 한국 대리인을 통해 상표출원을 하더라도, 한국 대리인이 미국 현지 파트너 변호사를 통해 등록하게 됩니다.

미국 상표등록 프로세스

먼저 미국에 상표를 등록하기 위해서는 등록할 상표의 류를 결정하고, 상표를 어떤 타입으로 등록할 것인지 선택한 뒤, 동시에 중복상표 검색의 과정을 거쳐야 합니다.

상품 류를 결정한다

상표를 출원할 때는 상표를 사용할 상품이나 서비스 류를 선택하여 출원해야 합니다. '류'라는 것은 쉽게 말해 '카테고리' 정도로 이해하시면 됩니다. 국제적으로 상품 및 서비스에 따라 분류하는 분류 코드가 있는데, 상표를 출원한다고 해서 모든 류에 대하여 그 상표가 권리를 갖는 것이 아니라 권리보호를 받고자 하는 특정한 상품 또는 서비스의 류를 지정해야만 합니다. 류는 특허청에서도 검색해볼 수 있지만 상표출원 시 변리사에게 자문을 받는 것을 추천합니다.

미국 상표의 경우 출원하려는 류가 늘어날수록 상표출원 및 등록 비용이 증가합니다. 따라서 출원하는 상표를 실제로 실시할 류에 대해서만 상표를 출원하는 것이 좋습니다. 그리고 앞서 말씀드렸듯이 미국은 상표권이 선사용주의이기 때문에 만약 2개의 류에 대해 상표를 출원했다면, 각 류에 해당되는 상품에 실제 출원한 상표를 사용하고 있다는 증명서를 제출해야 합니다. 그리고 상표권 갱신기간마다 주기적으로 사용선서서를 제출해야 하기 때문에 반드시 상표를 사용할 류에 대해서만 출원하시기 바랍니다.

다음 이미지와 같이 한국 특허청 사이트에 접속해보시면 상품 분류별로 류를 확인할 수 있습니다.

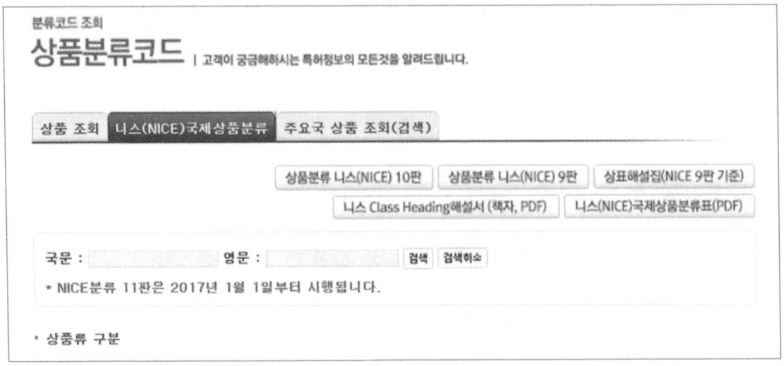

분류코드 조회

상품분류코드 | 고객이 궁금해하시는 특허정보의 모든것을 알려드립니다.

상품 조회 | 니스(NICE)국제상품분류 | 주요국 상품 조회(검색)

상품분류 니스(NICE) 10판 | 상품분류 니스(NICE) 9판 | 상표해설집(NICE 9판 기준)

니스 Class Heading해설서 (책자, PDF) | 니스(NICE)국제상품분류표(PDF)

국문 : 영문 : 검색 검색취소

* NICE분류 11판은 2017년 1월 1일부터 시행됩니다.

· 상품류 구분

류구분	설명
제1류	공업/과학 및 사진용 및 농업/원예 및 임업용 화학제; 미가공 인조수지, 미가공 플라스틱; 소화 및 화재예방용 조성물; 조질제 및 땜납용 조제; 수피용 무두질제; 공업용 접착제; 퍼티 및 기타 페이스트 충전제; 퇴비, 거름, 비료; 산업용 및 과학용 생물학적 제제
제2류	페인트, 니스, 래커; 녹방지제 및 목재 보존제; 착색제, 염료; 인쇄, 표시 및 판화용 잉크; 미가공 천연수지; 도장용, 장식용, 인쇄용 및 미술용 금속박(箔) 및 금속분(粉)
제3류	비의료용 화장품 및 세면용품; 비의료용 치약; 향료, 에센셜 오일; 표백제 및 기타 세탁용 제제; 세정/광택 및 연마재
제4류	공업용 오일 및 그리스, 왁스; 윤활제; 먼지흡수제, 먼지습윤제 및 먼지흡착제; 연료 및 발광체; 조명용 양초 및 심지
제5류	약제, 의료용 및 수의과용 제제; 의료용 위생제; 의료용 또는 수의과용 식이요법 식품 및 제제, 유아용 식품; 인체용 또는 동물용 식이보충제; 플래스터, 외상치료용 재료; 치과용 충전재료, 치과용 왁스; 소독제; 해충구제제; 살균제, 제초제
제6류	일반금속 및 그 합금, 광석; 금속제 건축 및 구축용 재료; 금속제 이동식 건축물; 비전기용 일반금속제 케이블 및 와이어; 소형금속제품; 저장 또는 운반용 금속제 용기; 금고
제7류	기계, 공작기계, 전동공구; 모터 및 엔진(육상차량용은 제외); 기계 커플링 및 전동장치 부품(육상차량용은 제외); 농기구(수동식 수공구는 제외); 부란기(孵卵器); 자동판매기
제8류	수동식 수공구 및 수동기구; 커틀러리; 휴대무기(화기는 제외); 면도기
제9류	과학, 항해, 측량, 사진, 영화, 광학, 계량, 측정, 신호, 검사(감시), 구명 및 교육용 기기; 전기의 전도, 전환, 변형, 축적, 조절 또는 통제를 위한 기기; 음향 또는 영상의 기록, 전송 또는 재생용 장치; 자기데이터 매체, 녹음디스크; CD, DVD 및 기타 디지털 기록매체; 동전작동식 기계장치; 금전등록기, 계산기, 정보처리장치, 컴퓨터; 컴퓨터 소프트웨어; 소화기기
제10류	외과용, 내과용, 치과용 및 수의과용 기계기구; 의지(義肢), 의안(義眼) 및 의치(義齒); 정형외과용품; 봉합용 재료; 장애인용 치료 및 재활보조장치; 안마기; 유아수유용 기기 및 용품; 성활동용 기기 및 용품
제11류	조명용, 가열용, 증기발생용, 조리용, 냉각용, 건조용, 환기용, 급수용 및 위생용 장치
제12류	수송기계기구; 육상, 항공 또는 해상을 통해 이동하는 수송수단
제13류	화기(火器); 탄약 및 발사체; 폭약; 폭죽
제14류	귀금속 및 그 합금; 보석, 귀석 및 반귀석; 시계용구
제15류	악기

이는 국제적으로 약속한 상품 류이기 때문에 미국 역시 똑같은 기준을 따르고 있습니다. 미국 특허청 사이트에서도 역시 키워드를 검색하면 어떤 류인지 확인할 수 있습니다.

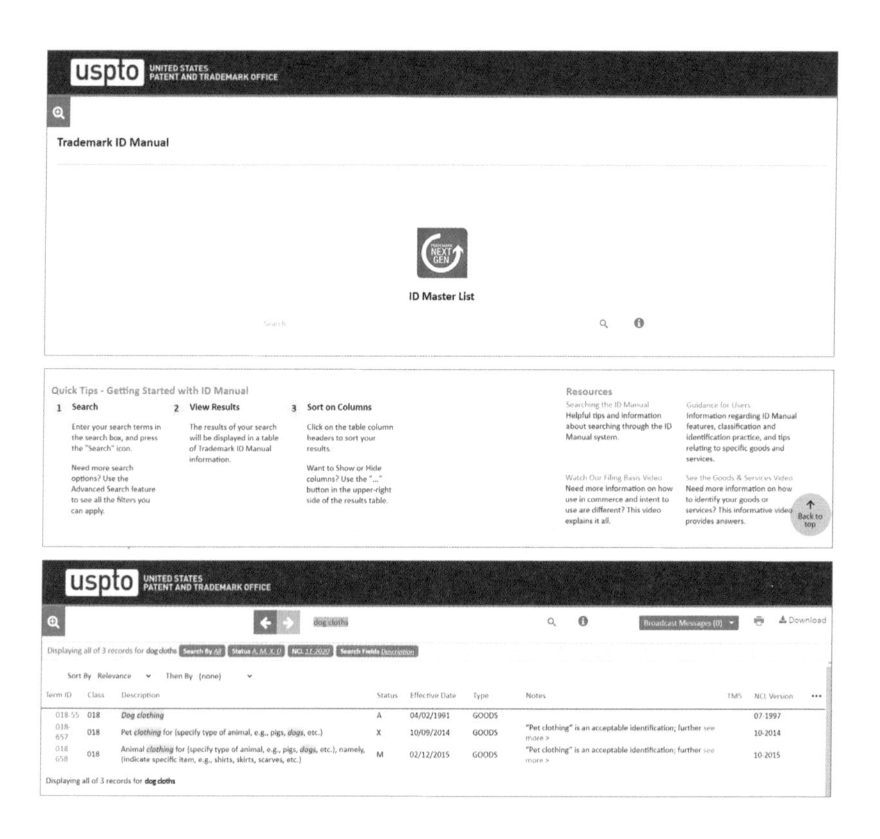

위에 보여드린 이미지처럼 등록할 카테고리명을 검색하면 연관된 류를 확인할 수 있습니다. 본인이 직접 검색하여 확인해보고 등록 시 변리사와 한 번 더 상의하여 등록할 류를 선정하면 됩니다.

상표의 타입을 선택한다

미국에 상표를 출원할 류를 결정했다면, 다음으로 등록할 상표의 타입을 선택해야 합니다. 상표의 타입은 크게 워드 마크Word Mark, 디자인 마크Design Mark 그리고 워드 마크와 디자인 마크를 동시에 등록하는 3가지 타입으로 분류합니다.

워드 마크란 폰트, 스타일, 사이즈 또는 컬러 없이 철자로만 이루어진 상표를 의미합니다. 워드 마크는 스페이스나 일부 기호, 대소문자 영어 철자로 구성하여 만들 수 있습니다. 워드 마크 타입으로 상표등록을 받으면 로고 스타일과 관계없이 등록된 워드 그대로 보호받을 수 있습니다.

그러므로 워드 마크로 상표를 등록하면 나중에 등록받은 워드 자체를 사용해서 상표디자인을 다양하게 활용할 수도 있고, 상표디자인을 리뉴얼하는 경우에도 더 유연한 측면이 있습니다. 또한 이러한 독특한 상표명을 개발했다면 다른 업체에서 이 글자를 사용하여 디자인만 바꿔서 상표를 등록하고 싶어도 등록을 할 수 없습니다. 따라서 워드 마크로 등록이 가능한 차별적인 상표를 개발할 수 있다면 가장 광범위하게 상표권을 보호받을 수 있습니다.

다만, 워드 마크 타입으로 상표를 등록받고자 할 경우 일반적인 단어의 조합으로는 상표 등록이 어려운 경우가 많습니다. 웬만한 조합은 거의 다 등록되어 있기 때문에 보통은 로고 타입을 만들어 디자인 마크로 상표를 등록하게 됩니다.

디자인 마크란 독특하게 만들어진 그래픽 디자인이나 이미지, 양식화된 폰트, 스타일, 컬러, 사이즈 등 구별 가능한 디자인으로 만든 상표를 의미합니다. 디자인 마크로 상표등록을 받는다면 정확히 등록받은 디자인 마크로 사용하고 있음을 증명해야 합니다.

등록된 디자인 마크와 컬러, 배치, 스타일 등이 다를 경우 디자인 마크가 아닌 것으로 판단하기 때문에 100% 일치해야 합니다. 그리고 만약 디자인 마크에서 특정 컬러가 중요하다면 컬러도 포함하여 디자인 마크를 출원해야 합니다. 컬러를 로고에서 다양하게 활용하고 싶다면 디자인 마크를 흑백으로 출원하면 컬러를 변경해서도 활용이 가능합니다.

워드 마크와 디자인 마크를 함께 등록할 수도 있습니다. 예를 들어 코카콜라의 경우 우리가 잘 알고 있는 코카콜라 로고 타입의 디자인 마크도 상표등록이 되어 있으면서, Coca-Cola라는 워드 마크도 상표등록이 되어 있습니다.

아마존에 브랜드 등록을 할 때는 내가 등록한 상표가 워드 마크인지 디자인 마크인지 선택하게 되어있습니다. 따라서 등록할 상표의 타입을 선택하고, 해당하는 타입으로 브랜드 등록을 진행하면 됩니다.

중복상표 확인을 한다

이제 미국에 출원할 상표의 류와 타입이 결정되었다면, 내가 출원할 상표가 등록이 가능한지, 비슷하거나 동일한 상표가 없는지를 검색해봐야 합니다. 상표명을 만들 때는 이렇게 중복상표 검색을 사전에 해보고 가급적 등록 가능성이 높은 상표를 만들기 위해 노력해야 합니다.

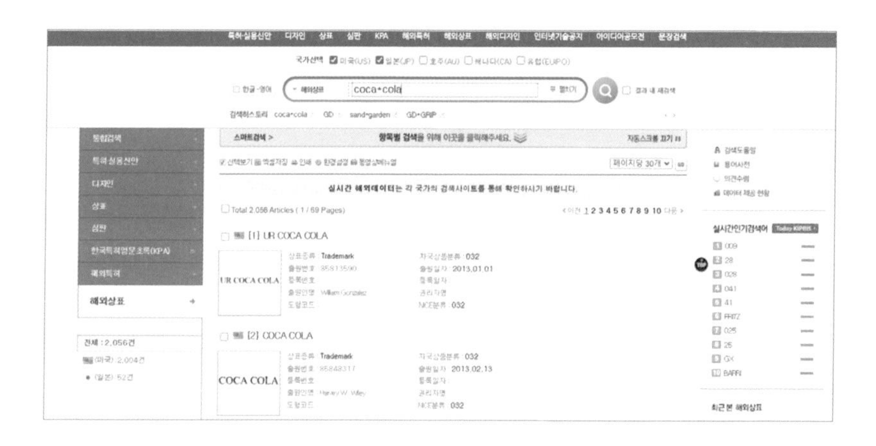

화면과 같이 한국 특허청의 특허 정보 검색 서비스인 키프리스에 접속하여 출원하고자 하는 상표명을 검색해봅니다. 국가를 선택해서 검색할 수도 있고, 더 자세한 검색 옵션을 설정하기 위해서는 주황색 스마트 검색을 클릭하여 특정 류만 선택해서도 검색을 할 수 있습니다.

등록하고자 하는 상표명을 검색해보면 이와 유사하다고 판단되는 워드 마크와 디자인 마크의 유사 상표들을 모두 확인할 수 있기 때문에 등록 가능성을 사전에 조사할 수 있습니다. 상표출원을 위해 변리사에게 전적으로 맡길 수도 있겠지만, 이렇게 전반적인 내용과 흐름에 대해 명확히 알고 업무를 의뢰하는 것이 업무를 진행하기에도 훨씬 수월합니다. 또한 추후에 브랜드를 키워나가기 위해서는 상표가 굉장히 중요하므로 지금까지의 내용들을 잘 알아두고 상표출원 및 아마존 브랜드 레지스트리까지 진행하시기 바랍니다.

마스터의 시크릿 노트

지금까지 미국 상표권에 대해 간략하게 알아봤습니다. 제대로 된 아마존 셀링을 위해서는 브랜드 레지스트리 등록이 필요한데요. 다른 나라의 상표권을 통해서도 브랜드 레지스트리 등록이 가능하지만 제대로 상표권을 보호받기 위해서는 미국에 상표등록을 하는 것을 추천합니다.

저의 경우에는 앞서 설명했던 코트라에서 지원을 받는 방법을 이용했습니다. 하지만 코트라에서 지원을 받는 방법과 곰마크, 마크인포와 같은 업체를 이용하는 데는 비용상의 큰 차이가 없었습니다. 사실 비용적인 측면과 한국어로 커뮤니케이션이 쉽다는 점을 제외하면 앞서 설명드렸던 아마존의 IP 엑셀러레이터 프로그램의 활용도 적극적으로 검토해봐야 합니다. 아마존 셀링을 하면서 상표를 등록하는 이유는 브랜드 레지스트리 기능을 활용하기 위함이 가장 큽니다. IP 엑셀러레이터 프로그램을 활용하면 상표출원번호만 있어도 브랜드 레지스트리의 기능을 열어줍니다. 비용은 비쌀 수 있으나 브랜드 레지스트리의 기능을 빠르게 이용할 수 있다는 장점이 있습니다.

브랜드 레지스트리 등록 과정

지금까지 설명드린 브랜드 레지스트리와 미국 상표권에 대한 내용을 잘 이해하셨나요? 이번 챕터에서는 브랜드 레지스트리를 등록하는 과정에 대해 실제 화면을 보며 차근차근 설명하겠습니다.

브랜드 레지스트리는 아마존 브랜드 레지스트리 페이지에서 별도로 등록을 해야 하며, 셀러 센트럴에 셀러 계정을 개설하고 상표등록번호 혹은 상표출원번호를 보유한 셀러만 등록 진행이 가능합니다.

브랜드 레지스트리에 등록할 브랜드 입력

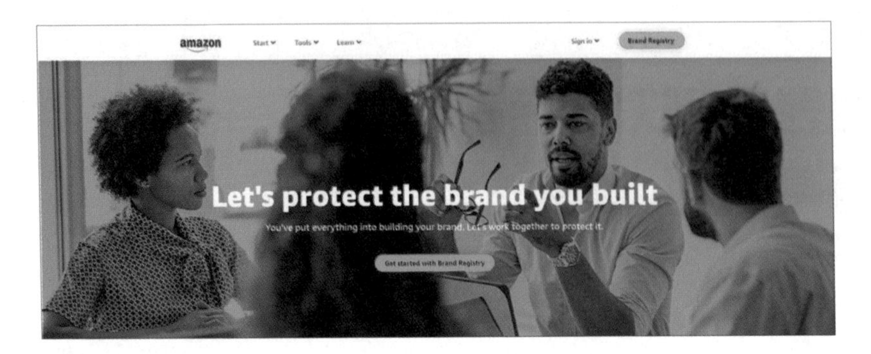

먼저 아마존 브랜드 레지스트리 사이트에 접속하여, 아마존 셀러 계정으로 로그인한 후 브랜드 등록을 시작합니다.

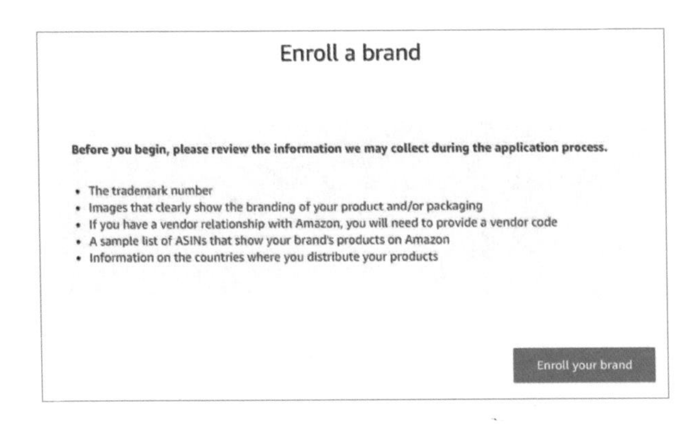

브랜드 등록을 진행하기에 앞서 다음의 사항들이 모두 준비되었는지 다시 한번 점검해봅니다. 다음 5가지 사항이 잘 준비되었다면 브랜드 등록 절차로 넘어갑니다.

- 상표등록번호 혹은 상표출원번호
- 상품 또는 패키지에 등록하고자 하는 브랜드가 명확하게 보이는 이미지
- 벤더 셀러라면 벤더 코드
- 아마존에 리스팅된 브랜드 제품 ASIN 번호
- 제품을 유통하는 국가들에 대한 정보

브랜드 등록 과정에서는 Brand Information 항목에 해당되는 내용들을 기입해야 합니다. 각 항목에는 어떤 내용을 기입해야 하는지 차례대로 설명드리겠습니다.

Enroll your brand
Brand information
Business information
Manufacturing and distribution information
Brand information
The information that you provide will help us identify your brand so that we can better protect it.
Once you start an application, you have 3 days to submit before it automatically expires. Learn more
What is your brand name?
Please enter your trademark name. This includes the preferred form of capitalization for your brand name
Select the trademark office associated with your brand
United States - United States Patent and Trademark Office - USPTO
Enter the registration or serial number
Verify
Examples: 9876543 and 12345678
Categories to describe your brand
If your brand is not sold on Amazon, select the categories from the list below that best describe your brand.
Select a category

What is your brand name?

등록할 브랜드명을 기입합니다. 대소문자, 띄어쓰기, 숫자 등의 항목들을 상표 등록이 된 브랜드명과 100% 동일하게 기입해야 합니다.

Select a trademark office

등록된 상표의 국가를 선택합니다. 대게 미국을 선택하며, 미국 외 다른 국가 중 브랜드 레지스트리가 가능한 국가의 상표권을 갖고 있는 경우, 상표가 등록되어 있는 해당국의 Trademark Office를 선택하면 됩니다.

Enter the registration, serial or filling number

상표등록번호 혹은 상표등록 이전에 상표출원번호로 등록을 진행한다면 출원번호를 입력하고 Verify 버튼을 클릭합니다. 유효한 번호를 입력해야 확인 절차가 시작됩니다.

Categories to describe your brand

브랜드 등록을 할 카테고리를 선택합니다. 상표등록 시 상표를 등록할 류를 선택하게 되는데, 등록한 류에 해당하는 카테고리를 선택하면 됩니다. 쉽게 생각해 자신이 판매하고 있는 상품의 카테고리를 선택하면 됩니다.

브랜드 레지스트리에 등록할 상품 정보 입력

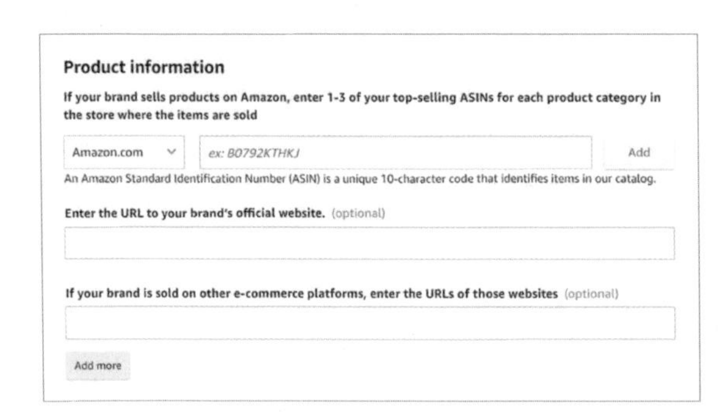

다음으로 Product Information 항목에 상품 정보를 기입해야 합니다. 미국 상표권은 사용주의가 원칙이기 때문에 등록된 상표가 실제 사용되었다는 것을 증빙해야 합니다. 대게 브랜드 웹사이트나 상표가 부착된 패키지 등을 증빙서류로 제출해야 합니다.

만약 브랜드 레지스트리 등록 전에 아마존에서 해당 브랜드 상품을 판매하고 있다면, 상품 정보 입력란의 가장 상단에 판매하고 있는 브랜드 상품의 ASIN 넘버를 입력합니다. 다음으로 브랜드 공식 웹사이트나 상표가 부착된 상품이 판매되고 있는 이커머스 웹사이트 또는 아마존 스토어 링크를 넣어주면 됩니다.

등록할 브랜드가 표기된 상품 이미지 업로드

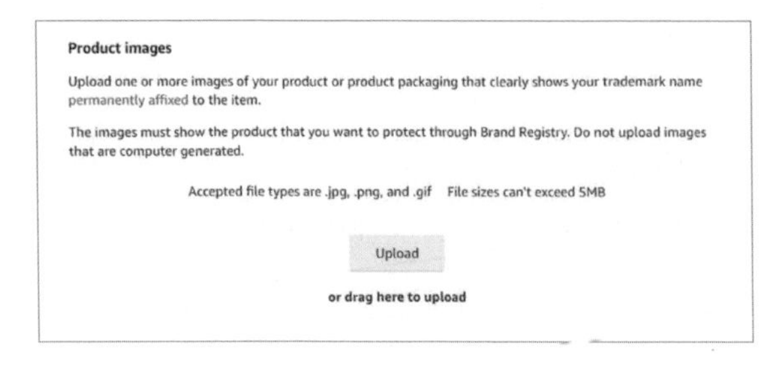

다음으로 브랜드 레지스트리에 등록할 브랜드가 표기된 상품 이미지를 Product image에 업로드합니다. 최소 1개 이상의 이미지를 업로드해야 하

며, 브랜드명이나 로고가 상품 또는 패키지에 명확하게 보여야 합니다.

해당 이미지의 상품은 최근 아마존에서 판매 중인 상품이거나, 아마존에서 판매될 상품이어야 합니다.

셀러 센트럴 계정 정보 입력

Enroll your brand

Brand information — Business information — Manufacturing and distribution information

Selling account information

The following information will help us better understand your relation to the brand, FLYTE.

Are you a seller or a vendor for the brand you're enrolling?

To access selling benefits, select all options that apply to your business relationship with Amazon

- [ ] **Seller**
  I use Amazon Seller Central to sell my products directly to customers.
- [ ] **Vendor**
  I use Amazon Vendor Central to sell my products to Amazon as a third party.
- [ ] **Neither**
  I do not have a business relationship with Amazon Seller Central or Amazon Vendor Central.

Previous | Cancel | Next

다음으로 Selling account Information 항목에 셀러 계정의 정보를 입력해야 합니다.

해당 브랜드 상품을 직접 판매하는 셀러라면 Seller에 체크하고, Next 버튼을 클릭하면 됩니다. 만약 벤더 셀러라면 Vendor를 선택하고 넘어갑니다.

브랜드 유통 정보 입력

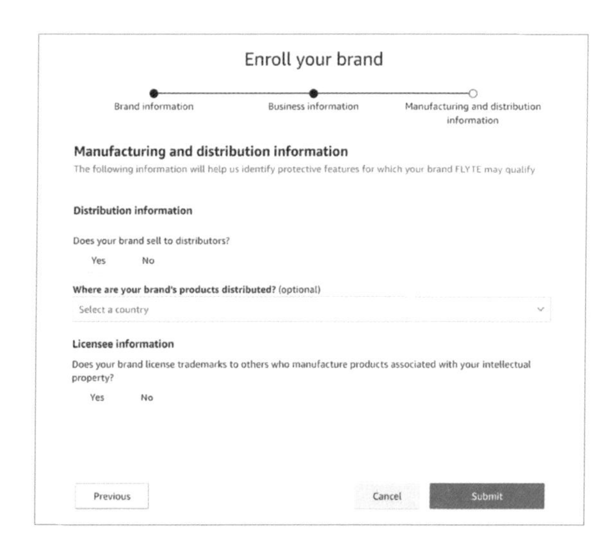

Enroll your brand

Brand information — Business information — Manufacturing and distribution information

Manufacturing and distribution information

The following information will help us identify protective features for which your brand FLYTE may qualify

Distribution information

Does your brand sell to distributors?

Yes No

Where are your brand's products distributed? (optional)

Select a country

Licensee information

Does your brand license trademarks to others who manufacture products associated with your intellectual property?

Yes No

Previous | Cancel | Submit

마지막으로 유통에 대한 정보를 기입합니다. 해당 사항은 등록하고자 하는 브랜드 상품이 본인이 아닌 다른 셀러들에게 유통되는지를 선택하는 부분입니다.

보통 아마존 셀링을 하며 PL 상품을 운영할 때는 다른 유통상에게 제품을 공급하거나, 제3자에게 브랜드 라이센스를 제공하지 않기 때문에 모두 No를 선택하면 됩니다. 그리고 최종적으로 Submit 버튼을 누르면 브랜드 레지스트리 등록 절차의 1단계가 완료됩니다.

브랜드 레지스트리 등록 확인 메일 수령

Greetings from Amazon Seller Support,

Case ID: 4604538561
Brand Name:

Thank you for your interest in Amazon Brand Registry. We have provided a verification code for your application to the public contact listed on the website for the agency that registered the trademark for . The information available from the agency is listed below.
Please reach out to this trademark contact to receive the verification code. The verification code will confirm that you are approved to enroll in Amazon Brand Registry.
Trademark Correspondent First name:
Phone number: 703909
Trademark Correspondent Email address:

Reply to this case in your case log within 30 days with the verification code and case ID for this application. Once provided, you will receive an email to confirm your approval for Brand Registry.
The case ID for your application is: 4604538561

If you did not apply for Amazon Brand Registry, contact us at brand-registry-service@amazon.com immediately. For any other questions, reply in the Case Log.

Best regards,

Soumava Paul
Amazon Brand Registry Support

(브랜드 등록 후 셀러가 받는 메일)

Dear Trademark Contact for ,

We write to validate the identity of an individual seeking to enroll in Amazon Brand Registry. You are listed as the contact for the registered trademark for

Amazon Brand Registry helps rights owners protect registered trademarks on Amazon and create a more accurate and trusted experience for customers. As the gatekeeper for the brand your role is very important. Enrollment in Amazon Brand Registry gives rights owners access to powerful tools including proprietary text and image search in addition to increased authority over product listings that have your brand name. For more details, see https://services.amazon.com/brand-registry-ca.htm.

We are unable to give you the applicant's name, but we asked them to contact you. To give the applicant approval to enroll in Amazon Brand Registry, provide them with the verification code listed below. If you do not want to grant access, do not provide the code. After the brand is enrolled with the correct rights owner, they can enroll additional users with limited or customized roles.

Verification code:

Thank you in advance for your assistance, Amazon Brand Registry Support

Thank you for selling with Amazon,

Soumava Paul
Amazon.com Seller Support
==
MORE WAYS TO GET HELP:
Visit our Seller Forums for help from other sellers: http://sellercentral.amazon.com/forums
Browse all Seller Help topics: http://sellercentral.amazon.com/gp/help

To contact us again about this issue, use the Contact Us form in Brand Registry using the following link:
https://brandregistry.amazon.com/gp/case-dashboard/view-case.html?caseID=4604153991

(상표등록을 진행한 로펌 변호사가 아마존 브랜드 레지스트리 팀으로부터 받는 메일)

브랜드 등록 신청을 마치고 나면 위 이미지와 같이 아마존에서 해당 정보를 바탕으로 신청한 셀러와 상표등록을 진행한 로펌에게 브랜드 등록 관련 확인 메일을 보냅니다.

특히 상표등록을 진행한 담당 변호사의 메일로 특정 verification code를 아마존이 발송하게 되는데, 변호사에게 해당 메일로 전달받은 verification code를 회신하면 최종적으로 브랜드 레지스트리 등록 절차가 완료됩니다.

이렇게 브랜드 레지스트리 등록 절차가 완료되었습니다. 브랜드 레지스트리를 하고 나면 브랜드 셀러만이 이용할 수 있는 다양한 브랜드 기능들이 열립니다. PL 셀러로서 브랜드를 키우고자 한다면 시간과 비용이 조금 소요되더라도 브랜드 레지스트리를 등록한 후 다양한 기능들을 활용하세요. 장기적으로 판매 및 브랜딩에 반드시 도움이 됩니다.

마스터의 시크릿 노트

우리는 브랜드를 키워야 합니다. 중국 셀러들이 밀물 밀려오듯이 들어오면서 소규모 셀러들은 가격 경쟁에서도 밀리고 제조 측면에서도 대부분 중국 공장에서 제조되기 때문에 경쟁력이 없습니다. 이럴 때 경쟁력을 부여해주는 것은 바로 브랜딩입니다.

브랜딩이 잘 되어 판매 랭킹도 올라가고 인지도도 높아지면 해당 브랜드와 브랜드 제품을 누군가에게 판매할 수도 있습니다. 브랜드는 자산임을 꼭 기억하시고 아마존 셀링을 단순 판매를 넘어 장기적 관점에서 자산을 쌓아간다는 생각으로 운영하는 것을 조언드립니다.

8장

반드시 알아야 할 아마존 운영 관리 팁

41

아마존 정산 프로세스

이번 챕터에서는 아마존 셀링을 하면서 반드시 알아야 할 운영 관리의 팁을 알아보도록 하겠습니다. 아마존 셀링이라고 하면 좋은 상품을 소싱하고, 소싱한 상품을 돋보이도록 리스팅하고, 판매가 잘 되도록 마케팅하는 것을 중심으로 생각하게 됩니다. 하지만 아마존을 잘 운영하기 위해서는 그밖에도 여러 가지 운영 노하우들이 필요합니다. 현금유동성을 확보하기 위해서는 정산 프로세스를 잘 이해해야 하고, 여러 가지 이슈가 발생했을 때 당황하지 않고 대응하기 위한 방법도 알아야 합니다.

아마존 정산 프로세스

우선 아마존의 정산 프로세스에 대해 설명드리겠습니다. 앞서 말했듯이 아마존에서 판매를 하면 2주에 한 번씩 판매 대금을 정산받게 됩니다. 정산 금액은 셀러 센트럴 페이지의 Reports 메뉴의 Payments 탭에서 확인할 수 있습니다.

정산일자는 셀러로 가입한 시기에 따라 각기 다릅니다. 2주에 한 번씩 정산된다고 해서 1일/15일로 정산일이 정해져 있는 것은 아닙니다. 아마존은 가장 최근 배송 완료일로부터 7일이 지난 후에 판매 대금을 정산하는 것을 원칙으로 하고 있습니다. 만약 고객이 변심하여 7일 이내에 반품을 요청한다면, 아마존에서는 정산을 보류했던 자금에서 환불 처리를 해줍니다.

네이버 스마트스토어에서 고객이 구매확정을 해야 정산을 해주는 것처럼, 아마존에서도 고객의 클레임 이슈나 반품을 대비하여 판매한 금액을 잠시 아마존 계정에 묶어두고 고객이 원하면 반품을 받고 이 자금으로 환불을 해주는 것이죠.

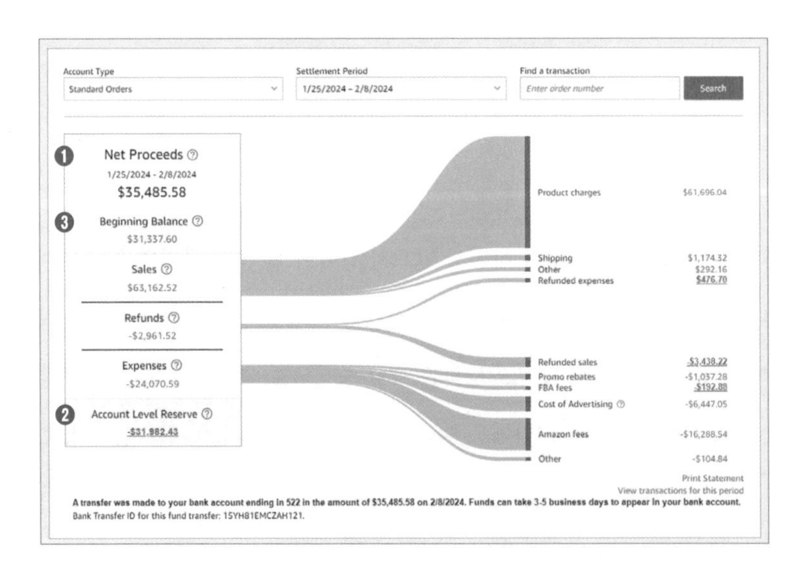

그럼 실제 정산 리포트를 보면서 정산서에 나오는 항목들을 좀 더 자세히 살펴보겠습

니다. 정산 리포트를 보면 2주간 판매된 매출과 비용 등에 대한 내용을 항목별로 자세하게 확인할 수 있습니다. ❶ Net Proceeds에 기재된 금액이 셀러가 정산을 받는 금액입니다. 여기서 궁금한 점이 생길 수 있을 텐데요. 단순하게 계산해보면 매출이 총 63,162.52달러 발생했고 환불 및 기타 비용 등을 합하여 총 24,070.59달러가 지출되었다면, 정산받아야 할 금액은 매출에서 각종 비용을 공제한 39,091.93달러가 되어야 하는데 왜 정산 금액은 35,485.58달러일까요?

아마존에서는 2주간 판매된 매출 중 일부를 홀딩해놓는데요. 이를 사용 불가능 잔고라고 합니다. 최근 아마존에서 사용 불가능 잔고를 ❷ Account Level Reserve로 용어를 변경했습니다. 매 정산마다 항상 일정 부분을 사용 불가능 잔고로 아마존에서 홀딩해놓습니다. 그리고 그다음 정산에서 사용 불가능 잔고와 다음 매출분이 합산되고, 또 여기서 일정 부분을 사용 불가능 잔고로 묶어놓고 정산이 됩니다. 따라서 사용 불가능 잔고는 2주 또는 그 이상 정산이 보류될 수 있습니다.

정산 리포트를 보면 좌측의 항목 중 ❸ Beginning Balance라는 항목이 있습니다. 이 금액이 바로 지난 정산 때 아마존이 홀딩해놓았던 잔고입니다. 여기에 해당 기간 발생한 매출Sales이 더해지고, 여기서 2주간 지출된 비용Expenses과 사용 불가능 잔고Account Level Reserve를 제외한 금액을 정산해주는 시스템입니다.

사용 불가능 잔고는 왜 있을까?

그렇다면 왜 아마존은 2주간 매출 중 일부를 사용 불가능 잔고로 홀딩하는 것일까요? 사용 불가능 잔고는 아마존이 클레임 또는 지불 거절을 처리하기 위해 지급을 잠시 보류하는 금액입니다.

사용 불가능 잔고가 생기게 된 이유는 판매자의 사기 판매를 막기 위해서입니다. 과거 아마존이 사용 불가능 잔고 제도를 갖추기 전에는 이러한 사기 판매자들이 이익을 봤던 시기도 있었습니다.

사기 판매자는 대량의 재고를 확보하여 저렴한 가격으로 단기간에 큰 매출을 만듭니다. 그런데 만약 판매자가 판매한 상품이 리스팅 내용과 상이한 엉터리 재고를 판매했다면 고객들의 클레임이 쇄도할 것입니다. 하지만 사기 판매자들은 이미 판매대금을 재빠르게 정산받고 계정을 없애버리는 거죠. 결국, 아마존이 고객 클레임을 모두 처리해야 했죠.

하지만 이런 일이 생기지 않도록 아마존은 예상 배송일부터 7일 후까지 대금 지급을 보류하고, 고객이 반품 또는 불만을 제기할 수 있는 충분한 시간을 줍니다. 사용 불가능 잔고는 다음 지급으로 이월되거나 그 이후 몇 번의 지급까지 이월이 될 수 있으니까요.

이 밖에도 다양한 이유로 사용 불가능 잔고가 발생하고 잔고의 비중도 변화하게 됩니다. 간단하게 배송문제로 배송이 지연된다거나 셀러의 성과 지표가 기준 이하로 떨어지는 경우에도 사용 불가능 잔고는 늘어나게 됩니다. 성과 지표의 하락은 일반적으로 고객 클레임, 지불 거절, 반품 증가를 동반하기 때문입니다. 신규 셀러의 경우도 사용 불가능 잔고의 비중이 늘어나게 됩니다. 더 궁금한 내용은 셀러 센트럴 도움말 페이지를 확인하길 바랍니다.

아마존 셀링 세부 정산 금액 확인하기

아마존 셀링 정산 금액은 셀러 센트럴 페이지의 Reports 메뉴의 Payments 탭에서 확인할 수 있다고 말씀드렸습니다. 하지만 Payments 탭에서는 전체적인 판매금액만 확인할 수 있을 뿐 좀 더 자세한 거래내역을 확인하고 싶다면 요약된 리포트가 아닌 Transaction View 항목을 보면 됩니다.

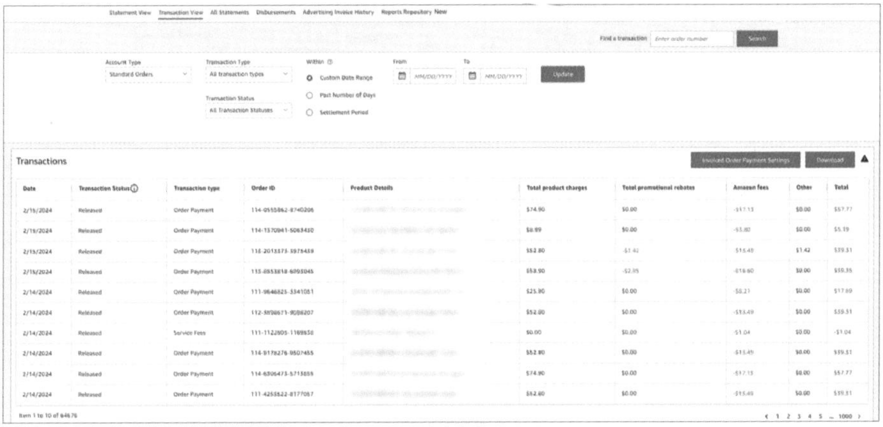

Statement View Transaction View All Statements Disbursements Advertising Invoice History Reports Repository New

Find a transaction Enter order number Search

Account Type: Standard Orders
Transaction Type: All transaction types
Transaction Status: All Transaction Statuses
Within: Custom Date Range / Past Number of Days / Settlement Period
From: MM/DD/YYYY To: MM/DD/YYYY Update

Transactions

Invoiced Order Payment Settings Download

Date	Transaction Status	Transaction type	Order ID	Product Details	Total product charges	Total promotional rebates	Amazon fees	Other	Total
2/15/2024	Released	Order Payment	114-0555862-8740206		$74.90	$0.00	-$17.13	$0.00	$57.77
2/15/2024	Released	Order Payment	114-1370941-5063450		$8.99	$0.00	-$3.80	$0.00	$5.19
2/15/2024	Released	Order Payment	113-2013373-3975459		$52.80	-$1.42	-$15.49	$1.42	$39.31
2/15/2024	Released	Order Payment	113-0853818-6093045		$58.90	-$2.95	-$16.60	$0.00	$39.35
2/14/2024	Released	Order Payment	111-9646825-3341051		$25.90	$0.00	-$8.21	$0.00	$17.69
2/14/2024	Released	Order Payment	112-3898671-9088207		$52.80	$0.00	-$13.49	$0.00	$39.31
2/14/2024	Released	Service Fees	111-1122805-1169850		$0.00	$0.00	-$1.04	$0.00	-$1.04
2/14/2024	Released	Order Payment	114-9178276-9507455		$52.80	$0.00	-$13.49	$0.00	$39.31
2/14/2024	Released	Order Payment	114-6306473-5713855		$74.90	$0.00	-$17.13	$0.00	$57.77
2/14/2024	Released	Order Payment	111-4255822-8177087		$52.80	$0.00	-$13.49	$0.00	$39.31

Item 1 to 10 of 84676

‹ 1 2 3 4 5 … 1000 ›

위 화면에서 보는 것처럼 정산 기간 동안의 날짜별로 모든 거래내역을 확인할 수 있습니다. 판매된 상품의 단가와 아마존 수수료가 표시되고 주문건마다 정산되는 금액을 확인할 수 있습니다. 비용 역시 항목별로 어떤 비용이 제외된 것인지를 모두 확인할 수 있습니다.

사용 불가능 잔고를 빨리 받는 법

정산은 2주 간격으로 받는 것이 일반적이나 사용 불가능 잔고의 경우 배송이 완료되고 반품이나 클레임 이슈가 없다면 정산 기간에 관계없이 바로 정산을 받을 수 있습니다. 다만 정산주기가 2주 간격으로 이루어지다 보니 자연스럽게 다음 정산일에 사용 불가능 잔고 중 보류가 해제된 잔고까지 합산하여 정산이 이루어지는 것입니다.

하지만 자금 회전이 필요하여 정산을 빨리 받아야 하는 상황이라면 사용 불가능 잔고를 다음 정산일까지 기다리지 않고 바로 정산을 받을 수 있는 방법이 있습니다.

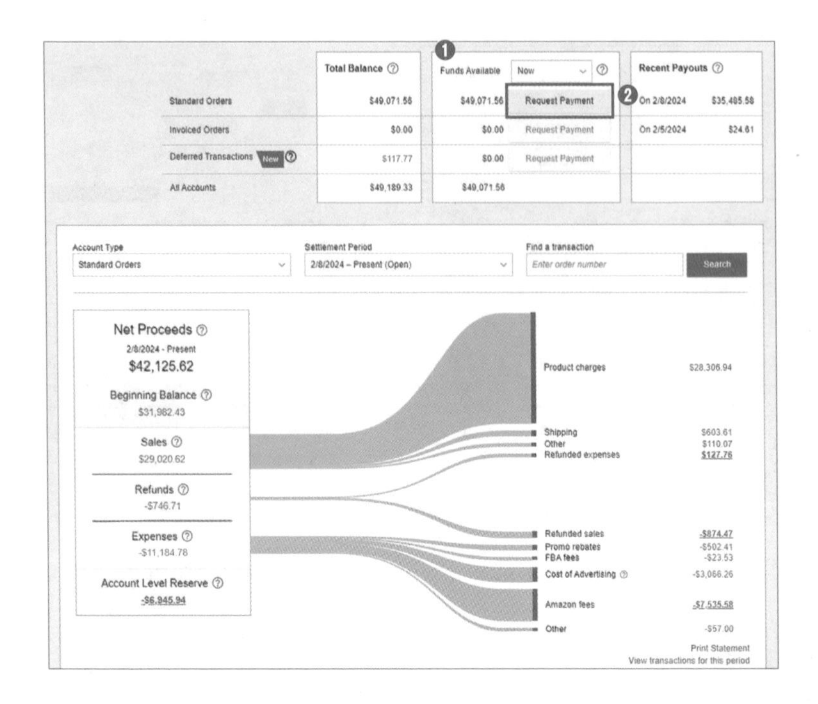

정산 리포트를 보면 상단에 ❶ Funds Available 항목이 있습니다. 이 항목은 사용 불가능 잔고 중 지금 바로 지급 요청이 가능한 잔고입니다. ❷ Request Payment 버튼을 클릭하면 이 항목에 있는 잔고만큼을 정산주기 이전에 바로 정산받을 수 있습니다. 지급 요청을 따로 하지 않으면 자연스럽게 다음 정산주기에 합산되어 정산을 받게 됩니다.

마스터의 시크릿 노트

이번 챕터에서는 아마존의 정산 시스템에 대해서 알아봤습니다. 시스템상 아마존에서 어련히 판매대금을 잘 정산해주겠지만 정산 프로세스와 각 항목들을 잘 파악하고 있는 것이 중요합니다. 이렇게 정산되는 금액은 약 3~5 영업일 정도 뒤에 가상계좌로 입금되고, 가상계좌로 연결된 한국 외화통장 또는 한화통장으로 정산을 받습니다.

셀러 퍼포먼스 지수 관리

아마존에서 판매 다음으로 중요한 것이 바로 운영을 최적화하고, 계정에 큰 문제가 생기지 않도록 셀러 퍼포먼스 지수를 좋은 상태로 유지하는 것입니다. 아마존 셀링을 하다 보면 여러 가지 문제 상황에 직면하기도 합니다. 문제 상황을 잘 해결하지 못하면 아마존 계정을 정지당할 수도 있습니다. 따라서 이번 챕터에서는 아마존 셀링을 하며 트래킹하고 관리해야 할 주요 지표들에 대해 설명하겠습니다.

셀러 퍼포먼스 지수 : 아마존 셀러의 내신 성적표

먼저 셀러 계정에 중대한 영향을 미칠 수 있는 지표들에 대해 설명하겠습니다.

셀러 센트럴 페이지의 Performance 메뉴에서는 상품 및 셀러에 대한 고객만족도 지표와 셀러의 퍼포먼스 지수들을 확인할 수 있습니다. 셀러 퍼포먼스를 잘 살펴봐야 하는 이유는 이 지수들에 문제가 생기면 아마존 계정이 정지되거나 판매 중인 리스팅이 중단되는 일이 발생할 수 있기 때문입니다.

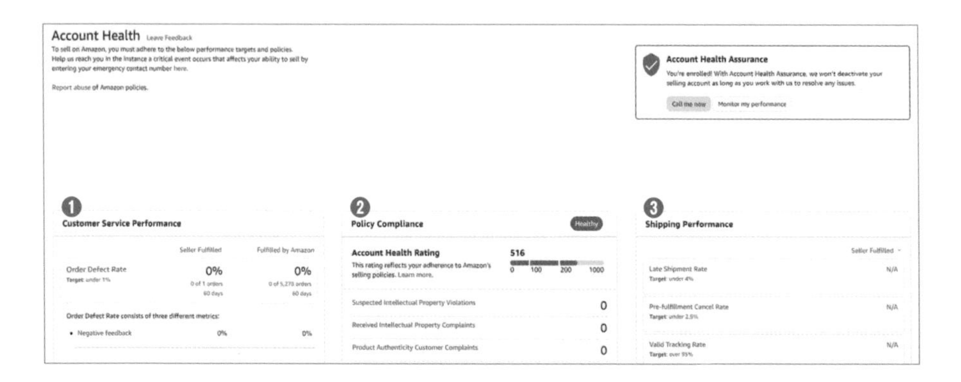

Performance 메뉴에 들어가면 가장 먼저 Account Health 탭을 볼 수 있습니다. 이 탭에서는 아마존에서 규정한 최소한의 셀러 퍼포먼스 지수를 잘 지키고 있는지를 확인할 수 있습니다. ❶ Customer Service Performance에서는 셀러가 판매하는 아이템에 대한 고객 불만 등을, ❷ Policy Compliance에서는 아마존의 규칙 위반 여부, ❸ Shipping Performance에서는 배송 관련 퍼포먼스 지수를 알려줍니다. 그럼 각 항목들에 대해 세세하게 살펴보도록 하겠습니다.

고객 서비스 퍼포먼스

고객 서비스 퍼포먼스 항목에서는 FBM 또는 FBA로 판매되는 아이템 중 고객 불만으로 부정적인 피드백이 달리거나 제품 불량 등으로 클레임이 들어오는 건들의 비율을 보여줍니다. 이를 주문결함률ODR이라고 하며, ODR의 유형은 부정 피드백 비율, A-to-Z 보증요구 비율, 신용카드 지불 거절 비율 3가지 유형으로 나뉩니다. 이 비율들은 최근 60일 주문 건들에 대해 산정이 되기 때문에 매일 바뀌며 아마존에서 요구하는 비율은 1% 미만으로 유지하는 것입니다.

따라서 60일 이내의 주문건이 그리 많지 않다면 단 몇 개의 주문건에서 고객이 부정 리뷰를 남기거나 A-to-Z 보증요구 클레임을 걸 경우 순식간에 ODR 비율이 1% 이상으로 치솟을 수 있습니다. 따라서 초보 셀러일수록 이 ODR 비율을 잘 관리해야 합니다.

ODR 비율에 영향을 주는 문제 중 셀러가 흔히 겪을 수 있는 2가지 유형에 대응하는 방법에 대해 자세히 알아보겠습니다.

부정 피드백 : 부정적인 피드백을 관리하는 방법

부정 피드백은 별 평점 2개 이하의 리뷰를 의미합니다. 부정 피드백 비율 역시 60일 동안 부정 피드백을 받은 수를 해당 기간 동안의 주문 수로 나눈 값입니다. 긍정적인 피드백 100%으로 유지되는 것이 가장 좋으며, 이 피드백 점수는 특히 바이 박스 점유율에 큰 영향을 미치기 때문에 잘 관리해주는 것이 좋습니다.

고객 스스로 부정적인 피드백을 지우게 하라

그렇다면 만약 구매자로부터 부정적인 피드백을 받았다면 어떻게 대응할 수 있을까요? 가장 좋은 방법은 부정 피드백을 남긴 고객에게 직접 연락을 해서 불만사항을 확인하고, 불편사항을 해결하기 위해 노력해보며 고객을 설득해 스스로 피드백을 지울 수 있도록 하는 것입니다. 고객의 불편에 대해 충분히 공감해주면서 인간적인 방법으로 설득을 하는거죠.

생각해보면 고객의 거주지가 미국일 뿐이지 똑같은 사람입니다. 역지사지로 우리가 어떤 물건을 구매했을 때 불만요소가 있어서 부정적인 리뷰를 남겼다고 생각해봅시다. 이때 판매자가 그 불만사항에 대해 직접 연락해서 해결해주거나, 해결이 어렵더라도 적극적으로 개선의 의지를 표명한다면 불만은 조금씩 누그러질 것입니다.

단, 주의해야 할 사항은 부정적인 리뷰를 지워주는 것에 대한 대가를 제공하겠다고 커뮤니케이션하는 것은 아마존 정책 위반이므로 절대 해서는 안 됩니다. 고객과 주고받는 메시지 내용은 아마존에서 전부 모니터링하고 있기 때문에 만약 피드백을 지워주는 대신 아마존 기프트 카드를 준다든지, 금전적인 대가를 제공한다고 할 경우 계정이 정지되는 위험까지 발생할 수 있습니다.

아마존의 실수는 아마존에 피드백 삭제를 요청하라

주문 건 중에 아마존 FBA 배송의 경우 아마존의 귀책사유로 고객이 부정 피드백을 남겼다면 아마존에 이를 지워달라고 요청할 수 있습니다.

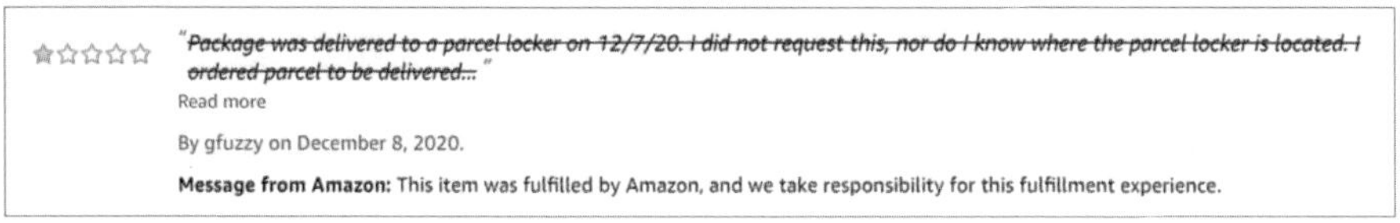

★☆☆☆☆ "~~Package was delivered to a parcel locker on 12/7/20. I did not request this, nor do I know where the parcel locker is located. I ordered parcel to be delivered...~~"
Read more
By gfuzzy on December 8, 2020.
Message from Amazon: This item was fulfilled by Amazon, and we take responsibility for this fulfillment experience.

해당 부정 피드백 내용을 잘 읽어보시면, 아마존에서 고객의 요청과 무관한 장소에 배송을 해서 불만이 생긴 것으로 보입니다. 이러한 경우 셀러의 잘못으로 부정 피드백을 받은 것이 아니기 때문에 아마존에서 해당 피드백을 위와 같이 지워줍니다.

아마존의 귀책사유로 받게된 부정 피드백의 삭제 요청은 굉장히 간단합니다. 셀러 센트럴 페이지 상단 메뉴 중 Performance 메뉴에서 Feedback 탭을 클릭합니다. 그러면 피드백을 관리할 수 있는 페이지로 넘어가게 됩니다.

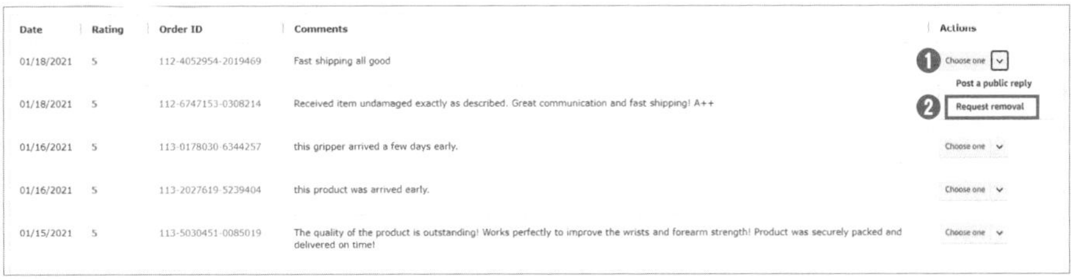

Date	Rating	Order ID	Comments	Actions
01/18/2021	5	112-4052954-2019469	Fast shipping all good	❶ Choose one Post a public reply
01/18/2021	5	112-6747153-0308214	Received item undamaged exactly as described. Great communication and fast shipping! A++	❷ Request removal
01/16/2021	5	113-0178030-6344257	this gripper arrived a few days early.	Choose one
01/16/2021	5	113-2027619-5239404	this product was arrived early.	Choose one
01/15/2021	5	113-5030451-0085019	The quality of the product is outstanding! Works perfectly to improve the wrists and forearm strength! Product was securely packed and delivered on time!	Choose one

위 이미지와 같이 피드백이 나열되어 있고, 우측 Action 부분의 ❶ Choose One 옆의 화살표를 눌러보면 ❷ Request Removal 버튼이 있습니다. 해당 버튼을 누르면 삭제를 요청하게 되고, 아마존에서 피드백 삭제 이유에 해당한다고 판단할 경우 바로 삭제 처리를 해줍니다. 아마존에서 피드백을 삭제해주는 가이드 다음과 같습니다.

- 피드백에 음란한 언어가 포함된 경우
- 피드백에 판매자를 특정할 수 있는 개인정보가 포함된 경우
- 전체 피드백 내용이 제품에 대한 리뷰일 경우
- 아마존에서 처리한 주문에 대한 주문처리 또는 고객서비스와 관련된 경우

위 4가지 사항에 해당되면 Request Removal 버튼 클릭 한 번만으로 부정 피드백의 삭제를 간단하게 요청할 수 있습니다. 하지만 위 4가지 사항에 해당됨에도 불구하고 아마존에서 삭제 요청을 받아들이지 않는 경우도 있습니다. 이럴 때는 한번 더 케이스를 오픈하여 Feedback Removal을 요청해보기 바랍니다.

아마존 셀러 서포트도 인공지능이 정해진 매뉴얼대로 자동응답기처럼 답변하는 경우가 많으나, 타당한 근거를 갖고 논리적으로 설득을 하면 받아들여지는 확률이 높아집니다. 한 번 더 피드백 삭제를 요청했는데도 받아들여지지 않는다면 한 번 더 케이스를 오픈하여 아마존에서 제공하는 가이드는 어떠한데, 고객의 피드백은 어떠하니 삭제를 요청한다는 식으로 피드백 삭제를 요청하는 것도 방법입니다.

다음은 제가 실제로 케이스를 오픈하여 피드백 삭제를 요청하며 작성했던 내용입니다. 해당 내용을 참고하여 각자의 케이스에 맞게 피드백 삭제를 요청하시면 됩니다.

I've gotten seller feedback a few months ago.
*The order ID is 111-9406149-96**** and it is regarding the product review, not seller feedback.*
This feedback says, "Very good product. But I don't see how I can easily replace the cord when necessary. .....". It is not the seller feedback. The entire feedback is about the product. Amazon says "Amazon will remove the feedback if the entire feedback comment is a product review".
Please investigate the case again.

A-to-Z 클레임 : FBM 클레임을 관리하는 방법

A-to-Z 보증은 고객들이 셀러로부터 직접 구매한 FBM 상품에 대해 아마존에서 고객에게 제공하는 보증입니다. 이 보증은 상품이 적시에 양호한 상태로 배송되는 것을 보증하며, 이 보증에 문제가 발생하면 고객은 A-to-Z 클레임을 제기할 수 있습니다.

주로 FBA 주문이 많은 셀러에게는 큰 문제가 없을 수 있으나, FBM 주문이 많은 RA 셀러에게는 가장 큰 문제가 될 수 있는 부분이 바로 이 A-to-Z 클레임입니다.

A-to-Z 클레임 프로세스

A-to-Z 클레임을 받게 되면 다음과 같은 프로세스로 협상 및 아마존의 제재가 이루어지게 됩니다.

- 고객이 제품에 만족하지 않는 경우 아마존에서는 먼저 고객이 셀러에게 (메시지 또는 반품 요청을 통해) 연락하여 합의를 시도하도록 독려합니다.

- 셀러와 고객이 48시간 이내에 문제를 해결할 수 없다면 고객은 아마존에 직접 클레임을 제기할 수 있습니다.
- 아마존에 불만사항이 접수된 후 셀러는 72시간 내에 응답해야 합니다. 그렇지 않으면 고객 클레임이 받아들여지고 상품 금액만큼 셀러 계정에서 인출됩니다.
- 아마존이 결정을 내리기 위해 추가 정보를 요구하는 경우 아마존은 셀러에게 이메일로 연락을 하고, 셀러는 72시간 이내에 응답해야 합니다. 그러나 고객에게 이미 환불이 이루어졌다면 셀러는 30일 이내에 아마존의 결정에 대한 이의를 제기할 수 있습니다.

이러한 클레임은 주문결함률에 직접적인 영향을 미칩니다. 아마존은 고객서비스를 최우선 순위에 두는 플랫폼이고 어떤 이슈가 발생했을 때 무조건 고객 편에 선다는 것을 항상 인지해야 합니다. 아마존 서비스 정책이 구매자에 치우쳐있기 때문에 억울한 부분도 있겠으나, 이러한 부분은 어느 정도 감수할 수밖에 없습니다.

고객이 A-to-Z 클레임을 거는 경우

고객이 아마존의 A-to-Z 보증에 따라 클레임을 제출할 수 있는 문제는 고객이 제품을 수령하지 못한 경우와 제품이 고객의 기대치를 충족하지 못한 경우 2가지입니다.

첫 번째, 고객이 제품을 수령하지 못한 경우는 아마존이 보장하는 최대 예상 배달 날짜 EDD 또는 유효 추적 링크에 의해 확인된 배달 날짜 중 더 빠른 날짜로부터 3일 이내에 제품을 수령받지 못했을 때입니다. 고객은 EDD로부터 3일 지난 시점까지 기다린 다음, 셀러에게 메시지로 연락을 하면 셀러는 48시간 내에 문제를 해결해야 합니다.

두 번째, 제품이 고객의 기대치에 충족하지 못한 경우는 고객이 수령한 제품이 불량이거나 관세 등의 문제로 추가 요금이 청구되어 고객이 아마존 반품 정책에 따라 반품했지만 환불을 제대로 받지 못할 때입니다. 고객이 반품 요청을 통해 셀러에게 연락을 하면, 셀러는 48시간 이내에 문제를 해결해야 합니다.

A-to-Z 클레임 어떻게 대응하면 좋을까?

A-to-Z 클레임이 들어오고 클레임 조사 중 추가 정보가 필요하다고 판단되면, 아마존은 이메일을 통해 셀러에게 자세한 정보를 요청하고 셀러 센트럴 페이지에 A-to-Z 보증요구 알람을 띄웁니다.

셀러는 이 알람을 받고 48시간 이내에 아마존에서 요구하는 추가 정보 요청에 응답해야 하고, 응답하지 않을 경우 클레임이 고객에게 유리하게 승인됩니다. 그리고 클레임 비용은 바로 셀러 계정에서 인출되고, 이 클레임은 어카운트 헬스 또는 주문결함률에 바로 반영됩니다. 따라서 클레임이 접수되었을 때에는 최대한 빠르게 대응하는 것이 최선입니다. 그리고 아마존에서 요구하는 추가 정보에 대해 상세한 내용과 증빙자료를 잘 준비하여 꼼꼼하게 논리적으로 대응하는 것이 중요합니다.

다음은 각 클레임에 따라 준비하면 좋은 내용들이며, 이외에도 문제를 해결하는 데에 도움이 될만한 내용들을 포함시켜 답변하는 것이 좋습니다.

- **배송 관련 클레임** : 발송 방법, 배송 증빙, 추적 번호 및 배송사 상세 내용
- **반품 관련 클레임** : 반품 요청 자격, 국내 반품 주소, 반품 배송 상세 내용(반품 라벨 등)
- **고객과 셀러가 주고받은 모든 메시지** : 셀러가 고객과 이야기했거나 고객에게 주문 수령 및 거래에 대한 확인이 포함된 이메일 또는 메시지를 수신했음을 입증하는 자료

가장 좋은 것은 클레임을 예방하는 것이다

아마존에서는 FBM 상품의 경우 해외배송임에도 불구하고 30일 이내에 반품이 가능하도록 되어 있습니다. 가끔 고객이 제품이 마음에 들지 않는다는 이유로 반품을 요구하기도 합니다. 이런 문제가 발생하면 굉장히 난감하죠. 고가의 상품이 아니라면 비싼 배송비를 부담하면서 한국으로 반송하는 것이 더 손해이기 때문입니다.

그래서 결국 고객과의 마찰을 줄이기 위해 환불을 해주는 경우가 굉장히 많습니다. 따라서 고객이 클레임을 걸만한 소지가 있는 제품들은 가급적이면 운영하지 않는 것이 좋습니다. 또한 상세페이지에 설명을 최대한 자세히 표현하여 실제 고객이 받는 제품과 상품 설명 간의 간극을 최소화하게끔 리스팅은 항상 꼼꼼하게 관리해야 합니다.

정책 준수

셀러 계정에 심각한 영향을 주는 항목 중 하나가 바로 아마존의 정책 위반입니다. 어카운트 헬스의 두 번째 항목으로 아마존 정책을 위반하여 신고를 받게 되면 표시가 됩니다. 셀러가 반드시 지켜야 할 주요 정책 준수사항은 이미지의 항목을 참고하기 바랍니다.

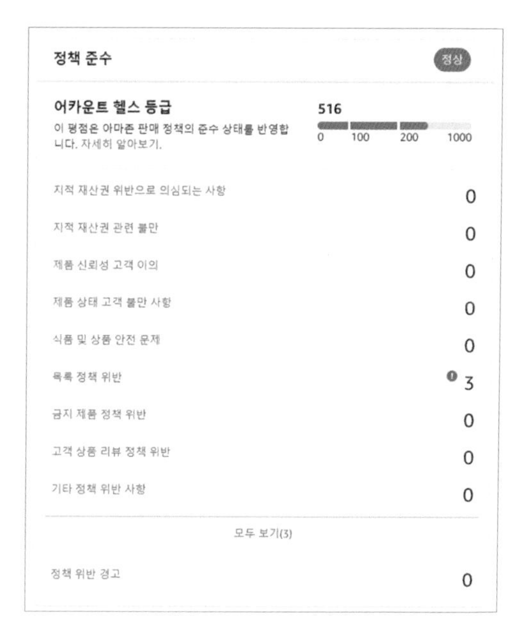

지적재산권 위반으로 신고를 받는 사례가 가장 많고, 새 상품을 발송했음에도 불구하고 악성 고객이 중고품을 받았다고 악의적인 신고를 하는 경우도 드물지만 있습니다. 또한 브랜드 셀러가 브랜드 등록을 하고 직접 아마존 판매를 시작하면서 다른 셀러들을 밀어낼 때 지적재산권 신고를 활용하기도 합니다.

고객 리뷰 정책 위반도 초보 셀러들이 편법을 사용하려다가 많이 적발됩니다. 정책 위반을 찾아내는 아마존 알고리즘은 무서울 정도로 진화하고 있습니다. 정책을 위반하면 셀러 어카운트 헬스에 심각한 영향을 줄 수도 있고, 자칫하면 계정까지 정지되어 묶인 자금까지 받지 못할 수도 있으니 정책 위반은 특히 조심하기 바랍니다.

배송 퍼포먼스

어카운트 헬스의 마지막 항목은 배송 퍼포먼스입니다. FBA 배송은 아마존이 책임지고 대체로 하루 배송이 가능하기 때문에 고객 불만사항이 생기는 일이 크게 없습니다. 그러나 FBM 배송은 셀러가 직접 배송을 책임져야 하기 때문에 배송 퍼포먼스에 대해 아마존에서 기준을 두고 셀러 퍼포먼스를 관리합니다.

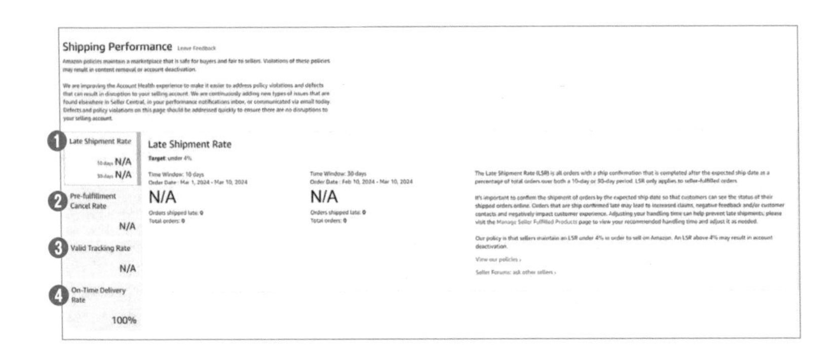

화면에서 보는 것처럼 배송 퍼포먼스에 영향을 미치는 것은 ❶ Late Shipping Rate, ❷ Pre-Fulfillment Cancel Rate, ❸ Valid Tracking Rate, ❹ On-Time Delivery Rate적시배송률로 4가지 항목입니다. 특히, FBM 셀러 중 위탁판매를 염두에 둔 초보 셀러라면 배송지연으로 인해 계정에 문제가 생기지 않도록 주의해야 합니다.

Late Shipping Rate(LSR)

아마존은 배송지연율LSR을 4% 미만으로 유지하도록 권고합니다. 이 지표 역시 비율로 관리가 되기 때문에 주문이 많지 않은 초기에 특히 조심해야 합니다. LSR은 10일 단위로 계속해서 업데이트되는데 최근 10일에 주문이 5건 밖에 없는 상황에서 1건이라도 배송이 늦어진다면 LSR은 한번에 20%까지 치솟을 수 있습니다.

Pre-Fulfillment Cancel Rate

배송 전 취소는 대게 재고가 부족하거나 배송비를 잘못 계산하여 너무 낮은 가격으로 리스팅한 경우 셀러가 일방적으로 취소할 때 발생합니다. 고객의 요구로 취소하는 경우는 당연히 해당되지 않습니다. 배송 전 주문취소율은 7일 기준 2.5% 미만으로 유지되어야 합니다.

저도 한 번 주문 전 주문취소율이 순식간에 상승하여 계정에 문제가 생길뻔한 적이 있습니다. 리스팅 당시에는 배송비를 사전에 계산하여 마진이 남는 구조로 리스팅을 했습니다. 그러나 코로나 사태로 항공배송료가 갑자기 치솟았는데 미처 리스팅을 수정하지 못한 상태에서 주문이 들어온 것이죠. 저의 경우 FBA 배송이 많았기에 FBM 배송이나 어카운트 헬스 관리를 크게 고려하지 않고 주문 2건 정도를 아무 생각 없이 취소했습니다. 그러자 바로 어카운트 헬스에 심각한 문제가 생길 수 있다는 경고가 켜졌습니다.

다행히도 이러한 문제가 처음 발생한 것이고, 7일이 지나면서 FBM 주문이 들어오지 않아 자연스럽게 주문 전 주문취소율이 낮아지면서 어카운트 헬스도 정상적으로 돌아왔습니다. 그 뒤로 FBM 상품의 경우 예전보다 꼼꼼하게 배송비와 재고 수준을 잘 확인하며 리스팅을 수정하고 있습니다.

마스터의 시크릿 노트

지금까지 셀러 어카운트 헬스를 잘 관리하는 방법에 대해 설명했습니다. 사실 PL 셀러와 주로 FBA 방식으로 주문 처리를 하는 셀러는 이러한 문제를 겪는 경우가 자주 생기지는 않습니다. 그러나 아마존을 운영하다 보면 어떤 이유에서든지 문제 상황을 마주해야 하는 경우가 반드시 생깁니다. 지금까지 설명한 내용들은 특히 아마존 셀링을 시작한 초보 셀러들이 흔히 겪을 수 있는 상황이기 때문에 사전에 내용을 잘 숙지하여 계정에 문제가 생기지 않도록 잘 관리하기 바랍니다.

43

아마존 POA 작성 노하우

앞선 챕터에서 우리는 아마존 셀링을 하며 계정에 심각한 문제를 야기할 수 있는 셀러 퍼포먼스 관리에 대해 알아보았습니다. 이어서 이번 챕터에서는 이러한 문제 상황이 생겼을 때 아마존에서 요구하는 서류인 실행계획서POA에 대해 자세히 설명하겠습니다.

POA란 무엇인가?

POA란 Plan of Action의 줄임말로 아마존 계정에 문제 상황이 발생하여 계정이 잠시 중지가 되었을 때 아마존에서 요구하는 실행계획서라고 생각하면 됩니다.

아마존에서는 최고의 고객만족도를 유지하는 것이 아마존 비즈니스의 핵심이라고 생각합니다. 따라서 셀러 퍼포먼스 지수가 지속적으로 하락하거나 고객 클레임이 들어왔을 때, 앞선 챕터에서 설명한 여러 가지 이유로 계정 성과가 낮아졌다면 셀러에게 문제 해결을 위한 앞으로의 계획을 제출할 것을 요구합니다.

POA 제출을 요구받는 것은 다음과 같은 사례가 가장 많습니다.

주문결함률이 1%를 초과하는 경우

대표적으로 배송 관련 이슈가 있습니다. 배송지연율과 배송 전 주문취소율이 아마존에서 권고하는 비율보다 높아질 때죠. 앞서 자세하게 설명했다시피 FBM 주문 건이 적은 셀러의 경우 한두 개의 주문 건이라도 문제가 생기면 주문결함률ODR이 급격히 치솟아 계정에 문제가 생길 수 있으니 주의해야 합니다.

모조품 또는 가품 이슈가 발생할 경우

한마디로 가품 신고를 받는 경우입니다. 고객이 리스팅의 상세 설명과 수령한 제품이 일치하지 않는다고 생각하여 가품으로 신고할 수 있습니다. 가품 의심 신고를 접수하면 아마존에서는 고객 클레임의 진위 여부를 파악하지 않습니다. 신고를 받는 즉시 계정을 일시 중지시키고 셀러에게 정품 판매에 대한 증빙을 요구합니다.

리셀러라면 검증된 제조사나 공급사로부터 직접 물건을 받지 않는 일이 많기 때문에 판매하는 제품이 정품인지 확인할 길이 없습니다. 아마존에서는 특정 브랜드 제품을 합법적으로 승인된 제조사 또는 유통사로부터 구매한 것이 아니라면 가품으로 판단할 수 있습니다.

그럼 어떤 경우에 고객은 배송받은 상품을 가품이라고 의심할 수 있을까요?

가장 흔하게는 상품 리스팅에 올라와 있는 패키지나 구성품과 실제 받은 상품에 차이가 있을 때 가품을 구매했다고 생각할 수 있습니다. 다음 예시를 살펴보기 바랍니다.

이미지에서 보는 것처럼 실제 브랜드 제품은 박스 패키징이 되어 있고, 리스팅 이미지에도 그렇게 나와 있는데 만약 셀러가 비닐 포장으로 허술하게 제품을 패키징하여 발송했다면 고객은 이 제품이 가품이라고 생각할 가능성이 높습니다. 또한 리스팅 이미지에서 보여지는 로고나 라벨의 형태가 실제 상품과 같지 않을 때도 당연히 가품을 의심할 수 있습니다.

따라서 이러한 문제를 미연에 방지하기 위해서는 반드시 리스팅 이미지나 설명이 실제 상품과 100% 일치해야 하고, 최대한 자세하게 상품에 대해 설명해야 합니다. 또한 비용을 아끼기 위해 패키징을 무조건 저렴하게 하려는 경우가 있는데, 불량한 패키징 상태는 받는 고객의 만족도를 떨어뜨리고 상품 품질이나 정품 여부에 대한 의심을 불러일으킬 수밖에 없습니다. 여러 번 강조하지만 상세하고 좋은 품질의 리스팅은 이마존 셀링에서 기본 중에 기본이며, 상세 설명과 일치하는 제대로 된 상품을 판매하는 것이 모든 문제 상황을 피할 수 있는 가장 좋은 방법입니다.

지적재산권 이슈가 발생할 경우

상표나 특허와 같은 지적재산권 침해로 신고받을 경우에도 POA 작성을 요구받게 됩니다. 저의 경우 미국에 특허권과 상표권을 모두 보유하고 있습니다. 따라서 지적재산권 침해 이슈를 역으로 활용하여 지적재산권을 침해하는 셀러를 아마존 신고 절차를 통해 강력하게 제재하기도 합니다.

지적재산권 침해 신고를 받으면 계정이 일시 정지되고 셀러는 아마존으로부터 다음과 같이 POA 작성을 요구하는 이메일을 받게 됩니다. 해당 이메일을 받은 셀러는 아마존에서 요구하는 여러 가지 증빙자료를 제출하여 가품이 아님을 증명해야 합니다.

Dear Seller,
Your Amazon Seller account has been temporarily deactivated and your listings are no longer active. Funds will not be transferred to you but will be held in your account while we work with you to address the following issue.
Why is this happening?
We received complaints about the authenticity of the items listed at the end of this email. In order to ensure that customers can shop with confidence on Amazon, we take "inauthentic" complaints seriously. The sale of counterfeit products on Amazon is strictly prohibited. (가품 신고를 받았을 경우)
You can learn more about Amazon's policies regarding the sale of counterfeit items in Seller Central Help:
-- Amazon Anti-Counterfeiting Policy (https://sellercentral.amazon.com/gp/help/help.html?itemID=G201165970&language=en_US&ref=ag_G201165970_cont_521)

How do I reactivate my account? (아마존에서 요구하는 정보)

To reactivate your selling account, please send us the following information:

1. Copies of invoices or receipts from your supplier issued in the last 365 days for the ASINs listed below

--These documents should reflect your sales volume during the last 365 days.

--Please include contact information for your supplier, including name, phone number, address, and website. We may contact your supplier to verify the documents. We will maintain the confidentiality of your supplier contact information.

--You may remove pricing information, but the rest of the document must be visible. For ease of our review, you may highlight or circle the ASIN(s) under review.

2. A plan of action that explains: (POA 작성 시 들어가야 할 내용들)

--The root cause(s) that led to the complaints about the authenticity of your items.

--The actions you have taken to resolve the complaints about the authenticity of your items.

--The steps you have taken to prevent future complaints about the authenticity of your items.

Here are a few things to consider as you create your plan: (POA 작성 시 포함되거나 고려해야할 핵심 내용들)

--Sourcing: Are you sourcing the product from a trusted supplier?

--Listing: Is the product accurately described on Amazon? Have you ensured that there is no ambiguity and the customer is well informed?

--Packaging: Is the product in its original packaging as listed on Amazon?

-- Shipping: Have you taken all appropriate steps and quality checks to ensure that the product is stored, packed, and shipped appropriately?

--Review your communications from buyers to better understand the issues.

--Be as specific as possible in your plan. --Do not limit your plan to issues with specific orders.

You can only send .pdf, .jpg, .png, or .gif files. These documents must be authentic and unaltered.

How do I send the required information? Please submit this information by clicking the Appeal button next to this message on the Performance Notifications page in Seller Central.

What happens if I do not send the requested information?

If we do not receive the requested information within 17 days, or after two unsuccessful appeals (whichever occurs sooner), your account may be deactivated.

.... 후략 ....

ASIN:

Sincerely,

Seller Performance Team

POA에 반드시 포함해야 하는 내용

문제 상황을 가급적이면 만들지 않는 것이 좋겠으나, 만약 POA를 작성해야 한다면 고려해야 하는 내용과 주의사항에 대해 설명하겠습니다.

아마존 가이드에 따르면 POA에 반드시 포함되어야 할 내용은 다음과 같습니다.

- **문제 발생의 원인** : 문제가 발생하게 된 근본적인 원인에 대해 설명합니다.
- **문제를 해결하기 위한 노력** : 발생한 문제를 해결하기 위해 어떤 노력을 할 것인지 구체적으로 기술합니다.
- **앞으로 같은 문제를 예방하기 위한 수단** : 같은 문제가 발생하지 않도록 어떠한 노력들을 할 것인지 구체적으로 기술합니다.

POA 작성 페이지에 설명한 내용들을 각 항목에 맞춰 작성하도록 합니다.

Reactivate your account

A Plan of Action that includes:

- The root cause(s) of confirming shipment of your orders after the expected ship date, which impacted your Late Ship Rate (LSR).
- The actions you have taken to resolve orders not shipped by the expected ship date.
- The actions you have taken to ensure your orders are confirmed as shipped by the expected ship date in the future.

The root cause of the issue

What was the primary cause for your LSR to exceed 4% over 30 days?

The actions you have taken to resolve the issue

What have you done to resolve the issues with the orders that caused your LSR to exceed 4% over 30 days?

The steps you have taken to prevent the issue going forward

What actions will you take to ensure your orders are confirmed as shipped by the expected ship date in future?

Next

POA 작성 시 주의할 점

아마존 셀러 계정 가입이나 상품 리스팅을 작성할 때도 꼼꼼하게 준비해야 하지만, 특히 POA는 문제 상황 발생으로 계정이 일시 정지된 상태에서 문제 해결을 위해 작성하는 문서이기 때문에 그 어느 것보다 더 꼼꼼하게 준비하여 작성해야 합니다.

단 한 번의 POA 작성으로 빠르게 문제를 해결하기 위해서 주의해야 할 점을 알려드립니다.

급하게 답변하지 않는다

많은 셀러들이 계정이 일시 정지되면 당황하고 우왕좌왕하며 최대한 빨리 답변을 해서 이 사태를 해결하려고 합니다. 하지만 빨리 답변한다고 해서 계정이 빠르게 풀리는 것만은 아닙니다. 오히려 당황한 상태에서 비논리적이고 허술한 답변을 한다면 문제만 더 심각해집니다.

계정의 일시 정지가 당황스럽고 빨리 풀고 싶은 마음은 이해하나, 절대 급하게 답변하지 않기를 바랍니다. 문제 상황을 면밀히 파악하여 아마존에서 요구하는 세부사항들이 무엇인지, 증빙할 수 있는 자료는 어떤 것이 있으며 어떻게 준비할 것인지를 먼저 파악해야 합니다. 아마존에서 요구하는 모든 자료들을 최대한 준비하여 거의 완벽한 상태로 답변한다고 생각하고 POA를 작성하십시오. 단, 답변은 72시간 내에 이루어져야 합니다.

증빙자료 및 근거가 주장을 뒷받침할 수 있어야 한다

아마존에서 요구하는 자료를 준비하다 보면 실제로 해당 자료를 갖고 있지 않거나 주장만 있고 근거가 부족한 경우도 있을 수 있습니다. POA를 작성할 때는 이러한 증빙자료들이 거짓없이 투명하게 준비되어야 합니다.

예를 들어 가품 신고를 받았을 때, 아마존에서는 정식으로 공급받고 있다는 인보이스를 주로 요구합니다. 만약 인보이스가 없다고 인보이스를 조작하여 제출한다면 아마존은 인보이스 진위 여부를 의심할 수밖에 없습니다. 그러면 기존에 발생한 문제에 더하여 인보이스가 조작으로 의심되는 부분까지 소명해야 하는 첩첩산중의 상황이 발생합니다. 주장을 뒷받침하는 증빙서류를 조작하거나 거짓 진술을 하면 할수록 문제 상황은 더 꼬일 수 있다는 점을 반드시 명심해야 합니다.

명확하고 간결하게 작성한다

문제와 관련된 내용만 명확하고 간결하게 작성하는 것이 좋습니다. 아마존의 정책 또는 구매한 고객을 비난하는 내용은 삼가야 합니다. 또한 문제와 무관한 자신의 비즈니스 스토리를 장황하게 설명하거나 감정적으로 호소하는 것도 좋지 않습니다.

내용은 가급적이면 앞에 숫자와 기호를 붙여서 단문으로 명확하게 작성하는 것을 추천합니다.

문제의 근본 원인들을 모두 명확하게 나열한다

아마존은 계정이 정지된 근본 원인에 대해 셀러가 명확하게 인지하고 있는지를 확인하고 싶어 합니다. 그래야 같은 문제를 반복하지 않고 개선점을 찾을 수 있기 때문이죠.

따라서 계정 정지의 원인이 된 모든 문제들에 대해 정확하게 나열하고, 이를 간단명료하게 요약하는 문단을 서두에 포함하는 것이 좋습니다.

POA 작성이 처음이라면 참고하세요

해외에는 한국에 비해 POA에 대한 정보가 많은 편입니다. 참고할만한 유튜브 콘텐츠나 포럼 글 등이 굉장히 많죠. 한국 포털 사이트에서 한글로 된 정보를 찾기 어렵다면 검색 사이트에서 Amazon POA로 검색해보고 다양한 정보들을 확인하기 바랍니다.

아마존 포럼도 참고할만 합니다. 아마존 포럼은 아마존 셀러들의 지식인 같은 커뮤니티라고 생각하면 됩니다. 아마존 포럼에서 실제 셀러들이 당면한 문제에 대해 현장감 있는 질문과 답변을 하는 것을 확인할 수 있습니다. 물론 영문으로 되어 있으나 번역기를 이용한다면 대략 어떠한 내용인지 파악할 수 있습니다.

POA 템플릿을 찾아보면 다른 셀러들이 작성했던 양식들을 쉽게 찾아볼 수 있습니다. 다만 인터넷에 오픈되어 있는 POA 샘플이나 탬플릿들을 그대로 따라 작성해서는 안 됩니다. 오픈된 정보는 수많은 셀러들이 이미 사용했을 가능성이 높고, 본인이 당면한 문제 상황과 샘플에 기술된 문제 상황은 많이 다를 수 있습니다. POA 작성에 전혀 감이 잡히지 않을 때 참고하는 정도로 사용하는 것이 좋습니다.

그럼에도 POA 작성이 엄두가 안 나고 어렵다면 전문가의 도움을 받는 것을 추천합니다. 주로 RA, FBM에 대한 경험이 풍부하고 지식이 깊은 아마존 셀러나 다수의 POA 작성 경험이 있는 전문가를 찾아 도움을 부탁하는 것도 방법입니다.

마스터의 시크릿 노트

이번 챕터에서는 아마존 계정에 문제가 생겼을 때 대처하는 방법에 대해 알아봤습니다. 가능하다면 문제 상황을 만들지 않는 것이 최선입니다. 계정에 심각한 문제를 유발할 수 있는 일들은 절대로 하지 않는 것이 우선이며 아마존은 늘 셀러보다 고객의 편에 선다는 사실을 염두에 두고 판매 및 운영을 하기 바랍니다.

그럼에도 불구하고 아마존은 여러 가지 예기치 못한 문제 상황이 많이 발생하는 플랫폼입니다. 아무래도 해외 플랫폼이다 보니 친숙하지 않고 한국 플랫폼에 비해 까다로운 규정들이 많아 초보 셀러들은 한두 번씩 문제가 생길 수 있습니다. 문제가 생겼을 때 명심해야 할 것은 급하고 엉성하게 처리하지 않고 처음부터 가능한 한 완벽하게 대응하는 것이 가장 빠르게 문제를 해결하는 방식이라는 점입니다.

아마존 부가세 신고, 어떻게 해야 할까?

많은 초보 셀러분들이 아마존 매출에 대해 어떻게 신고를 해야 하고, 세금 문제는 어떻게 처리해야 하는지 막막해합니다. 저 역시 일반적인 매출 신고와 제출해야 할 자료도 다르고 수출 신고를 하지 않고 우선 판매를 해왔기 때문에 매출 신고를 해야 할 시점이 오자 막막했던 기억이 있습니다.

세무사가 있다고 해도 아마존 셀링은 상품의 반출 시점과 판매 시점이 다른 수출이기 때문에 잘 모르는 경우도 많습니다. 아마존 매출 부가세 신고는 세무사에 따라 신고 방법이 다를 수 있겠지만, 대체로 앞으로 설명드릴 자료를 기준으로 신고를 하게 됩니다.

일반적으로 법인은 분기에 1회씩 1년에 4번 부가가치세 신고를 하고, 개인사업자는 반기에 1회씩 1년에 2번 부가가치세를 신고하게 됩니다.

앞선 챕터에서 설명했듯이 부가세의 경우 수출재화에 대해서는 영세율을 적용받습니다. 즉, 매출 세액을 면제해준다는 이야기입니다. 아마존 매출도 재화를 수출한 것이기 때문에 영세율을 적용받을 수 있습니다. 수출로 인한 영세율을 적용받기 위해서는 수출신고필증이나 구매확인서와 같은 증빙서류가 필요합니다.

수출 신고를 하였다면 수출신고필증을 제출하면 되지만 많은 셀러들이 초기에는 수출신고 없이 목록통관으로 진행하는 경우가 많습니다. 또한 FBA 방식은 재화가 이동한 시점에 매출이 발생한 것이 아니고 아마존 창고로 옮겨진 재고가 판매되어야 비로소 매출이 발생한 것이기 때문에 발송 시점에 수출 신고를 하기에도 애매한 부분이 있습니다. 따라서 아마존 매출의 경우 '기타수출' 항목으로 부가세 신고를 해야 합니다.

아마존 매출 부가세 신고 서류

아마존 매출에 대한 구체적인 세금 신고 방법과 필요한 자료는 세무사에 따라 달라질 수 있습니다. 이는 셀러와 협업하는 세무사를 통해 직접 확인하는 것이 필요합니다. 다만 책에서는 '기타수출' 항목으로 부가세 신고 시 제출해야 하는 아마존 정산 서류에 대해 저의 경험을 토대로 설명드리겠습니다.

Summary Report

가장 기본적인 준비 자료인 아마존 정산 리포트는 셀러 센트럴 상단 메뉴 중 Reports → Payments → ❶ Report Repository에서 다운로드받을 수 있습니다. 다운로드받은 서머리 리포트에서는 월 매출, 아마존 수수료, 광고비 등을 모두 확인할 수 있습니다.

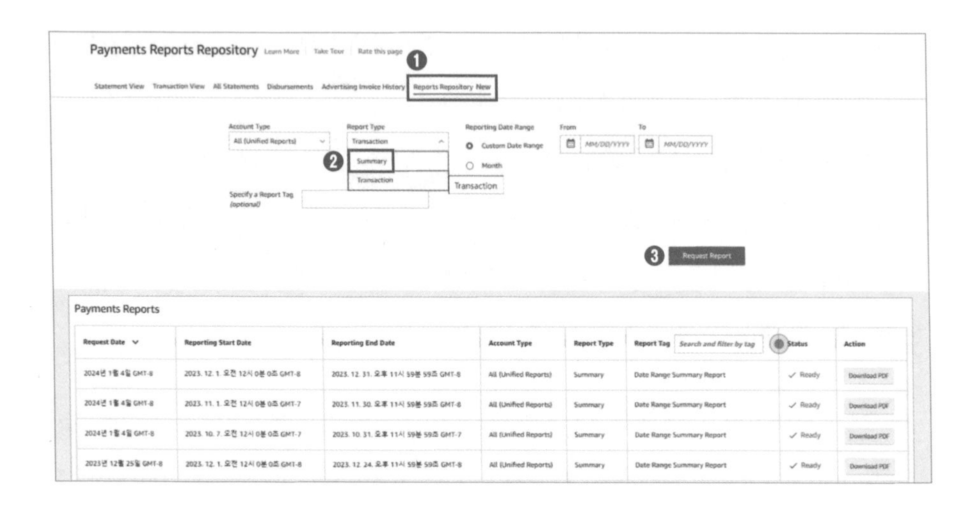

화면과 같이 ❷ Summary를 선택하면 원하는 날짜 범위의 전체 수입과 지출 등 거래 내역의 요약을 확인할 수 있습니다. 원하는 기간을 선택하고 ❸ Request Report 버튼을 클릭하면 리포트를 다운로드받을 수 있습니다. 그러면 다음 화면과 같이 월 매출과 지출 내역, 가상계좌로의 이체내역을 확인할 수 있습니다.

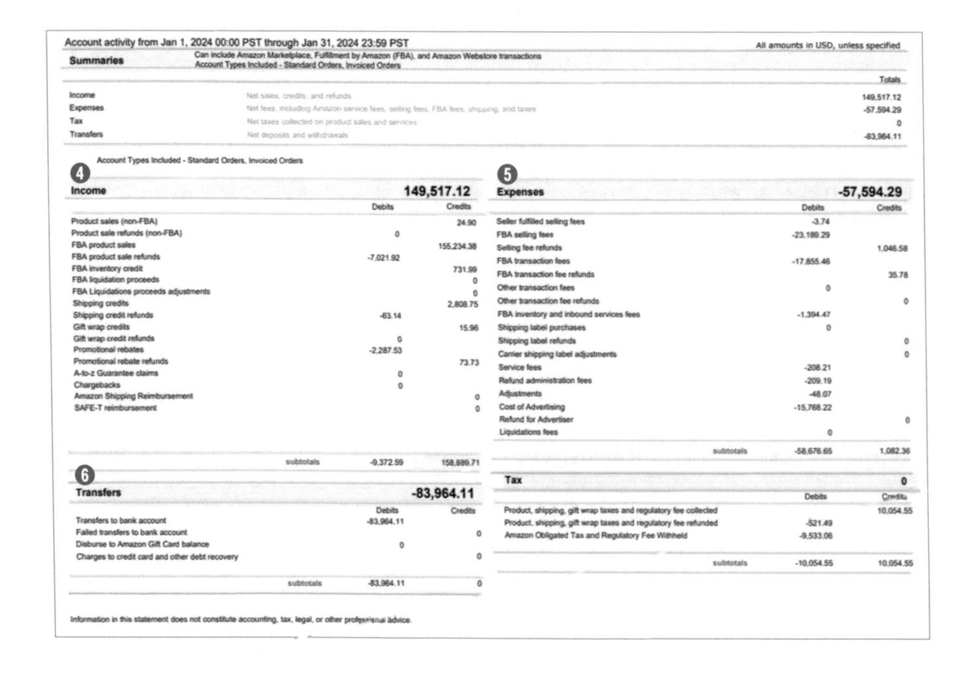

Account activity from Jan 1, 2024 00:00 PST through Jan 31, 2024 23:59 PST

All amounts in USD, unless specified

Summaries

Can include Amazon Marketplace, Fulfillment by Amazon (FBA), and Amazon Webstore transactions
Account Types Included - Standard Orders, Invoiced Orders

		Totals
Income	Net sales, credits, and refunds	149,517.12
Expenses	Net fees, including Amazon service fees, selling fees, FBA fees, shipping, and taxes	-57,594.29
Tax	Net taxes collected on product sales and services	0
Transfers	Net deposits and withdrawals	-83,964.11

Account Types Included - Standard Orders, Invoiced Orders

❹ **Income** 149,517.12

	Debits	Credits
Product sales (non-FBA)		24.90
Product sale refunds (non-FBA)	0	
FBA product sales		155,234.38
FBA product sale refunds	-7,021.92	
FBA inventory credit		731.99
FBA liquidation proceeds		0
FBA Liquidations proceeds adjustments		0
Shipping credits		2,808.75
Shipping credit refunds	-63.14	
Gift wrap credits		15.96
Gift wrap credit refunds	0	
Promotional rebates	-2,287.53	
Promotional rebate refunds		73.73
A-to-z Guarantee claims	0	
Chargebacks	0	
Amazon Shipping Reimbursement		0
SAFE-T reimbursement		0
subtotals	-9,372.59	158,889.71

❺ **Expenses** -57,594.29

	Debits	Credits
Seller fulfilled selling fees	-3.74	
FBA selling fees	-23,189.29	
Selling fee refunds		1,046.58
FBA transaction fees	-17,855.46	
FBA transaction fee refunds		35.78
Other transaction fees	0	
Other transaction fee refunds		0
FBA inventory and inbound services fees	-1,394.47	
Shipping label purchases	0	
Shipping label refunds		0
Carrier shipping label adjustments		0
Service fees	-208.21	
Refund administration fees	-209.19	
Adjustments	-48.07	
Cost of Advertising	-15,768.22	
Refund for Advertiser		0
Liquidations fees	0	
subtotals	-58,676.65	1,082.36

❻ **Transfers** -83,964.11

	Debits	Credits
Transfers to bank account	-83,964.11	
Failed transfers to bank account		0
Disburse to Amazon Gift Card balance	0	
Charges to credit card and other debt recovery		0
subtotals	-83,964.11	0

Tax 0

	Debits	Credits
Product, shipping, gift wrap taxes and regulatory fee collected		10,054.55
Product, shipping, gift wrap taxes and regulatory fee refunded	-521.49	
Amazon Obligated Tax and Regulatory Fee Withheld	-9,533.06	
subtotals	-10,054.55	10,054.55

Information in this statement does not constitute accounting, tax, legal, or other professional advice.

❹ Income 항목에는 FBA, FBM 상관없이 모든 매출이 포함됩니다. 환불된 매출에 대해서도 확인할 수 있습니다.

❺ Expenses에는 아마존 수수료, FBA 수수료, 창고보관료, 광고비 등 모든 지출 항목별로 지출된 금액과 합계를 확인할 수 있습니다.

❻ Transfers는 이체내역입니다. 사용 불가능 잔고로 매달 홀딩해놓는 금액도 있기 때문에 매출에서 지출을 뺀 금액과 100% 일치하지는 않습니다.

가상계좌 거래내역서

아마존 매출 및 지출 자료뿐만 아니라 수출을 통해 외화를 획득했다는 증빙서류 또한 필요합니다. 외화통장내역과 함께 가상계좌의 입출금내역도 함께 준비합니다.

페이오니아의 경우 Activity → Transaction에서 통화별로 월간 내역 명세서를 다운로드받을 수 있습니다. 해당 자료를 다운로드받으면 입금내역과 출금내역, 잔액까지 확인이 가능합니다.

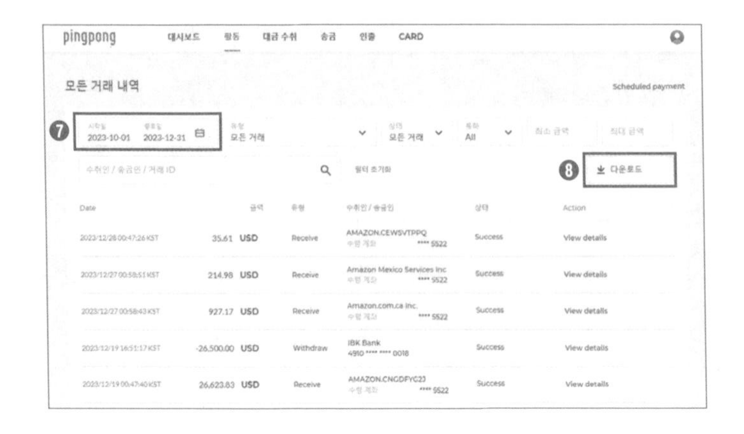

핑퐁의 경우 모든 거래내역Transaction에서 ❼ 분기별 날짜를 선택한 뒤 ❽ 엑셀 파일로 다운로드받아 세무사에게 전달하면 됩니다.

Payment Statement

아마존 매출은 매 정산마다 사용 불가능 잔고가 있기 때문에 월별 서머리 리포트로는 기초잔고 및 기말잔고 내역까지 상세히 확인하는 것이 어렵습니다. 그래서 더 정확하게 하기 위해서는 정산서Payment statement를 기준으로 부가세 신고를 하는 것이 입금내역과 매칭하는 것도 더 수월하고 누락이나 실수 없이 신고할 수 있습니다.

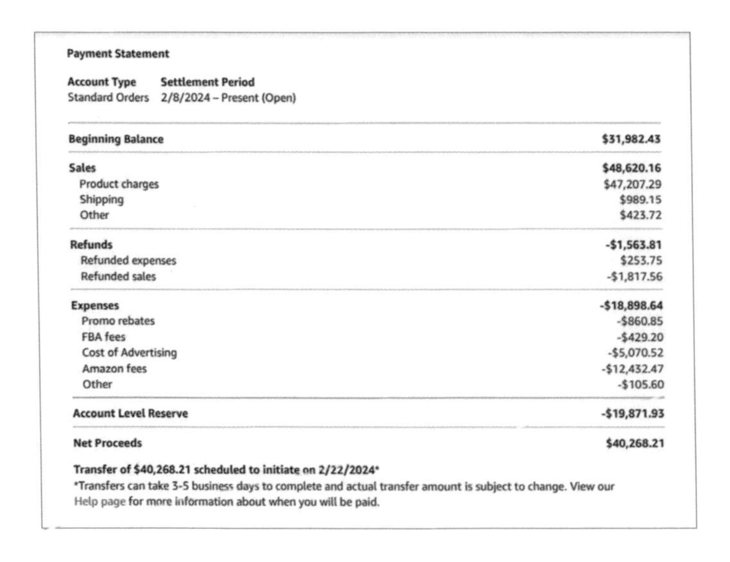

Payment Statement

Account Type	Settlement Period
Standard Orders	2/8/2024 – Present (Open)

Beginning Balance	**$31,982.43**
Sales	**$48,620.16**
Product charges	$47,207.29
Shipping	$989.15
Other	$423.72
Refunds	**-$1,563.81**
Refunded expenses	$253.75
Refunded sales	-$1,817.56
Expenses	**-$18,898.64**
Promo rebates	-$860.85
FBA fees	-$429.20
Cost of Advertising	-$5,070.52
Amazon fees	-$12,432.47
Other	-$105.60
Account Level Reserve	**-$19,871.93**
Net Proceeds	**$40,268.21**

Transfer of $40,268.21 scheduled to initiate on 2/22/2024*

*Transfers can take 3-5 business days to complete and actual transfer amount is subject to change. View our Help page for more information about when you will be paid.

앞 화면의 자료는 정산주기마다 확인할 수 있는 아마존 정산서입니다. 해당 자료 역시 서머리 리포트처럼 매출, 환불, 비용 등이 표기되는데, 여기서는 사용 불가능 잔고와 정산 금액까지 아주 정확하게 항목별로 나오기 때문에 좀 더 세세하게 관리할 수 있습니다. 저는 현재 서머리 리포트가 아닌 아마존 정산서를 제출하여 부가세 신고를 하고 있습니다.

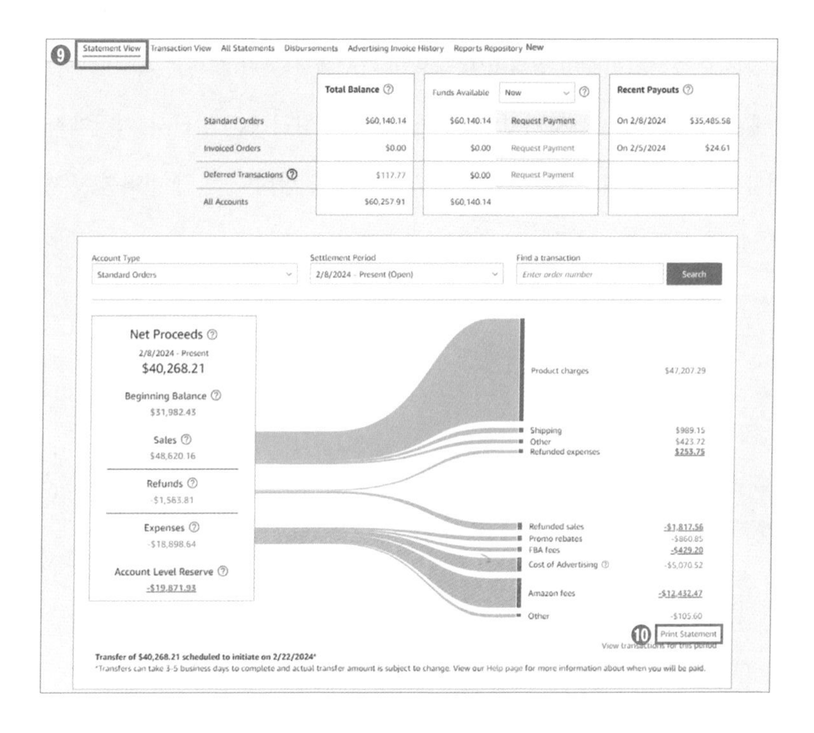

해당 자료는 셀러 센트럴 페이지의 Reports 메뉴에서 Payments → ⓽ Statement View를 클릭하여 바로 앞 화면과 같이 정산내역을 확인할 수 있습니다. 여기서 ⓾ Print Statement를 클릭하면 해당 서류를 프린트할 수 있습니다.

해상운송으로 이미 수출 신고를 했다면 어떻게 해야 할까?

FBA 창고까지 해상운송으로 물품을 발송할 경우 물품이 출고되는 시점에 수출 신고를 해야 합니다. 그렇게 되면 수출신고필증이 발급되기 때문에 자동으로 매출 자료가 잡히게 됩니다. 보통 아마존 창고로 입고되는 물품은 수출신고필증의 유형이 일반수출이 아닌 전자상거래로 신고합니다. 어찌 되었든 수출신고필증이 있는데 아마존 매출도 신고하게 되면 아마존 매출이 중복으로 신고되는 것이기 때문에 이 부분은 반드시 세무사와 상담하여 체크해야 합니다.

저의 경우 수출신고필증이 있다 하더라도 부가세를 신고할 때는 수출신고필증의 내역은 부가세 신고 내역에 포함시키지 않고, 아마존에서 발급하는 정산서, 가상계좌 거래내역서, 외화통장 입금내역서만을 가지고 부가세 신고를 합니다. 만약 이러한 부분을 체크하지 않는다면 세무사가 아마존 매출을 중복으로 신고할 수 있기 때문에 해상운송을 이용할 때는 매출 신고가 중복으로 되지 않는지 반드시 체크하기 바랍니다.

마스터의 시크릿 노트

이번 챕터에서는 아마존 매출에 대한 부가세 신고 방법을 배워봤습니다. 세무사마다 부가세 신고를 위해 요구하는 자료가 조금씩 다를 수 있습니다. 앞에서 설명한 내용을 바탕으로 부가세 신고 과정과 필요서류에 대해 이해를 하시되, 자세한 신고 방법과 필요한 증빙서류는 협업하는 세무사와 반드시 상의하여 진행하기 바랍니다.

또한 앞에서 언급했지만 아마존 정산 자료를 기준으로 신고하는 것은 수출 신고를 하지 않았을 경우에만 해당되는 것입니다. 만약 아마존 FBA 창고로 상품이 이동하는 시점에 수출 신고를 하고 입고하셨다면 부가세 신고 시 아마존 매출 자료를 제출할 경우 수출신고필증 금액에 더하여 아마존 매출까지 매출이 이중으로 잡히게 됩니다. 따라서 수출 신고를 했다면 수출신고필증을 제출하여 수출신고 금액으로 매출 신고 및 부가세 신고를 하시면 됩니다.

아마존 셀러 과외수업 개정판을 마무리하며

독자 여러분, 마지막까지 정독하며 따라오시느라 정말 수고가 많으셨습니다.

《아마존 셀러 과외수업》 초판을 출간했던 때가 그리 오래되지 않은 것 같은데, 벌써 3년이라는 시간이 흘렀습니다. 3년이라는 시간 동안 아마존 셀링의 전체적인 흐름이 바뀌지는 않았지만, 새롭게 추가된 기능들도 많아지고 경쟁도 더욱 치열해진 것 같습니다.

이번 개정판을 통해 아마존의 최신 정보를 최대한 여러분께 전달하고자 노력했습니다. 그리고 아마존 비즈니스를 성장시키기 위해 시도했던 다양한 경험과 노하우를 3년 전보다 더 많이 담으려고 했습니다. 독자 여러분께서 책을 읽고 아마존 비즈니스를 어떤 형태로 그려가야 할지 흐릿하더라도 큰 그림을 그릴 수 있으면 좋겠습니다.

《아마존 셀러 과외수업》 개정판을 마무리하며 독자 여러분께 드리고 싶은 이야기와 약간의 당부 말씀으로 책을 마무리 해볼까 합니다.

첫째, 가장 중요한 것은 실행, 작은 시도라도 반드시 실행하는 것입니다

이것은 제가 《아마존 셀러 과외수업》 초판에서도 강조한 이야기인데요. 가장 중요한 것은 너무 당연하지만 실행입니다. 제가 아마존 셀링 강의도 하고 책도 출간하면서 많은 분들로부터 연락도 받고 질문도 받았습니다. 많은 분들과 이야기를 나누면서 제가 느꼈던 것은 책을 읽고 실행으로 옮기는 분들이 1%도 되지 않는다는 것입니다.

물론 아마존 셀링이 책 한 번 읽었다고 다 이해되고 쉽게 실행해볼 수 있는 일이 아니라는 것을 저도 잘 알고 있습니다. 그러나 가끔씩 실제로 제품 리스트를 뽑아서 질문을 해오는 분도 계시고, 실제 상품을 런칭하고 막히는 부분에 대해 질문을 해주는 분들도 분명 있습니다.

이렇게 실제 실행으로 옮기신 분들이 성공했을 수도 실패했을 수도 있습니다. 하지만 설령 만족할만한 결과를 얻지 못했다 하더라도 실행하는 과정에서 배운 것들을 통해 부족한 부분을 개선하고 시행착오를 수정해가면서 또 다른 기회를 얻게 되었을 것이라 생각합니다.

아마존 셀링이 생각보다 자본도 많이 필요하고 국내 전자상거래에 비해 허들도 높기 때문에 실행을 하기 전에 최대한 실패 확률을 줄이기 위해 노력해야 합니다. 이러한 준비 과정도 없이 무턱대고 시작하는 것은 실행력이 있는 것이 아니라 무모한 것이겠죠. 하지만 완벽한 준비란 없다는 것도 항상 생각해야 합니다. 새로운 시도는 늘 가설 설정, 테스트, 검증, 피드백의 과정을 거쳐야 합니다. 따라서 가장 완벽한 준비는 작은 것부터 실행하는 것이라는 사실을 꼭 마음에 새기셨으면 좋겠습니다.

아마존 셀링은 점점 경쟁이 치열해지고 있습니다. 아마존 셀링 뿐만 아니라 스마트스토어, 쿠팡 등 모든 전자상거래 시장 환경이 그렇습니다. 그 와중에도 누군가는 틈새를 찾아 기회를 잡기도 합니다. 앞으로 시간이 더 흐르면 경쟁은 더 치열해지고 미래는 더욱 예측하기 어려워질 것입니다. 한참 전에 시작한 아마존 셀러들 중에 실패한 셀러들도 많지만 성공하여 여전히 안정적인 매출을 일으키는 셀러들도 많다는 사실을 기억하기 바랍니다.

둘째, 리스크가 없는 사업은 없습니다

최근 자기계발 강의, 서적, 돈 버는 법 강의들이 쏟아져 나오면서 아마존 셀링에 대한 관심도 함께 올라가는 것 같습니다. 강의 시장이 한창 붐을 이루었을 때와 비교하면 요새는 다소 누그러진 것 같지만 여전히 스마트스토어, 쿠팡, 중국사입, 위탁판매, 해외구매대행, 무자본 창업 등 여러 가지 방법으로 아주 쉽게 돈을 벌 수 있는 것처럼 홍보하는 유튜버나 강사들이 여전히 많은 것 같습니다.

많은 사람들이 경제적 자유, 노트북 한 대로 창업, 여행을 다니며 일하는 노마드잡 같은 꿈에서나 나오는 이야기를 남발하는 것을 보며 저는 깊은 환멸감을 느꼈습니다. 이러한 달콤한 말들로 수십만 원 많게는 수백만 원, 수천만 원의 강의를 파는 사람들은 사실 자세히 들여다보면 아이러니하게도 강의를 통해 벌어들이는 소득이 훨씬 많다는 사실을 분명히 아셨으면 좋겠습니다.

여러분, 많은 창업자와 사업가들은 일반 직장인에 비해 4~5배 많은 시간을 사업에 투자하고 있습니다. 또한 감당해야 하는 위험요소 역시 매우 큽니다. 저는 리스크 없는 사업은 없다고 생각합니다. 리스크가 적다는 것은 곧 진입장벽이 낮다는 것을 의미합니다. 누구나 사업을 시작할 수 있다면, 그런 시장은 그만큼 경쟁 강도가 높을 수밖에 없습니다. 특히 아마존 셀링은 이런 무자본, 무재고 사업의 형태로 리스크를 최소화하여 운영하는 것이 거의 불가능합니다.

누군가가 성공했다고 '주장'하는 달콤한 결과에만 현혹되지 마시고, 이것을 이루기 위해 수많은 시간과 에너지 그리고 자본을 쏟았다는 점을 간과하지 않으셨으면 좋겠습니다. 감당해야 할 리스크가 무엇인지, 나의 역량이 어떠한지, 내가 좋아하고 관심있어 하는 영역은 무엇인지, 하루 종일 몰두해도 즐겁게 일할 수 있는 영역이 무엇인지에 대한 고민이 반드시 선행되어야 합니다.

저는 이 책을 통해 여러분이 쉽게 일확천금을 벌 수 있다고 생각하지 않습니다. 이 책은 제가 아마존 셀링을 처음 시작하고 차근차근 월 10만 달러 이상의 규모까지 키우며 몸소 부딪히고 고민한 것을 토대로 집필하였습니다. 특별한 스킬이나 편법이 아닌, 정공법적인 사업의 길잡이가 될 수 있길 바라며 실제 생생한 경험을 담았습니다.

본인이 시장을 분석할 수 있고, 아마존 생태계에 대한 이해를 바탕으로 직접 판단할 수 있도록 근본적인 원리를 전달하기 위해 노력했습니다. 그래야만 각자의 환경과 상황에 맞는 비즈니스를 구축할 수 있기 때문입니다.

이 책을 읽은 독자 여러분들께서는 리스크를 최소화하려는 노력을 하되, 리스크 없이 쉽게 돈 버는 길을 찾기 위해 시간을 허비하지 않았으면 좋겠습니다. 요행보다는 본질적인 접근을 통해 탄탄한 사업 시스템을 구축하기 위한 고민과 노력을 하셨으면 좋겠습니다.

지금까지《아마존 셀러 과외수업》 개정판을 읽어주신 독자 여러분, 마지막까지 집중하여 읽어주셔서 감사합니다.

책을 읽으며 궁금한 점이 생기면 언제든지 이메일로 문의해주시기 바랍니다. 시간이 닿고 힘이 닿는 한 여러분께 도움을 드릴 수 있도록 노력하겠습니다.

이 책이 힘들 때 기댈 수 있고, 어려움이 있을 때 아이디어와 힌트를 줄 수 있는 든든한 사업파트너와 같은 존재가 되길 바랍니다.

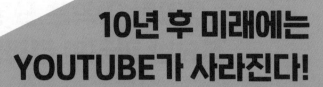

아마존 셀러
과외수업

아마존 셀러
과외수업